W0076098

Geschenk von Reuter

am 14.12. 2001

Vögel der Alpen

Ulrich Brendel

Vögel der Alpen

24 Farbfotos auf Tafeln
87 farbige Vogelzeichnungen
57 Schwarzweißabbildungen

VERLAG
EUGEN
ULMER

Vögel in ihren Lebensräumen

Herausgegeben von
Dr. Eckhard Jedicke

Ulrich Brendel, geboren 1964 in Rosenheim, ist Diplom-Biologe. Er hat sich schon früh der Ornithologie zugewandt und arbeitet seit einigen Jahren in unterschiedlichen ornithologischen Projekten des Nationalparks Berchtesgaden. Nach einem Projekt zur Telemetrie beim Gänsegeier war Ulrich Brendel u.a. am Projekt «FuturAlp – Auswirkungen potentieller Klimaänderungen auf die Verbreitungsmuster alpiner Vogelarten» beteiligt. Seit 1994 hat er sich auf die Erforschung der Greifvögel im Alpenraum spezialisiert. Dazu zählt auch die Entwicklung eines Leitfadens zum Schutz des Steinadlers in den Alpen. Ulrich Brendel ist außerdem engagiertes Mitglied im Verband der Alpenornithologen und im LBV. Sein besonderes Interesse gilt seit Jahren der faunistischen Artenzusammensetzung alpiner Lebensräume.

Titelbild: Im Hintergrund Reiteralm, Nationalpark Berchtesgaden (Foto: U. Brendel, Berchtesgaden), vorne ein Steinadler, *Aquila chrysaetos* (Foto: H. Reinhard, Heiligkreuzsteinach).
Alle auf den Tafeln wiedergegebenen Farbfotos wurden vom Autor aufgenommen.

Die farbigen Vogelzeichnungen fertigte Jürgen Scholz, Dresden, nach Vorlagen aus der Literatur und anhand von Museumsexemplaren an.

Die Schwarzweißabbildungen stammen von Helmut Flubacher, Waiblingen, nach Vorlagen aus der Literatur.

Die Deutsche Bibliothek — CIP-Einheitsaufnahme

Vögel in ihren Lebensräumen / hrsg. von Eckhard Jedicke. –
Stuttgart (Hohenheim) : Ulmer. – 1998

Brendel, Ulrich:
Vögel der Alpen / Ulrich Brendel. – Stuttgart (Hohenheim) :
Ulmer, 1998
   (Vögel in ihren Lebensräumen)
   ISBN 3-8001-3502-7

Das Werk einschließlich aller seiner Teile ist urheberrechtlich geschützt. Jede Verwertung außerhalb der engen Grenzen des Urheberrechtsgesetzes ist ohne Zustimmung des Verlages unzulässig und strafbar. Das gilt insbesondere für Vervielfältigungen, Übersetzungen, Mikroverfilmungen und die Einspeicherung und Verarbeitung in elektronischen Systemen.

© 1998 Eugen Ulmer GmbH & Co.
Wollgrasweg 41, 70599 Stuttgart (Hohenheim)
Lektorat: Gereon Wiesehöfer, Dr. Nadja Kneissler
Herstellung und DTP: Jürgen Sprenzel
Druck und Bindung: Friedr. Pustet, Regensburg
Printed in Germany

Vorwort

Die Alpen sind wohl der letzte Naturraum Mitteleuropas, der vom Menschen stark geprägt wurde und dennoch weitgehend ursprünglich erhalten geblieben ist. Sie sind nicht nur Rückzugsgebiet für eine Vielzahl von Pflanzen- und Tierarten, sondern spielen auch in der aktiven Freizeitgestaltung des Menschen als »Regenerationslandschaft« eine immer bedeutendere Rolle. Dabei sind wir momentan in einer Phase angekommen, in der wir darauf achten müssen, daß uns das »Ruder« nicht völlig aus der Hand gleitet und wir einen unersetzbaren Lebensraum für Tier und Mensch unwiederbringlich verlieren.

Im Naturschutz der Zukunft wird es weit weniger darauf ankommen, die eine oder andere Art um jeden Preis zu schützen, sondern vielmehr darauf, Lebensräume eines Ökosystems für eine Vielzahl von Arten großflächig zu erhalten und vorausschauend zu sichern. Ausschlaggebend für einen längerfristigen, erfolgreichen Schutz der Alpen wird sein, daß wir die vernetzten Zusammenhänge innerhalb des alpinen Ökosystems begreifen und dementsprechend lernen, vorauszudenken. Solche Zusammenhänge existieren beispielsweise zwischen den alpinen Pflanzengesellschaften und der Avifauna, weshalb hier großer Wert auf die beiderseitige und vielfältige Abhängigkeit gelegt wird. Bei diesem Buch handelt es sich weniger um ein Bestimmungsbuch, sondern vielmehr um einen praxisnahen, hilfreichen Führer für diejenigen, die die typischsten und häufigsten alpinen Brutvogelarten in ihren angestammten, charakteristischen Lebensräumen gezielt beobachten und besser kennenlernen wollen.

Neben der Ornithophänologie, die sich mit den klimatisch bedingten, biologischen Erscheinungen im Jahresablauf beschäftigt, wird die Avifaunistik, die Vorkommen und Verbreitung der Vögel bestimmter Gebiete untersucht, und die Biozönotik der Vögel, die ihr Leben in den natürlichen Lebensgemeinschaften erfaßt, behandelt. Diese Teilbereiche, die sich mit den Beziehungen der Vögel zu ihrer Umwelt auseinandersetzen, kann man als Ornitho-Ökologie bezeichnen (SPILLNER & ZIMDAHL 1990).

Einen weiteren Schwerpunkt dieses Buches stellt die eingehende Vorstellung und Beschreibung der vielfältigen Lebensräume des alpinen Ökosystems und deren erstaunlich artenreicher Avifauna dar.

Mehr als 90 hervorragend an diese Lebensräume angepaßte Vogelarten bilden die charakteristischen Vogelgemeinschaften der Alpen. Gar nicht wenige davon trotzen dabei den oft lebensfeindlich anmutenden Umweltbedingungen über das ganze Jahr hinweg. Die klimatisch bedingten Widrigkeiten sind es jedoch nicht, welche die einzelnen Vogelarten, die Vogelgemeinschaften oder gar die Vogellebensräume der Alpen bedrohen. Zumeist sind es Gefahren, die anthropogenen Ursprungs sind und gerade deshalb von uns nicht zwangsläufig als unabwendbar hingenommen werden müßten. Hier werden die wichtigsten Gefahrenpotentiale für die alpinen Lebensräume und deren Vogelarten aufgezeigt und gleichzeitig diejenigen Schutzmaßnahmen vorgestellt, die den nachfolgenden Generationen die faszinierende Vogelwelt der Alpen in ihren angestammten Lebensräumen ohne Einschränkungen erhalten könnten. Um die Alpen allerdings als Freizeit- und Naturlandschaft bewahren zu können, wird es in Zukunft in besonderem Maße darauf ankommen, die Natur nicht *vor* dem Menschen sondern vielmehr *für* den Menschen zu sichern. Dazu möchte dieses Buch einen kleinen Beitrag leisten.

Ulrich Brendel,
Berchtesgaden, Frühjahr 1998

Inhaltsverzeichnis

Inhaltsverzeichnis

Naturraum Alpen

Die Wendigkeit des Alpenseglers oder die Leichtigkeit des Steinadlers weckt in uns den Wunsch, so ungebunden zu sein wie ein Vogel. Doch auch Vögel sind nicht grenzenlos frei und sehr wohl an ganz bestimmte natürliche Grenzen und Bedingungen gebunden. Als hochspezifische Organismen mußten sich die alpinen Vogelarten im Laufe der Evolution einem ganz bestimmten Lebensraum anpassen. Als Nahrungs- (z.B. viele Vertreter der Familie *Fringillidae*) oder Nistplatzspezialisten (z.B. Vertreter der Familien *Motacillidae, Falconidae, Hirundinidae*) sind sie auf bestimmte Lebensraumstrukturen wie Felswände oder Pflanzen und Pflanzengesellschaften angewiesen. Nahezu jede Art läßt sich einem spezifischen Muster an Lebensraumtypen und damit meist auch einer Vegetationsstufe zuordnen. Hinzu kommen noch eine Reihe abiotischer Faktoren, die die alpinen Brutvögel vor außergewöhnliche Anforderungen stellen.

Um die Vogelwelt der Alpen besser zu verstehen, ist es hilfreich, etwas über die komplexen Entwicklungsprozesse zu erfahren, in deren Verlauf sich das Ökosystem Alpen seit der letzten Eiszeit herausgebildet hat.

Die Alpen übersteigen als einzige der acht europäischen Gebirgsketten neben dem Kaukasus in ihrer vertikalen Ausdehnung eine Höhe von 4000 m üb. NN. Sie können als mehrere, von der thermo-mediterranen bis zur nivalen Stufe übereinander gelagerte Lebensräume aufgefaßt werden, die mit den mediterranen, adriatischen, mitteleuropäischen und pannonischen Regionen in Verbindung stehen. Nicht zuletzt deshalb nimmt die alpine Kette innerhalb des europäischen Gebirgssystems eine Sonderstellung ein. Bereits die Kombination der Faktoren Geologie, Klima und Biogeographie gibt einen Hinweis auf die außerordentlich hohe Komplexität der Alpen (OZENDA 1988). Das Zusammenspiel dieser Faktoren hat letztendlich auch zur Bodenbildung und damit zur Ausbildung alpiner Vegetationsstufen (sogenannte Ökosystemkomplexe) geführt, die den alpinen Lebensraum so nachhaltig prägen und das Vorkommen der in diesem Gebirge heimischen Vögel in ganz besonderem Maße beeinflussen.

Geologie der Alpen

Die Gebirgsauffaltung

Noch wesentlich weiter als die Ereignisse während der letzten Eiszeit, welche die alpinen Täler und Seen haben entstehen lassen, liegen jene erdgeschichtlichen Ereignisse zurück, die für das heutige geologische Erscheinungsbild der Alpen verantwortlich sind. Man unterscheidet – stark vereinfacht – fünf Entwicklungsstadien der Alpen (BÄTZING 1991):

1. Die kaledonisch-variskische Gebirgsbildung (vor 450 bis 280 Mio. Jahren) ließ verschiedene europäische Gebirge entstehen, die heute stark abgetragen sind (z.B. das Zentralmassiv in Frankreich und die meisten europäischen Mittelgebirge). Mehrere kleinere Gebirgskörper aus dieser Zeit wurden in die spätere Auffaltung der Alpen miteinbezogen und erhielten durch diese doppelte Gebirgsbildung ein besonders hartes Gestein, das heute die höchsten Alpengipfel aufbaut (z.B. das Mt. Blanc-Massiv).

2. In der Phase der Sedimentation entwickelte sich im Bereich der heutigen Alpen als Folge des Auseinanderdriftens der Afrikanischen und Europäischen Platte ein Meer (Tethys-Meer), auf dessen Boden sich im Laufe der

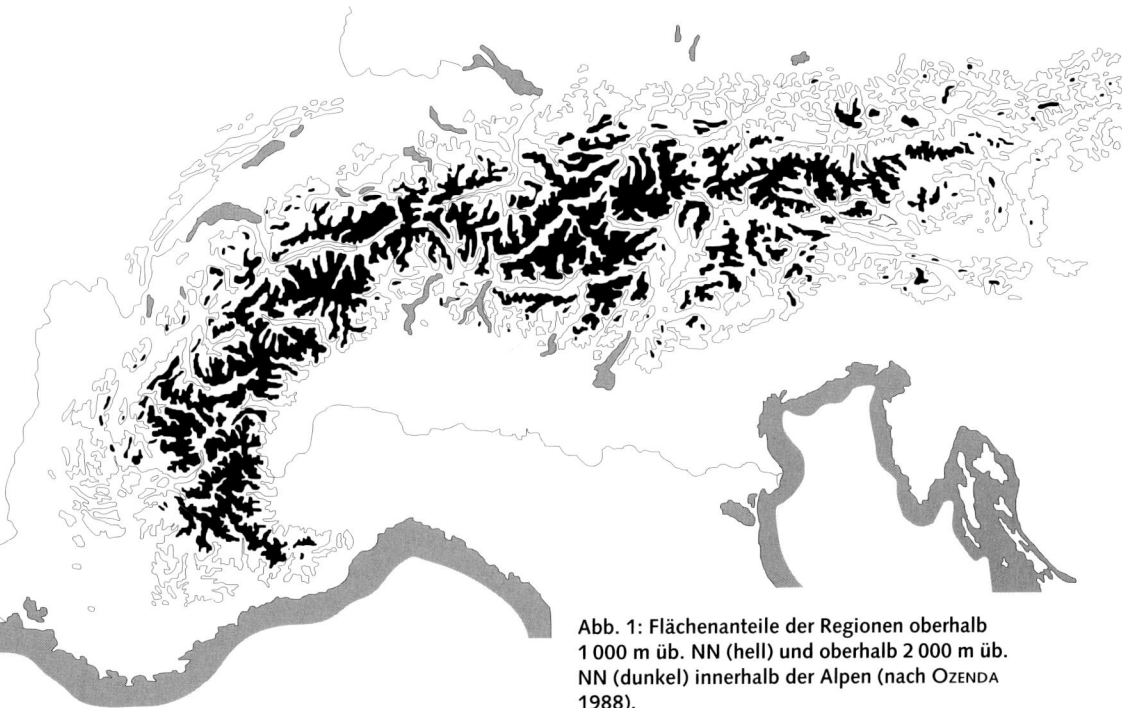

Abb. 1: Flächenanteile der Regionen oberhalb 1 000 m üb. NN (hell) und oberhalb 2 000 m üb. NN (dunkel) innerhalb der Alpen (nach OZENDA 1988).

Zeit Sedimente ablagerten, die später zu denjenigen Gesteinen umgewandelt wurden, welche für den heutigen Aufbau der Alpen verantwortlich sind. Die heutige Gesteinsvielfalt der Alpen ergibt sich durch die verschiedenartige Herkunft und Zusammensetzung der Sedimente. Ab etwa 160 Mio. Jahren vor heute kam es zur Bildung von drei großen Sedimentationsbecken mit verschiedenen Sedimentfolgen und -qualitäten, die im heutigen Gestein noch gut erkennbar sind und von den Geologen als helvetische, penninische und ostalpine Decke bezeichnet werden.

3. Durch die Verschiebung der Afrikanischen Kontinentalplatte nach Norden wurde vor etwa 100 bis 36 Mio. Jahren das Tethys-Meer zusammengeschoben und an den variskischen Gebirgsketten des französichen Zentralmassivs, des Vogesen-Schwarzwald-Massivs und der Böhmischen Platte aufgestaut. Dadurch kam es zur alpinen Faltung

und die typische West-Ost-Kettenform und der bogenförmige Verlauf der Westalpen haben sich herausgebildet. Durch den Druck und die Hitze wurden die Sedimente verfestigt und zusammengefaltet, wodurch die Alpen allerdings lediglich den Charakter eines sanften Mittelgebirges erhielten.

4. Die alpidische Faltung (seit 7 Mio. Jahren) setzte nach einer 20 Mio. Jahre dauernden Ruhepause ein und ist bis heute noch nicht abgeschlossen. Erst im Laufe dieses Zeitraums erhielten und erhalten die Alpen immer noch ihren Hochgebirgscharakter durch den stetigen Druck der Afrikanischen Platte, der die Sedimente auch weiterhin emporhebt und teilweise übereinanderfaltet. Ohne den ständigen Abtrag durch Wasser und Eis wären die Alpen heute etwa 8000 bis 10000 m üb. NN hoch.

Im Rahmen einer nach Norden bzw. Nordwesten gerichteten Faltung und Hebung setzte vor 20 Mio. Jahren eine Sonderentwicklung ein, während der die kleine »Adriatische Platte« eine Drehbewegung vollzog. Dies führte zur Ausbildung der sogenannten »Isubrischen Linie«(Ivrea - Locarno - Sondrio - Meran - Pustertal - Klagenfurt), die noch heute im Landschaftsbild der Alpen deutlich nachvollziehbar ist.

5. Sobald der Druck der Afrikanischen Platte nachlassen sollte, würde der Abtrag der Alpen die Oberhand gewinnen und sich dieses Hochgebirge höchstwahrscheinlich in ein Mittel- oder Rumpfgebirge umwandeln.

Zur Zeit befinden sich die Alpen in der zweiten Hälfte der Phase 4, d.h. Hebung und Abtrag halten sich die Waage. Die verschiedenen Hebungsphasen schufen jeweils gewellte Hochflächen, die sofort vom Rand her von den Flüssen angegriffen und abgetragen wurden. Bevor dies jedoch vollständig abgeschlossen war, setzte schon die nächste Hebungsphase ein. So stößt man auf bestimmten Höhenstufen (z.B. um 2000 m üb. NN, um 2500 m üb. NN, um 3000 m üb. NN) auf relativ große ebene Flächen, während die steilsten Stellen der Alpen im Randbereich und in den großen inneralpinen Tälern liegen (BÄTZING et al. 1991).

Die Alpen sind eines der jüngsten Gebirge Europas; dies erklärt ihren »alpinen« Charakter, ihre spitzen Gipfel und zackigen Grate (CURRY-LINDAHL 1964). Man unterscheidet verschiedene größere, auf der Tektonik beruhende geologische Einheiten der Alpen. Trotz des generellen Aufbaus aus drei Gesteinssystemen (helvetischer, penninischer und ostalpiner Teil) ist die Struktur der Ost- und Westalpen sehr verschieden. Die Trennlinie beider Gebirgshälften wird dabei etwa in Höhe einer Linie zwischen Bodensee und Comer See gezogen. Während im westlichen Teil Kalkstein, kristalline Massive und mehrere andere Gesteinsarten (z.B. Schiefer, metamorphe Glimmerschiefer und Sandstein) die geologischen Untereinheiten dominieren, sind die Ostalpen wesentlich einfacher aufgebaut. Der kristalline Kern des ostalpinen Gebirgsstocks ist jeweils am Nord- und Südrand durch Kalksteinketten flankiert, die zum Teil auch mächtige Massive – wie die Dolomiten mit der 3343 m üb. NN hohen Marmolada – ausgebildet haben.

Die Eiszeiten

Erst durch die Abfolge der vier großen Eiszeiten wurden die Alpen für ihre Besiedlung und Kultivierung durch den Menschen geöffnet. Die mahlende Kraft der Gletscher erweiterte und verbreitete alle Täler. Zahlreiche niedrige Paßübergänge wurden ausgehoben und damit für den Menschen passierbar gemacht. Darüber hinaus hinterließen die Gletscher an den Talhängen charakteristische Verebnungen, die sogenannten Terrassen, die später von den Menschen als willkommene Siedlungsflächen genutzt wurden. Das von den Eisströmen mittransportierte Moränenmaterial schuf günstigste Bedingungen für die Bodenbildung – auch entlang der einst kargen Berghänge. Das Ende der letzten Eiszeit (15000 bis 10000 v. Chr.) hinterließ somit ein relativ siedlungsfreundliches Gebirge und gestattete den Menschen die Klutivierung eines bis dahin unberührten Landschaftsraumes im Zentrum Europas.

Geographie der Alpen

In vertikaler Ausdehnung existieren in den Alpen verschiedene Höhenstufen. Jede Höhenstufe besitzt eine charakteristische Vegetation. Man unterscheidet die nivale, alpine, subalpine, montane und colline Stufe. Je nach geographischer Lage können diese um mehrere hundert Meter versetzt sein (Abb. 2).

In ihrem heutigen Erscheinungsbild erstrecken sich die Alpen von Nizza bis Wien in einem 1200 km langen Bogen, der innerhalb eines Rechtecks von etwa 900 x 500 km liegt. Bei einer maximalen Breite von 240 km in der Mitte der Ostalpen umfaßt die alpine Kette eine Fläche von rund 200000 km². Nahezu die

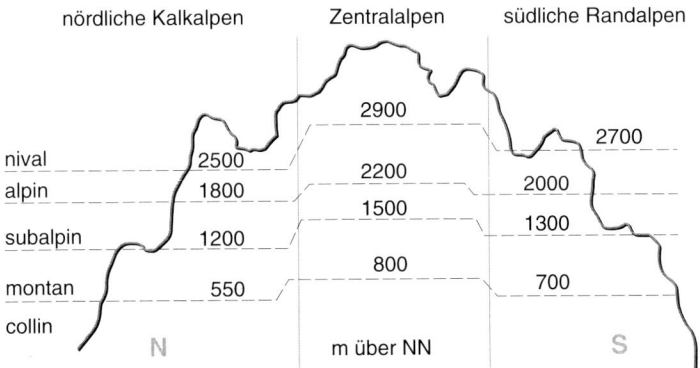

Abb. 2: Die Höhenzonierung der Alpen (in m üb. NN; schematisch).

gesamten Ostalpen liegen nördlich des 46. Breitengrades, während sich der überwiegende Teil der Westalpen südlich dieser Linie befindet. Nizza liegt rund fünf Breitengrade von Wien entfernt. Daher können einander entsprechende (homologe) Vegetationsstufen am Ost- bzw. Westende der Alpen um mehrere hundert Höhenmeter versetzt sein (OZENDA 1988). Dies kann ebenfalls zu gravierenden Verschiebungen in der Höhenverteilung ein und derselben Vogelart über den gesamten Alpenbogen führen.

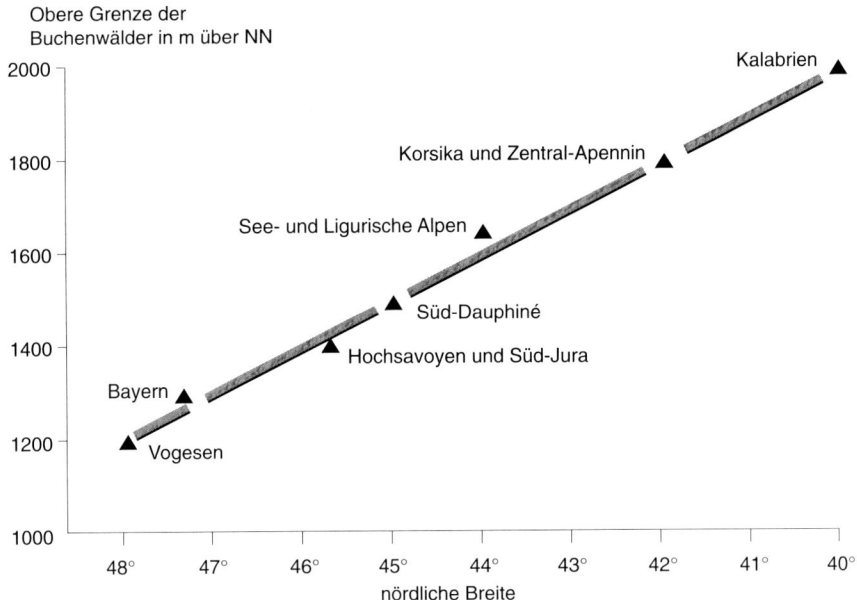

Abb. 3: Schwankung der oberen Höhengrenze des Buchenwaldes in Abhängigkeit vom Breitengrad (nach OZENDA 1988). Die unterschiedlichen Obergrenzen des Buchenwaldes führen zu unterschiedlichen Verteilungsmustern einiger Brutvögel des alpinen Laubwaldes.

Die geographische Abgrenzung der Alpen gegenüber anderen Gebirgssystemen ist eindeutig und zeigt sich entweder in vorgelagerten Hügelketten aus Kalk (z.B. das Leithagebirge südöstlich von Wien) oder geologischen Einheiten aus Flysch, Molasse bzw. Moränen, wie z.B. die Schwäbisch-Bayerische Hochebene. Im allgemeinen wird der Umriß der Alpen durch das Gebiet oberhalb einer 600-m-Linie recht genau beschrieben. Regionen mit einer Höhe von mehr als 2 000 m üb. NN entsprechen weitgehend der nivalen, alpinen und hochsubalpinen Stufe. Sie befindet sich damit oberhalb der Waldgrenze. Neben den großen Seen am Alpenrand wie Genfer See, Gardasee und Chiemsee, die als Folge der glazialen Erosion entstanden sind, bilden ebenso die ausgedehnten,

durch Gletscherschliff U-förmig ausgebildeten Längstäler wie Wallis, Engadin, Grèsivaudan, Vorderrheintal, Vinschgau und Inntal ein wichtiges geographisches Merkmal der Alpen.

Klima der Alpen

Neben geographischen und geologischen Gegebenheiten wird die Vegetation eines Landschaftsraumes – und damit indirekt auch die Vogelwelt – im besonderen Maße durch klimatische Einflüsse bestimmt.

Allgemeine Klima-Komponenten
Mit zunehmender Meereshöhe steigt im Hochgebirge die Intensität der Sonneneinstrahlung

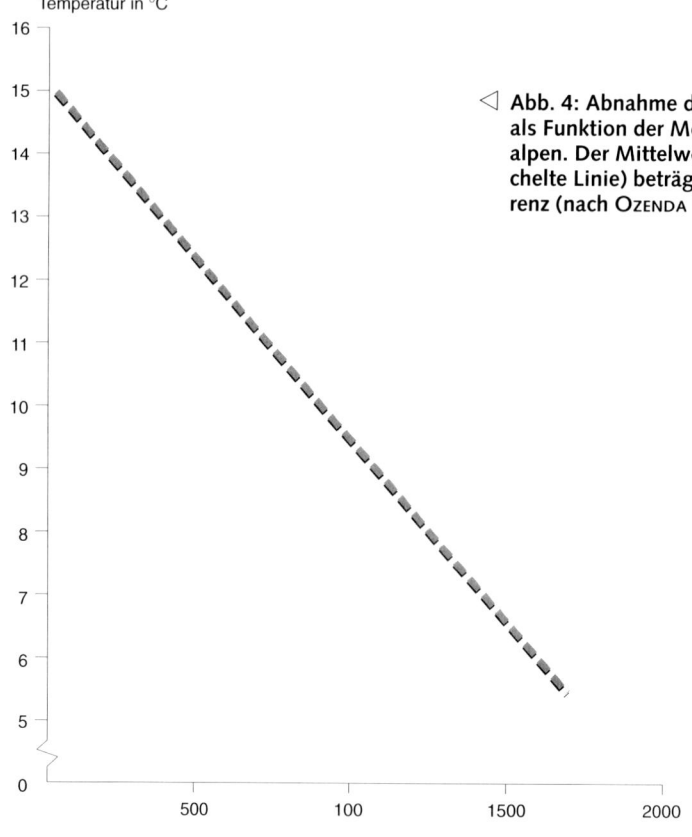

Temperatur in °C

◁ Abb. 4: Abnahme der Jahresmitteltemperatur als Funktion der Meereshöhe in den Südwestalpen. Der Mittelwert des Gradienten (gestrichelte Linie) beträgt 0,56° je 100 m Höhendifferenz (nach OZENDA 1988).

Abb. 5: Abnahme von ▷ Arten- und Bestandsdichte entlang des Höhengradienten am Beispiel der Hohen Tauern (nach STÜBER & WINDING 1991). Die Vogelsilhouetten symbolisieren die Anzahl der Vogelarten pro km² Fläche, die Punkte die Bestandsdichte (1 Punkt = 10 Bp/km²) im entsprechenden Lebensraum. Rot: montaner Mischwaldgürtel; grün: montaner und subalpiner Nadelwaldbereich; grau: Alpinstufe.

an, die Temperatur- und Luftdruckwerte nehmen ab, die Niederschlagsmengen sind schwankend und unregelmäßig. In höheren Lagen ist die Schneedecke oft über mehrere Monate geschlossen und verschiedene lokale, biogeographisch bedingte Klimaeinflüsse wirken sich verstärkt aus.

Als wichtigste biogeographische Folge des klimatischen Höhengradienten gilt das Auftreten der Vegetationsstufen und der sogenannten Ökosystemkomplexe. Dabei ist die mit zunehmender Höhe sinkende Temperatur für die vertikale Abfolge verschiedener Klimaräume verantwortlich. Sie fällt im Mittel etwa um 0,55 °C pro 100 Höhenmeter. Die einzelnen Vegetationsstufen der Alpen erstrecken sich über einen mittleren Höhenumfang von jeweils

rund 700 m, so daß die Temperaturdifferenz innerhalb einer Vegetationsstufe etwa 4 °C beträgt (OZENDA 1988).

Unter diesen Voraussetzungen ist die »Vegetationsstufe« also kein Begriff, der einer bestimmten Höhenlage, sondern vielmehr einem Temperaturintervall zugeordnet ist. Die unterschiedlichen Temperaturtoleranzbereiche von Baum- und anderen Pflanzenarten erklären, warum die Zusammensetzung der Vegetation in einer Höhe von 3 000 m üb. NN eine andere ist als die auf 1 500 m üb. NN.

Die Artenvielfalt der in den höheren Lagen heimischen Pflanzen, wie auch die Zahl der dort vorkommenden Vogelarten, ist geringer als die in den tiefergelegenen Regionen der Alpen.

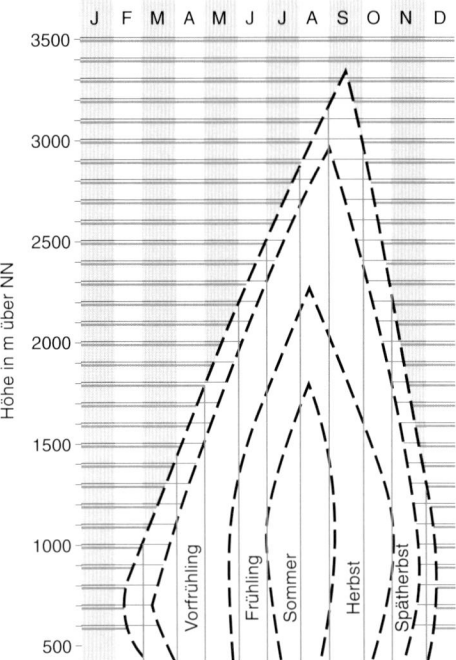

Abb. 6: Phänologisches Diagramm in Abhängigkeit von der Meereshöhe. Mit zunehmender Höhe wachsen die Schwierigkeiten bei der Nutzung von Pflanzenbestandteilen durch pflanzenfressende Vögel. Die dünnen horizontalen Striche stellen die Schneebedeckungsdauer am Nordhang, die dicken Striche die am Südhang dar. Die Verkürzung der Vegetationszeit unterhalb 500 m üb. NN ist eine Folge der Temperaturinversion während des Winters in der Talsohle (nach OZENDA 1988).

Je höher man steigt, desto mehr niedrigwachsende, aber auch umso wiederstandsfähigere Pflanzen beherrschen die alpine Szenerie. Die tieferen Temperaturen und die länger anhaltende Schneebedeckung der alpinen Hochlagen bedingen eine andere Ausprägung der Vegetation. Die verkürzte Vegetationsperiode innerhalb des alpinen bzw. nivalen Lebensraums erfordert eine Fülle von Anpassungen der Pflanzen- und Tierwelt. Je höher ein Vogel im Alpenraum siedelt, desto länger bleibt dort für ihn die Vegetation unter einer Schneedecke

verborgen. Die kurze Vegetationszeit begrenzt auch die Verbreitung von Insekten, deren Lebenszyklus hier oben nicht mehr vollständig ablaufen kann. Deshalb finden wir in der nivalen Zone mit dem Schneefink (*Montefringilla nivalis*) und dem Alpenschneehuhn (*Lagopus mutus*) nur noch zwei Vogelarten, die sich überwiegend von Pflanzenteilen ernähren. Für beide Arten ist die von ihnen bevorzugte Nahrung vor allem an abgewehten Stellen erreichbar.

Neben dem großflächigen, direkten Einfluß des Temperaturgradienten entscheiden auch andere Faktoren über die Ausprägung des lokalen Klimas und damit über Vegetation und vorherrschende Lebensbedingungen. So ist die Exposition für die Ausprägung eines Geländes als Sonnen- oder Schatthang ausschlaggebend und für die Eignung eines Lebensraums für bestimmte Pflanzen- und Vogelarten entscheidend. Der Berglaubsänger (*Phylloscopus bonelli*) beispielsweise bevorzugt deutlich sonnenexponierte Nadelwaldhänge.

Die Geländeform ist bei der Entstehung von Temperaturinversionen aufgrund mangelnder Sonneneinstrahlung und der Ansammlung von Kaltluftmassen im Winter am Grunde von Tälern von Bedeutung. Aufgrund verschiedener Mikroklimate ist die Vegetationsdecke mosaikartig differenziert und erfordert von den dort lebenden Vogelarten spezifische Anpassungen bei Nistplatzwahl und Nahrungssuche. Neben diesen allgemeinen Eigenschaften eines Gebirgsklimas gibt es noch eine Reihe spezifisch alpiner Klimabedingungen: der komplexe Bau der Alpen, ihre Mächtigkeit und Lage am Rande mehrerer ausgeprägter klimatischer Provinzen sowie die von ihnen bewirkten allgemeinen klimatischen Veränderungen in Süd- und Mitteleuropa. Während der Nordrand der alpinen Kette dem atlantischen Einfluß unterworfen ist, liegt der südliche Halbbogen im Bereich der adriatischen Klimazone. Infolge der ost-westlichen Ausrichtung sind die Alpen mit einem riesigen, nach Norden ausgerichteten Schirm zu vergleichen. Die südliche Abdachung und die Regionen am Fuß der Alpen

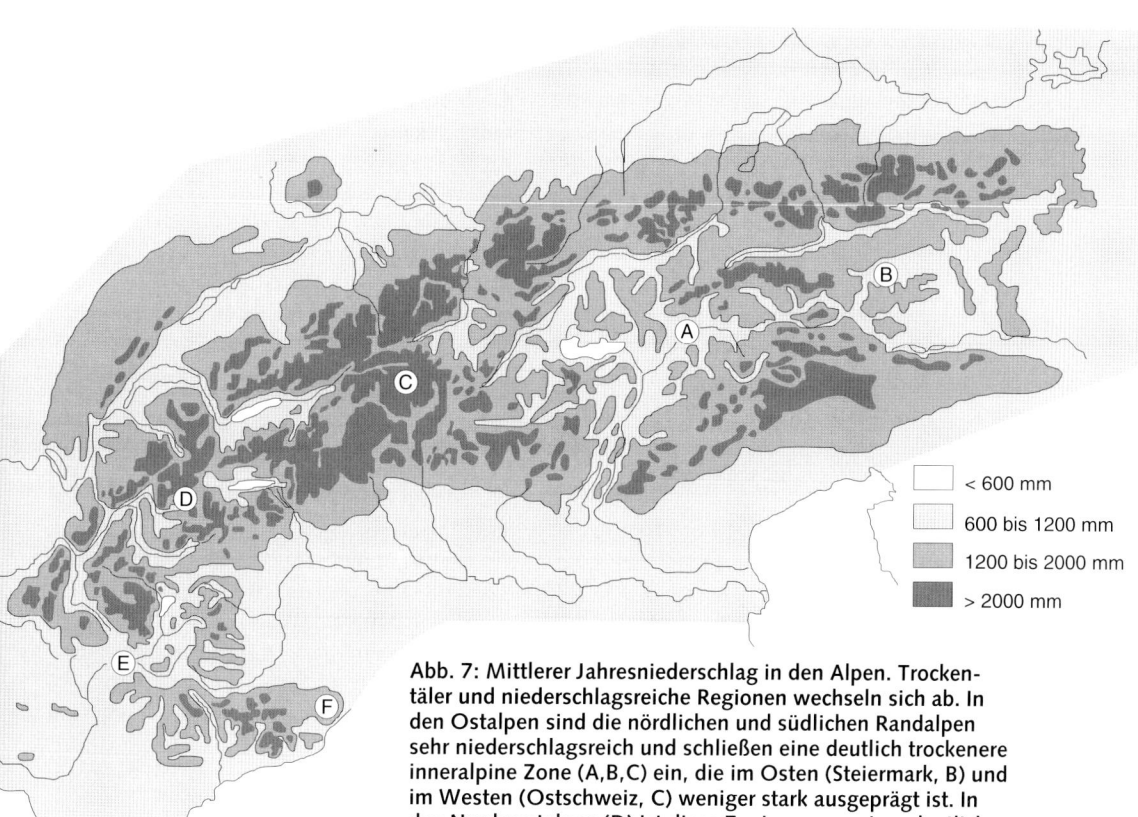

< 600 mm

600 bis 1200 mm

1200 bis 2000 mm

> 2000 mm

Abb. 7: Mittlerer Jahresniederschlag in den Alpen. Trockentäler und niederschlagsreiche Regionen wechseln sich ab. In
den Ostalpen sind die nördlichen und südlichen Randalpen
sehr niederschlagsreich und schließen eine deutlich trockenere
inneralpine Zone (A,B,C) ein, die im Osten (Steiermark, B) und
im Westen (Ostschweiz, C) weniger stark ausgeprägt ist. In
den Nordwestalpen (D) ist diese Zonierung weniger deutlich,
jedoch treten inneralpin sehr trockene Beckenstandorte auf
(Wallis, Aosta-Tal). In den Südwestalpen (E) sind die Niederschläge noch geringer als in den übrigen Alpen, mit Ausnahme der Seealpen (F) (nach OZENDA 1988).

weisen aufgrund dieser »Spalierwirkung« ein verhältnismäßig wärmeres Klima auf. Der obere Buchenwald in den italienischen Dolomiten erreicht daher nicht selten die Höhenlage des höchsten Fichtenwaldes an der nördlichen Alpenabdachung – mit unverkennbaren Folgen für die Höhenverbreitung von Vogelarten, die bevorzugt Buchenwälder bewohnen, wie etwa für den Zwergschnäpper (*Ficedula parva*).

Darüber hinaus bilden die Zentralalpen eine kontinentale Zone. Hier sind die Temperaturen 1 bis 2 °C höher als an Orten desselben Breitengrades und analoger Höhe im Bereich der Randalpen (z.B. das Vinschgau / Südtirol).

Dadurch erklärt sich die Existenz von mindestens fünf klimatischen Unterregionen innerhalb der Alpen (OZENDA 1988).

Der Niederschlag

Die Niederschlagsmengen sind neben den genannten Klimafaktoren die Hauptursache für die großen regionalen Unterschiede bezüglich des vorherrschenden Vegetationstyps. Sie beeinflussen die jeweilige Ausprägung der Vegetation und somit die Zusammensetzung der Vogelwelt in besonders starkem Maße. Auffällig ist das Auftreten regelrechter Trockengebiete, so in den inneralpinen Becken der Westalpen (z.B. Aostatal, Wallis, Engadin, Vinschgau). Das wärmeliebende Steinhuhn (*Alectoris graeca*) bewohnt im Vinschgau einen völlig anderen Lebensraum als beispielsweise in den Hohen Tauern.

Niederschläge sind nicht nur für die Zusammensetzung der jeweils vorherrschenden Vegetation und damit indirekt auch der Avifauna verantwortlich. Sie bestimmen oft auch auf direkte Art und Weise den Bruterfolg und somit den Fortbestands einzelner Vogelarten, wie etwa dem der heimischen Waldhühner (siehe S. 46, 234).

Kulturgeschichte der Alpen

Die ersten gesicherten Funde von Menschen in ganz Europa stammen aus der Zwischeneiszeit, also vor etwa 100 000 Jahren, vom südwestlichen Rand der Alpen zwischen Nizza / Frankreich und Imperia / Italien. Über die Wanderschaftshaltung von Huftieren und die Autarkiewirtschaft entstand im Laufe der letzten etwa 5 500 Jahre die Bergbauernwirtschaft, eine Kombination aus Ackerbau im Tal und Almwirtschaft in den subalpinen bis alpinen Bereichen der Alpen. Verschiedene Methoden wie die großflächige Brandrodung öffneten die ehemals geschlossenen Waldbestände für die Kultivierung in weiten Bereichen der Alpen. Allmählich entwickelte sich die Alpwirtschaft als eine Lebens- und Wirtschaftsform, die aufgrund der jahreszeitlich unterschiedlichen Nutzung von Unter-, Mittel- und Hochlegern (Bezeichnungen für Almen im Talbereich und in mittleren und höheren Lagen) auch heute noch als »Alpnomadismus« bezeichnet wird. Die Erschließung der Almregion führte nicht nur zu einer erheblichen Vergrößerung der alpinen Matten, sondern auch zu einer fundamentalen Veränderung der gesamten Vegetationsdecke einer Höhenstufe: Almen – oft wie ein Idealbild unberührter Natur wirkend – sind eine ausgeprägte Kulturlandschaft!

Bereits um das Jahr 1000 n. Chr. (in den Ostalpen etwa 100 Jahre später) setzte in den Westalpen der sogenannte »hochmittelalterliche Siedlungsausbau« ein, eine Entwicklung, die binnen kurzer Zeit den gesamten Alpenraum umgestaltete und erst durch die große europäische Wirtschaftskrise und die Pestzeit um 1350 n. Chr. gestoppt wurde. Während dieser Zeit veränderte sich die romanische und germanische Bergbauernwirtschaft aus einfachen Anfängen zu einer ersten großen wirtschaftlichen und kulturellen Blüte, die mit zahlreichen Innovationen, vor allem technischer Art, verbunden war. Dies hatte auch grundlegende ökologische Veränderungen im alpinen Naturraum zur Folge. Die großflächige Rodung alpiner Wälder durch Gewerbe und Landwirtschaft drückte letzten Endes die Waldgrenze in den Alpen um bis zu 300 m nach unten. Daneben spielte noch eine andere traditionelle Nutzungsform bei der Veränderung des alpinen Waldbestandes eine zentrale Rolle: Weit früher als auf den Almen wurde das Weidevieh innerhalb der Wälder gehalten, wo vor allem die Ziegen mit besonderer Vorliebe frische Triebe und Baumschößlinge abfraßen. Durch die andauernde Beweidung konnte sich der Bergwald nicht mehr verjüngen und löste sich somit im Laufe der Zeit immer mehr auf.

Diese fundamentalen und über viele Jahrhunderte andauernden Eingriffe in das ökologische Gefüge der gesamten Alpen in allen Höhenstufen führten zu Veränderungen innerhalb des alpinen Ökosystems, wie wir sie heute noch vorfinden.

Die Alpen im 19. und 20. Jahrhundert

Im 19. Jahrhundert kam es weit außerhalb der Alpen zur Entstehung und anschließenden Blüte der europäischen Industriegesellschaft. Mittels einer Eisenbahnlinie auf der Strecke Wien – Triest faßte diese Gesellschaftsform – allerdings noch sehr regional – Fuß im Alpenraum. Im sogenannten »strukturschwachen Alpenraum« kam es dann bis 1918 aufgrund der Sogwirkung der Städte zu einer massiven Bevölkerungsabwanderung, was letztendlich zum ersten großen Zusammenbruch der alpinen Landwirtschaft und Kultur führte. Nach Ende des 1. Weltkrieges (1914 bis 1918) setzte sich die »Entvölkerung« der Alpen vehement fort und nach Beendigung des 2. Weltkrieges (1939 bis 1945) kam es dann zur dritten Phase dieser umwälzenden Entwicklung. Bis heute wirkt nur der Tourismus, die Industrie und der Transit dieser Entwicklung entgegen.

Größere industrielle Einrichtungen findet man in den Alpen vor allem dort, wo elektrische Energie mit Hilfe von Wasserkraft in großen Mengen gewonnen werden kann. Dort wird entscheidend in den alpinen Wasserhaushalt eingegriffen. Zudem stellen die Tausende von Kilometer langen Überlandleitungen innerhalb der Alpen eine permanente Bedrohung vor allem für die Zugvögel dar.

Die Zerschneidung der Lebensräume durch ein immer dichter werdendes Wege-, Straßen- und Schienennetz hat überwiegend Folgen für die am Boden lebenden Tierarten. Der Transit über die Alpen bringt neben starker Luftver-schmutzung auch eine Bedrohung des Wasser-haushalts (Siedlungsbau entlang der Transit-routen und damit steigende Abwasser-belastung, Flußbegradigungen, Hochwasser-sicherungsmaßnahmen zum Schutz von Tran-sitstrecken usw.) mit sich und hat für die alpinen Lebensräume einschneidende Auswir-kungen.

Bis Anfang des 20. Jahrhunderts eine mehr oder weniger exklusive Angelegenheit einer eher kleinen Zahl zahlungskräftiger Gäste, hat sich der Tourismus zum Hauptwirtschaftsfak-tor der alpinen Gemeinden entwickelt. Heute suchen etwa 50 Millionen Ferienurlauber und etwa 100 Millionen Wochenend- und Tages-gäste pro Jahr Erholung in den Alpen (BÄT-ZING 1988). Während der Transitverkehr ein linienhaftes Phänomen darstellt, verteilt sich der Autoverkehr der Ferienurlauber flächenhaft in großen Teilen des Alpenraumes und sorgt so-mit immer häufiger auch abseits der Transit-strecken für zunehmende Luftverschmutzung und Lärmbelastung.

Die Entstehung von Touristenzentren, die großflächige Erschließung von Skiregionen, das Anbringen von Lawinenverbauungen, das An-legen von Großparkplätzen, Gipfelstationen usw. hat neben der Zerstörung der traditionel-len Wirtschafts- und Kulturformen auch ein-schneidende ökologische Veränderungen in den Alpen zur Folge. Nahezu alle traditionellen Naturnutzungen wurden oder werden entwe-der ersatzlos eingestellt oder durch neue, ge-winnbringendere Nutzungsformen ersetzt. Da aber die Art und Weise der Naturnutzung die Vegetationszusammensetzung und damit den Lebensraum alpiner Vogelarten entscheidend prägt, können allein schon Nutzungsänderun-gen automatisch zu drastischen Umwälzungen im Naturhaushalt führen.

Obwohl die Alpen diesem dramatischen Nutzungsdruck und -wandel über Jahrhunder-te ausgesetzt waren, gehören sie dennoch nach wie vor zu den bedeutendsten Naturlandschaf-ten Europas. Ihre Bedeutung für eine Vielzahl von Tier- und Pflanzenarten sowie das Neben-einander von Tiefland- und Hochgebirgsarten machen die Alpen zu einem unvergleichlichen Lebensraum.

Es wird in Zukunft also darauf ankom-men, diese Lebensräume in ihrer Gesamtheit zu schützen und damit weitere Zerschneidun-gen und Zerstörungen innerhalb des Öko-systems Alpen zu verhindern, um ein mög-lichst harmonisches Miteinander von Mensch und Tier auch weiterhin gewährleisten zu können.

Praxis der Vogelbeobachtung

Vögel beobachten

Schon die steinzeitlichen Jäger waren ausgezeichnete Beobachter ihrer Umwelt. Vor allem das Beobachten der Tierwelt, die Kenntnis der Arten und der tierischen Verhaltensweisen waren entscheidend für den Jagderfolg und somit das Überleben. Im Laufe der Jahrtausende hat sich aus dieser eindeutig zweckorientierten Notwendigkeit eine beliebte Freizeitbeschäftigung für Millionen von Menschen entwickelt. Neben zahllosen Menschen, die Vogelkunde als ihr Hobby betrachten, gibt es vergleichsweise wenige berufsmäßige Feldornithologen. Gerade aber die »Freizeitforscher« sind es, die einen unbezahlbaren Beitrag zur Klärung vieler Fragen bezüglich der Biologie der Vögel beigetragen haben und immer noch beitragen.

Die Alpen sind wohl der am schwierigsten zu untersuchende und überschaubare Vogellebensraum ganz Mitteleuropas. Allein das Gehen in diesem schwierigen Gelände erfordert schon soviel Aufmerksamkeit, daß einem viele Beobachtungen schlichtweg »durch die Lappen gehen«. Ein Mindestmaß an Wissen und Ausrüstung sollte jedoch stets vorhanden sein.

Ausrüstung
Um Vögel zu beobachten, muß man nicht unbedingt stundenlang regungslos in irgendeinem Ansitz verharren.Vögel kann man beim Radfahren, beim Reiten, zu Fuß oder auch beim Skifahren zu Gesicht bekommen. Aus dem Auto lassen sie sich mitunter sogar ganz ausgezeichnet beobachten, denn viele Vogelarten zeigen erst dann ein Fluchtverhalten, wenn die Autotür aufgeht. In den Alpen sollte man sich jedoch stets auf kleinere oder größere Bergtouren zu Fuß einstellen.

Neben genügend Zeit, Ausdauer und Geduld, ist ein qualitativ hochwertiges **Fernglas** unentbehrlich. Dabei muß hohe optische Qualität heutzutage nicht auch gleichzeitig einen hohen Preis bedeuten. Das Preis-Leistungs-Verhältnis ist inzwischen bei vielen preisgünstigeren Ferngläsern beachtlich. Bei kleinen Taschengläsern sind allerdings die teuren Modelle meist auch qualitativ besser als die billigen. Ein Fernglastest bei schlechten Lichtverhältnissen offenbart die Stärken und Schwächen eines Fernglases wesentlich besser als das Ausprobieren bei strahlender Sonne. Beim Kauf eines Fernglases sollte man neben Preis, Lichtstärke und Vergrößerungszahl auch Ergonomie (Handhabbarkeit) und Gewicht beachten. Bei kleinen Taschengläsern ist die Konstruktion und Größe der Okulare besonders zu berücksichtigen. Ein zu schweres Glas wird in steilem Gelände ebenso schnell lästig wie ein ergonomisch unausgereiftes. Da in den zahlreichen, tiefen Schluchten, den dunklen Wäldern und den offenen und halboffenen Bereichen der Alpen die Lichtverhältnisse sehr stark wechseln, sollte die Lichtstärke den Faktor 25 nicht unterschreiten. Lichtstärken bis Faktor 56 erlauben auch in der Dämmerung beste Beobachtungsmöglichkeiten, sind aber nicht unbedingt erforderlich. Der Vergrößerungsfaktor sollte zwischen 8 (minimal) und 12 (maximal) liegen, wobei Gläser mit Faktor 10 und erweitertem Gesichtsfeld (gegen 12) von vielen Alpen-Ornithologen empfohlen werden.

Das Angebot an **Spektiven** hat in den letzten Jahren sehr stark zugenommen, wobei auch hier sehr hohe Qualitätsunterschiede herrschen können. Allgemein empfiehlt sich die Mitnahme eines Spektivs in den Alpen nur, wenn man die Gelegenheit hat, exponierte oder gut einsehbare Horste und Nester – selbstverständlich immer aus angemessener Entfernung – zu beobachten. Vielleicht sollte man auch über die Anschaffung eines Leichtbau-Stativs mit entsprechendem Aufsatz nachdenken.

An die Grenzen des finanziell und ökonomisch tragbaren stößt man schnell bei der Auswahl des geeigneten **Fotomaterials**. Mit einem 300er Tele als Zusatz-Objektiv ist man erfahrungsgemäß bei entsprechenden Gelegenheiten gut gerüstet und nicht schon von Anfang an hoffnungslos überladen. Größere Objektive eignen sich vor allem bei kleineren Touren und gewährleisten beim richtigen Verhalten meist auch gelungene Nahaufnahmen. **Filmmaterial** für unterschiedliche Lichtverhältnisse und in ausreichender Stückzahl sollte immer gut erreichbar im Rucksack verstaut werden. Ganz allgemein empfehlen sich hier kleine bis mittelgroße Bauchtaschen, die problemlos und schnell geöffnet werden können, denn viele Vogelarten bleiben nicht solange sitzen, bis man umständlich den Rucksack abgelegt und nach dem Fotoapparat gekramt hat. Eine Reihe der schönsten Vogelportraits sind nur deshalb gelungen, weil man sie durch solche Aktionen nicht erst völlig verschreckt hat.

Um sich die beobachteten Ereignisse und Vogelarten jederzeit wieder vergegenwärtigen zu können, sollte auch ein kleiner Notizblock mit Bleistift nicht fehlen.

Tages-, Jahreszeit und Wetter

Grundsätzlich gibt es keine Tages- und Jahreszeit, zu der man nicht Vögel beobachten könnte. In gebirgigem Gelände ist es allerdings nicht ratsam, während der Nachtstunden und ohne genaue Geländekenntnis nach Eulen und Käuzen suchen zu wollen. Möglicherweise helfen in solchen Situationen ortskundige Fachleute. Auch in den Alpen bietet das Frühjahr und dann vor allem die Morgen- und Abendstunden die besten Möglichkeiten, Vögel bei ihren natürlichen Verhaltensweisen zu beobachten. Zu dieser Jahreszeit tragen alle Arten ihre Prachtkleider und sind leichter voneinander zu unterscheiden. Die Herbstbalz spielt bei einigen Alpenvögeln (z.B. Vertreter der Familien *Tetraonidae* und *Phasianidae*) eine nicht weniger bedeutende Rolle und wird dementsprechend »inszeniert«. Zu den Hauptzugzeiten im März / April und September / Oktober kann man an exponierten Stellen wie Pässen im Gebirge viele verschiedene Vogelarten beobachten, darunter eine Vielzahl von nicht in den Alpen brütenden.

Schneefall, Regen und starker Wind erschweren das Beobachten von Vögeln. Bläst ein zu heftiger Wind, verbleibt die Vielzahl der Vögel mit Vorliebe an geschützten Standorten. Das Rascheln der Blätter und das Knarzen der Äste und Zweige erschwert die Identifizierung der wenigen, weiterhin standhaft singenden Vogelarten zusätzlich. Schneefall beeinträchtigt zwar weniger unser Gehör als vielmehr die Aktivität von Vögeln bezüglich Gesangsfreudigkeit und Bewegungsdrang. Auch bei Nebel ist die Gesangs- und Bewegungsaktivität, aber auch unsere Sehfähigkeit stark eingeschränkt. Während der heißen Mittagsstunden im Hochsommer ist die Aktivität der meisten Vogelarten ebenso herabgeschraubt wie während der vielen eiskalten Tage im alpinen Hochwinter. Zur erfolgversprechenden Planung einer Vogelwanderung gehört bei Berücksichtigung all dieser Faktoren also auch eine genaue Abwägung der günstigsten Voraussetzungen in Bezug auf Wetter, Jahres- und Tageszeit.

Verhalten im Gelände

Nur die wenigsten der ornithologisch Interessierten geben sich auf Dauer mit Beobachtungen am Vogelhäuschen und mit Zufallsbeobachtungen während ausgedehnter Wanderungen zufrieden. Doch bei der Suche nach seltenen Vogelarten und versteckt gelegenen Nestern oder Balzspielen sollten wir einige Verhaltensregeln nicht aus dem Auge lassen. So sollte die Gewahrung von Ungestörtheit und Ruhe aller Tiere absoluten Vorrang haben. Wegegebote in Schutzgebieten sollten uneingeschränkt befolgt werden. Schon oft haben nichtsahnende Ornithologen den Abbruch von

Bruten oder die Trennung von Muttertier und Jungvögeln bewirkt. Man sollte auch dort auf den ausgewiesenen Wegen bleiben, wo dies nicht unbedingt vorgeschrieben ist. Möchte man dennoch Beobachtungen abseits der festgelegten Routen machen, sollte man sich bei der zuständigen Naturschutz- oder Schutzgebietsbehörde über das Störungspotential des Unternehmens informieren. Trifft man überraschend auf Tiere, sind schnelle Handbewegungen zu vermeiden und ein langsamer Rückzug anzutreten.

Wahl der Route

Im Gebirge ist es wichig, sich vorab über die geplante Route genauestens zu informieren. Neben dem aktuellen Wetterbericht sollte man die Länge sowie das zu überwindende Höhenprofil kennen und sich konditionell nicht überschätzen. Außerdem sollte der Weg auch in Hinsicht darauf ausgewählt werden, was wir ornithologisch erwarten. Die Aufschlüsselung des Vorkommens von alpinen Vogelarten nach ihren bevorzugten Lebensräumen – wie es in diesem Buch versucht wird – erleichtert jedem ornithologisch Interessierten die Auswahl geeigneter Wege und Gebiete. Will man beispielsweise die Brutvogelgemeinschaft der alpinen Grasheiden beobachten, wählt man eine Höhenwanderung in diesem Lebensraum. Bei einer Tour durch den Lebensraum alpiner Bergfichtenwälder hingegen kann man sich auf die dort mit hoher Wahrscheinlichkeit anzutreffenden Vogelarten einstellen. Das macht eine Bestimmung im Gelände und das Kennenlernen alpiner Brutvögel sehr viel einfacher.

Entdecken, Einordnen und Bestimmen

Der strukturreiche, vielgestaltige und oft sehr unwegsame Lebensraum Alpen birgt einige Schwierigkeiten, wenn man Vögel beobachten und ansprechen möchte.

Viele Menschen glauben, daß die Alpen gerade wegen ihrer vielen exponierten Gipfel außergewöhnlich gute Beobachtungsmöglichkeiten für Vögel bieten müßten. Ganz sicher

bieten die Alpen hervorragende Plätze, um Vögel zu beobachten. Die Qualität des Beobachtungsplatzes hängt jedoch sehr stark von der Vogelart oder dem Phänomen ab, das zu beobachten ich mir erhoffe. Zugereignisse während der Hauptzugzeiten kann man am besten vom Talboden aus entlang der großen alpinen Flußtäler oder im Bereich von Alpenpässen beobachten. Auch zum Beobachten von Greifvögeln während der Brutperiode gibt es keinen geeigneteren Ort als den Talboden. Dort zeichnen sich die am Himmel kreisenden Tiere als schwarze, kontrastreiche Silhouetten ab. Das kreisende Flugverhalten ist in den Alpen zumeist ein zuverlässiger Anhaltspunkt für einen Greifvogel. Nur Kolkrabe (*Corvus corax*), Rabenkrähe (*Corvus c. corone*), Alpendohle (*Pyrrhocorax graculus*) und Alpenkrähe (*Pyrrhocorax pyrrhocorax*) zeigen ähnliche Verhaltensmuster. Größe und Silhouette erlauben somit eine erste Einordnung der Familienzugehörigkeit.

Zur Bestimmung kleinerer Vögel müssen wir ihren alpinen Lebensraum aufsuchen. Je nach Einsehbarkeit des jeweiligen Lebensraums ist es mitunter recht schwer, kleine Vögel zu entdecken, selbst wenn sie sich durch ihren Gesang verraten sollten. Die sichere Bestimmung allein anhand des Gesangs ist meist recht schwierig. Mit einem guten Fernglas und Geduld lassen sich viele Vogelarten jedoch auch mit dem Auge aufspüren und aufgrund ihrer Gefiederzeichnung, Schwanzlänge oder Schnabelform zuordnen. Auch Größenvergleiche sind sehr wichtig. Der Haussperling wird oft und gerne als Vergleichsgröße herangezogen. Etwa sperlingsgroß sind etliche Finkenvögel, wie zum Beispiel der Wasserpieper (*Anthus spinoletta*), der Buch- (*Fringilla coelebs*) und der Bergfink (*Fringilla montifringilla*). In zweifelhaften Fällen ist der Vergleich bestimmter Verhaltensweisen nötig, wie zum Beispiel die Neigung, Schwärme zu bilden, Sitzwarten aufzusuchen, sich nur in den höchsten Kronenbereichen der Bäume aufzuhalten, an Bäumen oder Felswänden kopfüber zu klettern, zu wippen oder mit dem Schwanz zu zucken. Auch die Ausstattung des Lebensraums kann in sehr vielen Fällen ein entscheidender Hinweis bei der Bestimmung der Art sein. Als wichtiger Anhaltspunkt auf die Richtigkeit eines Bestimmungsergebnisses kann der Vergleich des jeweils beobachteten Aufenthaltsortes mit dem in der Literatur beschriebenen, bevorzugten Lebensraum herangezogen werden.

Methoden zur Erfassung von Vögeln

Einen Schritt über das einfache Beobachten hinaus geht die Frage nach der Erfassung von Vogelbeständen im Gelände. Diese Fragestellung erfordert spezielle Kartierungsmethoden und wird meist von Fachleuten oder Wissenschaftlern bearbeitet.

Die Methode der **Revierkartierung** basiert auf der Registrierung aller Vogelindividuen und dem Einzeichnen des Feststellungsortes in Karten bei einer größeren Anzahl von Begehungen im selben Gebiet. Anschließend werden diese Beobachtungskarten zur Abschätzung der jeweiligen Reviergrenzen und der Gesamtzahl von Revieren genutzt (BIBBY et al. 1992). Diese Methode ist zwar weit verbreitet und für viele Feldornithologen zur Standardmethode geworden, ist allerdings für die Erhebung nicht singender sowie nicht territorialer, locker in Kolonien brütender oder ein hohes Maß an Polygamie aufweisender Vögel nicht geeignet. Selbst bei Singvögeln kann die Anwendung dieser Methode problematisch werden, da beispielsweise viele Zugvogelarten nur während einer kurzen Phase nach der Ankunft aus den Überwinterungsgebieten gesangsaktiv sind. Andere, wie der Hänfling (*Carduelis cannabina*), brüten in lockeren Verbänden und zeigen kaum Revierverhalten. Wenn die Methoden standardisiert sind oder die Ergebnisse für die Erstellung von Indexklassen beim Monitoring genutzt werden, sind die meisten dieser Probleme allerdings vernachlässigbar. Die Revierkar-

tierungs-Methode hat bei der Erfassung siedlungsökoligischer Aspekte eindeutige Vorteile, ist aber bezüglich der pro Zeiteinheit erfaßten Fläche von allen Erfassungsmethoden am aufwendigsten und daher vergleichsweise ineffizient (BIBBY et al. 1995).

Das Prinzip der **Linientaxierungen** (**Transektzählungen**) besticht durch seine Einfachheit. Dabei wird ein Gebiet auf einer festgesetzten Route abgeschritten und die Individuen, die in einem bestimmten Abstand entdeckt oder verhört werden, gezählt. Es ist klar, daß man in einem von einer bestimmten Art bevorzugten Lebensraum mehr Individuen dieser Art antreffen wird. Ebenso wird man bei großer Bestandsdichte mehr Vögel entdecken als bei kleiner. Durch gleichmäßiges Gehen kann pro Zeiteinheit ein größeres Gebiet abgedeckt werden als mit jeder anderen, aufwendigeren Feldmethode (BIBBY et al. 1992). Einen weiteren Vorteil bietet die Möglichkeit, lange Strecken in kleinere Abschnitte teilen zu können und effizient große Stichproben ermitteln zu können. Nachteilig ist, daß leise und unauffällig lebende Arten unterschätzt oder übersehen werden können.

Von **Punkt-Stopp-Zählungen** (**Punkttaxierungen**) spricht man dann, wenn von einem Punkt aus alle visuell und akustisch wahrnehmbaren Vögel erfaßt werden. Durch die Wiederholung dieses Vorgangs an mehreren Stellen läßt sich auf einfachste Art und Weise eine Liste der in diesem Gebiet vorkommenden Arten erstellen. Grundsätzlich empfiehlt es sich, die Größe des Zählkreises und die Zeitdauer der Zählung fest zu definieren, um bessere vergleichbare, halbquantitative Daten zu gewinnen. Falls Erkenntnisse darüber bestehen, wie sich die Entdeckbarkeit der Vögel mit der Entfernung vom Beobachter ändert, lassen sich zudem relative Häufigkeiten wirkungsvoll bestimmen (REYNOLDS et al. 1980). Andererseits kann man relative Häufigkeiten auch über Parameter wie Reviergröße, fester Hörkreis oder Polygonfläche errechnen (SCHUSTER 1996). Punkttaxierungen werden insbesonre in den USA zur Kartierung von Singvögeln gerne verwendet, wobei dort häufig mit dem Auto von Punkt zu Punkt gefahren wird. Auch in den Alpen sind Punkttaxierungen oft die beste Methode. So wird im nur schwer begehbaren Nationalpark Berchtesgaden / Bayern die Methode der Punkt-Stopp-Zählungen als Grundlage für die Berechnung der Antreffwahrscheinlichkeit aller dort brütenden 65 Singvogelarten angewandt. Zur Veranschaulichung der Verbreitung werden die errechneten Flächen mit Hilfe eines Geographischen Informationssystems (GIS) in sogenannten Potentialkarten dargestellt (vgl. SCHUSTER 1996). Für Punkt-Stopp-Zählungen gelten aber vergleichbare Einschränkungen wie für Linientaxierungen. Sehr leise oder versteckt lebende Arten und Vögel mit großen Territorien (z.B. Rabenvögel und Greife) werden leicht unterschätzt.

Zu geringe Brutpaardichte (z.B. bei Greifvögeln Falconiformes), versteckte Nistplätze (z.B. bei Enten *Anatinae*), Dämmerungs- oder Nachtaktivität (z.B. bei Eulen *Strigidae*) oder koloniales bzw. halb-koloniales Brüten (z.B. verschiedene Krähenvögel *Corvidae*) können Gründe dafür sein, daß die bisher genannten Kartierungsmethoden nicht immer effizient genug sind. Für die Erfassung einzelner Arten wurden daher eigene Methoden entwickelt, wie zum Beispiel die **direkte und indirekte Erfassung** (= Zählung aller sichtbaren Vögel von einem guten Aussichtspunkt aus bzw. die Aufnahme aller möglichen Anzeichen für die Aktivität von Vögeln). Auch ganze systematische Gruppen können für die Kartierung durch Standardmethoden schlecht geeignet sein, weshalb sich beispielsweise für die Rauhfußhühnervögel des Alpenraums spezielle Vorgehensweisen anbieten. Bei Auer- bzw. Birkhühnern (*Tetrao urogallus* und *T. tetrix*) hat sich die Erfassung von Männchen und Weibchen am Balzplatz bewährt. Will man Bestände des Alpenschneehuhns (*Lagopus mutus*) abschätzen, werden rufende Männchen registriert. Haselhühner (*Bonasa bonasia*) kann man zwischen

Mitte März und Ende April sowie im Herbst mit Hilfe einer speziellen Lockpfeife besonders erfolgreich anlocken (BIBBY et al. 1992).

Die Erfassung großer Vogelansammlungen, beispielsweise von Koloniebrütern, spielt in den Alpen eine eher untergeordnete Rolle. Bei den bisher vorgestellten Methoden handelt es sich nur um Beispiele einer Fülle von Methoden für eine große Anzahl von schwer erfaßbaren Vogelarten. Bei weiterreichendem Interesse ist daher das Studium einschlägiger Literatur unbedingt empfehlenswert.

Vogelzählungen innerhalb einer Probefläche werden umso wertvoller, wenn sie in Beziehung zu den Landschaftselementen innerhalb dieser Probefläche stehen (BIBBY et al. 1992). Durch die Analyse solcher Daten können häufig diejenigen Faktoren ermittelt werden, die das Auftreten oder die Dichte der Vögel im jeweiligen Lebensraum beeinflussen (vgl. MACARTHUR & MACARTHUR 1961; SCHUSTER 1996). Gerade im modernen Naturschutz sind **Biotopkartierungen** zu einem unerläßlichen Hilfsmittel geworden, um die Effizienz von Managementstrategien oder Lebensraumveränderungen auf dieVogelwelt abschätzen zu können. Moderne Technik und Naturschutz spiegeln nicht länger gegensätzliche Entwicklungen wieder.

So hat sich die **Radio-Telemetrie** in den letzten Jahren zu einer wirkungsvollen Methode zur Abschätzung von Lebensraumansprüchen schwer erfaßbarer Vogelarten entwickelt (vgl. BÖGEL 1996). Die **Satelliten-Telemetrie** liefert wertvolle Daten bei der Ermittlung exakter Flugstrecken von Zugvögeln und wurde zum Beispiel beim Schreiadler (*Aquila pomarina*; MEYBURG & MEYBURG 1994) erfolgreich eingesetzt, um die Zugrouten dieses Vogels über Israel und das Mittelmeer genau verfolgen zu können. Das ursprünglich für militärische Zwecke entwickelte **Global Positioning System (GPS)** spielt eine immer bedeutendere Rolle bei der Erfassung und Kartierung von Lebensräumen. In den schwer überschaubaren Alpen wird diese Methode, wie auch die Telemetrie, aus dem angewandten Naturschutz und dem Management von Wildtieren zukünftig nicht mehr wegzudenken sein.

Exkursionsziele

Wenn man zum ersten Mal vor einem solch unüberschaubaren, von tiefen Tälern durchzogenen Gebirgsstock wie dem der Alpen steht, fällt die Entscheidung nicht leicht, welche der vielen alpinen Landschaften mit ihren artenreichen Lebensräumen man zuerst anschauen möchte. Gerade derjenige, der ornithologisches Interesse mitbringt, verbindet mit seinem Besuch in den Alpen oft ein ganz bestimmtes Ziel, nämlich eine typisch alpine Vogelart oder eine Vogelgemeinschaft zu sehen. Neben den beschriebenen Vogelparadiesen und Schutzgebieten (siehe S. 209) bieten die Alpen noch eine Reihe anderer, aus ornithologischer Sicht sehenswerter Exkursionsziele. Wer beispielsweise Vogelzugbewegungen innerhalb der Alpen beobachten möchte, der sollte viel Geduld mitbringen und sich im Frühjahr (vorwiegend Ende März bis Mai) einen offenen Standort im Tiroler Inntal suchen. Von dort aus kann er bei guter Sicht die Silhouetten der vorbeiziehenden Vögel beobachten. Auch das Obere Rheintal / Schweiz eignet sich gut für diesen Zweck.

Ansammlungen von immaturen Steinadlern (*Aquila chrysaetos*) kann man regelmäßig am Brienzer Grat in der Schweiz beobachten (vgl. JENNY 1992 c), wo die günstigen Thermik- und Fallwindbedingungen diese Häufung verursachen.

Im ganzen Jahr günstig für die Beobachtung von Greifvögeln sind thermik- oder aufwindbegünstigte Hänge und Talflanken in süd- bis nordwestlicher Exposition. Ein Paradebeispiel dafür bieten die Steilhänge des Mühlsturzhorns im Klausbachtal / Nationalpark Berchtesgaden, wo das territoriale Steinadlerpaar gerade im Winter die Thermik der früh ausapernden Hänge so gut wie täglich nützt.

Wenn es sich bei den bevorzugten Vögeln um gefährdete Arten handelt, sollte man im Voraus die Routenwahl mit einem Fachmann der zuständigen Schutzgebiets- oder Naturschutzbehörde abklären, um gravierende Störungen dieser und anderer Tierarten auf jeden Fall zu vermeiden. Daher werden in diesem Buch keine exakten Angaben zu Balzplätzen von alpinen Waldhühnern oder Horsten bedrohter Greife gegeben.

Bitte unternehmen Sie Vogelexkursionen innerhalb landschaftlich und ornithologisch interessanter Gebiete der Alpen nur auf ausgewiesenen Wegen oder in Begleitung offizieller Führer.

Alpine Brutvögel – Artbeschreibungen

Im Jahr 1994 gab BirdLife International ein Handbuch über den Naturschutzstatus aller Vögel Europas heraus mit dem Ziel, Vogelarten zu identifizieren, für die Naturschutzmaßnahmen ergriffen werden müssen. Damit sollen gezielte Aktionen für diese Arten möglich gemacht werden (TUCKER & HEATH 1994). Es wurden unterschiedliche Kriterien zur Identifikation von sensiblen Vogelarten (SPecies of European Conservation Concern) entwickelt. Die Arten, für die der europäische Naturschutz besondere Verantwortung übernehmen muß, wurden in folgende vier Kategorien eingeteilt:

SPEC-Kategorie 1: In Europa vorkommende Arten, für die aufgrund eines besonders ungünstigen Naturschutzstatus weltweite Naturschutzmaßnahmen ergriffen werden müssen.
SPEC-Kategorie 2: Arten, deren globale Populationen konzentriert in Europa vorkommen und dort einen ungünstigen Naturschutzstatus besitzen.
SPEC-Kategorie 3: Arten, deren globale Populationen sich nicht auf Europa konzentrieren und die in Europa einen ungünstigen Naturschutzstatus besitzen.
SPEC-Kategorie 4: Arten, deren globale Populationen sich auf Europa konzentrieren und dort einen günstigen Naturschutzstatus besitzen.

Zur Verdeutlichung der jeweiligen Gefährdung einer alpinen Brutvogelart sind die Kategorien der Roten Liste Deutschlands (RLD; WITT et al. 1996), Bayerns (RLB; BayStMLV 1993), Österreichs (RLÖ; BAUER 1994) und der Schweiz (RLS; ZBINDEN et al. 1994) in dieses Kapitel mit aufgenommen. Die unterschiedlichen Gefährdungskategorien wurden ihrer Definition entsprechend vereinheitlicht.

Kategorie 0: Ausgestorben oder verschollen

In einem der aufgeführten Länder ausgestorbene, ausgerottete oder verschollene Arten. Ihnen muß bei Wiederauftreten i.d.R. besonderer Schutz gewährt werden. Berücksichtigt sind:
– Arten, deren Populationen nachweisbar ausgestorben sind bzw. ausgerottet wurden, oder
– »Verschollene Arten«, d. h. solche, deren Vorkommen früher belegt worden ist, die jedoch seit längerer Zeit (mindestens seit 10 Jahren) trotz Suche nicht mehr nachgewiesen wurden und bei denen daher der begründete Verdacht besteht, daß die Populationen erloschen sind.

Kategorie 1: Vom Aussterben bedroht

Vom Aussterben bedrohte Arten, für die Schutzmaßnahmen dringend notwendig sind. Das Überleben dieser Arten in einem der angegebenen Länder ist unwahrscheinlich, wenn die bestandsbedrohenden Faktoren weiterhin einwirken oder bestandserhaltende Schutz- und Hilfsmaßnahmen nicht durchgeführt werden. Berücksichtigt sind:
– Vom Aussterben bedrohte Arten, die nur in Einzelvorkommen oder wenigen isolierten und kleinen bis sehr kleinen Populationen auftreten (sog. seltene Arten) und deren Bestände aufgrund gegebener oder absehbarer Eingriffe ernsthaft bedroht sind
– Arten, deren Bestände durch lang anhaltenden starken Rückgang auf eine bedrohliche bis kritische Größe zusammengeschmolzen sind
– Arten, deren Rückgangsgeschwindigkeit im größten Teil des heimischen Areals extrem hoch ist.
Die Erfüllung eines der Kriterien reicht für die Zuordnung zu dieser Kategorie aus.

Kategorie 2: Stark gefährdet

Die aktuelle Gefährdung besteht im größten Teil des Verbreitungsgebietes. Zur Bestandserhaltung sind Schutzmaßnahmen dringend erforderlich. Berücksichtigt sind:

– Arten mit landesweit kleinen Beständen (kritische Bestandsgröße bald erreicht) und enger Bindung an gefährdete Lebensraumtypen
– Arten, deren Bestände im nahezu gesamten heimischen Verbreitungsgebiet signifikant zurückgehen, oder die regional verschwunden sind.

Die Erfüllung eines der Kriterien reicht für die Zuordnung zu dieser Kategorie aus.

Kategorie 3: Gefährdet

Die aktuelle Gefährdung besteht in weiten Teilen der jeweiligen Verbreitungsgebiete der angegebenen Länder. Zur Bestandserhaltung sind Schutzmaßnahmen erforderlich. Berücksichtigt sind:

– Arten mit regional kleinen bis sehr kleinen Beständen
– Arten, deren Bestände regional bzw. vielerorts lokal zurückgegangen und lokal verschwunden sind.

Die Erfüllung eines der Kriterien reicht für die Zuordnung zu dieser Kategorie aus.

Kategorie 4: Potentiell gefährdet

Die potentielle Gefährdung besteht in großen Teilen der jeweiligen Verbreitungsgebiete der angegebenen Länder. Da sich das Bestandsrisiko aus unterschiedlichen Ausgangssituationen ergibt und ein Vergleich zu anderen Roten Listen und zur ersten Fassung möglich sein soll, erfolgt eine Unterteilung in zwei Unterkategorien. Die Kennzeichnung mit Buchstaben soll verdeutlichen, daß eine unterscheidende Wichtung aus naturschutzfachlicher Sicht nicht vertreten werden kann. Die Bestandsentwicklung aller Arten beider Gruppen sollten aufmerksam verfolgt und risikomindernde Maßnahmen in Betracht gezogen werden.

V: Vorwarnliste

Verbreitete Arten, die eine über normale Bestandsschwankungen hinausgehende, deutlich rückläufige Bestandsentwicklung aufweisen, deren Bestandssituation aber insgesamt noch nicht als kritisch zu betrachten ist.

R: Arten mit geographischer Restriktion

Arten, die im Gebiet nur wenige und kleine Vorkommen besitzen und Arten, die in kleinen Populationen bereits in den Kategorien 1 bis 3 gezählt werden. Auch wenn eine aktuelle Gefährdung heute nicht besteht, können solche Arten wegen ihrer großen Seltenheit durch unvorhergesehene lokale Eingriffe kurzfristig aussterben.

In diesem Kapitel häufig herangezogene Grundlagenwerke sind:

Bezzel, E. (1993): Kompendium der Vögel Mitteleuropas. Passeres. Aula Verlag, Wiesbaden, 766 Seiten.

– (1985): Kompendium der Vögel Mitteleuropas. Nonpasseriformes. Aula Verlag, Wiesbaden, 792 Seiten.

Dvorak, M., A. Ranner, H.-M. Berg (1991): Atlas der Brutvögel Österreichs. Umweltbundesamt Wien, 552 Seiten.

Glutz v. Blotzheim, U.N. & K. Bauer (Hrsg.) (1985 – 1991): Handbuch der Vögel Mitteleuropas. Band 10 - 12. Aula-Verlag, Wiesbaden.

Glutz v. Blotzheim, U.N. & K. Bauer (1971 – 1982): Handbuch der Vögel Mitteleuropas. Band 4 – 9. Akadem. Verlagsgesellschaft, Wiesbaden.

Niederfriniger, O., P. Schreiner & L. Unterholzner (1996): Atlas der Vogelwelt Südtirols. Arbeitsgemeinschaft für Vogelkunde und Vogelschutz in Südtirol. Arthesia Verlag, 256 Seiten.

Nitsche, G. & H. Plachter (1987): Atlas der Brutvögel Bayerns 1979 – 1983. München, 269 Seiten.

RHEINWALD, G. (1993): Atlas der Verbreitung und Häufigkeit der Brutvögel Deutschlands – Kartierung um 1985. Schriftenreihe des DDA 12, 264 Seiten.

Schweizerische Vogelwarte Sempach (1982): Verbreitungsatlas der Brutvögel der Schweiz. 2. Auflage, 462 Seiten.

TUCKER, G. M. & M. F. HEATH (1994): Birds in Europe. Their Conservation Status. Bird-Life International, Cambridge, U.K., 600 Seiten.

Reiherente
(*Aythya fuligula*; L. 1758)

Status: In den Alpen Durchzügler, vermehrt aber auch regelmäßiger Brutvogel.

Verbreitung: Höchster Brutplatz der Alpen am Rüwlissenseeli ob St. Stephan (Schweiz) auf 1 710 m üb. NN. 1995 fand hier ein erfolgloser, 1996 dagegen ein erfolgreicher Brutversuch statt (ZBÄREN, mündl.). Davor wurde die Reiherente 1992 und 1993 maximal auf 1 698 m üb. NN am Grawatschaweiher im Raum Bever (Kanton Graubünden) erfolgreich brütend beobachtet (HAURI 1994). Die Schweiz gilt als südwestlicher Grenzbereich des europäischen Brutareals. In Südtirol ist die Reiherente während der Zugzeit (März / April) ein häufiger werdender Gast.

Mindestbestand: D: 1 700 Brutpaare, A: 500 Bp, F: 700 Bp, I: 10 Bp, CH: 100 Bp, SL: 50 Bp. Bestand allgemein zunehmend.

Kennzeichen: Kleine Tauchente, gedrungen mit schwarzem Rücken und schwarzem Kopf. An den schwarzweißen Körperseiten leicht zu erkennen. Zur Brutzeit trägt das ♂ einen langen Federschopf, während das ♀ tiefbraun gefärbt ist und nur einen angedeuteten Federschopf besitzt. Im Ruhekleid ähneln sich beide Geschlechter, sind aber auch dann in den Alpen nicht mit anderen Entenarten verwechselbar.

Lebensraum: Die Reiherente bevorzugt tiefe und bisweilen stark oligotrophe, stehende oder höchstens langsam fließende Gewässer. Ist mit Vorliebe auf relativ großen Wasserflächen, außerhalb der Brutzeit allerdings auch auf kleineren, eutrophierteren Gewässeren anzutreffen.

Brutbiologie: Nest zumeist offen auf kleinen Inseln oder mehr oder weniger gut versteckt in der Bodenvegetation, meist unmittelbar oder nahe am Wasser. Das Gelege variiert zwischen (3) 6 bis 11 (14) Eiern. In Bayern wurde ein Schlupferfolg von 3,23 Jungen pro brütendem ♀ und Jahr ermittelt (n = 59 Gelege). Untersuchungen in Finnland ergaben Werte um 11 % Überlebende bei einem Schlupferfolg von 0,5 bis 2,2 flüggen Jungen pro Paar und Jahr.

Nahrung: Überwiegend carnivor, in alpinen Gewässern vor allem Wasserschnecken, Zuckmückenlarven, gelegentlich auch kleine Fische.

Jahresphänologie: Ankunft ab Februar bis April; Wegzug ab September bis Anfang November. In reinen Durchzugsgebieten der Alpen, wie in Südtirol, in den Monaten Juni, Juli und August nicht zu beobachten.

Gefährdung: RLS 3.

Schutz: Momentan keine Schutzmaßnahmen erforderlich.

Reiherente

Bartgeier
(*Gypaetus barbatus*, L. 1758)

Bartgeier

Status: Seit 1997 wieder sehr seltener und möglicherweise unregelmäßiger Brutvogel der Alpen (Infodienst Wildbiologie & Ökologie 1997).

Verbreitung: In der Schweiz brütete der Bartgeier zum letzten Mal 1885 bei Vrin im Bündner Oberland (MEIER 1996). Restvorkommen des Bartgeiers finden sich in Spanien (Pyrenäen), Korsika und der Türkei. Das laufende, alpenweite Wiedereinbürgerungsprojekt soll die alpine mit der bestehenden korsischen Bartgeier-Population verknüpfen.

Mindestbestand: Von etwa 70 ausgewilderten Vögeln fliegen noch etwa 40 in den Alpen, wobei es sich überwiegend um immature Vögel handelt. Eine erfolgreiche Brut in Hochsavoyen / Frankreich im Jahr 1997.

Kennzeichen: Im Flugbild lange, spitze Flügel und auffallend langer, keilförmiger, dunkler Schwanz. Spannweite 250 bis 280 cm, wodurch eine Verwechslung mit dem kleinerem, im Flugbild ähnlichen Schmutzgeier (*Neophron percnopterus*) mit einer Spannweite von 160 bis 170 cm so gut wie unmöglich ist. Adulte Vögel fallen durch ihren hellen Kopf mit dunklem »Bart« und Augenstreif auf. Die Körperunterseite ist weißlich bis kräftig rostrot. Oberseite, Schwanz und Flügelunterseite sind braunschwarz, die Juvenilen dagegen einheitlich dunkel. Immature teilweise mit aufgehellter Unterseite und schwarzem Kopf, der Rücken ist teilweise aufgehellt. Mit etwa 4 bis 5 Jahren ausgefärbt. Die auffällige Iris der Altvögel ist gelbbraun bis schwefelgelb mit leuchtend rotem Skleralring, der Lidring dagegen hellblau (nur aus der Nähe zu erkennen).

Lebensraum: Der Bartgeier besiedelt felsige und schluchtenreiche Gebirge und diese besonders innerhalb der montanen bis alpinen Stufe. Als Nahrungsbasis ist eine ausreichende Dichte an wildlebendem Schalenwild oder Haustieren (Schafe) nötig.

Brutbiologie: Das Nest wird fast immer in Nischen und Halbhöhlen von mehr oder weniger hohen Felswänden angelegt. Bartgeier führen eine monogame Dauerehe. Gelegegröße zwischen 1 bis 2 Eiern, wobei nur maximal 1 Jungvogel überlebt. Untersuchungen zum Bruterfolg (flügge Junge pro Paar und Jahr) ergaben 1981 in den Französischen Alpen Werte um 0,81 (n = 58). Geschlechtsreife im Alter von 5 bis 7 Jahren, weshalb jeder Ausfall eines Einzelvogels sich negativ auf die geringe Alpenpopulation auswirkt.

Nahrung: Aasfresser mit einer Vorliebe für

Knochenmark, wobei auch größere Knochen verschluckt oder diese durch Abwerfen aus größeren Höhen geöffnet werden.

Jahresphänologie: Stand- und Strichvogel. Nur gelegentlich außerhalb der Gebirge zu beobachten. Umherstreifende Exemplare legen Strecken von mehreren 100 km zurück.

Gefährdung: RLÖ 0; RLS 0. SPEC-Katgorie 3 – bedroht. Noch im letzten Jahrhundert ein weitverbreiteter Brutvogel der Alpen, zwischenzeitlich aber aus Unkenntnis und falschem Konkurrenzdenken ausgerottet, wobei der letzte Bartgeier in Kärnten und Vorarlberg 1880, in Tirol 1881 geschossen wurde. Seit 1986 wird in einem alpenweiten Wieder-

einbürgerungsprojekt des WWF International, der Internationalen Naturschutzunion (IUCN) und der Frankfurter Zoologischen Gesellschaft die erneute Ansiedlung versucht. 1996 lebten wieder etwa 70 Vögel in den Alpen, wobei 1996 ein erster Brutversuch in Frankreich (Brutabbruch im Mai 1996) festgestellt wurde. Eine unmittelbare Gefährdung besteht weiterhin durch illegalen Abschuß (2 Vögel der Wiedereinbürgerungspopulation wurden nachweislich durch Abschuß getötet; D 'OLEIRE OLTMANNS, mündl.), sowie durch Aushorstungen, Störungen und übertriebene Wildhygiene.

Schutz: Beibehaltung extensiver Viehweidewirtschaft in den Alpen bzw. die Einrichtung von Futterplätzen als vorübergehende, unterstützende Maßnahme. In Einzelfällen und während der momentanen Wiedereinbürgerungsphase sind Horstbewachungen angebracht.

Gänsegeier

Gänsegeier
(*Gyps fulvus*, Hablizl 1783)

Status: Als Brutvogel in den Alpen ausgestorben; regelmäßiger, aber seltener Gast in den Ostalpen.

Verbreitung: Seit Mitte des letzten Jahrhunderts in den Alpen als Brutvogel ausgestorben. War in den Alpen möglicherweise niemals Brutvogel, sondern nur Sommervogel. In den Schweizer Alpen seltener Irrgast. In den Berchtesgadener Alpen (Bayern) ist er im Sommer bei günstigen Thermikbedingungen entlang der Linie Lattengebirge / Reiteralm relativ regelmäßig auf seinen »Wanderflügen« ins und vom Rauriser Tal (Land Salzburg) kommend zu beobachten.

Mindestbestand: D: 0 Brutpaare, A: 0 - 2 Bp (+ 10 bis 14 Einzelvögel in der »halbwilden« Zoopopulation des Zoo Salzburg; Sommerbestand im Bereich Rauris, Hohe Tauern, 30 bis 50 immature Individuen, in manchen Sommern bis 80 [MÄCK & BÖGEL 1989]), F: 160

Bp, I: 0 Bp, CH: 0 Bp, SL: 0 Bp. Bestandstrend in den Alpen: gleichbleibend.

Kennzeichen: Größer als Steinadler (*Aquila chrysaetos*), im Flugbild mit ähnlich breiten, brettartigen Flügeln, aber wesentlich kürzerem Schwanz. Auch die Spannweite mit 245 bis 265 cm ist größer als die des Steinadlers (190 bis 220 cm). Beim Segelflug Flügel leicht V-förmig. Körperfedern bei Adulten hellbraun, bei grellem Licht fast weißlich. Auffallend ist vor allem der lange Hals (beim Flug eingeknickt), weißer Kopf und weiße Halskrause (bei Juvenilen ist Halskrause noch schmutzig hellbraun).

Stimme: Vor allem am Schlafplatz und am Aas zu hören. Bei Streitigkeiten Kreischlaute oder gänseartiges Schreien , keckend »gegegeg...« o. ä. Am Kadaver auch Fauchen, Röhren, Schluchzen und kurze quiekende Rufe.

Lebensraum: Felsbrüter und sehr von Thermik abhängig, bevorzugt daher Landschaften mit hoher Reliefenergie, vor allem Gebiete mit Karstgebirgen und steppenartigen Ebenen. Zug wohl vor allem durch Nahrungsmangel und schlechte Thermikbedingungen im Winter bedingt. Ausreichende Schalenwild- bzw. Haustierbestände für das Überleben notwendig.

Brutbiologie: Nest in offenen Höhlen oder Nischen im Fels. Gänsegeier führen eine monogame Dauerehe. Gelegegröße zwischen 1 bis 2 Eiern. Untersuchungen zum Bruterfolg (flügge Junge pro Paar und Jahr) ergaben Werte um 0,67 (n = 27).

Nahrung: Aasfresser. Dringt beim Fressen mit Hilfe seines langen, kurz befiederten Halses bevorzugt in die natürlichen Körperöffnungen des Kadavers ein, um an die inneren Organe zu gelangen.

Jahresphänologie: Stand-, Strichvogel und Teilzieher. Am Nordrand des Areals nicht überwinternd mit Ausnahme der »halbwilden« Population am Salzburger Zoo; in den Alpen nur im Bereich Rauris / Hohe Tauern übersommernd.

Gefährdung: RLD 0; RLÖ 0. SPEC-Kategorie 3 – selten. Gefährdung durch Giftköder für Füchse, übertriebene Wildhygiene, Auflassung extensiver Schafweidewirtschaft (z.B. in den Hohen Tauern / Land Salzburg).

Schutz: Striktes Verbot und harte Strafen für Giftköderauslegung. Bewahrung der Schafweidewirtschaft, wobei ausgleichend zumindest die Einrichtung von Futterplätzen und die Lockerung der Wildhygienebestimmungen erforderlich ist.

Habicht
(*Accipiter gentilis*, L. 1758)

Status: Häufiger Brutvogel der Alpen.

Verbreitung: In der Schweiz ist der Habicht in allen Landesteilen von den Niederungen bis auf 1 800 m üb. NN verbreitet, im Engadin sogar bis 2 100 m üb. NN (MEIER 1996). In den Bayerischen Alpen und in Österreich in allen geeigneten Waldgebieten bis zur Waldgrenze. In der Subalpinstufe mehr Brutnachweise als Sperber. In Südtirol vor allem in den größeren Tälern mit weiten, freien Flächen (Brutplätze dort zwischen 300 und 1 600 m üb. NN). In Liechtenstein bisher nur eine Beobachtung zur Brutzeit im Jahr 1983 auf 1 600 m üb. NN (WILLI 1984).

Mindestbestand: D: 4 500 Brutpaare, A: 2 000 Bp, F: 4 000 Bp, I: 450 Bp, CH: 1 300 Bp, SL: 1 000 Bp. Bestandstrend in den Alpen: leicht zunehmend.

Kennzeichen: Das $♀$ ist etwa bussardgroß mit einer Spanweite von 115 bis 120 cm, das $♂$ dagegen nur wenig größer als der Sperber (100 bis 105 cm). Daher Verwechslungen möglich. Von »Bussarden« im Flugbild durch längeren Schwanz und kurze, breite und mehr oder weniger gerundete Flügel unterschieden. $♂$ im Vergleich zu Sperber-$♀$ mit relativ längeren Flügeln und relativ breiteren Armflügeln. Der Schwanz ist auffallend lang. Der Kopf ist etwas stärker vorstehend, der Körper dagegen wirkt etwas plumper. Die Flügelschläge sind kräftiger

♂ Habicht

♀

und langsamer als beim Sperber, wobei oft längere Gleitphasen eingeschoben sind. Faustregel für Beobachter im Feld: Habicht-♂ größer Rabenkrähe kleiner gleich Sperber-♀. Adulte Tiere sind oberseits schiefergrau bis graubraun mit einer dunklen Kopfplatte. Unterseite weiß, fein schwarz quergebändert mit kräftigen Längsflecken und -streifen.

Stimme: Am Nest ruffreudig, sonst wenig zu hören. Bei Störung lange Reihen »gik gik gik...« oder »jik jik...« (»Kirren«), Kontaktruf der Partner »gii -ah«, »hiäh« oder »jülüja«, ähnlich Mäusebussard.

Lebensraum / Siedlungsdichte: Als Jagdgebiete werden möglichst abwechslungsreiche Landschaften bevorzugt, die Brutplätze liegen dagegen in Hochwäldern mit alten Baumbeständen. Der Habicht hält sich mit Vorliebe an der Waldrandzone mit deckungsreicher und vielgestaltiger Ausstattung auf, wobei völlig offene Landschaften weitgehend gemieden werden.

In der Schweiz brütet etwa 1 Paar auf 18,2 bis 77 km². In den Alpen vermutlich mit großflächig sehr dünner Besiedlung, lokal jedoch auch hohe Dichten möglich, wie im Drautal / Kärnten mit 3 Bp auf 60 km² Hangwald (GAMAUF & WINKLER 1991).

Brutbiologie: Neststand in den Kronen hoher Waldbäume. Habichte sind monogam mit hoher Tendenz zur Partnertreue. Gelegegröße zwischen 2 und 5 Eiern. Untersuchungen zum Geschlechterverhältnis der Juvenilen ♂ : ♀ ergaben in Deutschland 1,27 (n = 813).

Nahrung: Carnivor, überwiegend Kleinvögel bis knapp Hühnergröße.

Jahresphänologie: In Mitteleuropa und damit auch im Alpenraum wurden nur ausnahmsweise weitere Wanderungen festgestellt.

Gefährdung: RLB V; RLÖ 3; RLS 0. Frühere Abnahme in Europa durch Pestizidkontamination bedingt, wobei eine zusätzliche Gefährdung durch elektrische Leitungen sowie legalen und illegalen Abschuß sowie Fang zum Schutz von Hausgeflügel besteht.

Schutz: Härtere Strafen für illegalen Abschuß und eine ganzjährige Schonzeit für ausgedünnte Populationen.

Sperber
(*Accipiter nisus*, L. 1758)

Status: In den Alpen häufiger Brutvogel.
Verbreitung: In Österreich in allen Höhenstufen bis zur Waldgrenze, regelmäßig allerdings nur bis ca. 1 400 m üb. NN. Höchst gelegener Brutplatznachweis auf 1 700 m üb. NN in Klamperschofen / Vorarlberg (AMMANN 1993). In den Bayerischen Alpen bis 1 500 m üb. NN. In der Schweiz regelmäßig bis 1 600 m, im Ober-Engadin als Brutvogel ausnahmsweise bis 2 500 m üb. NN (MEIER 1996). In Südtirol bis 1 600 m üb. NN brütend.
Mindestbestand: D: 20 000 Brutpaare, A: 4 500 Bp, F: 10 000 Bp, I: 1 500 Bp, CH: 3 500 Bp, SL: 2 000 Bp. Bestandstrend für Deutschland und Südtirol: leicht zunehmend.
Kennzeichen: Das ♀ ist mindestens turmfalkengroß (*Falco tinnunculus*) mit einer Spannweite won 75 bis 80 cm, das ♂ kleiner (60 bis 65 cm). Unterscheidung Habicht-♂ / Sperber-♀ siehe bei Habicht. ♂ oberseits blaugrau, unterseits weißlich und rotbraun quergebändert (Sperberung), ♀ oberseits graubraun, unterseits wie ♂ gefärbt und gezeichnet. Auffällig ist der der Stoß mit vier Querstreifen. Unterschwanzdecken meist nicht so weiß wie beim Habicht. Bei Juvenilen ist die Bänderung allgemein breiter. Bänderung des ♂ mitunter sehr breit, so daß Unterseite überwiegend rostrot wirkt. Der Sperber mit seinen gerundeten, eher kurzen Flügeln fliegt sehr wendig und schnell. Bei keinem anderen einheimischen Greifvogel sind die Abwehrreaktionen der Kleinvögel ähnlich intensiv.
Lebensraum / Siedlungsdichte: Liebt abwechslungsreiche Landschaften mit ausreichendem Kleinvogelangebot. Das Nest baut er in Baumbeständen, die genügend Deckung, aber auch ausreichenden Raum für An- und Abflug bieten, bevorzugt daher Nadelstangenhölzer. Als Jagdgebiet dienen busch- und gehölzreiche Landschaften, besonders im Winter auch Rand- und sogar Innenzonen geschlossener Ortschaften.

In Liechtenstein wurden 4 Bp auf 52 km² ermittelt, wobei der Sperber in allen Höhenstufen anzutreffen war (WILLY 1984). Eine Untersuchung 1980 im Vorderrheintal bei Trun in Graubünden (Schweiz) ergab 20 Bp auf 200 km².
Brutbiologie: Nest mit Vorliebe auf Bäumen, meist nahe am Stamm, bevorzugt in Fichte. Sperber leben monogam. Gelegegröße zwischen 5 bis 7 Eiern. Untersuchungen zum Bruterfolg (flügge Junge pro Paar und Jahr) ergaben für Deutschland Werte von 1 bis 2,37 (n = 385).
Nahrung: Carnivor, fast ausschließlich Kleinvögel im Überraschungsangriff.
Jahresphänologie: Stand-, Strich- und Zugvogel. Juvenile ziehen häufiger und weiter als Adulte, auch ♂ gegenüber ♀. Wenn überhaupt, dann Abzug aus Brutgebieten schon ab Mitte August.
Gefährdung: RLB 3; RLÖ R; RLS 3.
Schutz: Derzeit keine Schutzmaßnahmen erforderlich.

♂

♀

Sperber

Mäusebussard

Mäusebussard
(*Buteo buteo*, L. 1758)

Status: In den Alpen nur in weiträumigen Tälern häufiger, sonst eher seltener Brutvogel.
Verbreitung: In Österreich in allen Höhenstufen bis zur Waldgrenze, ab 1 200 m üb. NN jedoch deutliche Abnahme der Brutnachweise. Einzelnachweise flügger Jungen in den Hohen Tauern bis auf 1 800 m üb. NN (VOLGGER 1993) und in Obertilliach in den Lienzer Dolomiten / Osttirol (GOLLER 1984), auf 1 600 m üb. NN auf der Cellonalm in den Karnischen Alpen / Kärnten (HAFNER 1993). In der Schweiz von den Niederungen bis hinauf zur Waldgrenze, höchster Brutplatz auf 1 830 m üb. NN zwischen Wiesen und Klosters (Kan-

ton Graubünden). In Südtirol zwischen 350 und 1 200 m üb. NN, wobei das Hauptverbreitungsgebiet dort im Pustertal liegt.
Mindestbestand: D: 140 000 Brutpaare, A: 6 000 Bp, F: 50 000 Bp, I: 3 000 Bp, CH: 15 000 Bp, SL: 2 000 Bp. Bestandstrend: gleichbleibend.
Kennzeichen: Mittelgroßer Greifvogel mit breiten Flügeln (Spannweite 120 bis 140 cm) und relativ kurzem Schwanz. Der Kopf wirkt rund und die im Flugbild relativ breiten Flügelspitzen immer dunkel, der Schwanz ist eng gebändert. Sonst eher unterschiedliche Farbtypen (Morphen von nahezu weiß bis schwarzbraun). In den Alpen Verwechslung nur mit Wespenbussard möglich. Dem Mäusebussard fehlt jedoch im Gegensatz zum Wespenbussard die auffällige, schwarze Färbung der Schwungfederspitzen auf der Flügelunterseite. Auffällig ist der langsame Flug des Mäusebussards mit einer geringen Schlagfrequenz. Außerdem segelt er gerne und ausgiebig.
Stimme: Bekanntester Ruf »hiää«, am häufigsten zu Beginn der Brutzeit.
Lebensraum / Siedlungsdichte: Benötigt Wald als Brutplatz und offenes, vegetationsarmes Gebiet mit ausreichendem Nahrungsangebot (vor allem große Nagerpopulationen, wie zum Beispiel der Feldmaus *Mus* spec.) als Jagdgebiet.
 Siedlungsdichte im Drautal / Kärnten (540 und 630 m üb. NN) bei 16 Brutpaaren pro 60 km². In Liechtenstein wurde eine Siedlungsdichte von 1 bis 2 Bp auf 52 km² ermittelt (WILLI 1984).
Brutbiologie: Die Nester werden in größeren, geschlossenen Baumbeständen bevorzugt an der Waldrandzone, aber auch in kleineren Gehölzen, einzelnen Baumgruppen und sogar Einzelbäumen angelegt. Laubbäume werden bevorzugt, Nadelbäume werden auch angenommen. Mäusebussarde führen eine monogame Saisonehe, auch Dauerehen sind bekannt. Gelegegröße zwischen 2 und 4 (5) Eiern. Untersuchungen zum Bruterfolg (flügge Junge pro brütendem Paar und Jahr) ergaben in Deutschland Werte zwischen 1,06 (n = 258) und 1,67 (n =

95). Der Bruterfolg ist allerdings sehr stark abhängig vom Mäuseangebot.

Nahrung: Carnivor, überwiegend Feldmäuse (*Microtus arvalis*) und andere Kleinsäuger.

Jahresphänologie: Stand- und Strichvogel, bisweilen Kurzstreckenzieher; das Überwinterungsgebiet erstreckt sich von Süd-Skandinavien bis zum Mittelmeer, daher ist auch das »gehäufte« Auftreten von Mäusebussarden während der Wintermonate in Mitteleuropa zu erklären.

Gefährdung: Derzeit keine Gefährdung.

Schutz: Momentan keine Schutzmaßnahmen nötig.

Steinadler
(*Aquila chrysaetos*, L. 1758)

Status: Regelmäßiger Brutvogel in den Alpen.

Verbreitung: Nach seiner fast vollständigen Ausrottung zu Anfang dieses Jahrhunderts gelten momentan in den Alpen wieder alle Reviere des Steinadlers als besetzt, so daß in der Schweiz schon Selbstregulationsmechanismen des Steinadlerbestands greifen (JENNY 1992 c; HALLER 1996). In den Österreichischen Alpen liegen die Horste im allgemeinen zwischen 800 m üb. NN und der Waldgrenze. In Graubünden / Schweiz von 900 bis 2 400 m üb. NN, als Brutvogel maximal bis 2 460 bzw. 2 500 m üb. NN (HALLER 1996; MEIER 1996). Die Reviergrößen variieren in den Bayerischen Alpen zwischen 50 bis 80 km² bzw. bis zu 170 km² (BEZZEL 1994a). In Liechtenstein brütet höchstens 1 Bp, wobei die Sichtbeobachtungen überwiegend auf Bereiche oberhalb 1 700 m üb. NN fallen, Steinadler teilweise jedoch bis in die mittelmontane Stufe hinunter zu beobachten sind (WILLI 1984).

Mindestbestand: D: 50-60 Brutpaare, A: 250 Bp, F: 250 Bp, I: 300 Bp, CH: 310 Bp, SL: 0 Bp, Liechtenstein: 1 Bp. Bestandstrend für die Alpen: gleichbleibend.

Kennzeichen: Großer Adler mit langen, relativ schmalen, brettartig wirkenden Flügeln und mehr oder weniger geschwungenem Flügel-Hinterrand, der eine auffällige Verengung im Bereich des Flügelansatzes zeigt. Besitzt einen mittellangen Schwanz sowie einen vorstehenden Kopf (allgemeines Adlermerkmal). Adulte Vögel fast einfarbig dunkelbraun, Oberkopf und Nacken mehr oder weniger goldgelb (»Golden eagle«). Oberflügeldecken aufgehellt, Unterseite dagegen dunkelbraun, bei den Juvenilen jedoch mit vielen, weißen Gefiederflecken durchsetzt. Der Schwanz von Jungvögeln ist nahezu weiß (später weniger auffällig). Mit zunehmendem Alter wird auch das Flügelfenster kleiner und undeutlicher. Die Handschwingen sind vor allem während der ausgiebigen Gleitphasen weit gespreizt. Auffällig ist der vor allem vom ♂ gezeigte sogenannte Girlandenflug, der sowohl bei der Paarbindung und Balz als auch

Steinadler

Abb. 8: Der charakteristische Girlandenflug des Steinadlers (*Aquila chrysaetos*) kann bei der Abgrenzung des Reviers (Agressionsverhalten), während der Balz oder als Zeichen der Paarbindung von beiden Partnern gezeigt werden (nach LINK, unveröffentl.).

bei der Revierabgrenzung eine wichtige Rolle spielt.

Stimme: Mitunter erstaunlich ruffreudig, vor allem während der Brutzeit und morgens kurz vor Aktivitätsbeginn. Besonders häufig sind helle »klijak«- oder »hiäh«-Laute von beiden Geschlechtern, aber auch kläffende oder keckernde Rufreihen »kjekjeckjeck«. Nestlinge (oft und lange zu hören) betteln überwiegend mit »jjagg jjagg ...«

Lebensraum / Siedlungsdichte: Im Hochgebirge über Hängen und Wänden jagend. Brütet überwiegend in Felsnischen, aber auch in Baumhorsten. Brütet unterhalb der Baumgrenze, jagt dagegen vorzugsweise über der Baumgrenze, um Beute energiesparend im Gleitflug zum Horst tragen zu können. Im Winter Jagd auch tiefer bis in Talnähe.

Bei optimalen Nahrungs-, Thermik- und Nistbedingungen sind Sieldungsdichten von 7 Paaren auf 750 km², wie 1992 in den Wölzer Tauern / Steiermark (SACKL & OSWALD 1993) möglich. In den Bündner Alpen (Schweiz) nahm der Bestand von 1980 bis 1990 von 75 auf 100 Vögel zu, wobei die Siedlungsdichte im letzten Jahrhundert ständig zugenommen und sich inzwischen etwa verdoppelt hat (von 0,69 Paaren / 100 km² zwischen 1890 und 1910 auf 1,49 Paare / 100 km² im Jahr 1994). Auch die Distanz zum nächsten Nachbarpaar verminderte sich dort von 6,4 bis 17,0 km (Mittelwert M = 10,6 km) auf 1,1 bis 11,5 km (M = 5,5

km). Die Reviergröße varriierte in diesem Untersuchungsgebiet anfang der 90er Jahre bei 102 Paaren in 12 Probeflächen zwischen 53 und 120 km² (HALLER 1996).

Brutbiologie: Das Nest wird in den Alpen vor allem in Felsnischen oder offenen Höhlen, aber auch auf alten (kräftigen) Tannen und Fichten angelegt. Steinadler führen eine monogame Dauerehe. Die Gelegegröße beträgt 1 bis 2, sehr selten sogar 3 Eier. Untersuchungen zum Bruterfolg (flügge Junge pro brütendem Paar und Jahr) ergaben in Deutschland Werte zwischen 0,18 im Nationalpark Berchtesgaden (LINK, nicht veröff.) und 0,25 im Werdenfelser Land (BEZZEL & FÜNFSTÜCK 1995). In der Schweiz werden mancherorts Werte bis 0,45 erreicht (HALLER 1996).

Nahrung: Carnivor. Je nach Jahreszeit und Gebiet verschieden, oft sind regelrechte Spezialisierungen auf bestimmte Beutetiere, wie zum Beispiel Murmeltiere, Schneehühner und Hauskatzen, zu beobachten. Im Winter dagegen überwiegend Aasfresser.

Jahresphänologie: Stand- und Strichvogel, vor allem Juvenile auch Kurzstreckenzieher. Adulte Vögel verbleiben meist während des gesamten Jahres im angestammten Revier, das sich mitunter räumlich und in seiner flächigen Ausdehnug verschieben kann. Juvenile Steinadler der Alpen sind auch im Vorland zu beobachten.

Gefährdung: RLD 2; RLB 2; RLÖ R. SPEC-Kategorie 3. Momentan gelten für den alpinen Steinadlerbestand nur zwei Faktoren als potentiell limitierend:

1. Störungen am Horst durch Gleitschirm- und Drachenflieger, Hubschrauber und Kletterer, sowie Störungen in seinen natürlichen

Jagdgebieten (entweder durch Störung seiner natürlichen Beutetiere oder durch direkte Behinderung seiner Jagdaktivität).

2. Verfügbarkeit offener und halboffener Flächen für die Jagd.

Negative Auswirkungen auf den lokalen Steinadlerbestand sind durch Veränderungen in der Nahrungssituation (z.B. durch zunehmend milde Winter und damit weniger Fallwild) bzw. durch intensive Schalenwildreduktion nicht unwahrscheinlich. In einigen, stark bejagten Gebieten hat sich der Verdacht auf Bleivergiftung mit Todesfolge bei einzelnen Steinadlern als wahrscheinliche Folge der Aufnahme von Teilmantelgeschoßresten im Aufbruch von Schalenwildtieren während der Wintermonate erhärtet (BEZZEL & FÜNFSTÜCK 1995). Eine unmittelbare Gefährdung der **alpinen** Population scheint aufgrund der regional sehr unterschiedlichen Jagdintensität auf Schalenwild nicht gegeben, spielt aber möglicherweise regional eine nicht zu unterschätzende Rolle. Eine weitere Gefährdung entsteht durch Wiederaufforstung gerodeter Waldgebiete, was jüngste Untersuchungen aus Schottland zeigen (MCGRADY 1996 unveröff.). Außerdem könnte sich eine Auflassung der Almen (Murmeltierlebensraum!) negativ auswirken. Aushorstung spielt heutzutage eine wohl eher untergeordnete Rolle, kann aber nie ganz vernachlässigt werden.

Schutz: Umweltbildungsprogramme zur Akzeptanzförderung von Großgreifvögeln sowie die Erstellung von lokalen und alpenweiten Risikokarten für Freizeitsportler, Hubschrauberpiloten und Kletterer, um Störeinflüsse in der Nähe von Horstwänden während der Brutsaison zu vermeiden. Strikte Strafen bei illegalem Abschuß (pro Jahr in Österreich etwa 20 bis 30 Abschüsse; CZECH mündl.). Erhal-

tung der alpinen Wildbestände. Lockerung der Wildhygienebestimmungen und der Schalenwildreduktion im Winter. Der wichtigste Beitrag zum Schutz des Steinadlers in den Alpen ist aber die Bewahrung seiner natürlichen Lebensräume.

Turmfalke
(*Falco tinnunculus*, L. 1758)

Status: In den Alpen regelmäßiger Brutvogel bzw. häufiger Gast.

Verbreitung: In der Schweiz als Brutvogel regelmäßig bis über 2 000 m üb. NN, höchster Horst im Dischmatal auf 2 650 m üb. NN (MÜLLER 1996). In den Deutschen Alpen bis 2 000 m üb. NN, in Österreich bis auf 2 400 m üb. NN am Gritzer See / Hohe Tauern (STRÖCKL 1993). Die geringe Anzahl von Brutnachweisen in der montanen Zone der Alpen ist auf den hohen Waldanteil zurückzuführen. Die gefundenen Horste in Liechtenstein lagen bei maximal 1 900 m üb. NN, die Obergrenze der Sichtbeobachtungen bei 2 000 m üb. NN (WILLI 1984). In den Obstplantagen des südtiroler Etschtales war der Turmfalke in den letzten Jahren aufgrund des hohen Pestizideinsatzes nur noch selten anzutreffen.

♂   Turmfalke   ♀

Turmfalke

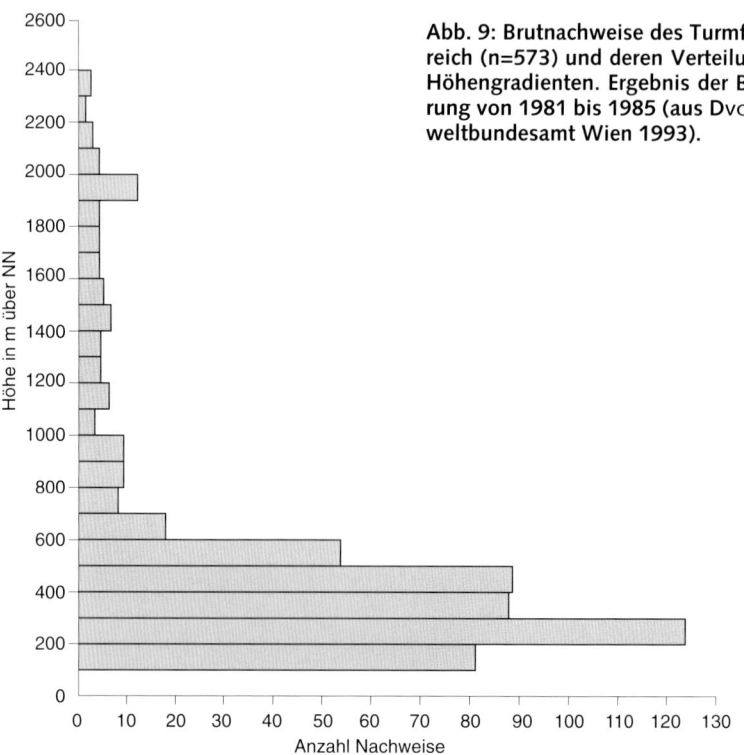

Abb. 9: Brutnachweise des Turmfalken in Österreich (n=573) und deren Verteilung entlang des Höhengradienten. Ergebnis der Brutvogelkartierung von 1981 bis 1985 (aus Dvorak et al., Umweltbundesamt Wien 1993).

Mindestbestand: D: 22 000 Brutpaare, A: 7 000 Bp, F: 42 000 Bp, I: 5 000 Bp, CH: 2 800 Bp, SL: 1 000 Bp. Bestandstrend: In Deutschland und Österreich konstant, dagegen in Frankreich, Italien, der Schweiz und Slowenien abnehmend.

Kennzeichen: Kleiner Falke mit rötlichbrauner Oberseite, relativ langen Flügeln und langem, sich zur Spitze hin nicht verschmälernden Schwanz. Adulte ♂ erreichen eine Spannweite von 72 bis 77 cm. Schwingen braunschwarz, Oberkopf und Schwanz grau, mit einer breiten, braunen Subterminalbinde sowie einem schmalen, weißen Spitzensaum. Unterflügeldecken und Bauch sind oft nahezu weiß. Die ♀ erreichen eine Spannweite von 75 bis 80 cm und sind oberseitig einheitlich rotbraun, die Schwingen dagegen dunkler und stärker schwarz gefleckt bzw. quergebändert als beim ♂. Der Schwanz ist braun gefärbt mit mehreren dunklen Querbändern und einem breiten Subterminalband. Unterseite außerdem dunkler und stärker gefleckt bzw. quergebändert, vor allem auf den Schwingen. Der Oberkopf ist rötlich zimtbraun, die Stirn heller. Auffällig ist vor allem der sogenannte Rüttelflug, mit dem dieser Falke »über dem Boden stehend« nach Beute Ausschau hält.

Lebensraum / Siedlungsdichte: Für die Jagdflüge werden freie Zonen mit lockerer oder niedriger Vegetation bevorzugt. Als Nistplätze dienen Felswände, Kunstbauten oder Bäume. Vor allem im Hochgebirge kann das Jagdgebiet mehrere Kilometer vom Nistplatz entfernt sein.

Im Wallis wurde zwischen 470 und 1 000 m üb. NN eine Siedlungsdichte von 3 bis 9 Paaren pro 25 km^2 ermittelt, in der Höhenstufe von 1 250 bis 2 500 m üb. NN dagegen nur 1 Paar auf 8 km^2 und in Graubünden 6 Paare auf 30 km^2. Bestandsdichte-Untersuchungen für alpine Bereiche Österreichs ergaben Werte zwischen 6 Brutpaaren auf 60 km² im Unter-inntal (Tirol) östlich von Innsbruck im Jahre 1991(GAMAUF & WINKLER 1991), bzw. 7 Brutpaaren auf 925 ha im Oberen Drautal (Kärnten) im Jahre 1990 (LENTNER 1993). Siedlungsdichte in Liechtenstein bei 1,7 Bp pro 10 ha. Die Bestandsdichte des Turmfalken kann durch das Anbringen von künstlichen Nistkästen wesentlich gesteigert werden (MEIER 1996).

Brutbiologie: Turmfalken sind Felsen- und Gebäudebrüter und leben monogam. Gelege-größe zwischen 4 und 6 Eiern. Untersuchungen zum Bruterfolg (flügge Junge pro brütendem Paar und Jahr) ergaben in Deutschland Werte zwischen 2,1 bei Gebäude- (n = 22) und 4,2 bei Stadtbruten (n = 73). Diese Zahlen sind, ähn-lich wie beim Mäusebussard, stark abhängig vom Mäuseangebot und den Witterungsver-hältnissen.

Nahrung: Carnivor, bis zu 90 % Mäuse, über-wiegend Feldmaus *(Microtus arvalis)*.

Jahresphänologie: In den Alpen Teilzieher bzw. Strichvogel.

Gefährdung: RLS 3; SPEC-Kategorie 3 – Be-stand allmählich rückläufig. Gefährdung durch indirekten Einfluß von Pestiziden (Rückgang der Beutetiere), hauptsächlich aber durch Le-bensraumverlust und Umstellung der Land-wirtschaft (Verlust abwechslungsreicher Agrar-landschaften zugunsten von Monokulturen), Klimaänderung, gelegentlich illegalen Abschuß und den Verlust alter Brutbäume. Der letzte Punkt spielt in den Alpen allerdings eine un-tergeordnete Rolle, da es sich überwiegend um eine im Fels brütende Population handelt.

Schutz: Förderung extensiver Landwirtschaft und Beibehaltung abwechslungsreicher Land-schaften sowie ein möglichst weitgehender Ver-zicht auf Pestizideinsatz.

Abb. 10: Brutnachweise des Wanderfalken in Österreich (n=25) und deren Verteilung entlang des Höhengradienten. Ergebnis der Brutvogel-kartierung von 1981 bis 1985 (aus DVORAK et al., Umweltbundesamt Wien 1993).

Wanderfalke
(*Falco peregrinus*, Tunstall 1771)

Status: Seltener Brutvogel der Alpen.

Verbreitung: In den Bayerischen Alpen entlang der Flußtäler verbreitet. Die nördliche Kalkal-penzone stellt das Hauptverbreitungsgebiet des Wanderfalken in Österreich dar. In den 80er Jahren lag der höchste Brutplatz in Österreich auf 1 600 m üb. NN (STRÖHLE 1993). In der Schweiz wurde der Wanderfalke im Ober-En-

Wanderfalke

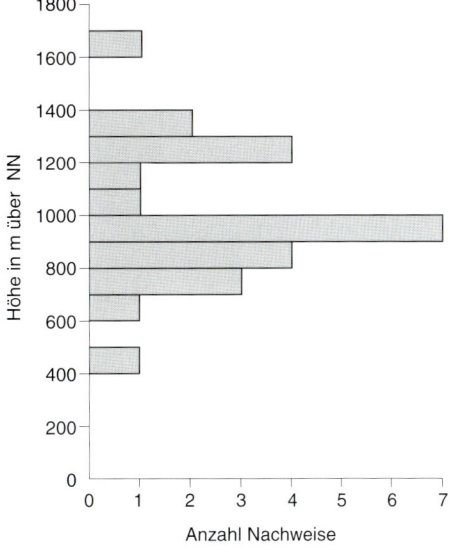

gadin bis auf 1 650 m üb. NN beobachtet, ist dort allgemein aber mit einem deutlichen Schwerpunkt im Montanbereich verbreitet. In Südtirol findet man ihn zwischen dem Talboden und 1 300 m üb. NN.

Mindestbestand: D: 122 Brutpaare, A: 130 Bp, F: 266 Bp, I: 450 Bp, CH: 180 Bp, SL: 1 Bp. Bestandstrends: In Deutschland und anderen Alpenländern leicht zunehmend, in Italien rückläufig.

Kennzeichen: Gedrungen wirkender Falke mit einer Spannweite von 96 bis 110 cm. Der Wanderfalke ist mit 40 bis 48 cm wesentlich größer als eine gewöhnliche Taube, wobei das ♂ deutlich kleiner ist als das ♀. Er besitzt lange, spitze Flügel und einen relativ kurzen, im Flug oft nach hinten verjüngten Schwanz. Die Geschlechter sind gleich gefärbt. Bei Adulten Vögeln ist die Oberseite dunkel blaugrau. Schwingen, Vorderrücken, Oberkopf und Kopfseite sind schwarz. Ein schwarzer Bartstreif ist scharf von der weißen Kehle abgesetzt. Unterseite weiß bis hellrötlich, an der Brust fein schwarz gefleckt, nach hinten zu mehr oder weniger schwarz gebändert. Bei Juvenilen ist die Oberseite dunkel graubraun, die Unterseite braungelblich mit dunkelbraunen Flecken und Längsstreifen. Im schnellen, taubenartigen Flug leicht an dem ankerartigen Profil (lange Flügel, kurzer Schwanz) zu erkennen.

Stimme: »Lahnen« (Bettelruf der Jungvögel), »Wet...«-Laute oder länger und etwas gepreßt »grrääi«.

Lebensraum: Die Lebensraumwahl ist sehr veilseitig. Im Gebirge überwiegend innerhalb der montanen Stufe brütend, wobei geschlossene Wälder allerdings gemieden werden. Der Wanderfalke ist überwiegend Felsbrüter und deshalb meist an steilen Felswänden oder Waldgebirgen anzutreffen. Er brütet aber auch in Steinbrüchen und gerne in Fließgewässer flankierenden Wänden. Baumbrüter findet man in lichten Althölzern und an Waldrändern. Die Jagd erfolgt in offenem Gelände.

In der Nördlichen Kalkalpenzone erreicht der Wanderfalke minimale Horstabstände von 6 bis 12 km (SLOTTA-BACHMAYR & WERNER 1992). In Vorarlberg lagen 3 Horste 4 km voneinander entfernt (KILZER & BLUM 1993). In den Zentralalpen liegen die Brutplätze in 12 bis 18 km Entfernung (SLOTTA-BACHMAYR & WERNER 1992).

Brutbiologie: In den Alpen Fels- oder Baumbrüter, wobei die Wahl des Standortes vom Felsangebot bestimmt wird (SLOTTA-BACHMAYR & WERNER 1992). Wanderfalken leben monogam, oft auch in Dauerehen. Gelegegröße zwischen 2 und 5 (6) Eiern. Untersuchungen zum Bruterfolg (flügge Junge pro brütendem Paar und Jahr) ergaben in Deutschland Werte zwischen 1,03 (n = 61) und 1,21 (n = 239).

Nahrung: Carnivor. Der Wanderfalke jagt im freien Luftraum im Sturzflug nach Beutetieren wie Vögeln bis Graureihergröße, wobei oft in »Kompanie« gejagt wird. Das Opfer wird oft schon durch den Aufprallschock getötet.

Jahresphänologie: In den Alpen wurden nur Jungvögel ziehend beobachtet.

Gefährdung: RLD 3; RLB 2; RLÖ 1; RLS 3. SPEC-Kategorie 3 – bedroht. Nachdem die Gefährdung in Mitteleuorpa durch überhöhte Insektizidkonzentrationen in den Eiern gebannt scheint, ist übermäßiger Einsatz dieser Mittel in den südeuropäischen Überwinterungsgebieten möglicherweise nach wie vor Ursache für eine stetige Bedrohung der Bestände. Vereinzelt ist nach wie vor Aushorstung ein mögliches Gefährdungspotential.

Schutz: Internationale und somit auch die Überwinterungsgebiete betreffende Einschränkung und Verzicht auf den Einsatz von toxischen Insektiziden in der Landwirtschaft. Horstbewachungen scheinen bei Neuansiedlungen von bestimmten Gebieten das adäquate Mittel. Die rigorose Sperrung von für Kletterer geeigneten Wänden sollte möglichst moderat und zeitlich begrenzt – d. h. nur während der Brutzeit – erfolgen.

Haselhuhn
(*Bonasa bonasia*, L. 1758)

♀

Status: In den Alpen häufiger Brutvogel.
Verbreitung: Das Haselhuhn ist nur sehr selten bzw. schwer zu beobachten. Deshalb dürfte es sich im folgenden um relativ unsichere Bestands- bzw. Dichteangaben handeln. Die Nestfunde in der Schweiz liegen zwischen 600 und 1 560 m üb. NN, wobei führende Hennen im Pfynwald bis 1 950 m üb. NN beobachtet wurden. Außerhalb der Brutzeit steigt es dort auf 2 000 m üb. NN (MEIER 1996). In den Bayerischen Alpen von etwa 550 bis 1 500 m üb. NN verbreitet. Die Art ist in den östlichen Chiemgauer Alpen die häufigste Rauhfußhühnerart, gefolgt von Auerhuhn, Birkhuhn und

♂

Haselhuhn

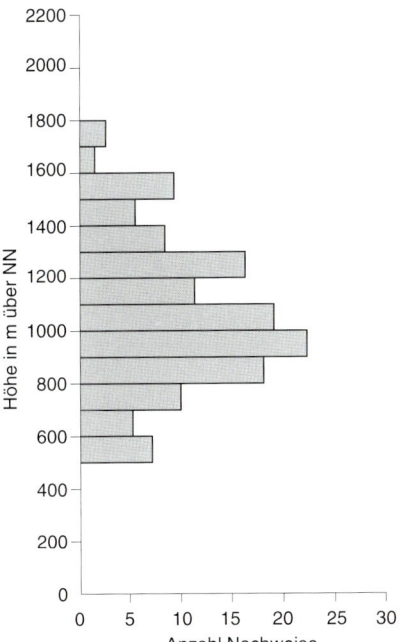

Abb. 11: Brutnachweise des Haselhuhns in Österreich (n=133) und deren Verteilung entlang des Höhengradienten. Ergebnis der Brutvogelkartierung von 1981 bis 1985 (aus DVORAK et al., Umweltbundesamt Wien 1993).

Schneehuhn (MIESLINGER 1994). In Österreich findet sich ein deutliches Verbreitungsmaximum in der montanen Stufe zwischen 800 und 1 300 m üb. NN. Der absolut höchste Brutnachweis gelang auf 1 800 m üb. NN in den Schladminger Tauern (MACHART 1993). In Südtirol brütet die Art zwischen 600 und 1 700 m üb. NN, außerhalb der Brutzeit ist sie auch darüber – ausnahmsweise bis 2 000 m üb. NN – anzutreffen.
Mindestbestand: D: 470 Brutpaare, A: 5 000 Bp, F: 2 000 Bp, I: 5 000 Bp, CH: 7 500 Bp, SL: 350 Bp. Bestandstrend: Außerhalb der Alpen in Deutschland stark abnehmend.
Kennzeichen: Größe mit 36 cm etwa wie Rebhuhn (*Perdix perdix*), oberseits braun bis grau gefärbt; Schwanz relativ lang, schwach gerundet. Nur geringer Unterschied zwischen den Geschlechtern. Bei Erregung wird beim ♂ eine kleine Federhaube gesträubt. Außerdem ist der schwarze, weiß begrenzte Kehlfleck ein deutliches Unterscheidungsmerkmal. Das ♀ besitzt lediglich eine weißliche Kehle. Die Schultern

sind rotbraun mit großen, schwarzen Flecken, der Rücken mehr oder weniger einfarbig braun bis grau, die Flanken grob schwarz und rotbraun gefärbt. Unterseite weißlich und mit groben, schwarzen Tropfenflecken besetzt, die gegen den Kopf leicht rotbraun getönt erscheinen. Bräunlicher Schwanz mit schmaler, weißlicher Endbinde und breitem, dunklen Band davor. Beim überraschten Auffliegen erzeugt das Haselhuhn ein auffälliges Flügelgeräusch und ist leicht an der schwarzen Schwanzendbinde zu erkennen. Dieser Hühnervogel ist stark territorial gebunden und deshalb meist höchstens paarweise oder einzeln zu beobachten.

Stimme: Die hervorgebrachten Laute sind hoch und meist sehr leise und bestehen aus einem schwer zu beschreibenden Pfeiflaut. Das Stimminventar ist allgemein recht reichhaltig. Der Gesang des ♂ ist mit Ausnahme von Winter und Mauserzeit ganzjährig zu hören. Besonders auffälliger Laut ist das »pllorrit« (»Plittern«) bei Erregung. Das sogenannte »Flügelburren« ist oft beim Auffliegen zu hören, ist aber auch Bestandteil der Balz.

Lebensraum / Siedlungsdichte: Eben bis mäßig geneigte, unterholzreiche, mehrschichtige Wälder mit einem Wechsel in der Artenzusammensetzung bzw. mit reichhaltiger horizontaler und vertikaler Gliederung. Auch an hochmontanen bis tief-subalpinen Bergkämmen, die überwiegend von einem mehrschichtigen, urwaldähnlichen Bergwald bestockt sind (MIESLINGER 1994). Wichtige Bestandteile des Lebensraumes sind Fichtenbestände und zumindest gut erreichbare Laubbäume, eine reiche, aber nicht zu dichte Kraut-, Hochstauden- und Zwergstrauchschicht mit Angebot an Beeren und Dickungen. Gemieden werden lediglich dicht geschlossene Altersklassenbestände. Viele Haselhuhnreviere finden sich außerdem an bachbegleitenden Bergmischwäldern, oder auch in Fichtendickungen und sogar Fichtenstangenhölzern (MIESLINGER 1994). Sandige Forststraßen und Wege sind als Gelegenheit zum Sandbaden bzw. zur Aufnahme von Magensteinchen für die Verdauung willkommen.

Die Siedlungsdichteangaben reichen von 3 Paaren pro 150 ha aus dem Napfgebiet auf etwa 700 m bis zu 8 Territorien auf 150 ha zwischen 1 000 und 1 400 m üb. NN im Chassertal. In Liechtenstein wurden Haselhühner bis 1 350 m üb. NN in einer Siedlungsdichte von 4 bis 5 Bp pro 3 km² festgestellt (WILLI 1984).

Brutbiologie: Nest am Boden, sehr gut verseckt. Die Gelegegröße varriiert zwischen (5-) 7 und 11 (-14) Eiern. Untersuchungen zum Bruterfolg fehlen.

Nahrung: Omnivor, vor allem aber Knospen, Triebe, Beeren, aber auch Insekten und deren Larven.

Jahresphänologie: Standvogel.

Gefährdung: RLD 3; RLB 2; RLÖ R; RLS 3. Die Einstufung des Gefährdungsgrades für Deutschland erscheint zumindest fraglich, da die wesentlichen Bestände des Haselhuhns in Deutschland sicherlich in den montanen Bereichen Bayerns anzutreffen sind, wo es aber mit der Gefährdungskategorie 2 eingestuft wird. Gefährdung durch intensive Waldbewirtschaftung, Ausholzen bzw. sogenannte Aufräumarbeiten und Störungen der Brut durch Waldarbeiten und Spaziergänger. Möglicherweise auch durch die Auswirkungen einer Klimaänderung betroffen (siehe Seite 234).

Schutz: Erhaltung naturnaher, unterholz- und abwechslungsreicher Waldgebiete; Einhaltung von Wegegeboten. Möglichst weitreichender Verzicht auf Waldarbeiten in geeigneten Bruthabitaten während der Brutsaison.

Abb. 12: Brutnachweise des Alpenschneehuhns ▷ in Österreich (n=104) und deren Verteilung entlang des Höhengradienten. Ergebnis der Brutvogelkartierung von 1981 bis 1985 (aus DVORAK et al., Umweltbundesamt Wien 1993).

Alpenschneehuhn
(*Lagopus mutus*, Montin 1776)

Status: In den Alpen häufiger Brutvogel.
Verbreitung: In den Alpen überwiegend in der Alpinstufe zwischen 1 700 m üb. NN und 2 830 m üb. NN, in der Schweiz regelmäßig zwischen 2 000 und 2 500 m üb. NN, maximal bis 2 800 m üb. NN (MEIER 1996). Der höchste Nestfund gelang auf 2 850 m üb. NN im Turtmanntal (Kanton Wallis), der einer führenden Henne auf 2 900 m üb. NN (BADILATTI 1996). Außerhalb der Brutzeit wurde die Art bis auf 3 650 m üb. NN beobachtet (GRASS 1996). In den Bayerischen Alpen oberhalb 1 700 m bis 2 450 m üb. NN. Der Verbreitungsschwerpunkt in Österreich liegt zwischen 1 800 und 2 300 m üb. NN, in den Zentralal-

Alpenschneehuhn, ♂ im Herbstkleid

pen durch die höhergelegene Waldgrenze z.T. wesentlich höher. Der höchste Brutnachweis gelang hier auf 2 740 m üb. NN in der Kreuzeckgruppe / Kärnten (SCHAAD 1993), der tiefste dagegen im Bereich des Toten Gebirges /Steiermark auf 1 500 m (KAINZINGER 1993). In Südtirol trifft man das Alpenschneehuhn ab 1 800 bis 2 700 m üb. NN, in Liechtenstein dagegen zwischen 1 700 und 2 100 m üb. NN, maximal bis 2 300 m üb. NN (WILLI 1984).
Mindestbestand: D: 300 Brutpaare, A: 5 000 Bp, F: 7 000 Bp, I: 7 000 Bp, CH: 12 000 Bp, SL: 100 Bp. Bestandstrend für Deutschland und Österreich: leicht abnehmend.
Kennzeichen: Mit 36 cm etwas größer als das Rebhuhn (*Perdix perdix*). Das ganze Jahr über weiße Flügel, ein weißer Bauch und weiß befiederte Füße unterscheiden diese Art von jeder anderen Vogelart in den Alpen. Das Brutkleid des ♂ ist auf der Oberseite, den Flanken und der Vorderseite dunkel braungrau mit schwarzer Marmorierung. Dazu besitzt es kräftige rote Lappen (sogenannte »Rosen«) über den Augen. Das ♀ ist mehr gelbbraun gefärbt mit schwarzbrauner Bänderung. Die Herbstkleider sind allgemein grauer, das Winterkleid dagegen reinweiß. Füße und Zehen sind mit dichten weißen Federn besetzt und geben besten Halt auf

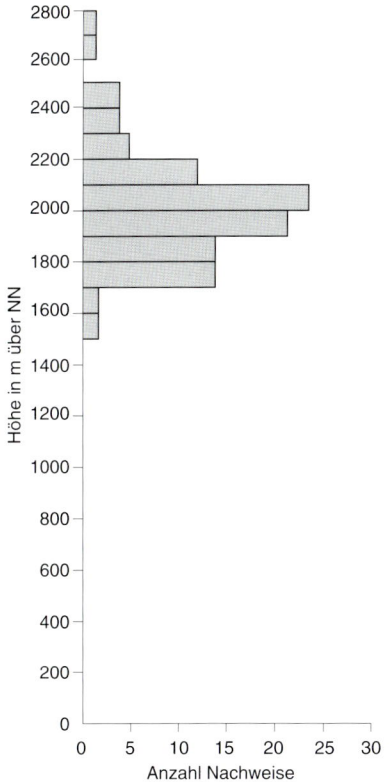

schneebedecktem Geläuf. Flucht bei Störungen meist zu Fuß. Zur Brutzeit ist es territorial und bildet erst im Winter größere Gruppen. Im Feld leicht am wendigen, z.T. schwebenden und rudernden Flug zu erkennen. Auch die Stimme ist charakteristisch: Das ♂ ruft im Balzflug laut bellend »ou-a-a-a-a«, nach der Landung hört man oft ein hölzernes Knarren, das auch bei der Bodenbalz eine wichtige Rolle spielt.

Lebensraum / Siedlungsdichte: Das Alpenschneehuhn besiedelt die alpine und nivale Stufe der Alpen, bevorzugt jedoch in Gebieten mit stark wechselnder Hangneigung, unterschiedlichen Hangexpositionen, lebhaftem Kleinrelief mit Karrenfeldern, Mulden, Schneetälchen, Buckeln, Felsblöcken usw., in denen auf engem Raum abwechslungsreiche Sonneneinstrahlung, Schnee- und Feuchtigkeitsverhältnisse herrschen. Abwechslungsreiche Vegetation wichtig. Im Winter auf schneefreien Graten und frühzeitig ausapernden Hängen nach Nahrung suchend.

Siedlungsdichte im Aletschgebiet (Kanton Wallis) auf einer 14 km² großen Fläche bei etwa 5 Paaren pro km². Die Bestandsdichten in günstigen Lebensräumen können mitunter recht hoch sein, wie zum Beispiel auf der Schloßalm bei Bad Gastein (Land Salzburg) mit 4,2 bis 5,5 Territorien / km² auf einer 144,5 ha großen Fläche (WINDING 1993). In Liechtenstein wurden auf einer 180 ha großen Fläche 8 Reviere kartiert (WILLI 1984).

Brutbiologie: Das Nest wird meist in Hängen, Mulden, Bodenvertiefungen und zwischen Steinen angelegt und mit Zwergsträuchern bedeckt. Die Gelegegröße varriiert zwischen (5) 6 und 10 Eiern.

Nahrung: Herbivor, überwiegend Beeren, Triebe, Blätter und Knospen.

Jahresphänologie: Standvogel, der nach der Brutzeit höher steigt. Im Winter wieder tiefer bis zur subalpinen Stufe anzutreffen. In den Alpen unterhalb der Baumgrenze nur ausnahmsweise, in tieferen Regionen überhaupt nicht zu beobachten.

Gefährdung: RLD R; RLB 3. Gefährdung durch Intensivierung des Skisports, vor allem des Langlaufs in Hochlagen abseits von gespurten Pisten und des Skitourengehens abseits gekennzeichneter Routen. Nach der Jagdstatistik Graubündens wurden dort in den Jahren 1982 bis 1989 jährlich zwischen 838 und 1312 Schneehühner geschossen (MEIER 1996).

Schutz: Keine Erweiterung, höchstens aber gemäßigter Ausbau der bisher vorhandenen Skigebiete. Einhaltung des Wegegebots bzw. keine Neuerschließung hochalpiner Regionen für Langläufer und Skitourengeher. Meidung aperer Rippen und Grate durch Tourengeher.

Birkhuhn
(*Tetrao tetrix*, L. 1758)

Status: Häufiger Brutvogel innerhalb der Alpen; außerhalb stark rückläufig, teilweise ausgestorben.

Birkhuhn ♂

Verbreitung: In den Alpen Brutvogel zwischen 1 200 und 2 200 m üb. NN. In der Schweizer Nordalpenzone ist die Art schon ab 1 200 bis 1 500 m üb. NN, sonst oberhalb 1 500 m bis etwa 2 200 m üb. NN verbreitet (MEIER 1996). Der höchste Nestfund gelang auf 2 300 m üb. NN oberhalb Tschin / Kanton Graubünden (BRÜGGER 1996). Die Verbreitungsschwerpunkte des Birkhuhns in Österreich liegen in der subalpinen Zone zwischen 1 500 und 1 900 m üb. NN, vor allem in den Bundesländern Salzburg, Tirol, Vorarlberg (Nördliche Kalkalpen), sowie in den zentralalpinen Teilen der Steiermark und Kärnten. Führende Hennen in der Kreuzeckgruppe (Kärnten) bis auf 2 030 m üb. NN (GUGGANIG 1993). In Südtirol befinden sich die Balzplätze im Bereich der Waldgrenze bei etwa 1 900 bis 2 200 m üb. NN, die Brutplätze tiefer bei 1 700 bis 2 000 m üb. NN. Der Verbreitungsschwerpunkt in Liechtenstein liegt zwischen 1 400 und 2 000 m üb. NN (WILLI 1984).

Mindestbestand: D: 300 Brutpaare, A: 10 000 Bp, F: 3 000 Bp, I: 37 000 Bp, CH: 7 500 Bp, SL: 100 Bp. Bestandstrend für Deutschland und Südtirol: gleichbleibend, für Österreich rückläufig. Bei der Beurteilung von Bestandstendenzen muß allgemein beachtet werden, daß auch ungestörte Birkhuhnbestände regional verschiedene Bestandszyklen von 3 bis 4 Jahren aufweisen (GLUTZ VON BLOTZHEIM et al. 1973).

Kennzeichen: Der Birkhahn ist mit etwa 53 cm größer als das ♀ mit 41 cm. Die Art ist deutlich kleiner als Auerhahn (*Tetrao urogallus*), und größer als Schneehuhn (*Lagopus mutus*). Beim ♂ ist die Oberseite blauschwarz, die Unterseite schwarz, die Flügel braunschwarz gefärbt. Weitere Merkmale sind ein kleiner weißer Bugfleck, ein weißer Flügelstreif, weiße Unterflügel- und Unterschwanzdecken und sichelförmige sowie nach unten gebogene Steuerfedern. Das ♂ ist im Sommer allgemein stumpfer gefärbt. Die nackten, roten Hautstellen über den Augen (die sogenannten »Rosen«) sind während der Balz beim ♂ stark geschwollen, beim ♀ dagegen ganzjährig unauffällig ausgebildet. Das unscheinbare ♀ ist braun bis gelbbraun gefärbt, Ober- wie Unterseite sind dicht dunkel gebändert. Augenfällig ist zudem eine weiße Flügelbinde und der mehr oder weniger gegabelte Schwanz. Die Juvenilen sind dem ♀ sehr ähnlich. Die auffällige Turnierbalz am Boden auf traditionellen Plätzen bzw. die Färbung des ♂ (sitzt oft balzend in lichten Baumkronen, Hütten, Skiliftgerüsten) erleichtert die Bestimmung im Gelände. Charakteristische Bestandteile der Balz sind die bis zu 1 m hohen Flattersprünge und das weithin hörbare Kullern und Zischen.

Lebensraum / Siedlungsdichte: In den Alpen vor allem innerhalb der Wald- und Baumgrenze mit reichlich vorhandener Zwergstrauchvegetation, Latschen und offenen Matten, wobei halboffenes Gelände bevorzugt wird. Gemieden werden dagegen geschlossene Bestände, völlig baumlose Flächen und Bereiche mit vergrastem Waldboden. Mit Vorliebe auf reichgegliederten Gebieten mit offenen, flachen Balzflächen mit einer vielgestaltigen Krautschicht als Sommernahrung. Laub- und Nadelbäume im Winter spielen ebenso wie Sandbadeplätze im Sommer eine wichtige Rolle.

Siedlungsdichten in einem Lärchen-Arven-Wald im Kanton Wallis (Schweiz) zwischen 13 bis 14 Hähnen / km^2 bzw. 5 Hähnen / km^2 am Nordrand der Alpen. In Österreich wurden 1983 bis 1988 in dem stark vom Skitourismus beeinflußten Arlberggebiet 2 Hähne pro 100 ha bzw. 1985 im Raum Gargellen 10 Hähne pro 100 ha ermittelt (KILZER & BLUM 1991). In Liechtenstein ergab eine Siedlungsdichte-Untersuchung einen Wert von 2,2 Hähnen pro km^2.

Brutbiologie: Legt ein gut verstecktes Bodennest an. Ein Birkhahn begattet viele Weibchen (Promiskuität). Gelegegröße zwischen (3) 7 bis 10 (15) Eiern.

Nahrung: Überwiegend herbivor; bei Jungenaufzucht spielen Ameisen eine entscheidende Rolle. Im Winter gerne auf Bäumen, sommers dagegen überwiegend am Boden nach Nahrung suchend.

Jahresphänologie: Stand- und vereinzelt auch Strichvogel, so zum Beispiel manchmal aus den alpinen Bereichen in die Talböden und ins Vorland ausweichend.

Gefährdung: RLD 1; RLB 1; RLÖ 3. Gefährdung durch Lebensraumzerstörung bzw. -fragmentierung, zum Beispiel durch die Entwässerung von Mooren (vor allem im Tiefland ein wichtiges Gefährdungspotential), die Intensivierung der Landnutzung und die fortschreitende Erschließung der Landschaft. Zum Teil erhebliche Störungen durch Freizeit- und Erholungsbetrieb, aber auch durch Tierfotografen an Balzplätzen bzw. durch den teilweise unausgewogenen, allerdings legalen Abschuß (z.B. in Österreich).

Schutz: Keine Neuerschließung von Skitourenrouten und Langlaufloipen in subalpinen bis hochalpinen Regionen. Vermeidung von Störungen während der Balz- und Brutzeit durch Einhalten des Wegegebots, vor allem in Schutzgebieten. Kein Skifahren in lichten Wäldern. Schutz von Schlüsselvorkommen und gezieltes Management der angrenzenden Landschaft zur Erhaltung geeigneter Gebiete bzw. zur Schaffung von Ausbreitungsarealen. Erhaltung abwechslungsreicher, lichter Wälder (z.B. subalpine Lärchenwälder und Latschenkieferzone). Vermeiden von Almauflassungen und damit dem Abhandenkommen offener Bereiche und traditioneller Balzplätze. Verhindert werden sollte weiter die Isolierung einzelner Bestände. Wichtig ist die Erhaltung minimal notwendiger Flächen für einen gesunden Birkhuhnbestand und somit der Schutz kompletter Landschaften statt spezifischer Habitatteile. Weitere Erforschung der Folgen des legalen Birkhuhnabschusses ist notwendig.

Auerhuhn
(*Tetrao urogallus*, L. 1758)

Status: Regelmäßiger Brutvogel der Alpen.

Verbreitung: In den Alpen Brutvogel zwischen 1 000 und 1 930 m üb NN. In der Schweiz nur selten unterhalb 1 000 m üb. NN, regelmäßig dagegen bis 1 800 m üb. NN, in Ausnahmefällen bis 2 200 m üb. NN (MEIER 1996). Der höchste Nachweis einer führenden Henne datiert auf 1 930 m üb. NN im Juliergebiet (Kanton Graubünden / Schweiz). In Österreich Verbreitungsschwerpunkt in der oberen montanen Stufe mit einem deutlichen Schwerpunkt ab 1 300 m üb. NN bis zur Waldgrenze. Der höchste Nestfund für Österreich gelang auf 1 700 m üb. NN. Führende Hennen konnten in der Kreuzeckgruppe (Kärnten) bis 1 900 m üb. NN beobachtet werden (GUGGANIG 1993). Das tiefstgelegene Nest der Alpen stammt aus der Nähe von Göstling / Niederösterreich auf 650 m üb. NN (LAUERMANN & LINDNER 1993). In den Südtiroler Bergwäldern zwischen 1 400 und 1 900 m üb. NN brütend. Die Beobachtungen in Liechtenstein liegen zwischen 1 290 und 1 760 m üb. NN bei überwiegend geringer Siedlungsdichte (WILLI 1984).

Mindestbestand: D: 330 Brutpaare, A: 7 000 Bp, F: 3 000 Bp, I: 6 500 Bp, CH: 600 Bp, SL: 200 Bp. Bestandstrend für Deutschland, Österreich und Südtirol: leicht rückläufig.

Kennzeichen: Größter mitteleuropäischer Hühnervogel, wobei das ♂ mit 86 cm größer ist als eine Gans, das ♀ mit 62 cm größer als ein Birkhahn (*Terao tetrix*). Es besitzt einen relativ langen, abgerundeten Schwanz, jedoch keine hellen Flügelbinden wie das Birkhuhn (wichtiges Kennzeichen beim Abflug). Das ♂ ist dunkelgrau bis schwarz gefärbt, die Flügel sind braun. Der weiße Schnabel, der schwarze Kehlbart, die Brust mit blaugrün schillerndem Schild, ein weißer Fleck an den Schultern und weißliche Zeichnungen von Hinterbrust bis Unterschwanzdecken machen den Hahn im Gelände zu einer unverwechselbaren Erscheinung. Auch er besitzt wie das Birkhuhn rote, nackte Hautstellen, die zur Balzzeit beim ♂ leuchtend rot über den Augen anschwellen. Das unscheinbarere ♀ ist rot- bis graubraun, Hals und Brust rostgelb, Hinterbrust bis Unterschwanzdecken unterschiedlich stark weißlich gefärbt. Die Querbänderung ist oben schwarz, unten schwarzweiß. Die Juvenilen sind ähnlich wie das ♂ gefärbt. Etwa die Hälfte des Jahres verbringen die Auerhühner in kleineren Gruppen, während sie sich in der Balzzeit strikt territorial verhalten.

Stimme: Der Balzgesang des ♂ ist sehr charakteristisch und wird durch einige doppelsilbige Laute (»Knappen«) eingeleitet, die dichter gereiht einsilbig (»Triller«) schließlich durch einen plötzlichen Laut (»Hauptschlag«, wie Knall eines Sektkorkens) abgeschlossen werden. Die letzte Phase bildet ein rhythmisch kratzendes Schleifgeräusch.

Lebensraum / Siedlungsdichte: Hangexposition und Höhenlage spielen bei der Lebensraumwahl keine Rolle, zu steile Hänge werden allerdings gemieden (STORCH 1995). Auerhühner bevorzugen ruhige Nadel- und Mischwälder mit einem vielseitigen Requisitenangebot, zum Beispiel Bodenaufschlüsse zur Aufnahme von Magensteinchen, die Möglichkeit für Staubbäder, kleinere Wasserstellen, Ameisenvorkommen, eine geschlossene Krautschicht als Deckung (ca. 30 bis 40 cm hoch). Für die Ernährung im Sommer spielen vor allem Heidelbeeren (*Vaccinium myrtilus*) eine wichtige Rolle. Mit Vorliebe werden mehr oder weniger dichte Nadelholzbestände als Aufenthaltsbereiche im Winter aufgesucht. Als Schlaf- und Balzbäume dienen vor allem mit-

telalte Laub- und Nadelbäume mit starken Ästen. Geeignete Bodenbalzplätze, Nestdeckung usw. gehören ebenfalls zu den essentiellen Lebensraumbestandteilen. Bevorzugt werden von diesem Hühervogel somit extensiv bewirtschaftete, stockwerkreiche Wälder mit lückigem Kronenschluß, wobei klassische Plenterwälder aufgrund der großflächig vorherrschenden, für das Auerhuhn zu dichten Verjüngung, keineswegs ideal sind (STORCH 1995).

Die Siedlungsdichte lag 1987 in den Niederösterreichischen Kalkalpen durchschnittlich bei 0,45 Hähnen / km^2 (SPITZER 1993). 1979 bis 1981 lag die Dichte in den östlichen Karawanken zwischen 1 200 und 1 600 m üb. NN bei 6 Hähnen auf 669 ha, in den Wimitzer Bergen (900 bis 1 120 m üb. NN) bei 6 Hähnen auf 300 ha und in den Nockbergen bei 7 Hähnen auf 547 ha (PSEINER 1993).

Auerhuhn ♂

Brutbiologie: Ein Auerhahn begattet viele Weibchen (Promiskuität). Das gut versteckte Bodennest wird oft am Fuß von Bäumen, unter Reisighaufen oder in Holzstapeln angelegt. Gelegegröße zwischen (5) 7 und 11 (15) Eiern. Untersuchungen zum Bruterfolg (geschlechtsreife Vögel im nächsten Jahr pro brütendem Paar und Jahr) ergaben in Finnland einen Wert von etwa 0,7. In den Chiemgauer Alpen waren während einer Studie zwischen 1988 und 1992 im Herbst durchschnittlich noch 20% der geschlüpften Küken am Leben (STORCH 1995).

Nahrung: Überwiegend herbivor. Im Winter und im Frühjahr überwiegend Nadeln, wobei die »Waldkiefer« generell bevorzugt wird. Wo diese fehlt, zieht es die Tanne der Fichte vor. So fanden sich in einem von Fichten dominierten Waldgebiet der Bayerischen Alpen zu 95% Tannennadeln in der Losung, obwohl die Tanne weniger als 10% der Nadelbäume stellte (STORCH 1995). Später im Jahr besteht die Nahrung hauptsächlich aus Trieben, im Sommer aus Beeren (wichtigster »Beerenlieferant« ist die Heidelbeere *Vaccinium myrtillus*), Blatt- und Blütenknospen, aber auch tierischer Kost, wobei vor allem die Juvenilen in den ersten Lebenswochen nahezu ausnahmslos Ameisen zu sich nehmen.

Jahresphänologie: Standvogel. Die ♂ sind sehr geburtsorttreu; ♀ und Juvenile im 1. Winter streifen bis maximal 30 km umher. Im Gebirge ist das Auerhuhn daher ab und zu auch außerhalb des Brutgebietes in den Tallagen zu beobachten.

Gefährdung: RLD 1; RLB 1; RLÖ 3; RLS 2. Gefährdung durch Verlust oder zu starke Fragmentierung des Lebensraumes aufgrund intensiver Waldwirtschaft sowie die Umwandlung reich strukturierter Wälder mit viel Unterwuchs in gleichaltrige, unterholzarme Reinbestände. Außerdem Störungen durch Erschließung der Waldgebiete für Erholungsnutzung und forstliche Maßnahmen sowie Störungen durch Pilz- und Beerensammler, aber auch Ornithologen. Im Winter Gefährdung durch Snowboard- und Skifahrer sowie Schneeschuhgänger außerhalb der ausgewiesenen Pisten. Außerdem durch die Isolation einiger Restvorkommen, wie zum Beispiel der Populationen unterhalb 1 000 m üb. NN in den alpinen Randlagen Niederösterreichs. Die Restbestände unterhalb 700 m üb. NN sind in Österreich fast völlig erloschen. Auch Klimaänderung denkbar: Steigende Niederschlagsmengen im Sommer reduzieren das lebensnotwendige Insektenangebot (vor allem Waldameisen) in den ersten Wochen für die Küken und erhöhen somit die Gefahr des Verklammens bzw. des Erfrierens.

Schutz: Für die Erhaltung vitaler Auerhuhn-Populationen ist die rechtzeitige, großräumige Sicherung geeigneter Lebensräume entscheidend (STORCH 1995), also naturnahe, mit einer reichen Krautschicht versehene, zusammenhängende Wälder, die aufgrund unterschiedlicher Altersstruktur (hohe Umtriebszeiten) stets offene Bereiche (z.B. Lichtungen) bieten. Der Anteil von Kiefer oder Tanne sollte in allen Altersklassen mindestens 10 bis 20% betragen (STORCH 1995). Einhaltung der Wegegebote, aber auch der vorgeschriebenen Skipisten (Verzicht auf Ski- und Snowboardfahren im lichten Wald), vor allem in Schutzgebieten. Verzicht auf Waldarbeiten in potentiellen Auerhuhn-Lebensräumen während der Brutzeit. Vollständige Vermeidung von Zäunen in Brutgebieten oder – wenn unumgänglich – Verzicht auf hangkantennahe Zäune, da sie für die bodennah fliegenden Hühner oft zur tödlichen Gefahr werden (STORCH 1995). Erstaunlich ist auf den ersten Blick die Tatsache, daß Auerhühner übernutzte oder geschädigte, vorratsarme Wälder gemischten, gestuften und vorratsreichen Waldbeständen vorziehen (STORCH 1995). Die bisherigen Auswilderungsprojekte waren fast durchwegs erfolglos.

Steinhuhn
(*Alectoris graeca*, Meissner 1804)

Status: In den Alpen seltener bis häufiger Brutvogel.

Verbreitung: In den West- und Südalpen unterhalb der Waldgrenze auch auf Felssteppen und extensiv genutzten Weinbergen anzutreffen. In den Voralpen Brutvogel zwischen 1 600 und 1 800 m üb. NN, in den Hauptalpen zwischen 1 600 und 2 500 m üb. NN. Der höchste Nachweis einer führenden Henne stammt aus 2 860 m üb. NN im Val Ferret (Kanton Wallis / Schweiz; LÜPS 1996). An den Talflanken des Tessin und Wallis schon ab 800 bzw. 550 m üb. NN vorkommend; dort hat die Art in der Schweiz auch ihr geschlossenstes Vorkommen. In Kärnten zwischen 1 600 und 2 100 m üb. NN verbreitet (HAFNER 1993). In den Bayerischen Alpen existieren wohl kleinere Populationen im Werdenfelser Land, den Chiemgauer Alpen (MIESLINGER, mündl.) und dem Nationalpark Berchtesgaden (STEPHAN et al. 1995). In Südtirol bilden die Trockenhänge des Vinschgau das einzige, geschlossene Verbreitungsgebiet mit gutem Bestand. Dort und im restlichen Etschtal zwischen 600 und 1 500 m üb. NN verbreitet, ansonsten nur inselartig zwischen 1 500 und 2 200 m üb. NN, außerhalb der Brutzeit bis 2 500 m üb. NN.

Mindestbestand: D: 0 - 1 Brutpaare, A: 1 700 Bp, F: 500 Bp, I: 5 000 Bp, CH: 3 000 Bp, SL: 30 Bp. Bestandstrend in Deutschland: ausgestorben, höchstens Einzelbruten; keine Brutpopulation. Österreich und Slowenien: leicht rückläufig. Italien: stark rückläufig (in Südtirol Bestandsschwankungen, teilweise jedoch Neubesiedelung alter Reviere). Frankreich und Schweiz stagnierend.

Kennzeichen: Mit 33 cm etwas größer als Rebhuhn (*Perdix perdix*). Die Oberseite und die Brust sind mehr oder weniger blaugrau und braun gefärbt. Schwarze Kehlbegrenzung, helle Flanken mit meist 10 kräftigen schwarzen

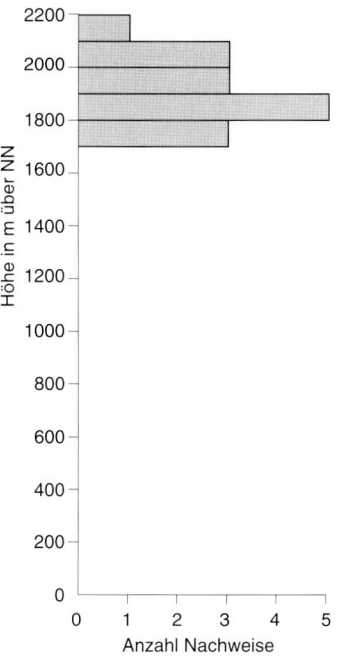

Abb. 13: Brutnachweise des Steinhuhns in Österreich (n=15) und deren Verteilung entlang des Höhengradienten. Ergebnis der Brutvogelkartierung von 1981 bis 1985 (aus DVORAK et al., Umweltbundesamt Wien 1993).

und braunen vertikalen Streifen sind charakteristisch. Der korallenrote Schnabel wirkt hakig und der Körper gedrungener als beim Chukarhuhn (*Alectoris chukar*). Das Steinhuhn fliegt weniger und flüchtet meist hangabwärts. Zur Brutzeit stark territorial, im Winter Gruppen bildend.

Stimme: Der typische Gesang ist wetzend »kakabi kakabit ...« oder »tschatzibitz ...« und steigert sich in Lautstärke und Tempo, wobei er aus der Nähe hart und hölzern klingt. Die Lockrufe bestehen aus »gack-gack ...«- Lauten o. ä. Beim Abflug ist oft ein kurz gepreßtes »pitschii pitschii« zu hören.

Lebensraum / Siedlungsdichte: Liebt steinige, mehr oder weniger steile, sonnige Hänge mit trockenem Boden, Rasen, Zwergsträuchern, auch lichtem Wald, meidet dagegen dichten

Wald. Im Winter entweder in tieferen Lagen auf Almen, wobei wind- und schneegeschützte Flächen eine entscheidende Rolle spielen in Kärnten liegen die typischen Überwinterungsgebiete ziwschen 1 000 und 1 400 m üb. NN (HAFNER 1988) – oder im Bereich der Baumgrenze vorwiegend auf freigewehten Graten und Kanten. Mitunter im Schutz von Siedlungen zu beobachten.

Eine besonders hohe Dichte erreicht es oberhalb des Silser Sees westlich von St. Moritz (SCHUSTER mündl.). Im Ober-Engadin wurden zwischen 1976 und 1978 1,9 singende ♂/ km² ermittelt (HESS 1996). Unter günstigen Bedingungen liegt die Siedlungsdichte in Österreich bei bis zu 1 Bp pro 80 ha (4 Bp / km² sind heute selten), durchschnittlich jedoch bei 1 Bp pro 150 ha (HAFNER 1993).

Brutbiologie: Gut getarntes Bodennest, oft am Fuß von Bäumen oder Steinen. Steinhühner führen überweigend eine monogame Saison- oder auch Dauerehe. Gelegegröße zwischen 6 (9) bis 14 (18) Eiern. Untersuchungen zum Bruterfolg ergaben in Kärnten / Österreich eine Schlupfrate von 0,95 und in der Schweiz von 0,18 flüggen Jungen pro brütendem Paar und

Jahr (sehr stark von der Niederschlagsmenge im Juli abhängig!).

Nahrung: Adulte Vögel überwiegend herbivor, vor allem Blätter, Kräuter und Samen. Juvenile Tiere leben in den ersten Wochen vor allem von Ameisen.

Jahresphänologie: Standvogel und Strichvogel mit geringen Vertikal-, oft aber mit weiten Horizontalwanderungen (bis 10 km bekannt). Im Sommer steigen Hennen mit Küken oft weit über Baumgrenze hinauf.

Gefährdung: RLD 0; RLB 0; RLÖ 1; RLS 3. SPEC-Kategorie 2 – Tendenz stark rückläufig. Gefährdung durch Lebensraumzerstörung, wie Auflassen der Almen (essentielle Überwinterungsgebiete). Gefährdung außerdem durch Klimaänderung: Zunehmende Niederschläge reduzieren Insektenangebot für Nachwuchs im Sommer. Bastardisierungen mit ausgesetzten Chukarhühnern. Die alpine Steinhuhnpopulation wird durch eingeschleppte Krankheiten aus Chukarhuhnzuchten weniger widerstandsfähig für den alpinen Winter. Außerdem Störungen durch Tourismus. Der Einsatz von Insektiziden und Herbiziden bringt eine Verarmung der Insektenfauna mit sich, was sich besonders bei der Jungenaufzucht negativ auswirkt.

Schutz: Beibehaltung der Almwirtschaft, d.h. der traditionellen Bewirtschaftungsmethoden in den Alpen. Erhaltung von Steinzäunen, Heuschobern usw. (Schutz vor Kälte und Schnee) sowie vollständiger Verzicht auf Insektizide und das weitere Aussetzen von Chukarhühnern und gezüchteten Steinhühnern (Einschleppen von Krankheiten). Ausweisung von geeigneten Lebensräumen und Schutz vor zu starker Belastung durch sommerlichen Tourismus in den Brutgebieten. Strenge Kontrolle der Abschußstrecken, wobei ein Abschuß lediglich in solchen Gebieten stattfinden sollte, in denen im Herbst zuvor eine genaue Dichteuntersuchung durchgeführt wurde.

Chukarhuhn

Steinhuhn

Chukarhuhn
(*Alectoris chukar*, J. E. Gray 1830)

Status: In den Alpen kein Brutvogel; Einbürgerungsversuche.

Verbreitung: Kein alpiner Brutvogel.

Mindestbestand: In Österreich wurden zwischen 1980 und 1984 in Scharnitz ca. 100, in Vomperbach 1 000, in St. Jakob (Osttirol) 60 und im Wattental ca. 500 bis 600 Exemplare ausgesetzt.

Kennzeichen: Dem Steinhuhn außerordentlich ähnlich. Kehle und Kopfregion sind beim Steinhuhn (St.) weiß, beim Chukarhuhn (Ch.) dagegen mehr oder weniger rahmfarben. Die Partie zwischen Schnabelwinkel und Augen ist beim St. wie das Stirnband z.T. schwarz. Schwarzer Bartstreif an der Basis des Unterschnabels bei Ch. größer, bei St. fast fehlend. Über dem Auge beim St. Fortsetzung des schwarzen Augenstreifens, beim Ch. dagegen unterbrochen. Ohrdeckfedern beim St. schwarz mit gelbbraunen Spitzen, beim Ch. leuchtend braun.

Stimme: Der Gesang beginnt »tschuk-tschuk ...«, steigert sich zu gutturalem »tschukarr« (Namensgebung!), insgesamt tiefer als beim Steinhuhn. Rufe zum Beispiel »dschedd«, beim Auffliegen hoch »pschrii«.

Lebensraum: Lebensraum wie Steinhuhn, allerdings aufgrund seines niedrigeren Temperaturtoleranzbereiches im Lebensraum Alpen nicht überwinterungsfähig.

Nahrung: Ähnlich Steinhuhn.

Jahresphänologie: Altitudinalwanderungen und kleinere Dismigrationen möglich.

Gefährdung: RLD: nicht aufgeführt; RLB: nicht aufgeführt. Im ökologischen Sinne unerwünschtes, weil nicht heimisches bzw. nicht überlebensfähiges Faunenelement.

Schutz: Kein Schutz nötig. Die Einbürgerungsversuche in den Alpen zu Jagdzwecken sollten eingestellt werden.

Wachtel
(*Coturnix coturnix*, L. 1758)

Status: In den Alpen seltener Brut- bzw. Sommervogel.

Verbreitung: In den Alpentälern Brutvogel bis 1 000 m üb. NN, im Süden bis 1 300 m, im Westen bis 1 600 m üb. NN. In der West-Schweiz lokal sogar bis 1 800 m üb. NN anzutreffen, so in der Gegend um Silvaplana (Kanton Graubünden / Schweiz). Ursprünglich in nahezu allen alpinen Haupttälern Österreichs zu beobachten, heutzutage nur noch lokal im Mur-, Drau- und Gailtal. Die höchsten Brutplätze wurden auf 960 m üb. NN (PRÄSENT 1993) und 1 050 m üb. NN im Lungau (Land Salzburg / Österreich) festgestellt. In Südtirol kann man die Art zwischen 250 bis 1 300 m üb. NN beobachten. In Talnähe hält sich die Wachtel aus Mangel an geeigneten Brutgebieten wohl nur noch zur Zugzeit auf, so daß sie am ehesten im oberen Vinschgau und Etsch- bzw. Eisacktal anzutreffen ist.

Mindestbestand: D: 3 000 Brutpaare, A: 300 Bp, F: 10 000 Bp, I: 5 000 Bp, CH: 100 Bp, SL: 300 Bp. Bestandstrend für Deutschland, Slowenien, Schweiz, Italien: rückläufig; Österreich: z.T. stark rückläufig, vor allem auch die Vorkommen in den Alpentälern und am Alpenrand. Nur in Liechtenstein und Frankreich stabil.

Kennzeichen: Kleinster Hühnervogel Mitteleuropas und mit 18 cm etwa starengroß, erdbraun und nahezu schwanzlos. Oberseits sandgelblich mit rahmgelblichen Längsstrichen, die meist 2 mehr oder weniger deutliche, helle Streifen bilden. Der Oberkopf ist relativ dunkel mit einem hellen Strich über dem Auge. Beim ♂ sind Kopfseiten und Kehle mit variabler, kontrastreicher Zeichnung überzogen. Auffällig ist der helle bis dunkel rostbräunliche Kehlansatz. Die ♀ und Juvenilen besitzen eine helle Kehle. Die Vorderbrust ist bei ♀ enger und feiner, bei Juvenilen dagegen gröber dunkelbraun gesprenkelt oder gefleckt. Auch die Flanken sind bei

Wachtel

adulten Vögeln mit gelblichweißen, dunkelgefaßten Längsstreifen besetzt, die Juvenilen haben zusätzlich eine hell-dunkle Querzeichnung. Ist weit öfters zu hören als zu sehen. Bekommt man sie dennoch zu Gesicht, erkennt man sie an ihrem schnellen und geduckten Lauf, wobei sie immer wieder Umschau hält.

Stimme: Wichtiges Feldkennzeichen ist der Reviergesang des ♂, der sich wie »pick-wer-wick« (1. Silbe am lautesten, 2. deutlich leiser) anhört. Meist folgen 4 bis 7 »Schläge« aufeinander. Bei erschrecktem Auffliegen »reck reck« oder »krwie krwie« o.ä.

Lebensraum: Die Wachtel liebt offene Felder und Wiesenflächen mit hoher, Deckung gebender Krautschicht. Bevorzugt werden tiefgründige bis leicht feuchte Böden. Die Art fehlt in ganz trockenen sowie baumbestandenen Gebieten. Typische Brutbiotope der Alpen sind Wiesen und vereinzelt auch höher gelegene Getreidefelder.

Brutbiologie: Die Wachtel baut ein gut getarntes Bodennest in der höheren Kraut- oder Grasschicht.

Nahrung: Omnivor, sucht am Boden Insekten und Sämereien.

Jahresphänologie: Lang- und Kurzstreckenzieher sowie Invasionsvogel. Ankunft in Mitteleuropa meist erst ab Ende April / Anfang Mai bis Ende Mai. Wegzug aus Mitteleuropa ab Mitte August, Höhepunkt Mitte September mit Abschluß im November.

Gefährdung: RLD V; RLB 2; RLÖ 3; RLS 3. SPEC-Kategorie 3 – gefährdet. Gefährdung durch Lebensraumzerstörung, intensive landwirtschaftliche Nutzung, wie großflächige Bewirtschaftung, frühe Mahd, Düngung und Einsatz von Bioziden. Außerdem durch Fang und

Abschuß (hohe Abschußzahlen während des Herbstzuges an der Küste Ägyptens) sowie klimatische Einflüsse.

Schutz: Internationale Managementstrategien nötig, inklusive der Erhaltung extensiv bewirtschafteter Betriebe, und eine Verschärfung der Jagdgesetze.

Mornellregenpfeifer
(*Charadrius morinellus*, L. 1758)

Status: In den Alpen seltener Brutvogel.

Verbreitung: Aus der Schweiz wurde bisher nur ein Brutnachweis bekannt, nämlich aus dem Jahr 1965 1 Bp auf 2 670 m üb. NN oberhalb Flims / Kanton Graubünden (MEIER 1996). Die Brutplätze Österreichs liegen zwischen 1 800 und 2 200 m üb. NN, mit einem Maximum bei 2 000 bis 2 100 m üb. NN. Den Verbreitungsschwerpunkt bilden die Seetaler Alpen (Land Steiermark) mit dem Zirbelkogel (HABLE 1993). Einzelne Brutversuche wurden auch aus den Südalpen bekannt, so zum Beispiel im Pustertal 1973.

Mindestbestand: D: 0 Brutpaare, A: 6 - 10 Bp, F: 2 Bp, I: 0 Bp, CH: 0 - 1 Bp, SL: ? Bp. Bestandstrend für Österreich: rückläufig.

juv.

Mornell-
regen-
pfeiffer
ad.

Kennzeichen: Mit 22 cm kleiner als Gold-regenpfeifer (*Pluvialis apricaria*). In allen Kleidern mit scharf abgesetztem Überaugenstreifen, der fast bis in den Nacken reicht. Im dunklen Brustgefieder ist eine schmale, helle, mehr oder weniger deutliche Querbinde zu erkennen. Die Art besitzt keine Flügelbinde. Das adulte Brutkleid mit schwarzem Scheitel, grauer Oberseite und hellbraunen bzw. beigen Federrändern ist sehr auffällig. Wangen, Kinn und Kehle sind weiß, Hinterbrust und Flanken kastanienbraun, der Bauch schwarz, Unterschwanzdecken weiß. Adultes ♀ sind lebhafter und kontrastreicher gefärbt als ♂. Wichtigstes Feldkennzeichen ist der V-förmig zusammenlaufende, weiße Überaugenstreif und das schmale, helle Brustband. Die Art ist sehr zutraulich.

Lebensraum: Mit Vorliebe besiedelt der Mornellregenpfeifer offene, tundrenähnliche Brutgebiete mit einer niedrigen oder zumindest lückigen Vegetation.

Brutbiologie: Das Bodennest wird meist in einer schwach angedeuteten Mulde angelegt. Mornellregenpfeifer führen eine monogame Saisonehe bis zum Schlüpfen (sukzessive Polyandrie bei diesem Vogel bekannt). Gelegegröße zwischen 2 bis 3 (4) Eiern. Untersuchungen zum Bruterfolg (flügge Junge pro brütendem Paar und Jahr) ergaben in Großbritannien einen Wert von 0,6, wobei diese Zahl sehr stark witterungsabhängig ist.

Nahrung: Insektivor, überwiegend Larven.

Jahresphänologie: Langstreckenzieher mit Ankunft an nordischen Brutplätzen Ende Mai / Anfang Juni. Die Hauptzugzeit Richtung Nord-Afrika und Vorderasien beginnt in Mitteleuropa ab September. Die Mehrzahl ziehender Mornellregenpfeifer wurde auf dem Cassonsgrat auf 2 650 m üb. NN oberhalb Flims festgestellt. Mehr als 25 Meldungen stammen seit 1963 aus dieser Gegend (MEIER 1996).

Gefährdung: RLD: nicht aufgeführt; RLB: nicht aufgeführt. Durch Erschließungsmaßnahmen und menschliche Störungen sowie Insektizideinsatz in den Überwinterungsgebieten akut bedroht.

Schutz: Strikte Einhaltung des Wegegebots in geeigneten Lebensräumen. Internationale Bemühungen zur Eindämmung des Insektizideinsatzes in den Überwinterungsgebieten.

Waldschnepfe
(*Scolopax rusticola*, L. 1758)

Status: In den Alpen regelmäßiger Brut- und Sommervogel.

Verbreitung: In den Schweizer Alpen ist die Waldschnepfe ein regelmäßiger Brutvogel von 1 200 bis 1 400 m üb. NN. Die höchste Beobachtung balzender Vögel stammt dort aus einer Höhe von 1 700 m üb. NN. In Bayern vorwiegend in den Wäldern der Voralpen. Aufgrund der Bevorzugung feuchter Standorte auf den Kalkböden der Nördlichen Kalkalpen weniger häufig. Kompensatorisch wirken sich evtl. klimatische Einflüsse aus, wie zum Beispiel hoher Niederschlag im Bereich der Staulage am nördlichen Alpenrand. In den Österreichischen Alpen findet man diesen Schnepfenvogel bis 1 600 m üb. NN regelmäßig brütend, die höchste Brut wurde 1978 in Tirol auf 1 800 m üb. NN (LANDMANN 1993) festgestellt. In Südtirol während der Brutzeit vor allem zwischen 500 und 600 m üb. NN anzutreffen, sowie zwischen 300 und 1 300 m üb. NN. In Liechtenstein bis 1984 lediglich eine Brutbeobachtung auf 1 220 m üb. NN (WILLI 1984).

Mindestbestand: D: 3 500 Brutpaare, A: 200 Bp, F: 1 000 Bp, I: 30 Bp, CH: 2 000 Bp, SL: 10 Bp. Bestandstrend für Deutschland, Slowenien, Schweiz und Österreich: gleichbleibend. Italien: leicht rückläufig. Frankreich: stark rückläufig.

Kennzeichen: Mit 34 cm etwa so groß wie eine Haustaube. Der Körper wirkt gedrungen mit langem, geradem Schnabel. Besitzt tarnfarbenes braunes, schwarz und weiß gemustertes Gefieder und ist am Boden schwer zu erkennen. Die Stirn ist hellbraun, Oberkopf und

Waldschnepfe

Nacken weisen 3 bis 4 breite, schwarze Querstreifen auf. Die Unterseite ist hell graubräunlich mit enger (am Hals) bzw. weiter (an Brust und Bauch) dunkler Querbänderung. Auffallend ist auch das große, relativ weit vom Schnabel entfernte Auge. Fliegt mit kurzem Schwanz und breiten Flügeln stumm im Zick-Zack-Flug, wirkt gedrungen, dick und halslos. Wichtigstes Feldkennzeichen sind die großen Augen, der kräftige, im Flug nach unten zeigende Schnabel, die Querbänderung am Hinterkopf sowie der auffällige Dämmerungs-Balzflug über Lichtungen.

Stimme: Der Balzgesang des ♂ besteht aus dem sogenannten »Quorren« (oft 4 mal wiederholt) und dem sich anschließenden, sehr hohen »Puitzen«, das im Flug vorgetragen wird.

Lebensraum: Typischer Waldvogel, der allerdings dichte Bestände wegen der dort eingeschränkten Flugmöglichkeiten meidet. Eine gut ausgebildete Kraut- und Strauchschicht ist notwendig. Brütet in reich gegliederten, vorzugsweise ausgedehnten Hochwäldern, möglichst in Laub- und Laubmischwäldern, aber auch in reinen Nadelwäldern. Randzonen und Lichtungen sind für singfliegendes ♂ wichtig.

Brutbiologie: Das gut getarnte Bodennest wird meist am Rand geschlossener Baumbestände angelegt. Das Gelege besteht zumeist aus 4 Eiern. Untersuchungen zum Bruterfolg ergaben in Großbritannien eine Schlupfrate von 64% (n = 453 Eier).

Nahrung: Überwiegend carnivor, vor allem Insekten und Regenwürmer.

Jahresphänologie: In den Alpen Kurzstreckenzieher. Die ♂ treffen vor den ♀ Ende März / Anfang April (in der Schweiz schon ab Ende Februar) in den Brutgebieten ein, wobei dieses Datum stark witterungsabhängig ist. Der Wegzug beginnt Mitte Oktober / Anfang November.

Gefährdung: RLB 3; RLÖ R; RLS 3. SPEC-Kategorie 3 – gefährdet. Gefährdung durch Lebensraumveränderungen bzw. -zerstörungen, wie intensive Waldbewirtschaftung, Umwandlung von Mischwäldern in Fichtenmonokulturen oder Trockenlegung feuchter Waldbereiche. Ferner durch Störungen aufgrund waldbaulicher Maßnahmen und Touristen. Im Jahr 1990 wurden überwiegend in den Kantonen Tessin, Neuenburg, Bern und Waadt noch über 2 000 Exemplare erlegt (MEIER 1996).

Schutz: Ausgewogenes Waldmanagement, d.h. gezieltes Auslichten großer, feuchter Waldgebiete.

Flußuferläufer
(*Actitis hypoleucos*, L. 1758)

Status: In den Alpen seltener Brutvogel und häufiger Durchzügler.

Verbreitung: Die meisten Brutplätze der Schweizer Alpen finden sich zwischen 850 und 1 800 m üb. NN, wobei die höchst gelegene Brut 1985 bei Ova da Bernina auf 1 835 m üb. NN ermittelt wurde (BÜRKLI 1996). In den Bayerischen Alpen bis ca. 1 000 m üb. NN mit Schwerpunkt in Südbayern im Bereich der Oberläufe der Alpenflüsse bzw. -bäche. In den Österreichischen Alpen bei Hochfilzen (Land Salzburg) bis 960 m üb. NN (KANTNER & HRDLICKA 1993) und bei Schönbach (Vorarlberg) bis auf 1 000 m üb. NN (SEITZ 1993) brütend. In Südtirol wurde der Flußuferläufer zwischen 220 und 1 050 m üb. NN brütend beobachtet.

Flußuferläufer

Mindestbestand: D: 125 Brutpaare, A: 150 Bp, F: 500 Bp, I: 0 Bp, CH: 100 Bp, SL: 250 Bp. Bestandtrend für Deutschland: gleichbleibend. Österreichische Alpen: rückläufig.

Kennzeichen: Mit 20 cm etwas größer als der Alpenstrandläufer (*Calidris alpina*) und kleiner als alle Wasserläufer. Die Beine sind kurz, der Schnabel gerade und kaum länger als der Kopf. Oberseite mehr oder weniger braungrau, Unterseite weiß, Seiten der Vorderbrust grau und deutlich abgesetzt gefärbt. Schwach ausgebildeter Überaugenstreif. Im Flug ist die deutliche, weiße Flügelbinde und ein schmaler weißer Flügelhinterrand zu erkennen, im Brutkleid auch die dunklen Pfeilspitzenflecken auf der Oberseite, die im Ruhekleid jedoch fehlen. Wichtigstes Feldkennzeichen ist der charakteristische schwirrende Flügelschlag, wenn er niedrig über das Wasser fliegt und dazwischen immer wieder mit abwärtsgebogenen Flügeln gleitet. Typisch ist außerdem das »wippende« Verharren (ähnlich Bachstelze) auf Sitzwarten im Gewässer.

Stimme: Im Abflug und auch im Sitzen hört man ein »hididi« (1. Silbe betont). Der Gesang im Flug oder im Sitzen klingt wie »titihihihih-titi-hihihihi« und ist mehr oder weniger rhythmisch gegliedert. Der Warnruf ist ein durchdringendes »iet« oder »i-iht«.

Lebensraum / Siedlungsdichte: Brütet bevorzugt auf locker bewachsenen Flußkiesbänken, auch in steil eingeschnittenen Gebirgsflüssen, bis hin zu mehr oder weniger geschlossenen Gehölzbeständen am Wasser. Fester, sandiger Untergrund mit gut ausgebildeter Krautschicht wird gerne besiedelt, ist aber auch in lockeren Treibholzanschwemmungen anzutreffen. Neuerdings auch in Sand- und Kiesgruben brütend, doch nur am offenen Wasser. Als Durchzügler an Binnengewässern aller Art und auf den verschiedensten Ufertypen, kurzfristig auch an kleinsten Pfützen und Tümpeln, so auch in alpinen Dolinen und temporären Schmelzwassertümpeln zu beobachten.

Es wurden Siedlungsdichten von 0,5 bis 2,7 Paaren / km^2 festgestellt. In Graubünden wurden 1987 auf einer 3,5 km langen Flußstrecke 12 Reviere ermittelt (MEIER 1996). Die dichteste Besiedlung Österreichs wurde 1990 am Lech in Vorarlberg mit 15 bis 18 Paaren auf 20 km Flußstrecke ermittelt (LANDMANN & BÖHM 1993), was einem der größten österreichischen Vorkommen entspricht. Am Südostrand der Alpen dagegen nur abschnittsweise die großen Längstäler besiedelnd, so 1985 im Drautal mit 9 Brutpaaren auf 36 km (GOLLER et al 1993).

Brutbiologie: Gelegegröße zwischen 3 bis 4 Eiern. Untersuchungen zum Bruterfolg ergaben in Großbritannien etwa 0,9 flügge Junge pro brütendem Paar und Jahr (n = 98 Nester).

Nahrung: Überwiegend insektivor, wobei die Beutetiere sehr geschickt im Boden gefangen werden.

Jahresphänologie: Mittel- und Langstreckenzieher. In Mitteleuropa ab Mitte April bis Mitte Mai anzutreffen. In den Alpen Wegzugsbeginn bereits Ende Juni/Anfang Juli.

Gefährdung: RLD 3; RLB 1; RLÖ 2; RLS 2. Gefährdung durch Eingriffe in den Lebensraum im Zusammenhang mit dem Ausbau von Fließgewässern (Flußverbauung, Uferumgestaltung, Wasserverschmutzung). Ferner z.T. durch erhebliche Störungen an den Brutplätzen auf flachen Kiesbänken durch Erholungs- und Freizeitbetrieb.

Flußuferläufer

Schutz: Einschränkung der Wasser-Trendsportarten wie zum Beispiel Raften und Kanufahren, aber auch des Badebetriebes und Sportangelns in Fließgewässersystemen während der Brutzeit und in sensiblen Bereichen (Flußabschnitte mit Kiesbänken).

Ringeltaube
(*Columba palumbus*, L. 1758)

Status: Sehr häufiger Brutvogel und Gast.
Verbreitung: In den Alpen Brutvogel der Täler und unteren Hanglagen bis 1 500 bis 1 600 m üb. NN, in der Schweiz sogar bis 1 700 m üb. NN. Der höchste Brutnachweis gelang bei Silvaplana (Kanton Graubünden / Schweiz) auf 1 850 m üb. NN. Für Österreich liegen 93 % aller Brutnachweise unter 1 000 m üb. NN, wobei der höchst gelegene Nachweis flügger Jungvögel im Pöllatal in den östlichen Hohen Tauern (Kärnten) auf 1680 m üb. NN gemeldet wurde (KOLLER 1993). Brutzeitbeobachtungen 1978 bis 1 750 m üb. NN (BERCK 1993). In den Bayerischen Alpen sind Bruten bis 1 400 m üb. NN bekannt, in Südtirol brütet die Ringeltaube überwiegend in den Laubmischwäldern an den Hängen der großen Täler, aber auch in Nadelwäldern zwischen 280 und 1 300 m üb. NN mit einem Maximum bei etwa 1 000 m üb. NN, vereinzelt bis 2 000 m üb. NN. Die Beobachtungen in Liechtenstein liegen zwischen 1 040 und 1 500 m üb. NN mit einem Hauptschwerpunkt bei 1 400 bis 1 500 m üb. NN.
Mindestbestand: D: 730 000 Brutpaare, A: 25 000 Bp, F: 1.000 000 Bp, I: 10 000 Bp, CH: 25 000 Bp, SL: 500 Bp. Bestandstrend für Deutschland: gleichbleibend. Österreichische Alpen und Südtirol: leicht rückläufig.
Kennzeichen: Mit 41 cm größer als andere heimische Tauben und langschwänziger als die Hohltaube (*Columba oenas*). Ein weißer Bürzel fehlt ebenso wie die schwarzen Querbinden im Flügel, dafür besitzt sie ein weißes Band, das vor

allem im Flug sehr auffällig ist. Die Oberseite ist blaugrau gefärbt, die Unterseite z.T. heller. Kropf und Brust weinrötlich. Adulte Vögel haben einen weißen Fleck auf den Halsseiten, der oberhalb durch einen grün metallisch schillernden, darunter durch einen glänzend purpurroten Halbring begrenzt ist. Wichtigstes Feldkennzeichen sind die im Flug weithin sichtbaren Flügelfelder und der lautstarke Aufflug. Jungvögel sind dunkler und haben keine weißen Halsflecke.
Stimme: Der Revierruf klingt dumpf, rhythmisch und beginnt 4-silbig »rùhgu, gugu«, danach folgen 5-silbige Strophen, etwa wie »rugùhgu, gugu«.
Lebensraum / Siedlungsdichte: Die Nist- und Ruheplätze der Ringeltaube liegen vor allem in Gehölzen. Der Nahrungserwerb erfolgt auf Flächen mit niedriger oder lückenhafter Vegetation, wobei meistens Baumgruppen in der Nähe offener Landschaften, wie kleinere Wälder, Feldgehölze, mitunter auch Einzelbäume bevorzugt werden. Im Wald werden Randpartien oder Bestände an Blößen, Lichtungen usw. aufgesucht.

Die Art ist in den schweizer Nadelwäldern der hochmontanen und subalpinen Zone nur noch vereinzelt mit kaum mehr als 1 Paar pro

Ringeltaube

Kuckuck

10 ha anzutreffen. Untersuchungen zur Siedlungsdichte in Liechtenstein ergaben 0,25 Bp pro 10 ha (WILLI 1984).

Brutbiologie: Das Nest wird zumeist auf Bäumen und Sträuchern angelegt.

Nahrung: Omnivor, überwiegend Sämereien, Beeren, aber auch Weichtiere wie Schnecken und Würmer.

Jahresphänologie: Teilzieher. Rückzugsmaximum aus den Überwinterungsgebieten März / April. Im Spätsommer und Herbst Schwarmbildungen an günstigen Orten. Wegzug in Mitteleuropa Mitte September bis Anfang Oktober.

Gefährdung: Keine akute Gefährdung erkennbar.

Schutz: Momentan keine Schutzmaßnahmen nötig.

Kuckuck
(*Cuculus canorus*, L. 1758)

Status: Auch in den Alpen sehr häufiger Brutvogel.

Verbreitung: In den Bayerischen Alpen von den Niederungen bis zur alpinen Stufe, in hohen Dichten vor allem unterhalb 500 m üb. NN anzutreffen. Die höchsten Brutnachweise gelangen in der Schweiz auf 2 400 m und 2 600 m üb. NN in der Umgebung von Riffelalp (Kanton Wallis). Der höchste Brutnachweis für Österreich wurde aus Obertauern (Land Salzburg) auf einer Höhe von 1 800 m üb. NN gemeldet (GRESSEL 1993) bzw. auf 1 900 m üb. NN an der Brenntlingalm / Land Salzburg (KILZER & BLUM 1993). In Südtirol ist die Art allgemein vom Talboden bis in die alpine Region verbreitet; höchster Brutversuch auf 2 100 m üb. NN.

Mindestbestand: D: 40 000 Brutpaare, A: 15 000 Bp, F: 100 000 Bp, I: 10 000 Bp, CH: 5 000 Bp, SL: 2 000 Bp. Bestandstrend für Deutschland und Österreich: gleichbleibend. Südtirol: vermutlich rückläufig.

Kennzeichen: Mit 33 cm etwa taubengroß, aber wesentlich langschwänziger. Im Flug wirkt der Vogel sperberähnlich, besitzt aber im Vergleich zu diesem Greifvogel spitze Flügel. Im Sitzen erscheint der Kuckuck oft kurzbeinig, sein gestufter Schwanz gefächert, die Flügel werden oft leicht hängend abgespreizt. Oberseite und Brust meist blaugrau, Unterseite weißlich mit deutlicher, dunkler Querbänderung. Schwanz dunkel mit weißen Flecken und Spitzen. Wesentlich seltener findet man Exemplare, deren Oberseite rostbraun und die Unterseite durchgehend gebändert ist. Wichtigstes Feldkennzeichen neben dem charakteristischen Ruf ist die »gesperberte« Körperfärbung.

Stimme: Der Reviergesang des ♂ wird normalerweise 2-silbig »kuckuck« in unterschiedlicher Tonhöhe, meist als kleine Terz vorgetragen. Einzelne ♂ rufen allerdings auch konstant 3-silbig.

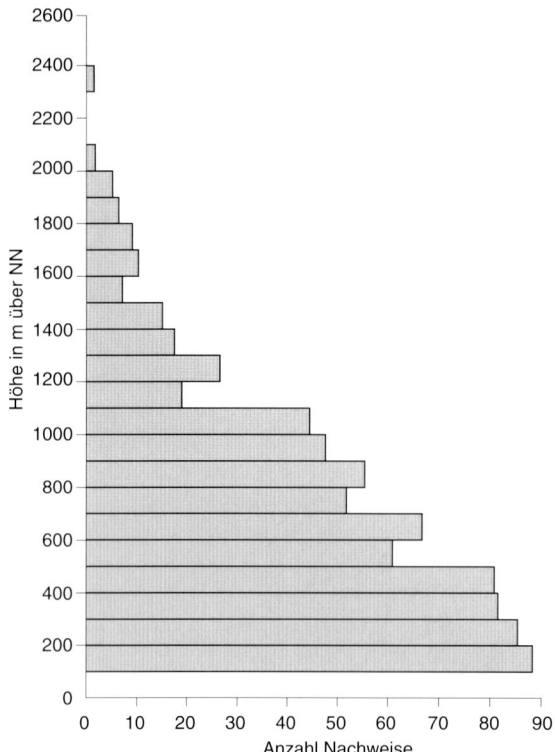

Anzahl Nachweise

Abb. 14: Brutnachweise des Kuckucks in Österreich (n=779) und deren Verteilung entlang des Höhengradienten. Ergebnis der Brutvogelkartierung von 1981 bis 1985 (aus DVORAK et al., Umweltbundesamt Wien 1993).

Lebensraum / Siedlungsdichte: Vielseitige Lebensraumwahl. Zur Eiablage werden deckungslose, offene Flächen mit geeigneten Sitzwarten bevorzugt. Die Legeplätze verteilen sich in den alpinen Waldlandschaften. Die Art fehlt in ausgeräumten Agrarlandschaften, ist aber gerade in der alpinen Kulturlandschaft häufig zu hören und zu sehen.

Siedlungsdichten des Kuckucks sind aufgrund der komplizierten Paarungs- und Fortpflanzungsverhältnisse (»Brutparasitismus«) schwer zu erfassen. Allgemein ist eine Dichteabnahme mit steigendem Höhengradienten zu beobachten, wobei die höchste Siedlungsdichte bis zur nadelholzdominierten Montan-

stufe reicht; eine deutliche Abnahme der Abundanz ist in Österreich ab 1 100 m üb. NN zu beobachten. In Liechtenstein auf einer 47 km^2 großen, alpinen Fläche 10 bis 12 Territorien, wobei die Hauptverbreitung dort zwischen 1 200 und 1 900 m üb NN liegt (WILLI 1984).

Brutbiologie: Brutschmarotzer, der jeweils eines der insgesamt 9 bis 11 Eier auf verschiedene Wirtsvogelnester (Singvögel) verteilt. Der junge Kuckuck wirft die Eier und Jungvögel des Wirtes aus dem Nest (NICOLAI et al. 1988).

Nahrung: Insektivor, vor allem aber Käfer, Heuschrecken, Larven und Raupen (auch behaarte, die andere Vögel verschmähen).

Jahresphänologie: Langstreckenzieher mit Winterquartier in Afrika. Rückkehr meist 2. bis 3. Aprildekade. Beginn des Wegzugs bei adulten und juvenilen Vögeln bereits ab Anfang August.

Gefährdung: RLD V; RLS 3.

Schutz: Momentan keine Schutzmaßnahmen erforderlich.

Uhu
(*Bubo bubo*, L. 1758)

Status: Seltener Brutvogel der Alpen.

Verbreitung: In den Schweizer Alpen brütet der Uhu bis 2 200 m üb. NN (MEIER 1996), in Österreich bis 2 100 m üb. NN. In den Österreichischen Alpen ist die Art vor allem bis zur oberen Waldgrenze, beispielsweise in den Nockbergen (Kärnten) bis auf 1 800 m üb. NN verbreitet (HAFNER 1993). In Südtirol dagegen gleichmäßig nur bis auf 1 500 m üb. NN. In Liechtenstein existierte bis 1984 noch kein sicherer Brutnachweis; ein festgestelltes Jagdrevier lag allerdings zwischen 1 300 und 1 400 m üb. NN (WILLI 1984).

Mindestbestand: D: 500 Brutpaare, A: 320 Bp, F: 500 Bp, I: 100 Bp, CH: 40 Bp, SL: 50 Bp. Bestandtrend für Deutschland: leicht zunehmend. Österreichische Alpen: leicht zuneh-mend.

Kennzeichen: Mit einer Körpergröße von 63 bis 73 cm und einer Spannweite von 151 bis 179 cm deutlich größer als der Mäusebus-sard (*Buteo buteo*) und damit größte europäi-sche Eule. Der Uhu besitzt einen massigen Körper sowie einen dicken Kopf, auffällige Fe-derohren und große, orangegelbe Augen. Das Gefieder ist braun mit dunklen Längs- und Querzeichnungen, Brust und Bauch sind hel-ler als der Rücken. Am Tag ist diese Eule schwer zu entdecken. Im Flug fallen die lan-gen, ziemlich breiten und abgerundeten Flü-gel sowie die helle Unterseite auf. Der Schwanz des Uhus ist mittellang und schwach gerundet. Die ♀ sind meist größer als die ♂. Da überwiegend nachtaktiv, ist wohl der charakteristische Ruf das wichtigste Feld-kennzeichen.

Stimme: Das ♂ singt vor allem im Früh-jahr (meist Februar bis April) in Rufintervallen von 8 bis 10 sec und monoton gereiht, nicht laut, aber dennoch weithin hörbar »buho« oder »uuo«. Zur Balzzeit mitunter im Duett, oft ge-steigert zu raschen »huhuhu«-Rufen.

Lebensraum / Siedlungsdichte: Der Uhu liebt reich gegliederte Landschaften, die auch im Winter genug Nahrung bieten. Nistplätze wer-den meist in Nischen von Felswänden oder in schütter bewachsenen Steilhängen angelegt, vor allem wenn dort schmale Felsbänder vorhan-den sind und diese frei anfliegbar sind. Die Brutplätze liegen mitunter in der Nähe von Ge-wässern, an Straßen und selbst in Steinbrüchen. Die Tageseinstände finden sich in dichten Baumgruppen oder auf Felssimsen. Als Jagdge-biet werden offene oder nur locker bewaldete Gebiete bevorzugt.

In der Schweiz wurde als kleinste Entfernung besetzter Brutplätze eine Strecke von 2,5 km festgestellt (HALLER 1996). An den Kalkab-brüchen am österreichischen Alpenostrand wurden 1973 Horstabstände von lediglich 2,4 km ermittelt (FREY 1993).

Brutbiologie: Die Gelegegröße beträgt meist 2

Uhu

bis 3 Eier, wobei der Verlust an Jungvögeln während des Flüggewerdens und des Ausflie-gens sehr hoch ist.

Nahrung: Carnivor, jagt von der Abend- bis zur Morgendämmerung vor allem auf Säugetiere wie Ratten, Marder, Igel usw., aber auch auf Vögel wie Raben, Krähen und Tauben.

Jahresphänologie: Standvogel. Juvenile Vögel verstreichen maximal 200 km.

Gefährdung: RLB 3; RLÖ R; RLS 3. SPEC-Kategorie 3 – gefährdet. Gefährdung durch Störungen, verursacht vor allem durch Wande-rer, Kletterer, Erholungssuchende, Tierfoto-graphen und durch Forstarbeiten, die sehr schnell zur Brutaufgabe führen. Erhebliche Verluste durch elektrische Leitungen und Zu-sammenstöße mit Kraftfahrzeugen.

Schutz: Sicherung der Brutplätze vor Störun-gen und Eingriffen. Aussetzungsaktionen scheinen überflüssig; eher sollte an eine gute Öffentlichkeitsarbeit gedacht werden, um Menschen von der Störempfindlichkeit und der ökologischen Bedeutung des Uhus zu überzeugen. Bestandsentwicklung in den Alpen aber allgemein sehr erfreulich, so daß keine expliziten Hilfsprogramme für den Uhu von Nöten sind.

Waldohreule
(*Asio otus*, L. 1758)

Waldohr-
eule

Status: Regional häufiger Brutvogel der Alpen.
Verbreitung: Alpenweit regelmäßiger Brutvogel bis 2 100 m üb. NN, Konzentrationen im Bereich von Mooren möglich. In der Schweiz höchster Brutplatz im Val d'Hérens (Kanton Wallis) auf 2 500 m üb. NN. Selbst im Ober-Engadin ist diese Art häufig. Der höchste Brutnachweis in Österreich liegt auf 1 600 m üb. NN bei Stuben am Arlberg (MATHIES 1993). In Südtirol trifft man die Waldohreule von 500 bis 1 200 m üb. NN.
Mindestbestand: D: 16 000 Brutpaare, A: 2 500 Bp, F: 5 000 Bp, I: 2 000 Bp, CH: 2 800 Bp, SL: 500 Bp. Bestandstrend für Deutschland, Frankreich, Schweiz und Österreich: leicht zunehmend. Italien mit Ausnahme von Südtirol: rückläufig.
Kennzeichen: Etwa 36 cm große, schlanke und bräunliche Eule mit langen Federohren, die während der Brutmauser fehlen oder vollständig niedergelegt werden. Schlanker als Waldkauz bei einer Spannweite von 95 cm. Die Unterseite ist heller mit dunklen Schaftstrichen. Im Winter finden sich an nahrungsreichen Plätzen Schlafgemeinschaften von bis zu 60 Tieren zusammen. Wichtigstes Feldkennzeichen sind die langen Federohren und die wesentlich kleinere Körpergröße als Uhu.
Stimme: Der Reviergesang des ♂ ist leise, doch weithin hörbar und monoton gereiht. Klingt wie »huh« und wird sowohl im Sitzen als auch im Flug vorgetragen. Der Nestruf des ♀ ist leise und bis etwa 60 m weit hörbar und klingt wie »üüüa« o.ä.

Lebensraum / Siedlungsdichte: Jagt in überwiegend offenem Gelände und ist dabei auf deckungsarme Flächen mit niedriger Vegetation angewiesen. Die Brut wird in kleinen Feldgehölzen, Baumgruppen, Windschutzstreifen, Einzelbäumen und vor allem an Waldrändern herangezogen, während man die Art kaum im Inneren geschlossener Bestände findet. Im Winter bevorzugt sie einen ähnlichen Jagdbiotop, sucht dann jedoch oft einen engeren Anschluß an menschliche Siedlungen.

Siedlungsdichte im Unter-Engadin in hochmontanen bzw. subalpinen Bereichen bei 1 200 bis 1 500 m üb. NN mit 8 Paaren auf 20 km^2 erstaunlich hoch. In den Bayerischen Alpen etwa 1 Brutpaar / km^2, Verbreitungsschwerpunkt allerdings nur bis zur Submontanstufe.

Brutbiologie: Das Nest wird mit Vorliebe in alten Nestern von Rabenkrähe, Elster, aber auch Graureiher, Mäusebussard, Ringeltaube und Eichhörnchen-Kobeln angelegt.

Nahrung: Carnivor, überwiegend Kleinvögel und Kleinsäuger.

Jahresphänologie: In den Alpen ziehen ab Mitte September meist nur die juvenilen Vögel weg, während die adulten Eulen in den Alpen höchstens Strichbewegungen durchführen.

Gefährdung: RLS 3. Derzeit keine akute Gefährdung. Die Bestandsentwicklung ist sehr vom Nistplatzangebot abhängig.

Schutz: Momentan keine Schutzmaßnahmen nötig.

Sperlingskauz

Sperlingskauz
(*Glaucidium passerinum*, L. 1758)

Status: Seltener bis häufiger Brutvogel der Alpen.

Verbreitung: In den Alpen ab 900 bis 1 000 m üb. NN bis zur Baumgrenze, in der Schweiz von etwa 1 000 (tiefste Beobachtung auf 750 m oberhalb Maienfeld; Meier 1996) bis 2 150 m üb. NN anzutreffen. Die Brutnachweise für Österreich reichen von 740 m bis maximal 1 800 m üb. NN auf der Turracher Höhe in den Gurktaler Alpen / Steiermark (Hable 1993). In den Bayerischen Alpen von der montanen bis subalpinen Stufe regelmäßig zu beobachten. In Südtirol brütend zwischen 1 000 und 1 500 m üb. NN, sonst zwischen 700 und 1 900 m üb. NN. Die wenigen Einzelbeobachtungen in Liechtenstein lagen zwischen 1 400 und 1 600 m üb. NN.

Mindestbestand: D: 100 Brutpaare, A: 1 500 Bp, F: 100 Bp, I: 200 Bp, CH: 300 Bp, SL: 100 Bp. Bestandstrend für Deutschland und Österreich: leicht abnehmend.

Kennzeichen: Mit 16 bis 19 cm Körpergröße und einer Spannweite von 35 bis 38 cm etwa starengroß und damit die kleinste europäische Eulenart. Auffällig ist außerdem der kleine, flache Kopf und das rötlichbraune bis matt schokoladenbraune Gefieder. Adulte Vögel mit kurzem, weißen Überaugenstreif und schmalem, weißen Bartstreif sowie dichten, weißen Tupfen auf Gesicht und Oberkopf und gröbe-

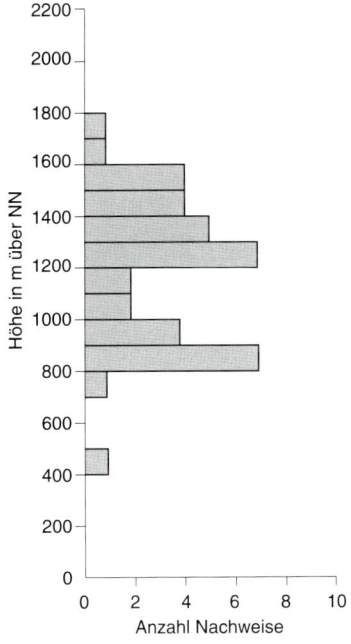

Abb. 15: Brutnachweise des Sperlingskauz in Österreich (n=39) und deren Verteilung entlang des Höhengradienten. Ergebnis der Brutvogelkartierung von 1981 bis 1985 (aus Dvorak et al., Umweltbundesamt Wien 1993).

ren Tupfen auf dem Rücken. Die Augen wirken klein mit einer blaß- bis dottergelben Iris. Brust und Bauch rahmweiß mit schmalen, dunklen Flecken, die sich beim ruhenden Vogel zu 6 Längsstreifen formieren. Der über die Flügelenden hinausragende Schwanz besitzt 5 helle Querbinden und wird gerne horizontal und vertikal ruckartig ausgeschlagen. Eine Verwechslung ist nur mit dem Steinkauz (*Athene noctua*) denkbar, der einen anderen Lebensraum bevorzugt und erheblich größer ist. Der Rauhfußkauz (*Aegolius funereus*) unterscheidet sich durch kürzeren Schwanz und runden Kopf. Wichtigstes Kennzeichen ist der oft seitlich weggeschlagene Schwanz (oft auch wie beim Zaunkönig aufgestellt), außerdem die geringe Körpergröße und seine auch tagaktive Lebensweise.

Stimme: Das ♀ ruft grundsätzlich höher als das ♂. Der Reviergesang des ♂ besteht aus einer monotonen Reihe von ca. 35 »üh«-Lauten. Eine Abwandlung in Tonhöhe und Tempo ist möglich. Das ♀ besitzt einen äußerst ählichen Gesang, wirkt oft allerdings verzerrt. Die charakteristische Rufreihe mit ansteigender Tonhöhe (»Tonleiter«) ist vor allem im September und Oktober zu hören, wenn die Reviere neu abgegrenzt werden.

Lebensraum / Siedlungsdichte: Dieser Kauz liebt reich strukturierte Wälder mit hohem Nadelholzanteil, die auch im Winter eine ausreichende Anzahl von Kleinvögeln beherbergen. Neben Freiflächen sind besonders dicht geschlossene, deckungsreiche Waldbereiche als Tageseinstände, lichtes Altholz (Höhlenbäume), hohe Singwarten und die Randbereiche dichterer Bestände als bevorzugtes Jagdrevier wichtig. Die Waldstruktur scheint allgemein wichtiger als die Gehölzartenzusammensetzung zu sein.

Die Abstände zwischen gleichzeitig besetzten Höhlen betrug bei Untersuchungen in der Schweiz etwa 1 km. In den Österreichischen Alpen wurde 1970 im Toten Gebirge (Steiermark) eine Siedlungsdichte von 8 Revieren auf 60 km^2 (SCHERZINGER 1993) bzw. 5 Revieren auf 10 km^2 Waldfläche im Frödischtal / Vorarlberg (KILZER & BLUM 1993) ermittelt. In Liechtenstein 2 Reviere auf 52km^2 (WILLI 1984).

Brutbiologie: Die Nester werden besonders gerne in Höhlen von Buntspecht, Dreizehenspecht und Grünspecht, seltener in denen des Schwarzspechts eingerichtet.

Nahrung: Carnivor, jagt vor allem in der Morgen- und Abenddämmerung, aber auch tagsüber Kleinvögel und Kleinsäuger.

Jahresphänologie: Standvogel, der im Winter manchmal in den Tälern, seltener aber im Vorland erscheint.

Gefährdung: RLB V; RLS 3. Veränderungen in den Lebensräumen durch intensive Waldbewirtschaftung.

Schutz: Erhaltung naturnaher, montaner und subalpiner Waldbestände mit hohem Fichtenanteil.

Rauhfußkauz
(*Aegolius funereus*, L. 1758)

Status: Häufiger Brutvogel der Alpen.

Verbreitung: In den Alpen Brutvogel bis 1 800 bzw. gelegentlich sogar 2 200 m üb. NN. In der Schweiz vor allem zwischen 1 200 und 1 900 m üb. NN anzutreffen (MEIER 1996). Aus dem Ötztal (Tirol) liegen Beobachtungen bis 2 000 m üb. NN vor (KROYMANN 1993). Für die Bayerischen Alpen werden die meisten Brutplätze zwischen 1 000 und 1 550 m üb. NN angegeben. In Südtirol ist die Art erst ab 1 500 bis 2 000 m üb. NN regelmäßig zu beobachten, ausnahmsweise aber auch in einem ausgedehnten Föhren-Buchen-Mischwald bei Montigglen auf 500 bis 650 m üb. NN. Die Höhenverbreitung des Rauhfußkauzes in Liechtenstein erstreckt sich zwischen 1 300 und 1 720 m üb. NN (WILLI 1984).

Mindestbestand: D: 200 Brutpaare, A: 1 000 Bp, F: 500 Bp, I: 1 000 Bp, CH: 500 Bp, SL: 100 Bp. Bestandstrend für D: leicht zunehmend. Österreich: gleichbleibend.

Kennzeichen: Mit 25 cm etwa so wie Steinkauz (*Athene noctua*), der jedoch insgesamt kleiner wirkt. Haltung und Gestalt ähnlich wie Waldkauz (*Strix aluco*). Die Spannweite beträgt 54 bis 60 cm. Auffällig ist seine aufrechte Haltung, der große runde Kopf und ein deutlicher, schwarzbraun begrenzter Schleier. Die Jungvögel weisen hingegen ein schwärzliches Gefieder auf. Der Lauf ist kurz und beim Sitzen wegen der lockeren Bauchbefiederung kaum zu sehen. Oberseite graubraun, Stirn und dunkle Schleierbegrenzung mit feinen, die übrige Oberseite mit kräftigen weißen runden Flecken besetzt. Unterseite überwiegend weiß. Im Flug wirkt dieser Vogel relativ groß mit seinem langen Schwanz und seinem mehr oder weniger horngelben Schnabel. Bestes Feldkennzeichen dieser heimlichen Art ist der charakteristische Reviergesang des ♂.

Stimme: Der Reviergesang des ♂ klingt ähnlich wie »hu-hu-hu-hu ..« oder kürzer »hu-u-u-

juv. ad.

Rauhfußkauz

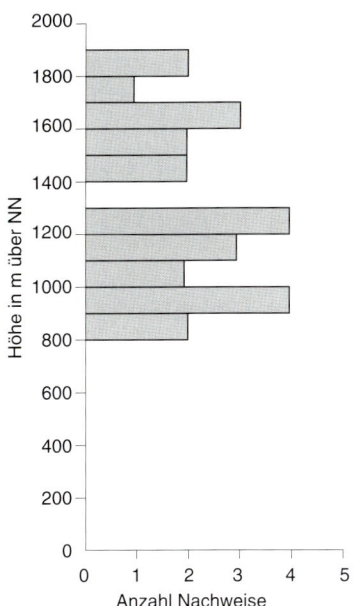

Abb. 16: Brutnachweise des Rauhfußkauz in Österreich (n=25) und deren Verteilung entlang des Höhengradienten. Ergebnis der Brutvogelkartierung von 1981 bis 1985 (aus DVORAK et al., Umweltbundesamt Wien 1993).

u ..« und damit ähnlich wie das bekannte »Indianergeheul«.

Lebensraum / Siedlungsdichte: Die Art liebt Nadelwälder mit montanem oder subalpinem Klima und einem guten Höhlenangebot mit besonderer Vorliebe für Schwarzspechthöhlen. Zudem ist ein deckungsreicher Tageseinstand sowie eine unterholzfreie, kleinsäugerreiche Jagdfläche (z.B. reich strukturierte Nadelwälder und reine Fichtenwälder mit verschiedenen Altersklassen) als Lebensraumbestandteil notwendig.

In Vorarlberg sind Abstände von 2 km zwischen besetzten Bruthöhlen durchaus die Regel (KILZER & BLUM 1993). In Liechtenstein lag die ermittelte Siedlungsdichte bei 11 Revieren auf einer Fläche von 28 km² (WILLI 1984).

Brutbiologie: Das Nest wird gerne in Baumhöhlen, zumeist im Waldesinneren, mitunter freistehend angelegt, wobei fast ausschließlich

Schwarzspechthöhlen angenommen werden.

Nahrung: Carnivor, jagt nachts von einem Ansitz aus Kleinsäuger, Kleinvögel und Insekten.

Jahresphänologie: Stand-, höchstens als juveniles Tier Strichvogel; die Geburts- und Brutorttreue der ♀ ist stark ausgeprägt.

Gefährdung: RLB V. Gefährdung durch Verlust von Brutmöglichkeiten (besonders Schwarzspechthöhlen) durch intensive Waldbewirtschaftung, wie das Fällen von hohen Bäumen, der Einschlag von Altholzbeständen und zu kurze Umtriebszeiten bei der Buche.

Schutz: Die Ansiedlung durch Nistkästen ist bei dieser Art verschiedentlich gelungen und sollte daher gebietsweise fortgesetzt werden.

Waldkauz
(*Strix aluco*, L. 1758)

Waldkauz

Status: Sehr häufiger Brutvogel in den Alpen.

Verbreitung: In den Österreichischen Alpen Brutvogel bis 1 600 m üb. NN, im Engadin (Schweiz) sogar bis 1 800 m üb. NN vorkommend. Die Art fehlt im Ober-Engadin, ist aber unterhalb 1 000 m üb. NN die verbreitetste und häufigste Eulenart der Schweizer Alpen. Im bayerischen Alpenraum bis 1 500 m üb. NN anzutreffen. Schwerpunkt der Besiedlung in Österreich in der Collin- und Submontanstufe bis 600 m üb. NN, darüber ist die Abundanz rasch abnehmend. Die höchsten Brutnachweise gelangen auf der Schattnerhütte (Steiermark) bis auf 1 680 m üb. NN (SPREITZER 1993). In Südtirol überwiegend zwischen 300 und 1 000 m üb. NN, wobei die meisten Bruthöhlen in Edelkastanien zu finden sind.

Mindestbestand: D: 30 000 Brutpaare, A: 3 000 Bp, F: 10 000 Bp, I: 5 000 Bp, CH: 5 500 Bp, SL: 500 Bp. Bestandstrend für Deutschland: gleichbleibend.

Kennzeichen: Mit 40 bis 42 cm Körpergröße und einer Spannweite von etwa 95 cm kleiner als der Mäusebussard (*Buteo buteo*), gedrungen mit einem runden Kopf und ohne Federohren.

Färbung vielseitig, meistens kastanien- bzw. rostbraun bis gelbbraun oder rindengrau. Auffällig sind außerdem der hellgraue Gesichtsschleier, die weißen Tropfenflecken am Außenrand der Schulterfedern und an den äußeren Armdeckfedern. Unterseite heller, auf Ober- und Unterseite mit kräftiger dunkler Längsstreifung bzw. einigen schwächeren Querstreifen. Flugbild wirkt gedrungener und plumper als das der Waldohreule (*Asio otus*). Die Schwingen sind auch unterseits kräftig quergestreift und der Schnabel gelblich bis elfenbeinfarben.

Stimme: Reichhaltiges Rufinventar. Der Reviergesang des ♂ klingt wie »huùu-hu-uuuuu« und wird fliegend oder sitzend vor allem im September bis November und im frühen Frühjahr vorgetragen. Nach der 2- bis 3-silbigen Einleitung kommt eine Pause, danach ein kurzes gestoßenes »hu« und anschließend ein vollklingender, etwas absinkender Roller.

Lebensraum / Siedlungsdichte: Bevorzugt reich strukturierte Landschaften mit ganzjährig gutem und leicht erreichbarem Nahrungsangebot (Sitzwarten wichtig!), zum Beispiel lichte und lückige Altholzbestände in Laub- und Mischwäldern. In reinen Fichtenwäldern trifft man die Art meist nur am Rand an.

Im Engadin (Schweiz) liegt die Siedlungsdichte bei etwa 2 Revieren / km² sowie am Bodanrück (Bodenseegebiet) und im Fürstenwald bei Chur (Graubünden) (JENNY 1996). In günstigen Gebieten Österreichs sind Siedlungsdichten bis zu 2,5 Revieren / km² nicht selten (SCHUSTER et al. 1993).

Brutbiologie: Als Neststand dienen vor allem Baumhöhlen in beliebiger Höhe oder auch Nistkästen.

Nahrung: Carnivor, vor allem Kleinsäuger und Kleinvögel, aber auch Insekten und Lurche.

Jahresphänologie: Standvogel. Die ♂ sind reviertreu, die ♀ ebenso, solange der Partner nicht ausfällt. Bei den Juvenilen sind Zerstreuungswanderungen bis max. 50 km bekannt.

Gefährdung: Derzeit keine akute Gefährdung.

Schutz: Momentan keine Schutzmaßnahmen erforderlich.

Alpensegler
(*Apus melba*, L. 1758)

Status: In den südlichen Alpen häufiger Brutvogel, sonst sehr seltener und sehr unregelmäßiger Gast.

Verbreitung: Die höchstgelegenen Brutplätze der Alpen in der Schweiz auf ca. 2 000 m üb. NN. In den Österreichischen Alpen Brutplätze überwiegend zwischen 1 200 und 1 900 m üb. NN, wobei der höchste Brutplatz im Stillupgrund (Tirol) auf 2 230 m üb. NN ermittelt wurde. In Südtirol Brutplätze zwischen 250 und 500 m üb. NN, in der Rieserfernergruppe sogar bis auf 2 000 m üb. NN.

Mindestbestand: D: 50 Brutpaare, A: 50 Bp, F: 1 000Bp, I: 5 000 Bp, CH: 1 250 Bp, SL: 100 Bp. Bestandstrend für Deutschland: gleichbleibend.

Kennzeichen: Mit einer Körpergröße von 21 cm und einer Spannweite von 51 cm der größte Segler Mitteleuropas und damit viel größer und auch heller als der Mauersegler (*Apus apus*). Unterseite überwiegend weiß mit einem braunen Kropfband, Oberseite braun. Der Schwanz ist weniger tief gegabelt, der Schnabel schwarz. Im Feld leicht an der überwiegend weißen, von einem braunen Brustband durchzogenen Unterseite zu erkennen.

Stimme: Auffällig sind die hohen, langen Flugtriller (»tritritriri ..«), die vor allem im Gruppenflug, aber auch von Einzelvögeln in etwas abgewandelter Form (auch am Nest) zu hören sind. Im Unterschied zum Mauersegler sind die Einzelsilben noch zu hören.

Lebensraum: Bruten an Felsen und Gebäuden; meist unterhalb von 1 500 m üb. NN.

Brutbiologie: Das Nest wird gerne in geschützten Nischen oder Spalten steiler Felswände, aber auch in Grotten, Felsdurchbrüchen, unter Steinbrücken usw. angelegt.

Nahrung: Jagt im rasanten Flug nach Insekten.

Jahresphänologie: Langstreckenzieher mit Winterquartier im tropischen Afrika. Ankunft aus dem Winterquartier meist gegen Ende

Alpensegler

April / Anfang Mai. Der Wegzug beginnt ab Anfang September. Als Tagzieher in Graubünden auf dem Durchzug regelmäßig, jedoch in kleiner Anzahl (MEIER 1996).

Gefährdung: RLD 2; RLÖ R; RLS 3. Derzeit keine akute Gefährdung; in Deutschland überwiegend aufgrund des natürlicherweise fehlenden Lebensraums in Gefährdungskategorie 2 übernommen. Lokale Gefährdung durch das Verschließen von Niststellen bei Kirchenrenovierungen.

Schutz: Momentan keine Schutzmaßnahmen nötig.

Wiedehopf
(*Upupa epops*, L. 1758)

Wiedehopf

Status: Sehr seltener aber regelmäßiger Brut- und Sommervogel.

Verbreitung: In der Schweiz im Tessin bis 800 bzw. in den südlichen Tälern des Wallis bis 1 500 m üb. NN mehr oder weniger regelmäßig brütend, der höchste Brutnachweis auf 2 030 m üb. NN im Ober-Engadin (BÜRKLI 1996), dort in Lärchen-Weide-Wäldern oberhalb 1 800 m üb. NN (SCHUSTER, mündl.). Im bayerischen Alpenraum ist der Wiedehopf regelmäßig während der Zugzeiten zu beobachten. In den Österreichischen Alpen an klimatisch begünstigten Standorten lokal bis in die montane Stufe. Oberhalb 1 000 m üb. NN selten, höchster Brutplatz Österreichs auf 1 260 m üb. NN im Virgental / Osttirol (STRÖCKL 1993). In Südtirol brütet der Wiedehopf regelmäßig nur an den Trockenhängen des Vinschgau bis oberhalb 1 600 m üb. NN, sonst vor allem in den Kastanienhainen und deren Umgebung, Verbreitungsobergrenze dort bei etwa 900 m üb. NN.

Mindestbestand: A: 350 Brutpaare. Bestandstrend für die nicht alpine Population in Deutschland bzw. in Österreich: z.T. stark rückläufig. Südtirol: leicht zunehmend.

Kennzeichen: Mit 28 cm größer als ein Star (*Sturnus vulgaris*), wirkt kurzbeinig und im Sitzen sehr schlank mit einem dünnen, gebogenen Schnabel und einer aufrichtbaren Federhaube. Körpergefieder hell orangebräunlich, Schwingen und Schwanz – vor allem im Flug – kontrastreich schwarz-weiß gebändert. Besonders wichtiges Feldkennzeichen ist die orangerote Federhaube sowie der schmetterlingshafte, wellenförmige Flug mit den weichen, oft weit durchgezogenen und unregelmäßigen Flügelschlägen. Der Schnabel ist schwärzlich hornfarben.

Lebensraum / Siedlungsdichte: Der Wiedehopf bevorzugt offene Landschaften warmtrockener Klimate (z.B. alpine Trockentäler) mit kurzer Vegetation, die ihm die Bodenjagd nach Insekten erlaubt. Wichtig sind außerdem Strukturen für Bruthöhlen, zum Beispiel Obst- und Weinbauflächen sowie Weidegebiete. Außerhalb der Brutzeit gerne auf Kurzrasenflächen bis hinauf in die alpine Stufe, an Wegrändern oder auf kurzrasigen und gemähten Wiesen. Im Nationalpark Berchtesgaden wurde die Art während des Frühjahrzuges auf Silos und Misthaufen beobachtet (SCHUSTER, mündl.).

Siedlungsdichten von 1,4 bis 1,5 Paare / km² auf einer talnahen, intensiv bewirtschafteten Fläche von 1 800 ha in der Schweiz werden im Bergland bei weitem nicht erreicht.

Brutbiologie: Das Nest wird mit Vorliebe in Ganz- oder Halbhöhlen aller Art, wie Spechthöhlen, Astlöchern, Felsspalten und Mauerhöhlen, aber auch in Erdlöchern, Steinhaufen, Bretterstapeln und großen Nistkästen angelegt.

Nahrung: Carnivor; stochert überwiegend im Boden nach Maulwurfsgrillen (besonders wichtig bei der Jungenaufzucht!), Würmern und Schnecken.

Jahresphänologie: Langstreckenzieher mit Überwinterungsquartier in den tropischen Savannen südlich der Sahara. Der Heimzug in die alpinen Brutgebiete erfolgt nur ausnahmsweise vor dem 20. März mit einem Maximum im April. Der Abzug aus Mitteleuropa beginnt Mitte August bis Anfang September.

Gefährdung: RLD 1; RLB 1; RLÖ 2; RLS 1. Gefährdung bei dieser thermophilen Art durch Klimaschwankungen möglich. Auch durch Veränderung und Zerstörung von Lebensräumen, wie Ausräumung der Landschaft, vielfältige Erschließungsmaßnahmen, Einsatz von Insektiziden und dem dadurch bedingten Mangel an Nahrungstieren (Großinsekten).

Schutz: Ein dauerhafter Schutz des Wiedehopfs ist denkbar durch die Erhaltung der Felssteppenflächen und Eichenwäldchen in den Weinbergen sowie der alten, mit Höhlen versehenen Steinmauern. Einschränkung der Insektenbekämpfung und Unkrautvertilgung, Wiederanpflanzung von Windschutzhecken in der Talsohle (um langfristig mehr Nistmöglichkeiten zu bieten) sehr wahrscheinlich positiv für Bestand. Die Duldung natürlicher Grünstreifen zwischen den Weinstöcken wäre ebenso wünschenswert, um die Entwicklung einer reichhaltigen Insektenfauna zu ermöglichen.

Grauspecht
(*Picus canus*, Gm. 1788)

Status: Häufiger Brutvogel der Alpen.

Verbreitung: In den Alpen bis 1 280 m üb. NN brütend, wobei Beobachtungen bis über 2 000 m üb. NN gemeldet wurden. In den Schweizer Alpen nur ausnahmsweise über 1 300 m üb. NN (z.B. Graubünden). In Österreich liegt der Verbreitungsschwerpunkt in der von Laubwäldern dominierten Collin- und Submontanstufe, im zentralen Alpenraum nur schütter verbreitet. Etwa 90 % der Brutnachweise fallen auf Höhen bis 700 m üb. NN, die obere Verbreitungsgrenze liegt somit unterhalb der des Grünspechts. Höchster Brutplatz auf 1 700 m üb. NN am Grappeskopf in der Verwallgruppe / Vorarlberg (HÖLLRIGL 1991). In Südtirol überwiegend zwischen 230 und 1 600 m üb. NN, selten höher (im Martelltal auf 2 350 m üb. NN).

Mindestbestand: D: 6 200 Brutpaare, A: 2 000 Bp, F: 1 000 Bp, I: 400 Bp, CH: 500 Bp, SL: 1 000 Bp. Bestandstrend für Deutschland und Österreich: gleichbleibend.

Kennzeichen: Mit 25 cm unerheblich kleiner als der Grünspecht (*Picus viridis*), der Schwanz ist jedoch etwas länger. Die Färbung ist bei beiden Spechten ähnlich, beim Grauspecht weniger intensiv grün. ♂ und ♀ mit schmalem, schwarzem Bartstreif. Das ♀ besitzt einen roten Vorderscheitel und trommelt häufiger als der Grünspecht. Die Jungvögel sind bräunlicher mit dunkler Bänderung der Körperseiten.

Stimme: Zu Beginn der Brutperiode, weniger im Herbst, besteht der Ruf aus 5 bis 20 Elementen chromatisch abfallender »kü«-Laute, die leicht nachzupfeifen sind und bei den ♀ öfters heiser wirken und kürzer als bei den ♂ ausfallen. Auf kurze Entfernung von beiden Partnern leise »djück«-Rufreihen.

Lebensraum / Siedlungsdichte: Der Grauspecht liebt reich gegliederte Landschaften mit einem hohen Anteil offener Flächen. Oft in kleinen Laubhölzern, aber auch in ausgedehnten, nicht zu stark geschlossenen Laub- und Mischwäldern anzutreffen, wie in Buchen- und Buchenmischwäldern, vereinzelt auch in Nadelwäldern. Oft mit Grünspecht im selben Lebensraum.

Siedlungsdichte im Klostertal / Vorarlberg lag mit 8 Revieren auf 30 km² bei ca. 0,3 Bp / km² (KILZER & BLUM 1993).

Nahrung: Überwiegend insektivor, sucht gezielt Ameisenhaufen auf, winters mitunter auch Sämereien.

Jahresphänologie: Stand- und Strichvogel, im allgemeinen weiter streichend als der Grünspecht.

Gefährdung: RLB V; RLS 2. Derzeit keine akute Gefährdung.

Schutz: Momentan keine Schutzmaßnahmen nötig.

Grünspecht
(*Picus viridis*, L. 1758)

Status: Häufiger Brutvogel der Alpen.

Verbreitung: Bis in die Subalpinstufe vorkommend. Höchst gelegene Bruthöhle im Ober-Engadin (Schweiz) auf 2 140 m üb. NN (MEIER 1996). In den Österreichischen Alpen Brutvogel bis maximal 1 500 m üb. NN / Hohe Tauern (WINDING 1993). In Südtirol wird die Art mit abnehmendem Laubholzanteil immer seltener, wobei lockere Lärchenbestände um 1 600 bis 2 000 m üb. NN noch günstige Lebensbedingungen bieten, wie offene Wiesen und Ameisen. In Liechtenstein obere Grenze der Höhenverbreitung zwischen 1 100 und 1 800 m üb. NN (WILLI 1984).

Mindestbestand: D: 21 000 Brutpaare, A: 5 000 Bp, F: 100 000 Bp, I: 5 000 Bp, CH: 2 000 Bp, SL: 1 000 Bp. Bestandstrend für Deutschland und Österreich: leicht rückläufige Flachlandpopulationen. Allgemein ist dieser Specht aufgrund seiner höheren Spezialisierung auf Ameisen weniger winterhart als der Grauspecht (*Picus canus*), daher seine Bestände in strengen Wintern oft stark abnehmend.

Kennzeichen: Mit 32 cm etwa hähergroß mit einer grünen bis graugrünen Oberseite und einem gelbgrünen Bürzel. Kopfseiten und Unterseite bis zur Brust grünlichgrau, der Bauch meist gelbgrün getönt. Steuerfedern graubraun. Oberkopf von Kopf bis Nacken rot, die großen Armdeckfedern intensiver grün als beim Grauspecht. Die schwarze Gesichtsmaske zieht sich von der Schnabelwurzel bis hinter das Auge und unter die Ohrdecken. Das ♀ be-

Grauspecht ♂

Grünspecht ♂

sitzt einen schwarzen, das ♂ einen roten, schwarz umrandeten Bartstreif. Der auffällige Flug ist tief wellenförmig. Zur Nahrungssuche trifft man diesen Specht oft am Boden, kraftvoll hüpfend und in aufrechter Haltung.

Stimme: Während der Fortpflanzungszeit charakteristisches »Lachen«, d.h. eine Reihe von weichen »klü«-Rufen, die in einer großen Variation und nach der Paarbildung kürzer und leiser vorgetragen werden. Der Grünspecht trommelt sehr selten und in relativ schwachen Wirbeln.

Lebensraum / Siedlungsdichte: Der Grünspecht bevorzugt halboffene Mosaiklandschaften und ist im Gebirge vor allem an Randzonen von Laub- und Misch- und Nadelwäldern anzutreffen. In ausgedehnten Waldungen kommt er nur in solchen mit größeren Lichtungen, Waldwiesen und Kahlschlägen (als Aufforstungsflächen) vor.

Bestandsdichte in der Schweiz bei etwa 0,3 Brutpaaren pro 10 ha, im Klostertal (Vorarlberg) 6 Paare auf 22 km² (KILZER & BLUM 1993). In Liechtenstein konnten 9 Reviere auf einer Fläche von 34 km² festgestellt werden.

Nahrung: Insektivor, fast ausschließlich Ameisen und deren Puppen.

Jahresphänologie: Stand- und Strichvogel mit Wanderungen bis zu 45 km, wobei eher die Juvenilen zu solchen Bewegungen neigen.

Gefährdung: RLB V. SPEC Kategorie 2 – abnehmend. Gefährdung hauptsächlich für die Tieflandpopulationen durch zunehmende Nitrifikation des Bodens und dem damit einhergehenden Rückgang der Ameisenbestände. Das Vorkommen dieses Spechts ist allgemein im hohem Maße vom Vorkommen von Ameisen – seiner Hauptnahrung – abhängig. Derzeit keine Gefährdung der Alpenpopulation.

Schutz: Momentan keine Schutzmaßnahmen nötig. Als Vorsorgemaßnahmen sollten für diesen Kulturfolger traditionell bewirtschaftete Kulturlandschaften und Streuobstwiesen mit alten Bäumen erhalten werden. Bei der Neuanlegung solcher Obstgärten sollte auf das Anpflanzen von Hochstämmen geachtet werden. Verzicht auf Düngemittel.

Schwarzspecht
(*Dryocopus martius*, L. 1758)

Status: Häufiger Brutvogel der Alpen.

Verbreitung: In den Schweizer Alpen zwischen 360 und 2 100 m üb. NN bei Il Fuorn (Kanton Graubünden) anzutreffen (MEIER 1996), überwiegend jedoch in mittleren Lagen. In Österreich brütet er vor allem zwischen 200 und 1 200 m üb. NN, mit Maxima zwischen 300 und 400 m üb. NN und zwischen 900 und 1 000 m üb. NN. Höchster Brutplatz bei Kartitsch (Osttirol) auf 1 870 m üb. NN (GOLLER 1984). In Südtirol bevorzugt in Buchenmischwäldern, aber auch in Nadelmisch- und Lärchenwäldern bis 2 000 m üb. NN. Die Hauptverbreitung in Liechtenstein erstreckt sich bis 1 500 m üb. NN, maximal bis 1 700 m üb. NN (WILLI 1984).

Mindestbestand: D: 9 000 Brutpaare, A: 3 000 Bp, F: 1 000 Bp, I: 1 500 Bp, CH: 2 000 Bp,

Schwarzspecht

SL: 500 Bp. Bestandstrend für Deutschland und Österreich: gleichbleibend.

Kennzeichen: Mit 46 cm Körpergröße knapp krähengroß und damit die bei weitem größte Spechtart der Alpen. Gefieder nahezu vollständig schwarz. Das ♂ besitzt einen roten Scheitel von Stirn bis Nacken, das ♀ nur einen roten Nackenfleck. Die Hinterkopffedern sind etwas verlängert. Der Flug wirkt nicht so deutlich wellenförmig wie bei anderen Spechtarten, sondern schwerfällig und gerade, ähnlich dem Eichelhäher (*Garrulus glandarius*).

Stimme: Besonders auffällig ist der laute, weithin hörbarer Flugruf als vielsilbiges »kürr-kürr-kürr-...« oder »krüü-krüü-...«. Ein abfallendes »kijah« oder »kliööh« als Standortruf im Revier. Die Trommelwirbel des ♂ bestehen zumeist aus 17 Schlägen / sec, die ♀ trommeln weniger häufig, nur 14 bis 15 Schläge / sec.

Lebensraum / Siedlungsdichte: Für Brut- und Schlafhöhlen werden Altholzbestände mit mindestens 4 bis 10 m astfreien und mehr als 35 cm dicken, glattrindigen Stämmen (wie zum Beispiel Buchen, Kiefern) mit freier Anflugmöglichkeit bevorzugt. Als Nahrungsbiotop dienen ausgedehnte, aber aufgelockerte Nadel- und Mischwälder mit von Wirbellosen bewohnten Bäumen oder vermodernden Baumstümpfen. Die Nistbäume befinden sich mitunter in kleinen Gehölzen bzw. Altholzinseln. Fast alle Waldgesellschaften kommen als Lebensraum in Frage, Nadelholz sollte fast immer in erreichbarer Nähe sein. Das Lebensraumoptimum sind allerdings naturnahe Altholzrelikte oder gestufte alte Mischwälder.

Im österreichischen Klostertal (Vorarlberg) Siedlungsdichten von 3,3 bis 4 Bp auf 10 km² auf einer 30 km² großen Fläche (KILZER & BLUM 1993). In Liechtenstein wurden 9 Reviere auf 11 km² geschlossenen Waldareals ermittelt.

Nahrung: Insektivor, am Stamm nach Larven und Puppen holzbewohnender Insekten (z.B. Roßameisen) suchend. Dadurch bilden sich charakteristische große, übereinanderliegende Hacklöcher, vor allem in der unteren Stammhälfte.

Jahresphänologie: Adulte Vögel sind wohl größtenteils Standvögel, Juvenile siedeln sich im weitem Umkreis an. Im Winter mitunter Strichbewegungen.

Gefährdung: Derzeit keine akute Gefährdung.

Schutz: Momentan keine Schutzmaßnahmen erforderlich. Im allgemeinen sollte bei der Waldbewirtschaftung darauf geachtet werden, nicht alles tote oder kranke Holz zu entfernen und der Buche eine ausreichend hohe Umtriebszeit zu lassen (wichtiger Bruthöhlenbaum des Schwarzspechts).

Buntspecht
(*Dendrocopos major*, L. 1758)

Status: Sehr häufiger Brutvogel der Alpen.

Verbreitung: In den Nordalpen ist der Buntspecht als Brutvogel bis 1 500 bzw. 1 700 m üb. NN verbreitet, in den Zentralalpen bis 1 900 bzw. 2 160 m üb. NN. In der Schweiz höchster Brutplatz im Val d'Hérens (Kanton Wallis) auf 2 200 m üb. NN. In den Österreichischen Alpen ist die Art ungleichmäßig verteilt, in vielen Tälern sogar selten, wie zum Beispiel im Rauristal / Land Salzburg (WENDLAND 1963). In Österreich bis in den Bereich der Waldgrenze bis auf 2 000 m üb. NN im Stillupgrund / Tirol brütend (VOLGGER 1993). In Südtirol sogar bis 2 200 m üb. NN brütend, fehlt aber in typischen Dreizehenspecht-Revieren. In Liechtenstein wurde der Buntspecht bis maximal 1 680 m üb. NN festgestellt (WILLI 1984).

Mindestbestand: D: 360 000 Brutpaare, A: 60 000 Bp, F: 100 000 Bp, I: 10 000 Bp, CH: 35 000 Bp, SL: 5 000 Bp. Bestandstrend für Deutschland und Österreich: gleichbleibend.

Kennzeichen: Mit 23 cm kleiner als die Amsel (*Turdus merula*). Schwarzer Rücken und große, weiße Schulterflecken. Unterseite grauweiß.

ad.

juv.   Buntspecht

Nahrung: Omnivor, in der Vegetationsperiode überwiegend holzbewohnende Käfer- und Schmetterlingslarven, im Winter dagegen vor allem Sämereien wie zum Beispiel Zapfen der Kiefer und Fichte, die er in sogenannten Schmieden aufschließt.

Jahresphänologie: Stand-, Strich- und fakultativer Zugvogel, wobei dann der Abzug schon ab Ende Juli beginnt.

Gefährdung: Derzeit keine akute Gefährdung.

Schutz: Momentan keine Schutzmaßnahmen erforderlich.

Weißrückenspecht
(*Dendrocopos leucotos*, Bechstein 1803)

Status: Seltener Brutvogel vor allem der Ostalpen.

Verbreitung: In der Schweiz wurde diese Art bisher noch nicht sicher nachgewiesen (MEIER 1996). Bruthöhlen des Weißrückenspechts in den Nordost-Alpen zwischen 500 und 1 475 m üb. NN, Einzelvögel sogar bis 1 790 m üb. NN. In den Österreichischen Alpen brütend bis 1 700 m üb. NN (VOLGGER 1993) mit einem Maximum zwischen 600 und 900 m üb. NN. Die wenigen Einzelbeobachtungen in Liechtenstein lagen zwischen 1 070 und 1 220 m üb. NN (WILLI 1984).

Mindestbestand: D: 100 Brutpaare, A: 200 Bp, F: 10 Bp, I: 100 Bp, CH: 0 Bp, SL: 10 Bp. Bestandtrend für Deutschland und Österreich: gleichbleibend.

Kennzeichen: Deutlich größer als Buntspecht (*Dendrocopos major*) mit schwarzer, weiß quergestreifter Oberseite. Größter schwarzweißer Specht Mitteleuropas, der in den Alpen nur mit Buntspecht zu verwechseln ist, aber kompakter und stämmiger als dieser wirkt. Unterseite, Unterschwanzdecken und Bauch rosa, an den Seiten mit schwarzen Längsstrichen. Die ♂ mit leuchtend karmin- bis schmutzigroter, bis in den Nacken reichender Kopfplatte, die ♀ mit

Auffällig ist ein durchgehender, schwarzer Bart- und Ohrstreif über die hintere Ohrgegend hinaus bis zum Genick. Adulte ♂ mit scharlachrotem Nackenfleck, adulte ♀ ohne Rot am Kopf. Bei den Juvenilen besitzen beide Geschlechter einen roten Vorderscheitel. Der Buntspecht ist fast ausschließlich auf Bäumen zu beobachten.

Stimme: Häufigster Ruf ist das charakteristische »kix«, das im Sitzen und Fliegen zu allen Jahreszeiten vorgetragen wird. Bei Erregung in dichter Abfolge. Das demonstrative Klopfen dient als Nest- und Revierzeigeverhalten. Seine langen Trommelserien an guten Resonanzböden wie zum Beispiel an trockenen Ästen und Stammteilen in der Wipfelregion sind vor allem von Januar bis Mitte Juni zu hören.

Lebensraum / Siedlungsdichte: Der Buntspecht brütet in allen Laub- und Nadelwaldlandschaften. Im Winter auch regelmäßig an Futterstellen.

Bestandsdichten in subalpinen Nadelwäldern der Schweiz zwischen 1 und 5 Bp / 100 ha. Siedlungsdichten in Österreich im montanen Bereich bei 2 bis 5 Revieren / km² (KILZER & BLUM 1993), in den subalpinen Bereichen etwas darunter.

Weißrückenspecht ♂

dunkler Kopfplatte. Juvenile ♂ mit graurotem oder rosa Scheitelfeld, die jungen ♀ ohne Rot im Kopfbereich.

Stimme: Einzelrufe leise, vor allem weiche »güg« oder »kjük«- Laute, deutlich tiefer und gedämpfter als beim Buntspecht. Laute, helle »kjirk kjik ...« oder »kjile kji-le«- Laute werden als Reihen (sog. »Schelten«) vorgetragen. ♂ und ♀ trommeln mit auffallend langen Wirbeln von bis zu 1,7 sec, die aus (14) 30 bis 40 Einzelschlägen bestehen und zunehmend rascher aufeinanderfolgen.

Lebensraum / Siedlungsdichte: Bewohnt Laub- und Mischwälder, bevorzugt mit naturnahem Aufbau, hohem Altholzanteil und absterbenden Bäumen in allen Stadien des Vermoderns, wie Fichten-Tannen-Buchenwälder ohne ertragsorientierte Forstwirtschaft. Mit Vorliebe dient die Buche als Brutbaum.

Der Weißrückenspecht siedelt aus Mangel an geeigneten, totholzreichen »Naturwäldern« in geringer Dichte. So wurden für Vorarlberg in einem 10 km² großen Bannwaldbereich 0,6 Reviere / km² festgestellt (KILZER & BLUM 1993). In Liechtenstein konnte bis 1984 nur 1 Revier (das westlichste bis 1984 bekannte Brutgebiet in Mitteleuropa) ermittelt werden.

Nahrung: Insektivor, vor allem die Larven baumbewohnender Insekten.

Jahresphänologie: Stand- und Strichvogel.

Gefährdung: RLD R; RLB 2. Gefährdung durch intensive, auf Nadelholz ausgerichtete Waldwirtschaft.

Schutz: Beim Weißrückenspecht handelt es sich um die am stärksten gefährdete Spechtart in Europa. Daher kommt der Erhaltung kaum bewirtschafteter Bergmischwälder eine große Bedeutung zu.

Dreizehenspecht
(*Picoides tridactylus alpinus,* C. C. Brehm)

Status: Seltener bis unregelmäßiger Brutvogel der Alpen.

Verbreitung: Brutvogel von 650 m üb. NN in den Bayerischen Alpen, bis 1 920 m üb. NN in der Schweiz (Kanton Engadin). In den Österreichischen Alpen ab 650 bzw. 700 m üb. NN, normalerweise aber erst ab 1 000 m bis 1 800 m üb. NN anzutreffen. Die höchsten Brutvorkommen liegen in Graubünden auf 2 000 m üb. NN (MEIER 1996). Der höchste Brutnachweis gelang in den Gurktaler Alpen (Steiermark) auf 1 850 m üb. NN (PRÄSENT 1993). In Südtirol besitzt diese Art zwei Verbreitungsschwerpunkte: der gesamte östliche Teil von den Dolomiten bis zum nördlichen Pustertal und das Gebiet um Sesvenna und Ortler. In Liechtenstein überwiegend zwischen 1 200 und 1 700 m üb. NN.

Mindestbestand: D: 450 Brutpaare, A: 2 000 Bp, F: 10 Bp, I: 50 Bp, CH: 1 000 Bp, SL: 50

Dreizehen-specht ♂

Bp. Bestandtrend für Deutschland und Österreich: gleichbleibend.

Kennzeichen: Mit 22 cm knapp buntspechtgroß, schwarzweiß, ohne Rot am Körper und mit nur drei Zehen an jedem Fuß. Die Flügel sind einfarbig dunkel, ohne weiße Schultern. In der Rückenmitte mit breitem, weißem Längsband, mehr oder weniger grob schwarz quergebändert oder längsgestrichelt. Zwei breite V-förmige Streifen stoßen am Nacken zusammen. Kopfseiten mit schwarzweißem Streifenmuster. Hellere Körperseiten kräftig schwarz quergebändert. Der Vogel wirkt im Flug dunkel. Besonders auffällig ist beim ♂ eine dottergelbe, beim ♀ eine schmutzig weiße bzw. silbergraue bis reinschwarze Kopfplatte. Der Dreizehenspecht scheint weniger scheu als andere Spechte zu sein.

Stimme: Weniger ruffreudig als Buntspecht. Einzelruf weicher, etwas tiefer und gedämpfter wie »güg«, »güpp« oder »kjük«; das »Schelten« besteht aus einer langen Reihe solcher Laute. Eine kurze Rufreihe wie »grü grü grü ...« (10 bis 14 / sec) ist besonders bei Juvenilen auffallend. ♂ und ♀ trommeln ratternd, die Wirbel sind dabei viel länger als beim Buntspecht, die letzten Schläge meist beschleunigt.

Lebensraum / Siedlungsdichte: Der Dreizehenspecht ist eng an die Fichte gebunden, fehlt jedoch zumeist in nicht autochthonen, angelegten Fichtenforsten. Bevorzugt naturnahe, an Baumleichen und Fallholz reiche Bestände, kommt aber auch in Wirtschaftswäldern im Bereich des subalpinen Fichtenwaldes vor – allerdings nur dann, wenn ausreichend Totholz vorhanden ist.

Bisher gibt es wenige Angaben zur Siedlungsdichte. In den Eisenerzer Alpen (Steiermark) 0,4 Reviere / km^2 auf einer 11,4 km^2 großen Untersuchungsfläche (RUGE & WEBER 1974). In Liechtenstein mindestens 5 Reviere (WILLI 1984).

Nahrung: Insektivor, wobei große, holzbewohnende Insekten und deren Larven vor allem während der Brutzeit aufgenommen werden. Ausgesprochener »Borkenkäferspezialist«, leckt aber mitunter auch Pflanzensäfte, die beim »Ringeln« gewonnen werden.

Jahresphänologie: Subspecies *P. t. alpinus* ausgeprägter Standvogel in den Alpen.

Gefährdung: RLD R; RLB R; RLS 3. SPEC Kategorie 3 – leicht abnehmend. Gefährdung durch intensive Fichtenbewirtschaftung sowie gezieltes Totholzentfernen.

Schutz: Beibehaltung unaufgeräumter Bergmischwälder mit hohem Totholzanteil und einer Flächenausdehnug von mehr als 50 ha wünschenswert.

Felsenschwalbe
(*Ptyonoprogne rupestris*, Scop. 1769)

Status: Seltener bis regelmäßiger Brut- und Sommervogel.

Verbreitung: Brutvorkommen in Mitteleuropa auf die Alpen beschränkt (MEIER 1996). In der Schweiz zwischen 210 bzw. 274 m üb. NN in Lugano und 2350 m üb. NN im Münstertal. Allgemeine Arealerweiterung erkennbar. In Bayern findet man bis ca. 1300 m üb. NN das nördlichste Vorkommen der gesamten Alpen. In Österreich bis ca. 2000 m üb. NN mit Schwerpunkt zwischen 500 und 1000 m üb. NN verbreitet. Der höchstgelegene Brutplatz wurde 1965 auf 1920 m üb. NN im Ventertal (Tirol) gefunden (LÖHRL 1993). In Südtirol kommt die Felsenschwalbe mit ihrer größten Dichte bis 1000 m ü. NN vor, die höchsten Brutorte liegen jedoch auf über 2000 m üb. NN (Vinschgau und Dolomiten).

Mindestbestand: D: 30 Brutpaare, A: 500 Bp, F: 1000 Bp, I: 5000 Bp, CH: 2000 Bp, SL: 10 Bp. Bestandtrend für Deutschland: leicht zunehmend; für Südtirol und Österreich: zunehmend. Starke Bestandsschwankungen, vor allem am nördlichen Rand des alpinen Verbreitungsgebietes.

Kennzeichen: Mit 14 cm nur etwas größer als die Mehlschwalbe (*Delichon urbica*), gedrungen

Felsenschwalbe

Nähe von Brutgebieten wurden Ansammlungen von bis zu 200 Exemplaren beobachtet (MEIER 1996). Gesellig in kleineren, selten in größeren Kolonien. An der Puxerwand (Steiermark) in den 60er Jahren maximal bis zu 25 Brutpaare, 1991 dort nur mehr 8 bis 10 Brutpaare (HABLE 1993).

Brutbiologie: Gelegegröße zwischen 3 (4) und 5 Eiern. Bruterfolg im Mittel 3,2 bis 3,7 flügge Junge pro brütendem Paar und Jahr.

Nahrung: Insektivorer Flugjäger.

Jahresphänologie: Zugvogel, Standvogel und zuweilen Dismigrationen. Das Winterquartier erstreckt sich vom Mittelmeerraum und Nordafrika bis in die Sahara. Hauptzeit der Wiederankunft in den Brutgebieten Ende März bis Anfang April, in den Ostalpen erst Mitte bis Ende März, in der West-Schweiz schon Anfang März. Wegzug in den Alpen ab Ende August / Anfang September bis Anfang Oktober.

Gefährdung: RLD R; RLB R. Überwiegend klimatische Einflüsse regulieren das Auftreten bzw. den Bestand der Felsenschwalbe, vor allem an der Nordseite der Alpen. Gefährdungen an den Brutplätzen bestehen derzeit nicht.

Schutz: Momentan keine Schutzmaßnahmen erforderlich.

wirkend und mit breiteren Flügeln als jede andere westpaläarktische Art. Spannweite etwa wie Rauchschwalbe (*Hirundo rustica*), im Gegensatz zu dieser aber mit sehr schwach oder nicht gegabeltem Schwanz. Bei adulten Vögeln Oberseite graubraun, Unterseite grauweiß bis hellbräunlich. Ein Brustband fehlt, Kinn bzw. Kehle sind weißlich und fein dunkel gefleckt.

Lebensraum / Siedlungsdichte: Brutplätze an windgeschützten, trockenen und oft sonnenbeschienenen Felswänden. In den Nord- und Ostalpen sind die Brutwände oft niedrig über einem meist breiten Tal, in den West-, Zentral- und Südalpen auch hoch über dem Talgrund. Bewaldete Hänge herausragender Steilwände werden auch besiedelt. Wassernähe wird allgemein bevorzugt, nord- und westorientierte Wände weitgehend gemieden. Außerhalb der Brutzeit – vor allem auch bei Schlechtwettereinbrüchen – gerne über Flüssen, Seen und Kleingewässern nach Insekten jagend. In der

Baumpieper
(*Anthus trivialis*, L. 1758)

Status: Sehr häufiger Brut- und Sommervogel.

Verbreitung: In den Westalpen und der Schweiz bis ca. 2 300 m üb. NN mit Konzentration auf die Montanstufe und die Alpenrandlagen. Höchster Brutplatz im Unter-Engadin (Schweiz) oberhalb Ramosch auf 2 180 m üb. NN (MEIER 1996). In den Bayerischen Alpen brütet der Baumpieper bis über 1 700 m üb. NN, in Österreich am Schöneck / Hohe

Baumpieper

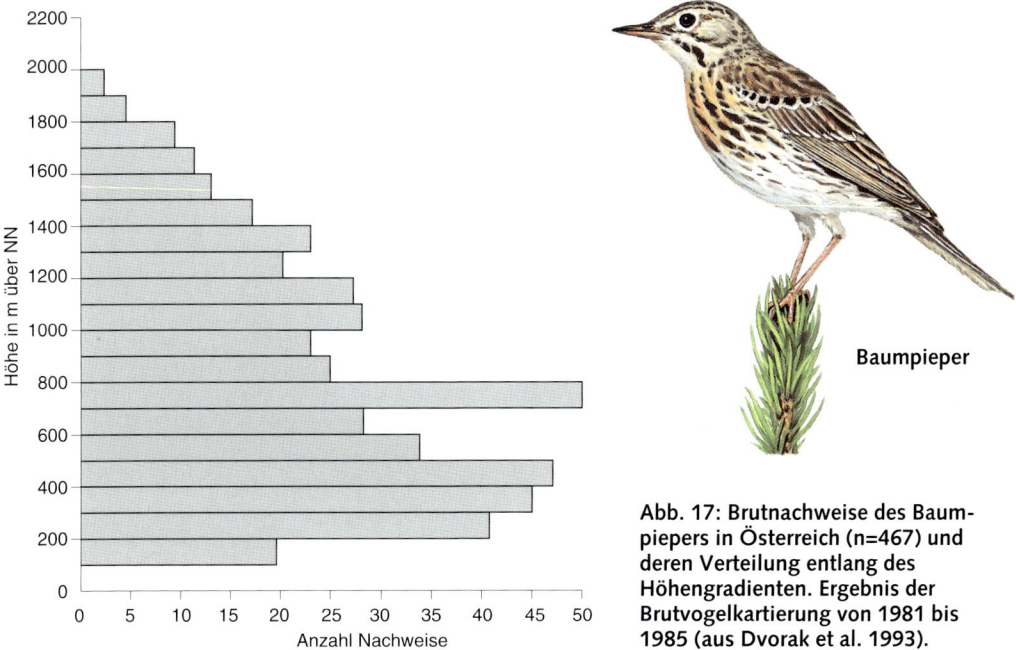

Abb. 17: Brutnachweise des Baumpiepers in Österreich (n=467) und deren Verteilung entlang des Höhengradienten. Ergebnis der Brutvogelkartierung von 1981 bis 1985 (aus Dvorak et al. 1993).

Tauern (Kärnten) bis 1 930 m üb. NN (WINDING 1993). In Südtirol zwischen 600 und 2 200 m üb. NN mit Maximum zwischen 1 000 und 1 500 m üb. NN, wobei der allgemein recht lichte Charakter der südtiroler Landschaften dem Baumpieper entgegenkommt. Höhenverbreitung in Liechtenstein zwischen 1 200 und 1 500 m üb. NN bis maximal 1 770 m üb. NN (WILLI 1984).

Mindestbestand: D: 420 000 Brutpaare, A: 50 000 Bp, F: ? Bp, I: 20 000 Bp, CH: 50 000 Bp, SL: 20 000 Bp. Bestandstrend für Deutschland, Südtirol, Schweiz und Österreich: gleichbleibend.

Kennzeichen: Mit 15 cm fast so groß wie Haussperling (*Passer domesticus*). Wirkt etwas langschwänziger als Wiesenpieper (*Anthus pratensis*). Oberseite braun mit starker, schwarzbrauner Längsstreifung, Bürzel und Oberschwanzdecken in der Regel ungestreift. Schwanz dunkelbraun, Flügel braun. Unterseite am Kinn gelblichweiß, an Kehle, Brust und Flanken mehr oder weniger deutlich hellgelb,

der Bauch rahmfarben bis weiß. Brust dunkel längsgestreift (in sogenannten »Perlenketten«). Kopf oberseits braun und stark dunkel längsgestreift mit einem undeutlichen, gelben Überaugenstreif und einem hell rahmfarbenem Augenring. Die äußeren Schwanzfedern sind weiß, die Beine rötlich.

Stimme: Wichtigstes Feldkennzeichen ist der charakteristische Singflug mit den typischen »ziah«-Lauten. Die Strophen sind sehr vielfältig: Nach einem einleitenden »zi-zi-zi« mit zunehmender Lautstärke meist ähnlich dem Schmettern eines Kanarienvogels, dann häufig unrein abgezogene pfeifende Töne, wie »wiswiswiswis ...«, danach oft Roller und schließlich im Herabgleiten die charakteristischen, lauten »zia zija zija ...«-Reihen.

Lebensraum / Siedlungsdichte: Brütet bevorzugt in offenem bis halboffenem Gelände mit hohen Singwarten (z.B. Bäume und Sträucher) und einer gut ausgebildeten, reich strukturierten Krautschicht als Neststandort und Nahrungsreservoir. Ein sehr hoher Deckungsgrad der Bäume und sehr schattige Flächen werden gemieden. Typische Brutgebiete sind sonnige, aufgelockerte Waldränder, Aufforstungen in frühen Stadien, lichte Laub- und Nadelwälder, Almböden und Zwergstauchgesellschaften bis über die Waldgrenze.

Auf alpinen Wiesen und Weiden hohe Dichten mit bis zu 6 Brutpaaren pro 10 ha (Lärchen-Arvenwald im Wallis). Siedlungsdichten in den Österreichischen Alpen bei bis zu 9 singenden Männchen pro km Fußstrecke, so bei einer Linientaxierung im Klostertal / Vorarlberg (JUNGBLUT 1993). In höheren Bereichen der Hohen Tauern (Land Salzburg) innerhalb stark aufgelichteter Lärchenwälder in der Subalpinstufe noch 0,5 bis 1,5 Reviere pro 10 ha (WINDING et al. 1992). In Liechtenstein auf 2 Waldprobeflächen mit 0,7 bzw. 1 Revier pro 10 ha bzw. auf 3 teilweise offenen Flächen mit 1, 1,7 und 2,5 Revieren pro 10 ha (WILLI 1984).

Brutbiologie: Gelegegröße zwischen 3 und 6 Eiern. Bruterfolg in der Schweiz etwa 3,1 flügge Junge pro brütendem ♀ und Jahr.

Nahrung: Carnivor, vor allem Spinnen und Insekten.

Jahresphänologie: Langstreckenzieher mit Winterquartier in den Savannen Westafrikas. Die Hauptankunft in den alpinen Brutgebieten ist Ende April bei einem allgemeinen Rückzug über Mitteleuropa ab Ende März. Die Hauptwegzugszeit fällt auf Ende August / Anfang September.

Gefährdung: Derzeit keine akute Gefährdung.

Schutz: Momentan keine Schutzmaßnahmen erforderlich.

Wasserpieper
(*Anthus spinoletta*, L. 1758)

Status: Häufiger Brut- und Sommervogel der Alpen.

Verbreitung: In der Schweiz nur ausnahmsweise unterhalb 1 000 m üb. NN (602 bzw. 800 m üb. NN bei Innertkirchen / Ostschweiz). Bis 2 800 m, lokal sogar bis 3 000 m üb. NN regelmäßig verbreitet. Besiedelt in niedrigeren Lagen eher feuchte Schattenhänge, in höheren Lagen zwischen 2 200 und 2 500 m üb. NN südlich und westlich exponierte Hänge mit früher Schneeschmelze. In den Bayerischen Alpen zwischen 1 250 und 2 350 m üb. NN, im Nationalpark Berchtesgaden mit zwei Verbreitungsschwerpunkten zwischen 1 300 und 1 500 m üb. NN sowie 1 700 und 1 900 m üb. NN (MARKA 1994). In Österreich nur stellenweise unter 1 200 m üb. NN mit einem Maximum zwischen 1 700 und 2 000 m üb. NN. Höchster Brutplatz auf 2 500 m üb. NN im Bereich der Jungfernspitz / Vorarlberg (NOWOTNY 1993). In Südtirol als Brutvogel von der Waldgrenze bis in die Felsregionen auf 2 000 bis 2 500 m üb. NN verbreitet.

Mindestbestand: D: 2 000 Brutpaare, A: 50 000 Bp, F: 10 000 Bp, I: 20 000 Bp, CH: 50 000 Bp, SL: 200 Bp. Bestandstrend für Deutschland: leicht zunehmend; Österreich: gleichbleibend.

Kennzeichen: Mit einer Körpergröße von 16 cm etwas größer als Baumpieper (*Anthus trivialis*) und als einziger Pieper mit dunklem Schnabel und Beinen. Schnabel außerdem etwas kräftiger und Beine ein wenig länger. Auch der Schwanz wirkt relativ lang. Die Subspezies *Anthus s. spinoletta* (Bergpieper) im Prachtkleid

Wasserpieper,
links Brutkleid,
rechts Ruhekleid

mit bräunlich hellgrauem Oberkopf und Nacken, Vorderrücken und Schultern braun mit hellgrauem Anflug und fein dunkel längsgestreift. Bürzel und Oberschwanzdecken braun, Unterseite weitgehend ungefleckt gräulichweiß mit rosa bzw. weinrotem Anflug vor allem an der Brust. Ebenso gefärbt sind Kehle und Vorderbauch. Auffällig ist der rahmfarbene Überaugenstreif.

Stimme: Auffälliger Wartengesang, der in der Regel nur am Brutplatz von der Revierbesetzung bis Mitte Juli zu hören ist. Ähnlich wie beim Baumpieper auch im Singflug vorgetragen, allerdings weniger wohltönend.

Lebensraum / Siedlungsdichte: Brütet mit Vorliebe auf alpinen Rasen von der Waldgrenze bis zur Subnivalstufe, günstig ist dabei vor allem ein Mosaik aus früh ausapernden Stellen mit Deckung bietender Vegetation und feuchten Stellen bzw. Altschneefeldern. Untersuchungen 1994 im Nationalpark Berchtesgaden (Bayern) ergaben eine signifikante Bevorzugung stärker geneigter Lebensräume, wohingegen bei den Faktoren Exposition, Wartenangebot, Entfernung zum Wald und Angebot an Feuchtstellen keine eindeutige Präferenz festzustellen war (MARKA 1994). Höhere oder hohe Warten wie einzelstehende Bäume und Krummholzgruppen werden als Lebensraumbestandteile aber geschätzt. Unterhalb der Waldgrenze vorwiegend auf offenen Flächen, wie feuchten Mulden und Almweiden. Als Nahrungsfläche wird niedrige Vegetation unter etwa 10 cm bevorzugt. Außerhalb der Brutzeit auf nassen Wiesen anzutreffen.

Die Bestandsdichte schwankt je nach Lebensraumeignung. So wurden im Kanton Wallis (Schweiz) auf einer Fläche von 122 ha etwa 3 Paare bzw. 9 Bp auf 10 ha Wiesenfläche festgestellt. Im Nationalpark Berchtesgaden (Bay-

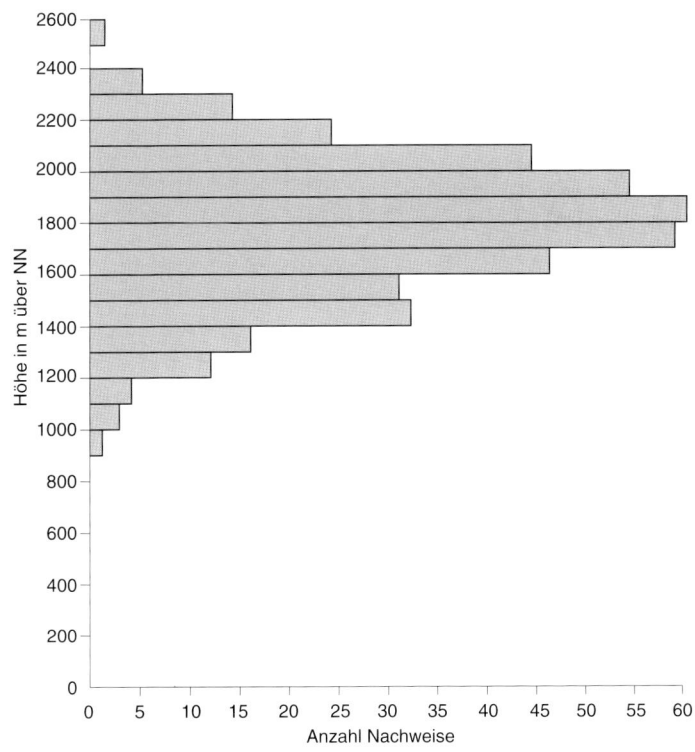

Abb. 18: Brutnachweise des Wasserpiepers in Österreich (n=406) und deren Verteilung entlang des Höhengradienten. Ergebnis der Brutvogelkartierung von 1981 bis 1985 (aus DVORAK et al., Umweltbundesamt Wien 1993).

ern) bis zu 6,2 Bp / 10 ha auf einer etwa 20 ha großen Almfläche (»Fagstein«). Die gleiche Studie ergab auf verschiedenen Almflächen im Gebiet mittlere Reviergrößen von etwa 0,5 bis etwa 0,9 ha / Bp (MARKA 1994). Bei einer Studie aus dem Jahr 1979 an einem Schatthang mit 3,4 bis 4,3 Bp / 10 ha größere Siedlungsdichte als auf dem Sonnenhang mit 3,1 Bp / 10 ha (MEIER 1996). Siedlungsdichte-Untersuchungen für die Hohen Tauern (Land Salzburg) weisen den Wasserpieper als häufigsten Brutvogel der Alpinstufe aus, wobei an der Waldgrenze im Großglocknergebiet (Land Salzburg) bis zu 3,6 Bp / 10 ha nachgewiesen wurden (WINDING 1985). In Liechtenstein zwischen 1 700 und 2 100 m üb. NN, maximal sogar bis 2 270 m üb. NN, auf teilweise offenen Flächen 0,9 bis 2,9 Reviere pro 10 ha, auf völlig offenen Flächen bis 4,8 Bp / 10 ha, und in Grünerlenbeständen bis zu 8,0 Bp / 10 ha (WILLI 1984).

Brutbiologie: Gelegegröße zwischen 3 bis 6 Eiern. Bruterfolg in der Schweiz etwa 2,2 bis 3,9 flügge Junge pro erfolgreichem Nest. Scheefälle in Sommermonaten, bei denen der Schnee 1 bis 3 Tage liegenbleibt, führen zu vollständigen Gelegeverlusten (MEIER 1996).

Nahrung: Carnivor; überwiegend Spinnen und Insekten.

Jahresphänologie: Kurzstreckenzieher, Dismigrationen. Der Einzug in die alpinen Brutgebiete erfolgt trotz Schneelage bereits Ende März bis Anfang April, das Ausweichen in schneefreie Regionen bis Anfang Mai. Ausgeprägte Tageswanderungen entlang des Höhengradienten sind vor allem außerhalb der Brutzeit bekannt. Überwintert in weiten Teilen Mittel- und Süd-Europas und verweilt im Brutgebiet in größeren Höhen je nach Schneefall sogar bis Ende Oktober. Im Winter werden Hochlagen in der Regel vollständig geräumt.

Gefährdung: Die Populationen scheinen derzeit nicht bedroht. Beeinträchtigung lokaler Vorkommen durch Erschließungsmaßnahmen denkbar.

Schutz: Momentan keine Schutzmaßnahmen erforderlich.

Gebirgsstelze
(*Motacilla cinerea*, Tunst. 1771)

Status: Häufiger Brut- und Jahresvogel.

Verbreitung: In den Alpen Brutvogel bis 2 000 m üb. NN, ist aber vor allem zwischen 1 600 und 1 800 m üb. NN anzutreffen, in der Schweiz ausnahmsweise auch über 2 000 m üb. NN. Brutzeitbeobachtungen bis auf Höhen von 2 700 bis 2 940 m üb. NN. In den Bayerischen Alpen bis 1 630 m üb. NN. In den Österreichischen Alpen am Oberlauf der Ill im Ochsental (Vorarlberg) bis 2 100 m üb. NN, Brutzeitbeobachtungen bis 2 440 m üb. NN (KILZER & BLUM 1991). In Südtirol bis 2 000 m üb. NN mit einem Maximum zwischen 400 und 1 500 m üb. NN brütend. In Liechtenstein bis maximal 1 780 m üb. NN (WILLI 1984).

Mindestbestand: D: 23 000 Brutpaare, A: 25 000 Bp, F: 10 000 Bp, I: 20 000 Bp, CH: 8 000 Bp, SL: 10 000 Bp. Bestandstrend für Deutschland und Österreich: gleichbleibend.

Kennzeichen: Mit einer Körpergröße von 18 cm ähnlich groß wie Bachstelze (*Motacilla alba*), der Schwanz ist jedoch bis zu 35 % länger. Oberseite bis zum Rücken aschgrau, bei Juvenilen bräunlichgrau, Bürzel und Oberschwanzdecken olivgrünlich bis -gelblich. Auffällig ist der lange, helle Überaugenstreif und der lange, schwarze Schwanz mit den weißen Außenkanten sowie das Fehlen der Flügelbinden im Bereich der Armdeckfedern bei geschlossenem Flügel (vgl. Schaf- und Bachstelze). Das ♂ im Prachtkleid mit lebhaft gelber Brust und Bauch, Kinn und Kehle dagegen bis zur Vorderbrust schwarz, die Unterschwanzdecken tiefer gelb. Das ♀ im Prachtkleid ähnlich wie ♂ gefärbt, nur mit weniger, mitunter sogar ohne Schwarz an der Kehle. Auffälliger, wippender Gang (ähnlich Bachstelze).

Stimme: Der Reviergesang wird am Ufer, auf erhöhten Warten oder im Flug vorgetragen.

Lebensraum / Siedlungsdichte: Von den europäischen Stelzen ist die Gebirgsstelze am

Gebirgsstelze ♂

stärksten ans Wasser gebunden. Optimale Habitate sind bewaldete, schattenreiche, schnellfließende Gewässer mit Wildbach- oder Wildflußcharakter, also mit Geröllufern, Geschiebe- und Geröllinseln, unterschiedlichen Strömungsverhältnissen, d. h. mit seichten und strömungsarmen Abschnitten. Entsprechend günstige Lebensräume werden bis zur Waldgrenze besiedelt. Zur Nestanlage sind Steilufer nötig. Fehlt an offenen Fließgewässern, sehr langsam fließenden Flüssen mit verbauten Ufern und in der Regel an stehenden Gewässern. Außerhalb der Brutzeit trifft man diese Stelze in ähnlichen Habitaten.

Bestandsdichten in der Schweiz auf 510 bis 650 m üb. NN bei Sempach (Kanton Luzern) 1,5 Paare, auf 1 000 m üb. NN bei Piotta (Kanton Tessin) 3 Paare pro km Fließgewässer. In Österreich höchste Siedlungsdichten im Mittellauf von Fließgewässern (bis zu 1,4 Bp / km zwischen 1 300 und 1 800 m üb. NN in der subalpinen Zone des Gargellentals / Vorarlberg [KILZER & BLUM 1991]). In Liechtenstein brüteten auf einer 25 km langen Flußstrecke 20 Bp, was einer Dichte von 0,8 Bp / km Fließgewässer entspricht (WILLI 1984).

Brutbiologie: Gelegegröße zwischen 3(4) und 6(7/8) Eiern. Bruterfolg etwa 5,7 bis 6,0 flügge Junge pro brütendem Paar und Jahr, wobei die Nestlingsmortalität mit zunehmender Jungenzahl steigt.

Nahrung: Überwiegend insektivor mit Vorliebe für Wasserinsekten und deren Larven, aber auch Spinnen, kleine Krebstiere und Schnecken.

Jahresphänologie: In den Alpen überwiegend Kurzstreckenzieher mit Überwinterungsgebiet meist im Mittelmeerraum. In höheren Brutgebieten erst wieder ab Anfang April. Höhepunkt des Abzugs aus den Alpen Mitte September / Anfang Oktober. Auf dem Flug in die Winterquartiere häufiger Durchzügler über den Alpenpässen der Schweiz (MEIER 1996).

Gefährdung: Derzeit keine akute Gefährdung.

Schutz: Momentan keine Schutzmaßnahmen erforderlich.

Wasseramsel
(*Cinclus cinclus*, L. 1758)

Status: Häufiger Brut- und Jahresvogel der unteren und mittleren alpinen Stufen.

Verbreitung: Höchste alpine Brutvorkommen in der Schweiz am Lac de Fully (Kanton Wallis) auf 2 130 m üb. NN, Brutzeitbeobachtungen bis 2 600 m üb. NN, so zum Beispiel im Val Chameura (MEIER 1996). In den Bayerischen Alpen bis ca. 1 500 m üb. NN, in Österreich mit einem Maximum zwischen 600 und 700 m üb. NN brütend. Der höchste Brutnachweis gelang dort in der Hafner-Ankogel-Gruppe (Kärnten) auf 2 200 m üb. NN (WRUß 1993). In Südtirol bis 1 800 m üb. NN, sowie in Städten, wie zum Beispiel an der Passer in Meran, verbreitet. Auch in Liechtenstein ist die Art außerhalb der Brutzeit oberhalb von 1 500 m bzw. 1 800 m üb. NN anzutreffen (WILLI 1984).

Mindestbestand: D: 3 400 Brutpaare, A: 10 000 Bp, F: 1 000 Bp, I: 4 000 Bp, CH: 2 000 Bp, SL: 4 000 Bp. Bestandstrend für Deutschland und Österreich: gleichbleibend.

Kennzeichen: Mit 18 cm kleiner als die Amsel (*Turdus merula*). Mit rundlicher Gestalt und kurzem, oft gestelztem Schwanz und kurzen Flügeln. Oberkopf, Nacken, Kopf- und Halsseiten schokoladen- bis graubraun, die restliche Oberseite und Schultern schiefergrau, durch

Wasseramsel

1,1 Bp / km (DICK & SACKL 1985). In Liechtenstein wurde pro 0,8 Fließgewässer-Kilometer ein Revier ermittelt (WILLI 1984).

Brutbiologie: Gelegegröße zwischen (3) 4 bis 6, meist aber 5 Eiern. Bruterfolg in Deutschland etwa 3,7 bis 4,6 flügge Junge pro brütendem Paar und Jahr. In Nistkästen ist der Bruterfolg allgemein größer.

Nahrung: Carnivor; überwiegend Insekten, aber ausnahmsweise auch kleinere Fische.

Jahresphänologie: Standvogel. Kurze Wanderungen in höhere, aber auch tiefere Lagen sind bekannt, selten jedoch über 50 km hinaus. Die Besetzung der Brutreviere erfolgt ab März, in den Hochlagen erst ab April.

Gefährdung: RLB V; RLÖ R. Hauptursachen für den Verlust an Nahrung und geeigneten Nistplätzen sind Verbauung und Begradigung von Bächen und Flüssen sowie Verschmutzung der Gewässer. Hohe Bestandsverluste durch strenge Winter (Zufrieren der Gewässer!), die jedoch bei sonst günstigen Verhältnissen durch erhöhte Nachwuchsraten in den folgenden Jahren ausgeglichen werden können.

Schutz: Schaffung neuer Nistplätze durch künstliche Nisthilfen. Beibehaltung natürlicher Gewässersysteme sowie Einschränkung des Schadstoffeintrags in Fließgewässer.

braune Federränder schuppig wirkend. Kinn, Kehle und Brust weiß, Vorderbauch zimt- bis tief orangebraun bzw. schokoladenbraun. Wichtigstes Kennzeichen ist das charakteristische Verhalten: steht typischerweise wippend auf Steinen im sprudelnden Wasser, taucht ab und erscheint wie ein Korken wieder an der Oberfläche.

Lebensraum / Siedlungsdichte: Brütet an rasch fließenden, gut durchlüfteten, in der Regel mehr als 2 m breiten Gewässern mit guter Wasserqualität und stellenweise seichten Stellen. Ein ausreichendes Insektenangebot, besonders an Eintags- und Köcherfliegenlarven, geeignete Neststandorte sowie sichere Übernachtungsmöglichkeiten sind bei der Lebensraumwahl entscheidend. Permanente Wasserführung, ein steiniges Bach- oder Flußbett mit starken Turbulenzen sind wichtig. Brütet bei ausreichendem Nahrungsangebot aber auch an stärker verbauten Gewässerabschnitten. Außerhalb der Brutzeit in ähnlichen Biotopen, aber auch an langsam fließenden oder gar stehenden Gewässern.

Ein Paar benötigt etwa 800 bis 1 000 m Wasserlauf (MEIER 1996). Auf 195,5 km Gewässerlänge wurde 1984 in Österreich eine Siedlungsdichte von etwa 0,3 Bp / Flußkilometer ermittelt, in optimalen Bereichen wie an einigen Stellen im Drautal (Kärnten) bis zu

Zaunkönig (*Troglodytes troglodytes*, L. 1758)

Status: Sehr häufiger Brutvogel der Alpen.

Verbreitung: Besiedelt die Alpen als Brutvogel bis zur Baumgrenze, in den Zentralalpen bis 2 400 bzw. 2 700 m üb. NN. Höchster Brutnachweis in der Schweiz oberhalb Davos (Kanton Graubünden) auf 2 200 m üb. NN (MEIER 1996). In den Bayerischen Alpen bis hinauf in die Latschenregion (bis 1 900 m üb. NN) brütend. In Österreich von den Tallagen bis zur Baumgrenze, wobei die Anzahl der Brutnachweise oberhalb 1 400 m üb. NN deutlich zurückgeht. Höchster Brutnachweis auf 2 030 m üb. NN in den Nockbergen / Kärnten (WRUß 1993). In Südtirol oberhalb der Waldgrenze in den Latschen- und Alpenrosenhängen, fehlt jedoch oberhalb des Zwergstrauchgürtels.

Mindestbestand: D: 690 000 Brutpaare, A: 70 000 Bp, F: 1 000 000 Bp, I: 1 000 000 Bp, CH: 250 000 Bp, SL: 200 000 Bp. Bestandstrend für Deutschland und Österreich: gleichbleibend.

Zaunkönig

Kennzeichen: Mit 9,5 cm Körpergröße einer der kleinsten und am kürzesten wirkenden Vögel der Westpaläarktis. Auffällig vor allem seine kugelige Gestalt mit kurzem, sehr häufig aufrecht getragenem Schwanz sowie der relativ lange, dünne Schnabel. Oberseite rotbraun, z.T. dunkel quergebändert. Beiger Überaugenstreif, darunter dunkler gefärbt mit breiten Streifen. Unterseits beige bis bräunlich rahmfarben, Flügel und Schwanz braun mit deutlicher hell-dunkler Querbänderung. Auffälliges Kennzeichen ist das »Wippen« auf erhöhten Sitzwarten und beim Gesang als Ausdruck der Erregung, desweiteren der erstaunlich laute Gesang selbst. Der Flug erfolgt schnurrend und geradlinig.

Stimme: Der Reviergesang des ♂ ist auffallend laut und wird von erhöhter Warte aus vorgetragen. Die Strophen beginnen mit kurzen, meist leisen Lauten (Einleitung), danach folgt eine Schmettertour mit trillernden Teilen, die mit leisen Zwischenstücken wieder von einer lauten Schmettertour gefolgt sein kann und schließlich häufig nach weiteren leiseren Zwischentönen in einem Roller endet.

Lebensraum / Siedlungsdichte: Nicht zu trokkene, mit Gebüsch bestandene Landschaften, bevorzugt in unterholzreichen Laub- und Mischwäldern mit hoher Bodenfeuchtigkeit und an deckungsreichen Fließgewässern, in Gehölzen und in der Krummholzzone bis über die Baumgrenze. Nest auch in Windwürfen, dort vor allem in herausgerissenen Wurzeltellern aller Baumarten. In der Schweiz halten sich die Zaunkönige während des Winters vorwiegend

in Gewässernähe der Niederungen auf (MEIER 1996).

Bestandsdichte in der Schweiz mit 5 Bp / 10 ha im Tannen-Buchenwald am größten. Siedlungsdichte in einem subalpinen Lärchen-Fichten-Zirbenwald der Hohen Tauern (Land Salzburg) im Maximum bis zu 4,8 Reviere pro 10 ha (WINDING et al. 1992). In Liechtenstein in geschlossenem Wald 2,9 Reviere, auf teilweise offenen Flächen bis 3,3 Reviere sowie in einem Grünerlengebüsch 1,5 Reviere pro 10 ha. Dort nimmt die Häufigkeit zwischen Talgrund und 1 900 m üb. NN stetig ab (WILLI 1984).

Brutbiologie: Gelegegröße zwischen (4) 5 bis 7 (8) Eiern. Bruterfolg in Deutschland etwa 3,7 bzw. 4,0 flügge Junge pro brütendem Paar und Jahr bei begonnenen Bruten.

Nahrung: Überwiegend insektivor, aber auch Spinnen und im Winter Sämereien werden angenommen.

Jahresphänologie: Teilzieher, der nur aus den höchsten alpinen Lagen abzieht. Der Heimzug erfolgt unauffällig, die Besiedlung der Brutplätze von März bis April. Wegzug Mitte September bis November.

Gefährdung: Derzeit keine akute Gefährdung.

Schutz: Windwürfe mit brachliegenden Wurzeltellern sind beliebte Lebensräume bzw. Neststandorte und sollten nicht vollständig »aufgeräumt« werden.

Heckenbraunelle

Heckenbraunelle
(*Prunella modularis*, L. 1758)

Status: Sehr häufiger Brutvogel der Alpen.

Verbreitung: Höchste Brutvorkommen in den Bayerischen Ostalpen 2 000 bis 2 100 m üb. NN, in der Schweiz oberhalb Grächen (Kanton Wallis) 2 360 m üb. NN, singende ♂ bis 2 500 m üb. NN (evtl. ziehende Individuen; MEIER 1996). In den Zentralalpen bis 2 100 m üb. NN mit einem Maximum in der mittleren und oberen subalpinen Stufe zwischen 1 600 und 2 000 m üb. NN. In Südtirol vor allem im Nadelwaldbereich, ebenso im Zwergstrauchgürtel an der Waldgrenze, selten unterhalb 600, meist ab 800 bis 1 000 m üb. NN. In Liechtenstein zwischen 1 100 und 2 100 m üb. NN mit einem Maximum zwischen 1 700 und 1 900 m üb. NN (WILLI 1984).

Mindestbestand: D: 710 000 Brutpaare, A: 70 000 Bp, F: ? Bp, I: 100 000 Bp, CH: 110 000 Bp, SL: 10 000 Bp. Bestandstrend für Deutschland und Österreich: gleichbleibend.

Kennzeichen: Mit 15 cm Körpergröße etwa genauso groß, jedoch schlanker als ein Weibchen des Haussperlings (*Passer domesticus*), mit dem es bisweilen verwechselt wird. Kopf bleigrau, gleichmäßig gerundet mit feinem Insektenfresserschnabel, Oberkopf und Nacken graubraun mit dunkler Fleckung bzw. Streifung, Halsseiten schiefergrau, Schultern und Rücken rost-

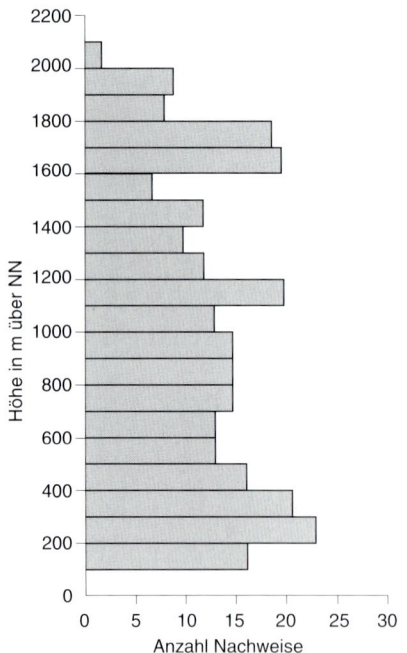

Abb. 19: Brutnachweise der Heckenbraunelle in Österreich (n=279) und deren Verteilung entlang des Höhengradienten. Ergebnis der Brutvogelkartierung von 1981 bis 1985 (aus DVORAK et al., Umweltbundesamt Wien 1993).

braun mit dunkler Längsstreifung. Bauch erscheint heller, in der Mitte oft weiß, Flanken und Bauchseiten sind rostbraun und dunkel längsgestreift. Bei den ♀ fällt die schiefergraue Färbung etwas heller aus und reicht weniger weit zum Bauch. Entfernt sich in der Regel am Boden nicht weit vom Gebüsch und zuckt dabei häufig mit den Flügeln.

Stimme: Der Gesang besteht aus einer kurzen, schnell vorgetragenen Plauderstrophe von hellem Klang mit wellenförmigen Tonbewegungen, die im Aufbau an das Wintergoldhähnchen (*Regulus regulus*) erinnern, in Klangfarbe, Tonhöhe und Lautstärke dagegen an den Gartenbaumläufer *(Certhia brachydactyla)*.

Lebensraum / Siedlungsdichte: Brütet mit Vorliebe in Gehölzdickichten mit kleinen, freien Flächen, in der Subalpinstufe vor allem in Latschen- und Erlengebüschen.

Bestandsdichte für die Schweiz etwa 4 bis 5 Bp / 10 ha in günstigen Gebieten, im reinen Laubwald bereits viel geringer. In Österreich im Gasteiner Tal (Land Salzburg) 5,1 Reviere pro 10 ha Laubwald der Montanstufe. Wo Latschendickichte, lockere Lärchenbestände, Zwergsträucher und freie Flächen abwechseln bis zu 3,5 bzw. 9 Reviere / 10 ha. Innerhalb der Alpinstufe, wo bereits ein hoher Anteil an alpinen Rasengesellschaften vorhanden ist, 1,4 Reviere / 10 ha (WINDING et al. 1992). In den Bayerischen Alpen im Latschengürtel sehr hohe Dichten (SCHUSTER, mündl.). Die größte Dichte wurde in Südtirol in Fichtenwäldern mit dichtem Jungwuchs ermittelt. Siedlungsdichte in Liechtenstein bei 1,5 bis 5,8 Revieren im Wald, bei 0,8 bis 4,3 auf teilweise offenen Flächen und bei 3,7 bis 10 Revieren / 10 ha in der Gebüschzone (WILLI 1984).

Brutbiologie: Gelegegröße zwischen (3) 4 bis 6 (7) Eiern. Bruterfolg je nach Fortpflanzungssystem (Monogamie, Bigynie, Bigynandrie, kooperative Biandrie sind bei der Heckenbraunelle bekannt) sehr unterschiedlich: etwa 2,7 bis 7,6 flügge Junge pro brütendem Paar und Jahr.

Nahrung: Überwiegend insektivor, im Winter vor allem feine Sämereien.

Jahresphänologie: Kurzstrecken- oder Teilzieher. Der Rückzug aus den Überwinterungsgebieten beginnt Ende Februar bis Mitte März, wobei es mitunter zu sehr später Besetzung höher gelegener Brutgebiete kommt. Wegzug der Südalpenpopulation nach Spanien und Portugal bzw. der Ostalpenpopulation an die Krim und den Kaukasus Ende August / Anfang September bis Mitte Oktober.

Gefährdung: Derzeit keine akute Gefährdung.

Schutz: Momentan keine Schutzmaßnahmen erforderlich.

Alpenbraunelle
(*Prunella collaris*, Scop. 1769)

Status: Häufiger Brutvogel der Alpen.

Verbreitung: In den Bayerischen Alpen als Brutvogel oberhalb 1 200 m üb. NN. Höchste alpine Brutvorkommen im Schweizer Val d'Hèrens (Kanton Wallis) auf 3 000 m üb. NN. In der Schweiz in der gesamten alpinen Stufe bis zur Schneegrenze verbreitet. In den Österreichischen Alpen mit Maximum zwischen 2 000 und 2 200 m üb. NN, höchste Brut auf 2 680 m üb. NN im Großglocknergebiet (WINDING 1993). Auch in Südtirol regelmäßig

Alpenbraunelle

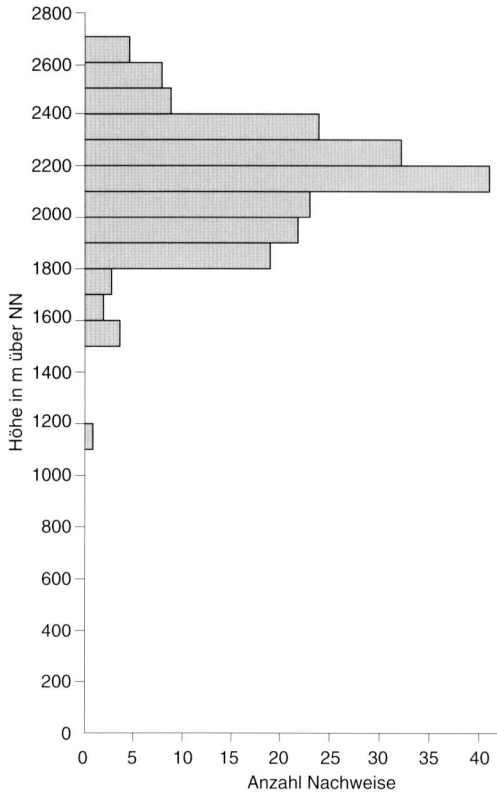

Höhe in m über NN

Anzahl Nachweise

Abb. 20: Brutnachweise der Alpenbraunelle in Österreich (n=194) und deren Verteilung entlang des Höhengradienten. Ergebnis der Brutvogelkartierung von 1981 bis 1985 (aus DVORAK et al., Umweltbundesamt Wien 1993).

mit relativ großen, spitzen Flügeln. Oberkopf und Nacken bräunlich aschgrau mit feinen dunklen Längsstrichen, Vorderrücken und Schultern dunkelbraun mit graubräunlichen bzw. rostbräunlichen Federrändern. Rücken und Bürzel graubraun mit dunkelbraunen Schaftstrichen, die Flügel braunschwarz und dunkelbraun. Auffällig sind die zwei unregelmäßig weißen Flügelbinden, die gesperbelte Kehle und die rotbraun gestreiften Flanken. Wippt mit dem Schwanz und zuckt mit den Flügeln. Recht zutraulich.

Stimme: Helles, lerchenartiges Trillern, unterschiedlich laut am Boden als Werbegesang, auf erhöhten Warten (z.B. Felsspitzen, Latschenwipfeln) und machmal auch im Singflug hoch in der Luft vom ♂ vorgetragen. Die ♀ singen wenig und höchstens halblaut. Der Gesang ist fast das ganze Jahr zu hören, so auch im Winter.

Lebensraum / Siedlungsdichte: Brutvogel der alpinen Stufe mit Vorliebe für mehr oder weniger geneigtes Felsgelände mit alpinen Polsterpflanzen bzw. kurzrasige Hänge mit Unterbrechungen der Vegetationsdecke. Auch in Felsflächen oder Schutthalden weit unterhalb der Baum- und Waldgrenze heimisch. Nicht auf geschlossenen Vegetationsdecken (z.B. Zwergstrauchdecken) oder in reinen Felsflächen. Die Nahrungssuche erfolgt auf kurzem Rasen, in kriechender Vegetation, am Rand von Schneefeldern oder auf Altschneefeldern. Jahreszeitliche Höhenverschiebungen, die regional und sogar lokal sehr unterschiedlich sein können. Bei Schnee bevorzugt an Schutzhütten oder Heustadeln.

Bestandsdichte in der Schweiz bei etwa 6 bis 8 Paaren / km². In der Alpinstufe der Hohen Tauern / Salzburg auf 3 verschiedenen Probeflächen zwischen ca. 100 und 250 ha 4,5 bis 5,5 Bp / km² (WINDING 1985 und WINDING et al. 1992).

Nahrung: Überwiegend insektivor, aber auch Spinnen, Schnecken und Sämereien.

Jahresphänologie: In den Alpen Teilzieher, die z.T. im Brutgebiet überwintern, im Hochwin-

brütend, in geringer Dichte auch oberhalb 2 100 bis 2 700 m üb. NN (Martelltal / Ortlergruppe). In Liechtenstein zwischen 1 800 und 2 500 m üb. NN mit einem deutlichen Schwerpunkt zwischen 2 100 und 2 200 m üb. NN (WILLI 1984).

Mindestbestand: D: 700 Brutpaare, A: 7 000 Bp, F: ? Bp, I: 10 000 Bp, CH: 2 000 Bp, SL: 500 Bp. Bestandstrend für Deutschland und Österreich: gleichbleibend.

Kennzeichen: Mit 18 cm etwas größer, bunter und gedrungener als Heckenbraunelle (*Prunella modularis*). Wirkt pieper- bzw. lerchenartig ter oft in tiefere Lagen ausweichen oder ins Vorland abwandern. Viele Alpenvögel überwintern in Italien und Südfrankreich. Rückkehr in die Brutgebiete beginnt im März bis April, Wegzug im Oktober bis November.

Gefährdung: RLD R; RLB R. Gefährdung durch zunehmende Erschließung der Hochgebirgsregionen und stark gestiegene Touristenfrequentierung denkbar. Genauere Untersuchungen hierzu nötig.

Schutz: Momentan keine Schutzmaßnahmen erforderlich.

juv.

Rotkehlchen   ad.

Rotkehlchen
(*Erithacus rubecula*, L. 1758)

Status: Sehr häufiger Brutvogel der Alpen.

Verbreitung: In der Schweiz bei Arolla (Kanton Wallis) bis auf 2 100 m üb. NN. In den Bayerischen Alpen bis an die Waldgrenze, vereinzelt sogar bis in die Latschenregion auf etwa 1 900 m üb. NN. In den Österreichischen Alpen bis 1 700 bzw. 1 800 m üb. NN regelmäßig, vereinzelt und in den Zentralalpen auch bis 1 900 m üb. NN. Der höchste Brutplatz Österreichs wurde an der Passhuberhütte (Kärnten) auf 1 850 m üb. NN kartiert (HAFNER & WRUß 1993). In Liechtenstein mit zunehmender Höhe seltener und bis maximal 1 790 m üb. NN (WILLI 1984).

Mindestbestand: D: 1 500 000 Brutpaare, A: 250 000 Bp, F: 1 000 000 Bp, I: 1 000 000 Bp, CH: 450 000 Bp, SL: 500 000 Bp. Bestandstrend für Deutschland und Österreich: gleichbleibend.

Kennzeichen: Mit einer Körpergröße von 14 cm etwas kleiner als Haussperling (*Passer domesticus*), wirkt rundlich, mit großem Kopf und großem Auge, einem gespreizten, gerade abgeschnittenen oder leicht gekerbten Schwanz und kurzen Flügeln. Beine relativ lang. Adulte von der Stirn über die Zügel und die Augenumgebung bis hin zur Hinterbrust orange, im abgetragenen Gefieder mehr ockergelb ausge-

blichen. Oberseite einheitlich olivbraun, Hinterbrust und Bauch weiß, die Flanken graubeige. Juvenile haben keine rote Brust und sind lediglich braun gefleckt. Hält sich gerne am Boden auf, »knickst« häufig und ist oft überraschend zutraulich.

Stimme: Als Warnruf oder bei Erregung typisches »Schnickern« oder »Tixen«. Der Reviergesang des ♂ besteht aus relativ langen, sehr variablen Strophen, die leise einsetzen und dann laut und weither hörbar werden können. Typisch sind auffallende Frequenzsprünge, meist enden die Strophen tief. Die Struktur des Gesangs wird oft auch als »perlend« bezeichnet. ♀ singen wie ♂, aber viel weniger und in kürzeren Srophen. Gesangsdialekte und Imitationen bekannt.

Lebensraum / Siedlungsdichte: Typischer Brutvogel der alpinen Wälder und Gebüsche bis an die Waldgrenze, vor allem in unterholzreichen Baumbeständen und Waldrändern von Laub-, Misch- und Nadelwäldern (ausgeprägte Hochwälder, aber auch Jungbestände). Siedelt bevorzugt in Gewässernähe oder an feuchten Standorten, auch in reinen Koniferen-Jungbeständen.

Im Schweizer Bergland beträgt die Bestandsdichte unter 10 Bp / 10 ha. Siedlungsdichte in einem montanen Laubwald des Gasteiner Tals (Land Salzburg) 1992 mit 8,1 Revieren pro 10 ha wesentlich höher als in den subalpinen

Bereichen der Hohen Tauern (Land Salzburg) mit maximal bis zu 3,2 Rev / 10 ha (Winding et al. 1992). In Südtirol gleichmäßig und in hohen Dichten bis 2 000 m üb. NN mit deutlicher Vorliebe für Mischwaldbereiche mit dicker Laubschicht oder geringem Pflanzenwuchs. In Liechtenstein Siedlungsdichten von 1,2 bis 6,7 Revieren / 10 ha in Wäldern und bis 3,3 Revieren / 10 ha auf teilweise offenen Flächen (Willi 1984).

Brutbiologie: Die Gelegegröße variiert in Mitteleuropa zwischen 5 bis 6 Eiern. Bruterfolg in Großbritannien 55% juvenile Vögel aus Eiern von Vollgelegen.

Nahrung: Omnivor, wobei vor allem Spinnen, Insekten, Würmer, Beeren, Früchte und Samen eine wichtige Rolle spielen.

Jahresphänologie: Häufige Wintergäste in Deutschland und der Schweiz, wobei es sich dann kaum um Brutvögel Mitteleuropas handeln dürfte, sondern im Falle der Schweiz um Vögel von nördlich oder nordöstlich gelegenen Populationen (Meier 1996). Die Rückkehr aus den Überwinterungsgebieten beginnt meist im März, Nachzügler erreichen die Brutgebiete bis Mitte April. Der Wegzug erfolgt ab Ende August bis September bzw. Oktober (= Hauptzugzeit). Überwinternde Rotkehlchen in Bergell / Schweiz bis 1 300 m üb. NN (Meier 1996).

Gefährdung: Derzeit keine akute Gefährdung.
Schutz: Momentan keine Schutzmaßnahmen erforderlich.

Rotsterniges
Blaukelchen

Rotsterniges Blaukehlchen
(*Luscinia svecica svecica*, L. 1758)

Status: Sehr seltener, neu angesiedelter Brut- und Sommervogel der Alpen.

Verbreitung: Am Alpennordrand Bayerns vereinzelt bis 1 900 m üb. NN anzutreffen. In der Schweiz mit sehr geringer Abundanz zwischen (1 500) 1 700 und maximal 2 100 m üb. NN (Schatthang im Dischmatal / Kanton Graubünden) brütend (Meier 1996). In den Österreichischen Alpen zwischen 1 750 und 2 050 m üb. NN: auf 1 780 m üb. NN im Hundsfeldmoor (Niedere Tauern / Kärnten) und auf 1 650 bzw. 2 030 m üb. NN in Vorarlberg (Kilzer & Blum 1991). In Südtirol 1973 und 1992 Beobachtungen aus dem Ultental, die auf eine gelegentliche Brut dieser Art in der Region hinweisen.

Mindestbestand: D: 7 500 Brutpaare, A: 300 Bp, F: 1 000 Bp, I: 0 Bp, CH: 1 Bp, SL: ? Bp. Bestandstrend für Deutschland: gleichbleibend, für Österreich: leicht zunehmend.

Kennzeichen: Mit 14 cm Körpergröße etwa so groß wie Rotkehlchen (*Erithacus rubecula*), wirkt aber schlanker und weniger großköpfig, dafür relativ langbeinig. Der Schwanz ist leicht gerundet. Adulte oberseits dunkelbraun, Hinterbrust und Bauch weißlich, Körperseiten leicht gelblich. Auffällig ist ein langer, beigefarbener Überaugenstreif. Das ♂ im Prachtkleid mit lebhaft blauer Vorderbrust, Kinn und Kehle bis einschließlich Bartstreifenregion mit einem nierenförmigen, rostbraunen bis rostroten »Stern« in der Kehlgegend, während im Schlichtkleid Kinn und Kehle keilförmig weiß und das Blau im wesentlichen auf das Vorderbrustband beschränkt ist. ♀ im Prachtkleid wie ♂ im Schlichtkleid, doch in der Regel nur mit einem schwarzen Brustband und einem schwarzen Bartstreif.

Stimme: Gesang meist zögernd, dann aber beschleunigt mit »dip dip dip-dip ...« eingeleitet, worauf eine Vielzahl von schnurrenden, zischenden oder anderen geräuschhaften, aber auch rein klingenden, flötenden Lauten folgt. Singt untertags und vor allem nachts auf Singwarten. Viele Imitationen von anderen Vogelstimmen und Geräuschen.

Lebensraum: Das Rotsternige Blaukehlchen lebt als Brutvogel mit Vorliebe über der Baumgrenze in Zwergstrauchheiden, nassen Latschenbeständen und Mooren oder feuchten, meist nordexponierten Blockhängen der Subalpinstufe.

Brutbiologie: Gelegegröße zwischen 5 und 6 (7) Eiern. Untersuchungen zum Bruterfolg ergaben in Finnland eine Schlupfrate von über 70 %.

Nahrung: Überwiegend insektivor, aber auch Spinnen und andere Kleintiere.

Jahresphänologie: *L. s. svecica* ist ein Langstreckenzieher mit Überwinterungsgebiet in Indien, Syrien, Israel und anderen Teilen des Nahen Ostens. Heimzug ab letztem Märzdrittel, Hauptwegzugszeit August bis September. Auf dem Durchzug in der Schweiz gerne in Gewässernähe (MEIER 1996).

Gefährdung: RLD 3; RLB 2; RLÖ R; RLS R. Gefährdung durch Lebensraumzerstörung, zum Beispiel die Trockenlegung feuchter Standorte in der aubalpinen Stufe.

Schutz: Erhaltung der dicht mit Latschen und Zwergsträuchern bewachsenen Moore innerhalb der subalpinen Stufe, und Erhaltung der steilen, meist von Quellfluren und Schmelzwasserrinnen durchzogenen Hänge in vorwiegend nördlicher Exposition. Verringerung menschlicher Störungen. Erweiterung schutzbezogener Grundlagenforschung (BAUER & BERTHOLD 1996).

Hausrotschwanz
(*Phoenicurus ochruros*, Gmel. 1774)

Status: Sehr häufiger Brut- und Sommervogel der Alpen.

Verbreitung: Brutvogel bis in die alpine Stufe, höchste alpine Brutplätze im Schweizer Val d'Hérens (Kanton Wallis) auf 2 800 m üb. NN bzw. am Gornergrat (Kanton Wallis) auf 3 200 m üb. NN. Über 2 400 m üb. NN nur noch spärlich anzutreffen (MEIER 1996). In den Bayerischen Alpen bis 2 400 m üb. NN, in Österreich Brutzeitbeobachtungen bis 2 600 bzw. 2 800 m üb. NN. Höchster bekannter Brutplatz dort in der Schobergruppe am Wagenitzsee (Kärnten) auf 2 500 m üb. NN (WRUß 1993). In Südtirol oberhalb (500) 600 bzw. 1 000 bis auf 2 600 m üb. NN brütend, wobei die unteren Lagen ebenso Brutgebiet des Gartenrotschwanzes (*Phoenicurus phoenicurus*) sind. In Liechtenstein liegen die Beobachtungen überwiegend bei 1 200 bis 2 200 m üb. NN mit einem deutlichen Schwerpunkt im Siedlungsbereich Malbun auf 1 600 bis 1 700 m üb. NN (WILLI 1984).

Mindestbestand: D: 540 000 Brutpaare, A: 230 000 Bp, F: 110 000 Bp, I: 100 000 Bp, CH: 250 000 Bp, SL: 300 000 Bp. Bestands-

Hausrotschwanz

Hausrotschwanz

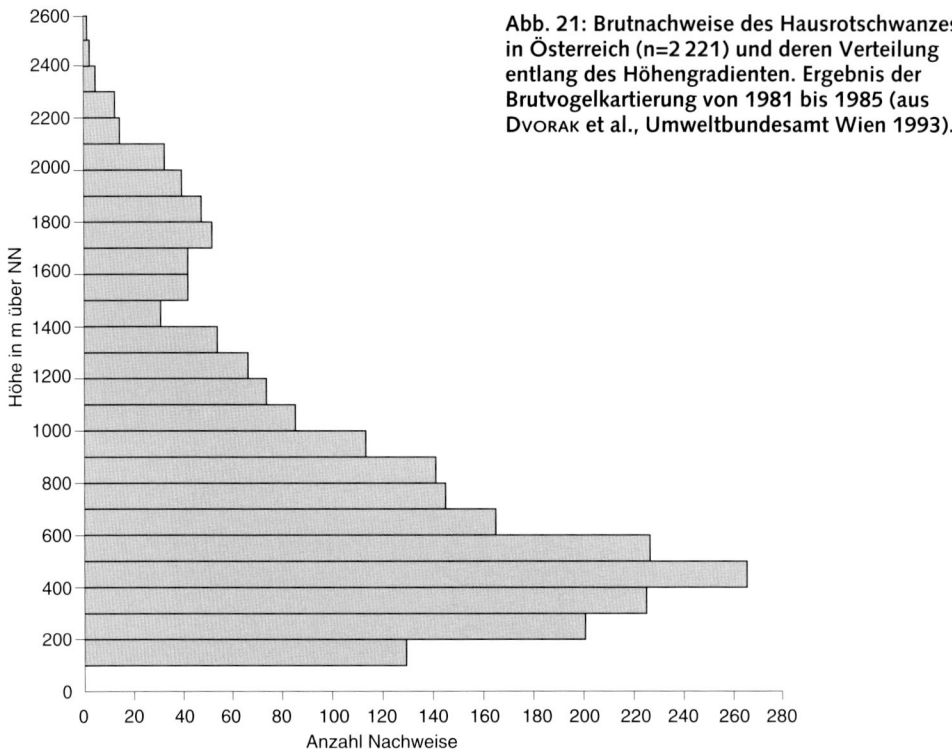

Abb. 21: Brutnachweise des Hausrotschwanzes in Österreich (n=2 221) und deren Verteilung entlang des Höhengradienten. Ergebnis der Brutvogelkartierung von 1981 bis 1985 (aus DVORAK et al., Umweltbundesamt Wien 1993).

trend für Deutschland und Österreich: gleichbleibend.

Kennzeichen: Mit 14 cm etwa spatzengroß, zierlich wirkend, mit einem relativ langen, mehr oder minder gerundeten Schwanz und einem zierlichen, relativ kurzen Schnabel. Besonders auffällig die oft aufrechte Körperhaltung und der nahezu ständig zuckende Schwanz. Oberschwanzdecken und Schwanz rostbraun, unterseits stets braungrau und somit dunkler als Gartenrotschwanz (*Phoenicurus phoenicurus*). Bei adulten ♂ Stirn schwarz, Oberkopf und Nacken dunkel schiefergrau, Vorderrücken ähnlich und nur der Hinterrücken heller gezeichnet. Kinn, Kehle und Brust schwarz, der Bauch grau, die Unterschwanzdecken hell orange. Adulte ♀ sind oberseits braungrau, auf der Unterseite etwas heller gefärbt.

Stimme: Der charakteristische Reviergesang besteht aus kurzen Strophen, die in der Regel aus einer gepreßt klingenden Einleitung »jirrr-tititi ...« bestehen, worauf eine kleine Pause und ein kratzender, geräuschhafter Mittelteil mit angehängtem Schluß-«Triller« wie »krrzch-titütili« oder »krrch-tütiti« folgt. Vortrag nahezu ausschließlich von exponierten Standorten wie zum Beispiel Dachfirsten aus.

Lebensraum / Siedlungsdichte: Als ursprünglicher Felsbewohner heute auch im Tiefland. Brutplätze meist in Stein-, Holz- und Stahlbauten, aber auch in öffentlichen Gebäuden und Tunnels (POLLHEIMER 1995). Nahrungserwerb überwiegend in reich strukturierter, kurzrasiger Vegetation. Zur Brutzeit mit Vorliebe in offenen, baumlosen Felsgebieten, Geröllhalden, Felswänden und Steinbrüchen, an einzelnen Gebäuden auf Wiesen, Weiden oder in größeren Waldlichtungen, aber auch auf Bergweiden, in der Alpinstufe bis an die Schneefelder. Nach der Brutzeit meist auf kurzrasigen oder vegetationsarmen Flächen.

In einer Untersuchungsfläche am Berninapaß (Kanton Graubünden) 1990 3,1 Bp / 10 ha (BÜRKLI 1996). In der Schweiz (MEIER 1996) und in Österreich höchste Dichten zwischen 1 000 und 1 600 m üb. NN bis 10 Bp / 10 ha. Im Gebirge Siedlungsdichten wesentlich niedriger als in Talnähe: in der Alpinstufe der Hohen Tauern (Land Salzburg) bei 2,4 Revieren / km², im Bereich der Waldgrenze des Gasteiner Tals (Land Salzburg) bei 8,7 Revieren / km² bzw. bis zu 13,5 Revieren / km² (WINDING et al. 1993). In einem geeigneten Lebensraum in Liechtenstein 3 Reviere / 10 ha (WILLI 1984).

Brutbiologie: Gelegegröße zwischen (3) 4 und 6 (7) Eiern. Untersuchungen zum Bruterfolg ergaben in Deutschland eine Schlupfrate von 70 % der Eier, Zweitbruten verlaufen oft erfolgreicher.

Nahrung: Omnivor; überwiegend jedoch Insekten, aber auch Spinnen und sogar Beeren.

Jahresphänologie: Kurz- bis Mittelstreckenzieher mit Überwinterungsgebiet im Mittelmeergebiet. Der Heimzug erfolgt bereits ab Januar. Erstbeobachtungen in der Schweiz ausnahmsweise schon ab Mitte Februar, vor allem Anfang März bis Anfang April. Der Wegzug beginnt Ende September bis Mitte Oktober, mit erheblichem Nachzügleranteil bis weit in den November.

Gefährdung: Derzeit keine akute Gefährdung.

Schutz: Momentan keine Schutzmaßnahmen erforderlich.

Gartenrot-
schwanz ♂

Gartenrotschwanz
(*Phoenicurus phoenicurus*, L. 1758)

Status: Häufiger Brut- und Sommervogel der Alpen.

Verbreitung: Höchste alpine Brutvorkommen in Lärchenwäldern zwischen 2 000 m und 2 220 m bei Zermatt (Kanton Wallis / Schweiz).

In den Bayerischen Alpen bis auf 1 750 m üb. NN, in Österreich bis ca. 2 000 m üb. NN. Dort höchster Brutnachweis in den Nockbergen / Kärnten auf 1 930 m üb. NN (HAFNER 1993). In den südlichen Zentralalpen zwischen 1 600 und 2 000 m üb. NN regelmäßig brütend (LACCHINI 1963, WENDLAND 1963, PRÄSENT 1979, HABLE 1983 und BODENSTEIN 1985). In Südtirol vom Talboden bis 1 500 m üb. NN, im Vinschgau bis 1 800 m üb. NN brütend. Wenige Beobachtungen in Liechtenstein auf 1 640, 1 760 und 1 800 m üb. NN (WILLI 1984).

Mindestbestand: D: 45 000 Brutpaare, A: 5 000 Bp, F: 100 000 Bp, I: 30 000 Bp, CH: 10 000 Bp, SL: 3 000 Bp. Bestandstrend für Deutschland und Frankreich: z.T. stark abnehmend; für Österreich, Italien, Slowenien, Liechtenstein und die Schweiz: leicht rückläufig.

Kennzeichen: Bei einer Körpergröße von 14 cm lediglich geringfügig schlanker als Hausrotschwanz (*Phoenicurus ochruros*). Adulte ♂ zur Brutzeit an Stirn unmittelbar über dem Schnabel, an Kinn, Kehle, Wangen und Halsseiten sowie der Vorderbrust schwarz. Auf dem

Vorderscheitel und über dem Auge schmaler, weißer Überaugenstreif bis zu den Ohrdecken. Oberkopf, Nacken, Rücken und Schulterfedern schiefergrau, Flügel bräunlichgrau. Im Unterschied zum Hausrotschwanz ohne Flügelspiegel. Hinterbrust und Bauch rostorange, zum Schwanz hin stärker aufgehellt bis weißlich. Adulte ♀ sind oberseits einschließlich Kopf- und Halsseiten graubraun, unterseits heller als der Hausrotschwanz. Das Gefieder ist beige mit mehr oder weniger deutlich rostorangefarbenen Federsäumen. Kinn- und Kehlseiten, Vorderbrust und Flanken etwas dunkler als der Bauch. Juvenile wie junge Rotkehlchen (*Erithacus rubecula*) gefleckt, allerdings mit rotem Schwanz und Bürzel.

Stimme: Der Reviergesang ist kurz und wohltönend, meist mit »hüit« eingeleitet, gefolgt von mindestens 2 kurzen Silben, die etwas tiefer liegen und fast im Stakkato anklingen, etwa wie »hüid dedede«. Ein extrem variabler 3. Teil schließt sich an, für den selbst bei einem Individuum das Repertoire sehr groß ist und der häufig sehr viele Imitationen anderer Vogelstimmen enthält. Der Gesang ist nur im Frühjahr und zur Brutzeit zu hören, im Herbst kaum.

Lebensraum / Siedlungsdichte: Brütet in lichten oder aufgelockerten Altholzbeständen, vor allem an Waldrändern und -lichtungen, Bergmischwäldern (nicht in geschlossenen Koniferenbeständen), aber auch in Einzelbäumen in Siedlungen.

In der Schweiz bis 800 m üb. NN in Buchen- und Nadelwäldern etwa 2 Bp / 10 ha, im lichten Laub-Mischwald mitunter 10 Bp / 10 ha, darüber und in anderen Biotopen geringere Dichten. In Bayern etwa 1 Paar / km². Im montanen Bereich der Österreichischen Alpen in einem Obstgarten bei Innsbruck (Tirol) bis zu 9 Reviere auf etwa 35 ha (LANDMANN 1987).

Brutbiologie: Gelegegröße zwischen 6 und 7 Eiern. Bruterfolg in Deutschland etwa 5,2 flügge Junge pro brütendem Paar und Jahr.

Nahrung: Omnivor, überwiegend Spinnen und Insekten, weniger Beeren und Früchte.

Jahresphänologie: Langstreckenzieher mit Überwinterungsgebiet in Zentralafrika. Heimzug von März bis April mit Höhepunkt in 1. Aprilhälfte. Wegzug Anfang / Mitte August bis Mitte September, Nachzügler erst bis November.

Gefährdung: RLD V; RLB 3; RLÖ 3; RLS 3. SPEC Kategorie 2 – stark gefährdet. Ursachen des starken Rückgangs in Bayern sind noch nicht bekannt. Zumindest regional ist die Aufgabe der traditionellen Obstbauformen und deren Ersatz durch Intensivkulturen negativ. Verlust von Altholzbeständen und Parkbäumen. In den Überwinterungsgebieten (z.B. Nigeria) durch Biozideinsatz (z. B. gegen die Tse-Tse-Fliege), zumal keine gravierenden Lebensraumveränderungen in den Bruthabitaten eingetreten sind.

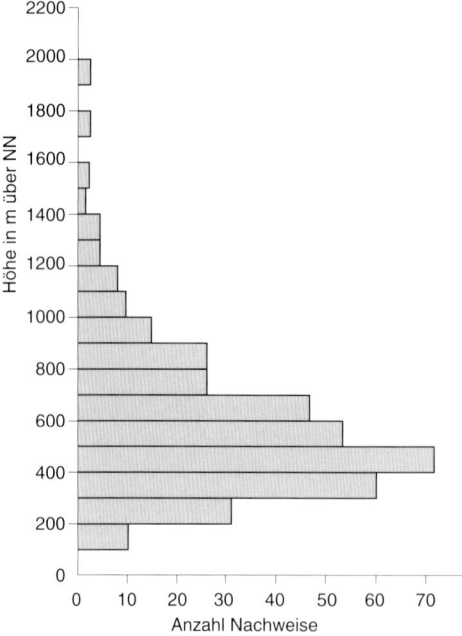

Abb. 22: Brutnachweise des Gartenrotschwanzes in Österreich (n=374) und deren Verteilung entlang des Höhengradienten. Ergebnis der Brutvogelkartierung von 1981 bis 1985 (aus DVORAK et al., Umweltbundesamt Wien 1993).

Schutz: Länderübergreifende Schutzprojekte (z.B. Entwicklungshilfe), besonders auf dem Gebiet der »Schädlingsbekämpfung«, und Verhinderung der Überweidung. Erhaltung von »reifen« Laub- und Mischwäldern sowie der Schutz von älteren Bäumen in Sekundärhabitaten. Verbesserung des Nahrungsangebots in (Streu-) Wiesengebieten durch Erhöhung der Grenzlinien. Lokale Bestandserhöhungen durch Anbringen von Nisthilfen denkbar.

Braunkelchen ♂

Braunkehlchen
(*Saxicola rubetra*, L. 1758)

Status: Verbreiteter, häufiger bis sehr häufiger Brut- und Sommervogel der Alpen mit anhaltender Abnahme und daher starker Ausdünnung der Bestände.

Verbreitung: In Österreich Obergrenze der Höhenverbreitung an den Randalpen zwischen 900 bis 950 m üb. NN, in den Zentralalpen zwischen 1 400 und 1 600 m üb. NN mit einem Maximum zwischen 400 und 700 m üb. NN. Höchster Brutplatz im Ötztal (Tirol) auf 2 030 m üb. NN (LÖHRL 1993). In der Schweizer Alpenregion überwiegend zwischen 1 400 und 1 900 m üb. NN, bis maximal 2 000 m üb. NN (MEIER 1996). Höchstes Brutvorkommen auf 2 270 m üb. NN im Val d'Hérens (Kanton Wallis). Höchste Brutplätze der Bayerischen Alpen auf 890 bis 950 m üb. NN. In Südtirol zwischen 800 und 2 000 m üb. NN, selten darunter. In Liechtenstein innerhalb der Mähwiesen zwischen 1 280 und 1 320 m üb. NN (WILLI 1984).

Mindestbestand: D: 6 500 Brutpaare, A: 5 000 Bp, F: 10 000 Bp, I: 10 000 Bp, CH: 5 000 Bp, SL: 10 000 Bp. Bestandstrend für Deutschland und Schweiz: stark abnehmend; Österreich, Italien, Liechtenstein und Frankreich: leicht abnehmend.

Kennzeichen: Mit 12,5 cm Körpergröße kleiner als ein Sperling, dennoch robust wirkend. Etwas schlanker und langflügeliger als Blau-kehlchen (*Luscinia svecica*). Adulte mit deutlich rahmfarbenem bis weißlichem Überaugenstreif und seitlich weiß oder hell gesäumter, von der Vorderbrust nicht kontrastreich abgesetzter rahmfarbener Kehle und einer kontrastreichen fleckig bis streifig gezeichneten Oberseite. ♂ im Prachtkleid oberseits braunschwarz, Flügel dunkelbraun. Unterseite überwiegend zimtbraun, von Bauch bis Unterschwanzdecken allerdings heller. ♂ im Schlichtkleid ähnlich wie ♀ gefärbt, weisen jedoch an der Brust tropfenförmige, dunklere Flecken auf, die an den Seiten und Flanken zu feinen Strichen werden. ♀ sowohl im Pracht- als auch im Schlichtkleid ohne auffällige Gesichtsmaske, Kinn und Kehle hellbräunlich bis beige, Unterseite einfarbig zimtbraun und Bauch heller schmutzigbraun.

Stimme: Der Reviergesang besteht aus kurzen Strophen mit geräuschhaften, gepreßt klingenden (an den Hausrotschwanz erinnernd) und flötenden Elementen, die in unregelmäßigem Wechsel wiederholt werden. Täuschende Imitationen anderer Vogelstimmen sind nicht selten.

Lebensraum / Siedlungsdichte: Brütet in offenen Landschaften mit bodennaher Deckung für die Nestanlage. Bevorzugt eine vielfältige Kraut- oder Zwergstrauchschicht zur Nahrungssuche sowie höhere Einzelstrukturen als Warten, wie Mähwiesen mit vereinzelt stehenden Scheunen. In der Subalpinstufe auch in

Zwergstrauchgesellschaften und Legföhrenbeständen.

Brutpaardichte in der montanen und subalpinen Stufe der Schweiz zwischen 2 und maximal 10 Bp / 10 ha. Auf einer 18 km langen Untersuchungsstrecke entlang des Inntales zwischen Bernina Häuser und La Punt-Chamuesch (Kanton Graubünden) 1985 44 Brutpaare (MEIER 1996). In Österreich im Rauristal (Land Salzburg) um 6 Reviere / 25 ha, im Drautal (Kärnten) 12 bis 15 Brutpaaren auf 20 ha. In Liechtenstein brüteten 7 Bp auf einer 30 ha großen Fläche (WILLI 1984).

Brutbiologie: Gelegegröße zwischen 4 und 6 Eiern. Bruterfolg in Südwest-Deutschland etwa 3,3, in Bayern 3,1 flügge Junge pro brütendem Paar und Jahr.

Nahrung: Insektivor; jagt vor allem im Flug, aber auch am Boden nach Raupen.

Jahresphänologie: Langstreckenzieher mit Überwinterungsgebiet in Nord- und Zentralafrika. Heimzug meist ab 2. Märzhälfte, hauptsächlich aber ab Ende März bis Mitte Mai. Hauptwegzug Anfang August bis Anfang September.

Gefährdung: RLD 2; RLB 3; RLÖ R; RLS 3. Gefährdung durch Veränderung und Zerstörung des Lebensraumes, wie Ausräumung der Landschaft, Entwässerung von Feuchtwiesen, Intensivierung der Grünlandnutzung, Aufgabe der Streuwiesennutzung, Aufforsten von Feuchtwiesen, verschiedene Erschließungsmaßnahmen, Entfernung von wild wachsenden Randstreifen. Auch durch Biozideinsatz.

Schutz: Sicherung und extensive Nutzung und Pflege von Streuwiesen. Verzicht der Nutzung auf Grenzertragsböden. Schaffung chemiefreier Grünland-Brachflächen (BAUER & BERTHOLD 1996).

Steinschmätzer
(*Oenanthe oenanthe*, L. 1758)

Status: Seltener bis häufiger Brut- und Sommervogel bzw. regelmäßiger und häufiger Durchzügler.

Verbreitung: Brütet in den Alpen mit Vorliebe in der Subalpin- und Alpinstufe. Höchstes Nest der Schweiz auf 2 800 m üb. NN. In den Bayerischen Alpen ebenfalls bis über 2 000 m üb. NN, in den Österreichischen Alpen meist erst oberhalb der Waldgrenze bis 2 600 m üb. NN brütend mit einem Maximum zwischen 1 800 und 2 300 m üb. NN. Höchster Brutplatz dort am Hochschober (Osttirol) auf 3 000 m üb. NN (RETTER 1973). In Südtirol zwischen 1 900 und 2 400 m üb. NN, vereinzelt auch an den Steppenhängen des Vinschgau. Beobachtungen in Liechtenstein zwischen 1 930 und 2 020 m üb. NN. Hier auch in geeigneten Lebensräumen wahrscheinlich nur Durchzügler (WILLI 1984).

Mindestbestand: D: 950 Brutpaare, A: 4 000 Bp, F: 10 000 Bp, I: 100 000 Bp, CH: 3 000 Bp, SL: 300 Bp. Bestandstrend für Deutschland und Österreich (Alpen): gleichbleibend.

Kennzeichen: Mit 15 cm deutlich größer als Rotkehlchen (*Erithacus rubecula*). Auffällig ist der Schwanz mit einem breiten, dunklen Endband, dessen zentrales Federpaar im sichtbaren Teil ganz schwarz ist, so daß ein umgekehrtes »T« entsteht. Hinterer Teil des Bürzels und der Oberschwanzdecken weiß, Achselfedern dunkelgrau mit einem breiten weißen Saum, Unterflügeldecken dunkelbraun bis schwarz mit einem hellen Saum (wichtiges Feldkennzeichen!). Adulte ♂ im Prachtkleid mit blau- oder blaßgrauem Oberkopf, Nacken, Schulterfedern und Rücken, Flügel schwarzbraun. Stirn und Überaugenstreif weiß, Zügel, Wangen und Ohrdecken schwarz. Halsseiten, Kinn, Kehle und Vorderbrust rahmfarben, die übrige Unterseite weißlich bis rahmfarben. ♀ im Prachtkleid oberseits braungrau mit einem rahmfarbenen Überaugenstreif. Die Ohrdecken sind braun, Halsseiten, Kinn, Kehle, Flanken und Vorderbrust braunorange, die übrige Unterseite rahmfarben. Huscht gerne über das offene Gelände, knickst und schlägt mit dem Schwanz.

Stimme: Der Reviergesang des ♂ besteht aus kurzen, an das Braunkehlchen (*Saxicola rubetra*) erinnernden, schnell schwätzenden Strophen, die oft mit Lockrufen eingeleitet werden. Neben Pfeiftönen sind harte Elemente, hell klirrende Laute und gepreßte Töne charakteristisch. Am Boden hört man meist Jung- und Altvögel beider Geschlechter singen.

Lebensraum / Siedlungsdichte: Brütet bevorzugt in offenem, übersichtlichem Gelände mit kurzer bis karger Vegetation. Wichtige Lebensraumbestandteile sind außerdem Jagd- und Sitzwarten, Spalten, Nischen oder Höhlungen für das Nest, auf alpinem Rasen mit eingestreutem Geröll oder möglichst sonnenexponierten Geröllhalden.

Bestandsdichten in der Schweiz auf sonnigen, offenen und kurzrasigen Hängen am Col de Balme (1 900 bis 2 450 m üb. NN, Kanton Wallis) bei 9 bis 10 Bp / 350 ha und auf den Alpweiden im Val d'Hérens (1 500 und 1 600 m üb. NN, Kanton Wallis) bei etwa 5 Bp / 250 ha. Am Lago Bianco (Kanton Graubünden) durchschnittlich 2,7 Reviere / 10 ha (MEIER

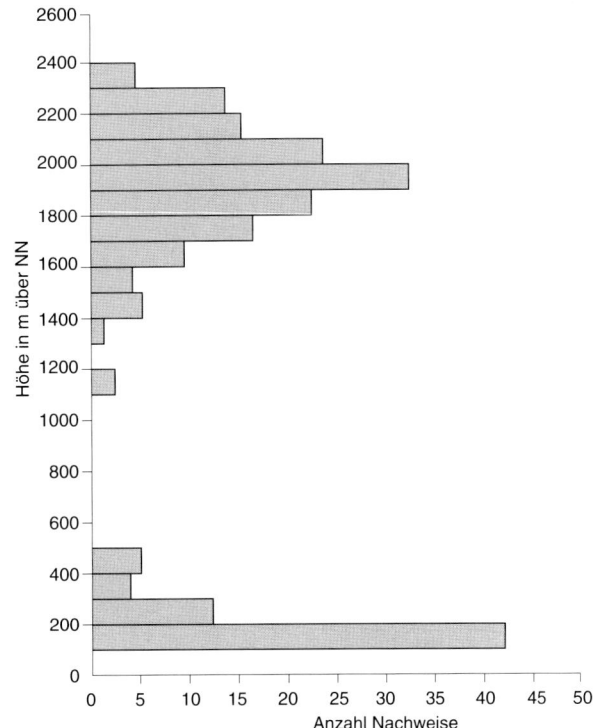

Abb. 23: Brutnachweise des Steinschmätzers in Österreich (n=209) und deren Verteilung entlang des Höhengradienten. Ergebnis der Brutvogelkartierung von 1981 bis 1985 (aus DVORAK et al., Umweltbundesamt Wien 1993).

1996). Im Dischmatal (Kanton Graubünden) 1979 mittlere Reviergrößen von 8,7 ha (WARTMANN 1996). In Österreich im Fuscher Tal am Piffkar (Hohe Tauern) zwischen 0,4 und 2,9 Reviere / 100 ha (WINDING et al. 1993) und im Großglocknergebiet 3,5 bis 5 Bp / 100 ha (WINDING 1985).

Brutbiologie: Nest am Boden und dort vor allem in Mauerlöchern, Erdgängen von Nagern, Steinhaufen und Röhren. Gelegegröße zwischen 4 und 5, maximal 6 Eiern. Bruterfolg in Großbritannien im Mittel (mit Zweitbruten) etwa 4,0 flügge Junge pro brütendem Paar und Jahr (großer Stichprobenumfang!).

Nahrung: Carnivor, überwiegend Spinnen und Insekten.

Jahresphänologie: Überwiegend Langstreckenzieher mit Überwinterungsgebiet in der Süd-Sahara. Rückzug und Durchzug Mitte März bis Mitte Mai, mittlere Erstbeobachtungen in der Schweiz Ende März mit einem Höhepunkt Mitte April. Wegzug ab Ende August mit einem Höhepunkt Anfang September, Einzelvögel bis November in Mitteleuropa.

Gefährdung: RLD V; RLB 1. Gefährdung durch Lebensraumzerstörung, in den Alpen vor allem Erschließungsmaßnahmen. Negative Auswirkungen des »Global Change« in den Überwinterungsgebieten denkbar.

Schutz: Einhalten der Wegegebote, besonders in Schutzgebieten, um Störungen zur Brutzeit für diesen Bodenbrüter zu vermeiden.

Steinrötel
(*Monticola saxatilis*, L. 1766)

Status: Seltener, nur lokal häufiger Brut- und Sommervogel in den Alpen.

Verbreitung: In den Schweizer Alpen Brutplätze zwischen 1 700 und 2 000 m üb. NN, Brutzeitbeobachtungen bei Ausserferrera (Kanton Graubünden) bis 2 580 m üb. NN, Bruten am Alpennordhang bisher selten (MEIER 1996). Bei Chur-Felsberg auf 500 m üb. NN brütend (MEIER 1996). Brütet in den Radstädter Tauern (Land Salzburg) zwischen 1 530 bis 2 300 m üb. NN (KRÄMER 1993). Höchster Brutplatz auf 2 400 m üb. NN in den Ötztaler Alpen / Tirol (LÖHRL 1963, BERCK 1970). Nicht alle österreichischen Bundesländer melden Brutnachweise dieser Art. In Bayern fehlt die Art als regelmäßiger Brutvogel völlig und tritt nur verstreut als Gast auf. Die Brutgebiete in Südtirol liegen in zwei Schwerpunktregionen: an den trockenen Hängen des Vinschgau und an der »Bozener Porphyrplatte«, jeweils zwischen 600 und 1 500 m üb. NN. Die Beobachtungen reichen bis 2 000 m üb. NN.

Mindestbestand: D: 0 Brutpaare, A: 30 Bp, F: 1 000 Bp, I: 5 000 Bp, CH: 500 Bp, SL: 50 Bp. Bestandstrend für Deutschland, Slowenien und Schweiz: gleichbleibend; für Österreich und Frankreich: leicht abnehmend; Italien: stark rückläufig.

Kennzeichen: Mit 19 cm kleiner als Amsel (*Turdus merula*). Relativ langgestreckter Körper, kurzer, rostoranger Schwanz und verhältnismäßig kräftiger Schnabel. Im Prachtkleid ♂ mit graublauem Kopf, Hals und Vorderrücken, Mittel- und Hinterrücken sind weiß und die Brust bis zu den Unterschwanzdecken rostorange. Schlichtkleid des ♂ entspricht dem des ♀, ist jedoch oberseits dunkler und insgesamt stärker gefleckt bzw. gebändert. Kopfpartien bläulich, Unterseite rostfarben und kontrastreich dunkel quergebändert. Die ♀ sind oberseits einheitlich graubraun mit dunkleren feinen Schaftstrichen mit wenigen Spuren von Weiß am Hinterrücken. Wangen, Halsseiten und Vorderbrust rahmweiß und graubraun längsgestreift, die Kehlmitte rahmweiß, Bauch und Brust mehr rostorange, die Längsstreifung in Querstreifung übergehend. Der Schwanz wird oft »zitternd« bewegt und ist somit besonders auffällig.

Steinrötel ♂
♀

Stimme: Reviergesang aus mehreren mäßig lauten flötenden Strophen, entweder von einer Warte aus mit längeren Zwischenpausen vorgetragen, oder besonders lang im charakteristischen, mit weit gespreizten Schwanzfedern vorgetragenen Singflug.

Lebensraum / Siedlungsdichte: Brütet besonders gerne in Gebieten mit sonnenexponierten Felsen oder Geröllhängen mit schattigen Plätzen und einem hohen Anteil kruzrasiger Vegetation. Einzelbüsche und -bäume werden toleriert, bevorzugt werden jedoch süd- bis südostexponierte Felsheiden, Steinbrüche, Steilhänge mit anstehendem Fels, Schutt- und Blockfeldern, aber auch verwilderte Weinberge. Auf dem Durchzug in ähnlichen Biotopen.

Die höchste Dichte im Schweizer Wallis zwischen St. Maurice und Brig mit über 20 Brutorten. Zur Siedlungsdichte in Österreich gibt es bisher wenige Angaben; 4 Brutpaare auf 1 km Hanglänge in Vorarlberg (KILZER & BLUM 1991).

Brutbiologie: Nest aus Gras und Wurzeln, zumeist am Boden und dort an schwer zugänglichen Stellen am Steilhang, wie zum Beispiel in Spalten und Höhlen.

Nahrung: Omnivor; überwiegend Insekten, Schnecken, kleine Reptilien und Beeren.

Jahresphänologie: Überwiegend Langstreckenzieher mit Überwinterungsgebiet in den Savannen und in den Regenwäldern Afrikas. Heimzug ab Mitte Februar, hauptsächlich aber erst Mitte März bis Anfang April. Früheste Beobachtungen in den Westalpen 11. April in Frankreich, ab Mitte März in Italien, in der Schweiz ab Mitte April bis Mitte Mai. Wegzug – vor allem Jungvögel – ab Ende August, Hauptwegzug in den Alpen erst ab Mitte September.

Gefährdung: RLD 0; RLÖ 3; RLS 3. SPEC Kategorie 3 – leicht abnehmend. Habitatsverlust durch Aufforstung bzw. Zerstörung des Lebensraumes in den Brut- und Überwinterungsgebieten. Ebenso Verbuschung von aufgelassenen Flächen, wobei die genauen Gründe für den Rückgang dieser Art jedoch noch weitgehend unbekannt sind.

Schutz: Erhaltung von extensiv genutzten montanen Regionen mit einer spärlichen Bodenvegetation. Weitere Erforschung der Ursachen für den Bestandsrückgang nötig. Keine weitere touristische Erschließung sensibler Alpengebiete mit Brutvorkommen. Strenge Verfolgung von illegaler Jagd und Fang (BAUER & BERTHOLD 1996).

Blaumerle
(*Monticola solitarius*, L. 1758)

Status: Seltener Brutvogel der Süd-Schweiz, Frankreichs und der Italienischen Alpen, sonst nur Ausnahmegast.

Verbreitung: In den Schweizer Alpen Brutnachweise bis 700 m üb. NN, einmal bis 1 200 m üb. NN im Simplongebiet (Kanton Wallis). Heute in der Schweiz nur mehr im Tessin (MEIER 1996). In Südtirol mit Vorliebe an den extrem heißen, trockenen Felshängen des Etschtales (Porphyrsteinbrüche). Brutplätze dort im untersten Talbereich von 250 bis 500 m üb. NN, ausnahmsweise auch bis 1 000 m üb. NN.

Mindestbestand: D: 0 Brutpaare, A: 0 Bp, F: 1 000 Bp, I: 1 000 Bp, CH (Tessin): 25 Bp, SL: 5 Bp. Bestandstrend für Deutschland und Österreich: gleichbleibend; für die Schweiz, Frankreich und Slowenien: gleichbleibend; Italien: stark rückläufig.

Kennzeichen: Mit 20 cm Körpergröße etwas größer und langschwänziger als Steinrötel (*Monticola saxatilis*). Der Schnabel ist relativ lang, der Vogel wirkt insgesamt mehr oder minder einheitlich dunkel. ♂ stahlblau, im frischen Kleid mehr rußgrau. Unterflügel blau, bei ungünstiger Beleuchtung dunkel wirkend. Die ♀ oberseits mit düster dunkelbrauner Färbung und teilweise graublauem Anflug. Wangen, Halsseiten und Kinn aufgehellt mit dunklen Federsäumen, wie ein feines Schuppenmuster, die übrige Unterseite dunkel rußbraun und bläulich gesperbert. Einziger völlig blauer Vogel Mitteleuropas. Droht Gefahr, entschwindet der scheue Vogel mit weichen Flügelschlägen im felsigen Gelände.

Stimme: Die Rufe am Brutplatz klingen klagend »uit uit uit ...« oder »jüb jüb jüb ...«. Der melodiöse Gesang wird von einer Warte oder im Flug vorgetragen und besteht aus relativ kurzen, flötenden Strophen, oft vielmals wiederholt.

Lebensraum / Siedlungsdichte: Noch wärmeliebender als Steinrötel. Besiedelt mit Schwerpunkt tiefere Bereiche von Vertikalstrukturen, wie gut besonnte Steilhänge, mit Gebüsch oder Gräsern durchsetzte Felspartien, steinige Landschaften, tiefe Schluchten, Steinbrüche, aber auch verlassene Gebäude. Im Winter in ähnlichen Biotopen, meist aber in tieferen Lagen. Die alpine Brutpaardichte ist allgemein gering, nur größere Steinbrüche Südtirols beherbergen 2 bis 3 Brutpaare.

Brutbiologie: Nest in Höhlen, Spalten oder auf Simsen, unter überhängenden Felsen, auch in Mauerlöchern und unter Brücken.

Nahrung: Insekten, Spinnen und Schnecken, im Herbst auch Früchte und Beeren.

Jahresphänologie: Überwinterungsgebiet ist der Mittelmeerraum, Afrika bis Südarabien, jedoch gibt es fast im gesamten alpinen Brutareal auch Winterausharrer in den Tieflagen .

Gefährdung: RLS 3; SPEC Kategorie 3 – gefährdet. Gefährdung durch Verfolgung, Lebensraumzerstörung sowie veränderte Lebensbedingungen in den Überwinterungsgebieten (Insektizideinsatz).

Blaumerle

Schutz: Erhaltung der natürlichen Lebensräume in den Alpen. Monitoring, auch der Bestandsentwicklung in den Brut- und Überwinterungsgebieten. Kontrolliertes Auflassen von Steinbrüchen. Die meisten Brutplätze dieser Art im Tessin liegen in den immer häufiger werdenden aufgelassenen Steinbrüchen mit einer Mindestausdehnung von 100 m Länge und 40 bis 60 m Höhe.

Ringdrossel
(*Turdus torquatus*, L. 1758)

Status: Häufiger Brut- und Sommervogel der Alpen, im Westen häufiger als im Osten.

Verbreitung: In den Schweizer Alpen bevorzugt zwischen 1 200 und 2 200 m üb. NN brütend, höchster Brutnachweis bei Albigna (Kanton Graubünden) auf 2 430 m üb. NN (MEIER 1996). In den Bayerischen Alpen vor allem zwischen 900 und 2 000 m üb. NN. In Österreich liegen die tiefsten Brutplätze auf 850 m üb. NN, Verbreitungsmaximum zwischen 1 400 und 1 800 m üb. NN. Höchster Brutnachweis dort am Reschenkogel (Land Salzburg) auf 2 417 m üb. NN (MAZZUCO 1989). In Südtirol ab (1 350) 1 500 bis 2 200 m üb. NN zu beobachten. Schwerpunkt der Höhenverbreitung in Liechtenstein bei 1 700 m bis 1 800 m, maximal bei 2 080 m üb. NN (WILLI 1984).

Mindestbestand: D: 9 000 Brutpaare, A: 50 000 Bp, F: 1 000 Bp, I: 10 000 Bp, CH: 15 000 Bp, SL: 2 000 Bp. Bestandstrend für Deutschland und Österreich: gleichbleibend.

Kennzeichen: Mit 24 cm Körpergröße nur geringfügig kleiner als Amsel (*Turdus merula*), aber mit etwas längeren Flügeln. Das ♂ der Subspecies *T. t. alpestris* oberseits dunkelbraun bis mattschwarz, unterseits dunkelbraun mit breit weiß gesäumten Federn, Hinterbrust und Bauchfedern sowie Unterschwanzdecken zusätzlich mit – allerdings stark variablen – weißen Partien. Besonders auffällig ist die Vor-

Ringdrossel

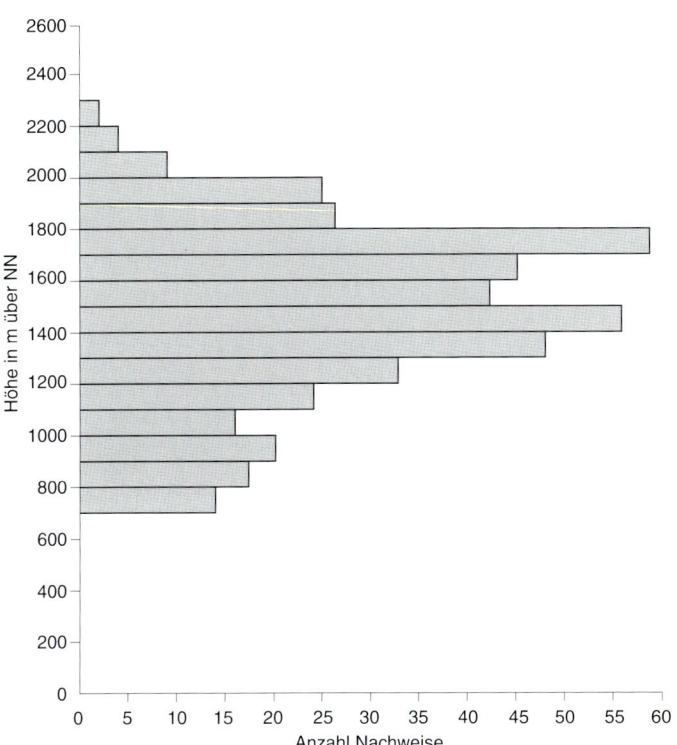

Abb. 24: Brutnachweise der Ringdrossel in Österreich (n=440) und deren Verteilung entlang des Höhengradienten. Ergebnis der Brutvogelkartierung von 1981 bis 1985 (aus DVORAK et al., Umweltbundesamt Wien 1993).

Ringdrossel

derbrust mit einem breiten weißen bis weißlichgrauen Kropfband. ♂ im Mittel etwas brauner, Unterseitenfedern breiter weißlich gesäumt, das Kropfband in der Regel hellgrau bis graubraun und somit weniger stark auffallend als beim ♀. Der Schnabel bei adulten Vögeln während der Brutzeit gelb mit wechselnden Braunanteilen, außerhalb Brutzeit und bei Juvenilen braun mit Aufhellungen. Die scheuen Vögel sitzen oft auf Busch- oder Baumwipfeln. **Stimme:** Auffällig ist sein charakteristischer Warnruf, der hart „tak-tak-tak ..." oder „tägtäg-täg ..." klingt. Gesang weithin hörbar, aus monotonen Wiederholungen einfacher Strophen, die durch Pausen getrennt werden. Vortrag klingt daher etwas abgehackt.
Lebensraum / Siedlungsdichte: Brütet in nadelholzreichen Bergwäldern, bevorzugt an schattigen und feuchten Standorten und dort besonders gerne an Stellen, die durch Weide-

flächen, Blockfelder, Runsen, Lawinenbahnen und an der Waldgrenze durch Krüppelwuchs und Krummholz aufgelockert sind. Nahrungssuche auf kurzrasigen Wiesen und Weiden oder frisch abgetauten, noch spärlich bewachsenen Flächen am Rand von Schneefeldern, auch an feuchten Stellen im Hochwald, zum Beispiel in Tannen-Buchenwäldern und im subalpinen Fichtenwald. Nicht selten auch im Lärchen-Arvenwald, in Latschen-, Ebereschen- und Grünerlenbeständen, auf Bergweiden mit Baumgruppen oder an Waldrändern anzutreffen. Im Spätsommer wegen der Beeren gerne in Zwergstrauchheiden.
Brutpaardichte in einem Nadelwald bei Uri (Schweiz) auf 1 850 m üb. NN 9 Bp / 10 ha. Höchste Siedlungsdichten in Österreich im Bereich der Waldgrenze, auf zwei Probeflächen in 1 800 bis 1 900 m üb. NN Höhe im Großglocknergebiet (Land Salzburg) bis zu

4,5 Bp / 10 ha (WINDING 1985). In Südtirol Bestandsdichte deutlich geringer als die der Amsel (*Turdus merula*). In Liechtenstein in verschiedenen Wäldern ohne Laubanteil 2 bis 2,8 Reviere / 10 ha, auf teilweise offenen Flächen dagegen 1,1 bis 4,3 sowie in Gebüschzonen bis 0,7 Reviere / 10 ha.

Brutbiologie: Neststand vor allem in Koniferenbäumen- und büschen. Gelegegröße zwischen 3 bis 6 Eiern. Untersuchungen zum Bruterfolg ergaben in Siebenbürgen eine Schlupfrate von 79%, in den Alpen dürfte diese zumindest bei Erstbruten sicher geringer ausfallen.

Nahrung: Omnivor, vor allem Beeren, Schnecken, Würmer, Insekten und Früchte.

Jahresphänologie: Kurz- bis Mittelstreckenzieher, wobei das Hauptüberwinterungsgebiet von *T. t. alpestris* das Atlasgebiet in Nordwest-Afrika ist. Winterbeobachtungen in der Schweiz sind eher die Ausnahme. Steigt nach dem Jungenausschlupf oft noch bis in die Zwergstrauchgesellschaften der Alpinstufe sowie auf alpine Matten und Blockfelder. Rückkehr in die Brutgebiete der Westalpen frühestens ab Anfang März, Durchzug ab Mitte März, Hauptanteil der Vögel erscheint ab Ende März bis Mitte April, wobei in den Ostalpen der Einzug geringfügig später ausfällt. Wegzug aus den alpinen Brutgebieten ab Mitte August mit Höhepunkt gegen Ende September bis Ende Oktober.

Gefährdung: Derzeit keine akute Gefährdung.

Schutz: Momentan keine Schutzmaßnahmen erforderlich.

Amsel
(*Turdus merula*, L. 1758)

Status: Sehr häufiger Brut- und Jahresvogel der Alpen.

Verbreitung: In den Alpen als Brutvogel in der Schweiz bis 1 950 m üb. NN, singende ♂ bei Zermatt (Kanton Wallis) bis 2 200 m üb. NN. In Österreichs Zentralalpen bis 2 000 m üb. NN, nördlich des Alpenhauptkamms selten über 1 600 m üb. NN. Höchste Brut auf 2 000 m üb. NN in der Silvretta / Vorarlberg (KROYMANN 1968 und BLUM 1983). In Bayern bis 1 650 m üb. NN anzutreffen. In Südtirol kommt es mit steigender Höhe zu einer spürbar abnehmenden Dichte bis 1 200 m üb. NN, vereinzelt auch bis 1 300 m üb. NN brütend, wo bereits der Verbreitungsraum der Ringdrossel (*Turdus torquatus*) beginnt. In Liechtenstein nicht häufig, aber regelmäßig bis 1 600 m üb. NN brütend (WILLI 1984).

Mindestbestand: D: 6 300 000 Brutpaare, A: 400 000 Bp, F: 1 000 000 Bp, I: 1 000 000 Bp, CH: 800 000 Bp, SL: 250 000 Bp. Bestandstrend für Deutschland und Österreich: gleichbleibend.

Kennzeichen: Körpergröße etwa 25 cm. ♂ schwarz bis braunschwarz mit auffälligem, gel-

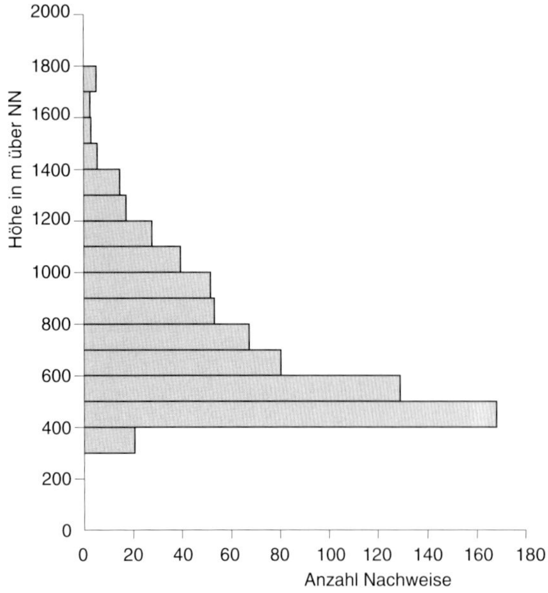

Abb. 25: Brutnachweise der Amsel in Österreich (n=708) und deren Verteilung entlang des Höhengradienten. Ergebnis der Brutvogelkartierung von 1981 bis 1985 (aus DVORAK et al., Umweltbundesamt Wien 1993).

bem Augenring. ♀ oberseits dunkelbraun bis olivbraun, unterseits variabel gefärbt, an Kinn und Kehle schmutziggrau bis rötlichbraun, dunkelbraun oder schwarz gestreift. Auch die Brust ist braungrau, gelb- bis rotbraun, meist dunkelbraun gefleckt, der Bauch braun oder grau, mitunter auch mehr oder weniger deutlich gefleckt. Der Schnabel adulter ♂ ist orangegelb, im Winter die Schnabelspitze auch dunkler getönt. Beim Landen wird der Schwanz gefächert und auf- und abgeschlagen.

Stimme: Die Amsel zeichnet sich durch ein großes Rufrepertoire aus und ist bei bestimmten Anlässen sehr ruffreudig. Der Erregungslaut klingt wie „tak", einfach oder gereiht, bei Erregung in dichter Folge. Steigerung zum typischen „Zetern" und „Tixen" möglich. Der Reviergesang aus melodischen Strophen ist weithin hörbar und beginnt mit verhältnismäßig tiefen Flötentönen, die oft geräuschhaft ausklingen, mitunter auch mit Imitationen. Trotz größerer regionaler und auch individueller Variation meist leicht zu erkennen, jedoch auf größere Entfernung ist eine Verwechslung mit dem Gesang der Misteldrossel (*Turdus viscivorus*) möglich.

Lebensraum / Siedlungsdichte: Ursprünglich in dichten, feuchten und unterholzreichen Wäldern mit vegetationsfreien oder -armen Flächen für die Nahrungssuche bzw. auf halboffenen Flächen mit ausreichender Deckung. In Wirtschaftswäldern werden Grenzlinien bevorzugt. Als alpiner Brutvogel vom geschlossenen Hochwald (in reinen Nadelwäldern höchstens sehr geringe Dichte) über Mittel- und Niederwald bis in die offene Landschaft mit Feldgehölzen und Hecken. Nicht selten sind Gebäudebruten, allerdings ist ihr Auftreten mit dem Angebot von Bäumen und Sträuchern positiv korreliert. Im Winter Ballungen im Grüngürtel in Siedlungsnähe oder in Parks und Gärten alpiner Täler. Vielfältiger Habitat-, verbunden mit einem Präferenzwechsel in der Hauptnahrung. In den letzten Jahren Verstädterungstendenzen.

Amsel ♀

Siedlungsdichte in den Schweizer Alpen variiert mit Biotop und Nahrungsangebot zwischen 4 bis 7 Bp / 10 ha in verschiedenen Waldtypen um 1 000 m üb. NN und 38 bis 45 Bp / 10 ha auf einem Friedhofsgelände im Tiefland. In einem montanen Mischwald Österreichs 7 Reviere / 10 ha (Gaisberg / Salzburg; WINDING 1990). In Liechtensteiner Bergwäldern bis 2,1 Reviere, in teilweise offenen Landschaften bis 1,7 Reviere / 10 ha (WILLI 1984).

Brutbiologie: Der Neststand wird sehr vielseitig gewählt, befindet sich aber zumeist leicht erhöht und nach oben geschützt. Gelegegröße zwischen (3) 4 und 5 (6) Eiern. Bruterfolg für Mitteleuropa zwischen 1,9 und 3,5 flügge Junge pro brütendem Paar und Jahr, Stadtpopulationen wahrscheinlich mit höherem Bruterfolg.

Nahrung: Omnivor; überwiegend Regenwürmer, aber auch Beeren und Früchte.

Jahresphänologie: Vorwiegend Standvogel mit Dismigrationen und Teilzieher vor allem im Westen und Süden des Areals. Heimzug von März bis Anfang Mai, Wegzug der alpinen Teilzieherpopulation mit Höhepunkt im Oktober. Bei Durchzüglern in der Schweiz handelt es sich nahezu ausschließlich um Angehörige nordischer Populationen (MEIER 1996).

Gefährdung: Derzeit keine akute Gefährdung.

Schutz: Momentan keine Schutzmaßnahmen erforderlich.

Wacholderdrossel
(*Turdus pilaris*, L. 1758)

Wacholderdrossel

Status: Sehr häufiger Brut- und Jahresvogel der Alpen.

Verbreitung: In den Schweizer Alpen als Brutvogel bis ca. 1 900 m üb. NN, Einzelnachweise oberhalb 2 000 m üb. NN nicht selten, so bei Chandolin d'Anniviers (Kanton Wallis) auf 2 150 m üb. NN und zwei Nester mit Jungvögeln bei Bernina Hospiz (Kanton Graubünden) auf 2 260 m üb. NN (MEIER 1996). Ausbreitungstendenz in der Schweiz, vor allem zunehmende Besiedlung von Alpentälern oberhalb 2 000 m üb. NN (MEIER 1996). In den Bayerischen Alpen bis 1 600 m üb. NN, in Österreich im Verwall bis 2 310 m üb. NN (KILZER & KILZER 1989), 55 % der Brutnachweise dort auf Höhen zwischen 500 und 900 m üb. NN, oberhalb 1 000 m üb. NN aber immer noch häufigste Drosselart. In Südtirol erst seit 1969 Brutvogel (Vinschgau), inzwischen bis an die Waldgrenze. In Liechtenstein sehr unregelmäßig bis auf 1 750 m üb. NN brütend (WILLI 1984).

Mindestbestand: D: 420 000 Brutpaare, A: 70 000 Bp, F: ? Bp, I: 5 000 Bp, CH: 100 000 Bp, SL: 1 000 Bp. Bestandstrend für Deutschland: gleichbleibend; für Österreich: leicht zunehmend. Allgemein fortschreitende Arealsausdehnung von West nach Ost.

Kennzeichen: Mit ca. 25 cm Körpergröße so groß wie Amsel (*Turdus merula*), jedoch relativ kurzbeiniger als diese und langschwänziger als die Misteldrossel (*Turdus viscivorus*). Stirn, Scheitel, Ohrdecken, Nacken, Halsseiten und Vorderrücken (nur bei adulten ♂) schiefergrau, Mittel- und Hinterrücken, Schulterfedern und Flügeldecken kastanienbraun, an Bürzel und Oberschwanzdecken schiefergrau. Schwanz braunschwarz, Kinn, Kehle und Vorderbrust beige bis rostgelb, Bauch weiß getönt. Auffällig ist die dichte, schwärzliche Fleckung vor allem an der Vorderbrust und den Halsseiten, dazu die kräftige Pfeilspitzzeichnung auf den Körperseiten.

Stimme: Häufigster Ruf dieser Art ist das typische Schackern, etwa wie „gag schak schak ak ak ...", besonders beim Abfliegen und von Trupps. Der Fluggesang ist ein krächzend zwitscherndes Schwätzen, meist ohne Andeutung der flötenden Motive anderer Drosseln. Wird nur von verpaarten ♂ vorgetragen.

Lebensraum / Siedlungsdichte: Brütet mit Vorliebe in halboffenen Landschaften mit geeigneten Neststandorten, wobei ergiebige Nahrungsgründe für die Jungenaufzucht in der Nähe sein sollten. Wichtig sind außerdem ein freier Anflug zum Nest, wie an den Rändern geschlossener Baumbestände und hoher Buschgruppen in der Nähe feuchten, kurzrasigen Grünlands. Feucht-kühle Lokalklimate werden allgemein bevorzugt. Außerhalb der Brutzeit in ähnlichen Habitaten, vor allem an Stellen mit reichlichem Beerenangebot.

In den Bayerischen Alpen brüten in geeigneten Lebensräumen weniger als 10 Bp / km², wobei Untersuchungen zur Siedlungsdichte weitgehend fehlen. Die Brutvögel Südtirols waren früher reine Koloniebrüter, jetzt sind Einzelbruten dagegen häufig. In Liechtenstein auf einer mit Lärchen bestockten Weide maximal 3,4 Bp / 10 ha (WILLI 1984).

Brutbiologie: Nest vor allem in Laub- und Nadelbäumen. Gelegegröße zwischen 5 und 6 Eiern. Bruterfolg in Mitteleuropa zwischen 1,8 und 4,2 flügge Junge pro brütendem Paar und Jahr (zentrale Paare bei Koloniebrütern profitieren oft).

Nahrung: Omnivor, besonders jedoch Schnecken, Würmer, Insekten, aber auch Beeren und Früchte.

Jahresphänologie: Überwiegend Kurzstreckenzieher, der je nach Strenge des Winters und Beerenangebot unterschiedlich weit zieht. Überwinterungsgebiet der Alpenpopulation vorwiegend auf der iberischen Halbinsel. Rückkehr der Brutvögel in der Schweiz im März, die Besiedlung der höheren Lagen bis April. Gerichteter Wegzug ab September mit Höhepunkt Ende Oktober bis Mitte November. Winterfluchtbewegungen führen in der Schweiz oft zu Ansammlungen von bis zu 500 Vögeln (MEIER 1996).

Gefährdung: Derzeit keine akute Gefährdung.

Schutz: Momentan keine Schutzmaßnahmen erforderlich.

Singdrossel

Singdrossel
(*Turdus philomelos*, Brehm 1831)

Status: Sehr häufiger Brut- und Sommervogel.

Verbreitung: Als Brutvogel in den Ostalpen bis 1 700 bzw. 1 950 m üb. NN, in den Westalpen bis 2 200 m üb. NN (Schweiz). In den Bayerischen Alpen trifft man die Art bis 1 700 m üb. NN, in Österreich bis zur Waldgrenze bei etwa 1 800 m üb. NN. Höchste Brut im Ötztal (Tirol) auf 1 950 m üb. NN (KROYMANN 1968). In Südtirol bis in die höheren Nadelwaldbereich, ab 1 500 m üb. NN Dichte und Abundanz allerdings stark abnehmend, ausnahmsweise bis 1 900 m üb. NN (Toblach) brütend. In Liechtenstein überwiegend zwischen 1 200 und 1 400 m üb. NN, darüber nur mehr vereinzelt (WILLI 1984).

Mindestbestand: D: 1.300 000 Brutpaare, A: 400 000 Bp), F: ? Bp, I: 100 000 Bp, CH: 200 000 Bp, SL: 200 000 Bp. Bestandstrend für Deutschland und Österreich: gleichbleibend.

Kennzeichen: Mit 23 cm kleiner und zierlicher als die Amsel (*Turdus merula*). Oberkopf (zimt)braun, die übrige Oberseite olivbraun bis gräulichbraun mit einer kurzen weißlichen bis ockergelben Fleckenreihe auf den großen Armdeckfedern. Kinn und Kehle hell rahmfarben bis weiß, Hals und Vorderbrust intensiver rahmfarben, Hinterbrust und Bauch dagegen überwiegend weißlich angehaucht. Auffällig ist die dunkle Unterseitenfleckung, wobei diese an den Kinn- und Kehlseiten länglich und in Reihen angeordnet ist, sowie die Vorderbrust mit ihrer rundlichen bis V-förmigen Tropfenfleckung, die gegen den Bauch zu meist spärlicher ausfällt. Die individuelle und geographische Variabilität dieser Art ist bei der Gefiederfärbung zu beachten. Der Flug ist geradlinig.

Stimme: Das Zetern dieser Art ist durchdringend „tschi-tschi ...“, deutlich heller und flacher als bei der Amsel (*Turdus merula*). Der melodiöse Reviergesang besteht aus klaren, meist mehrsilbigen und in der Regel 4- bis 5-mal wiederholten Motiven, zum Beispiel „dit“, „driü“, „didüwit“, „zidü“ usw., dazwischen werden Roller und Triller, aber auch geräuschhafte Laute eingebaut. Mitunter kommt es zu hervorragenden Imitationen anderer Vogelarten.

Lebensraum / Siedlungsdichte: Brütet vor allem in geschlossenen Fichten- und Tannenwäldern mit vorzugsweise dichtem Unterholz, aber auch in unterholzarmen Nadelbeständen. Zur Nahrungssuche mit Vorliebe auf dem Boden innerhalb dichter Bestände. Im reinen Laubwald seltener.

In der Schweiz höchste Dichte mit 5 bis 6 Paaren pro 10 ha im Buchen-Fichtenwald bzw. in Weißtannen- und Fichtenwäldern der collinen Stufe, oberhalb 1 600 m üb. NN deutlich seltener zu beobachten. Erreicht zwischen 1 000 und 1 400 m üb. NN ihre höchsten Abundanzen (MEIER 1996). In montanen Waldgebieten Österreichs, so am Gaisberg (Land Salzburg), 3,3 Reviere / 10 ha – im Gegensatz zur Amsel (*Turdus merula*) mit 7 Revieren / 10 ha (WINDING 1990). In einem Bergwald Liechtensteins 1,4 bis 3,9, auf teilweise offenen Flächen 1,1 bis 2,5 Reviere (WILLI 1984).

Brutbiologie: Als Neststand werden Bäume oder Sträucher und dabei besonders Koniferen bevorzugt. Gelegegröße zwischen 4 und 6 Eiern. Untersuchungen zum Bruterfolg (geschlüpfte Junge pro brütendem Paar und Jahr) ergaben in Großbritannien eine Schlupfrate von 55%.

Nahrung: Omnivor, so zum Beispiel Würmer, Insekten und Beeren, vor allem aber Gehäuseschnecken.

Jahresphänologie: Zugvogel mit z.T. langen Zugstrecken. Bevorzugtes Überwinterungsgebiet im Mittelmeerraum, dem Iran bis hinüber auf die Arabische Halbinsel. Heimzug Februar bis März mit Nachzüglern bis April bzw. Mai, mittlere Erstankunft Anfang März, in den Ostalpen meist ab der 2. Märzhälfte. Erste Dismigration der Jungvögel schon ab Juli, geordneter Wegzug ab Mitte August mit Nachzüglern bis Mitte November.

Gefährdung: Derzeit keine akute Gefährdung.

Schutz: Momentan keine Schutzmaßnahmen erforderlich.

Misteldrossel

Misteldrossel
(*Turdus viscivorus*, L. 1758)

Status: Häufiger Brutvogel der Alpen.

Verbreitung: In den Schweizer Alpen als Brutvogel oberhalb 700 bis 2 300 m üb. NN anzutreffen. In den Bayerischen Alpen bis 1 800 m üb. NN, in den Österreichischen Alpen im Bereich der Nockberge (Kärnten) bis 2 100 m üb. NN (WOSCHITZ 1993). In Südtirol in geringer Dichte von 300 bis 2 000 m üb. NN, mit einem Maximum zwischen 800 und 1 800 m üb. NN. In Liechtenstein regelmäßig zwischen 1 200 und 1 900 m üb. NN verbreitet (WILLI 1984).

Mindestbestand: D: 220 000 Brutpaare, A: 80 000 Bp, F: ? Bp, I: 50 000 Bp, CH: 40 000 Bp, SL: 100 000 Bp. Bestandstrend für Deutschland und Österreich: leicht steigend. Italien: leicht rückläufig.

Kennzeichen: Mit 27 cm größer als Amsel (*Turdus merula*) und mit einem relativ längeren Schwanz als die Singdrossel (*Turdus philomelos*). Oberseite graubraun bis grau, Schwungfedern dunkelbraun mit schmalem weißlichen Saum. Von der Schnabelbasis durchs Auge führt ein weißlicher, unscharf begrenzter Strich, der hinter dem Auge oft stärker hervortritt. Ohrdecken und Wangen dunkelbraun, Unterseite weißlich bis rahmfarben gefärbt und unregelmäßig gefleckt. Flecken an Kinn und Kehle zugespitzt, an der Vorderbrust dreieckig und weiter hinten rundlich oval oder nierenförmig. Der Flug wirkt wellenförmig. Nimmt im Sitzen oft eine „aufrechte" Haltung ein.

Stimme: Im Flug und bei Erregung oft ein hartes Schnärren wie „trrr" oder „tzrr", auch gereiht oder rhythmisch. Auffällig ist ein weithin hörbarer Reviergesang aus kruzen Strophen von 6 bis 8 Flötentönen mit nur geringen Tonhöhenunterschieden, die in bestimmten Abständen vorgetragen werden und etwa wie „tih-oh-ti" oder „toh-oh-tih-tuih" usw. klingen und durchaus gewisse Ähnlichkeit mit unvollständigen Amselstrophen haben.

Lebensraum / Siedlungsdichte: Brütet mit Vorliebe in lichten, hochstämmigen Altholzbeständen oder an Grenzlinien in hochstämmigen Wäldern, vor allem in Nadel- und Mischwäldern, in geringer Dichte auch in reinen Laubbeständen. Auf dem Zug häufig auf waldnahen Grünflächen oder in der Nähe menschlicher Siedlungen.

In der Schweiz mit Schwerpunkt im subalpinen Nadelwald (MEIER 1996). Brutpaardichte in höher gelegenen Lärchenwäldern der Schweiz mit 3 Bp / 10 ha oft höher als die der Singdrossel (*Turdus philomelos*), in Lärchenwäldern sogar häufiger als Ringdrossel (*Turdus torquatus*). In den subalpinen Wäldern der Hohen Tauern (Land Salzburg) 0,5 bis 3,2 Rev / 10 ha (WINDING et al. 1992). In Liechtenstein im Wald bis 1,4, auf teilweise offenen Flächen bis 0,6 Reviere / 10 ha (WILLI 1984).

Brutbiologie: Nest im Bergland meistens auf Nadelbäumen. Gelegegröße zwischen 2 und 6, meist aber 4 Eier. Untersuchungen zum Bruterfolg ergaben in Deutschland (Tiefland) eine Schlupfrate von 45%.

Nahrung: Omnivor; vor allem Insekten und Würmer, aber auch Beeren.

Jahresphänologie: Teilzieher, in Mitteleuropa Zunahme der Überwinterungstendenz. Überwinterungsgebiet ist vor allem der Nordrand der Sahara. Heimzug ab Mitte Februar bis Ende März. In den Alpen ab Juli Aufsteigbewegungen in die Alpinstufe. Wegzug Anfang September bis November mit Höhepunkt Ende September bis Anfang Oktober.

Gefährdung: Derzeit keine akute Gefährdung.

Schutz: Momentan keine Schutzmaßnahmen erforderlich.

Klappergrasmücke

Klappergrasmücke
(*Sylvia curruca*, L. 1758)

Status: Sehr häufiger Brut- und Sommervogel mit geringer Dichte innerhalb der Alpen.

Verbreitung: In den Alpen z.T. ein ausgesprochener Bergvogel und in großen Höhen, so etwa ab 1 200 m üb. NN häufiger als im Tal. Die höchsten Brutnachweise fallen mit der Waldgrenze zusammen. In den Schweizer Alpen

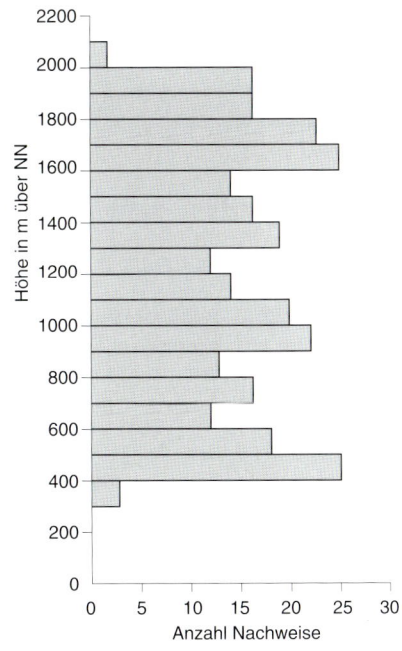

Abb. 26: Brutnachweise der Klappergrasmücke in Österreich (n=286) und deren Verteilung entlang des Höhengradienten. Ergebnis der Brutvogelkartierung von 1981 bis 1985 (aus DVORAK et al., Umweltbundesamt Wien 1993).

überwiegend zwischen 1 300 und 2 000 m üb. NN. Höchster Brutnachweis dort im Val d'Entremont (Kanton Wallis) auf 2 350 m üb. NN, singende ♂ bis auf 2 650 m üb. NN. Vorkommen in den Koniferengehölzen der Talsohle bis hinab auf 550 m üb. NN sind allerdings auch bekannt (MEIER 1996). In den Bayerischen Nordalpen bis 2 000 m üb. NN brütend, in Südtirol oberhalb 1 000 m üb. NN bis in die obersten Bereiche der Latschenregion auf etwa 2 300 m üb. NN. Beobachtungen aus Liechtenstein von 1 600 bis 1 900 m üb. NN, maximal bis 1 920 m üb. NN (WILLI 1984).

Mindestbestand: D: 75 000 Brutpaare, A: 20 000 Bp, F: 10 000 Bp, I: 10 000 Bp, CH: 2 000 Bp, SL: 3 500 Bp. Bestandstrend für Deutschland und Österreich: gleichbleibend.

Kennzeichen: Mit 13,5 cm etwa so groß wie Hausrotschwanz (*Phoenicurus ochruros*). Adulte ♂ und ♀ auf Kopfoberseite und Stirn im Unterschied zur fahlgrauen Oberseite deutlich aschgrau gefärbt. Ohrdecken und Wangen dunkel graubraun getönt und somit dunkler als der Oberkopf. Auch die Flügel erscheinen dunkel graubraun, die Halsseiten und die Unterseite weißlich mit einem rötlichem Anflug an Brust und Flanken.

Stimme: Der charakteristische Gesang besteht aus einem leise schwätzenden Vorgesang und einer kurzen, lauten Klapperstrophe. Das Klappern besteht aus einzelnen Doppelelementen und klingt daher anders als das etwas langsamere Schmettern der Sumpfmeise (*Parus palustris*).

Lebensraum / Siedlungsdichte: Brütet gerne in offenem und halboffenem Gelände mit dichten Gruppen niedriger Sträucher und vom Boden ab dichten Bäumen, vor allem in jungen Nadelbäumen. Fehlt in geschlossenen, älteren Waldbeständen und Krautdickichten. An der Waldgrenze zahlreich in Latschenbeständen, in der Krummholzregion und im Zwergstrauchgürtel der oberen Subalpinstufe sowie in tieferen Lagen auf Lawinenzügen, Schuttkegeln, Waldweideflächen mit verbissenen Sträuchern

und Nadelbäumen. Auf dem Durchzug in ähnlichen Habitaten.

Siedlungsdichte für die Österreichischen Alpen – das Vorkommen ist dort relativ gleichmäßig von der Tallage bis in die Krummholzzone auf 1 960 bis 2 360 m üb. NN hinauf verteilt – im offenen subalpinen Wald zwischen 0,5 und 1,6 Revieren / 10 ha (WINDING et al. 1992). Auf einer rund 35 ha großen Fläche in Liechtenstein konnten 5 singende ♂ in einem Abstand von 200 bis 300 m beobachtet werden, was einer Siedlungsdichte von 1,4 Revieren / 10 ha entspricht.

Brutbiologie: Nest in höheren Lagen der Alpen vor allem in niedrigen Koniferen und Alpenrosengebüschen. Gelegegröße zwischen (2) 3 und 7 (8), meist 5 Eiern. Bruterfolg in Deutschland etwa 2,2 bis 4,5 flügge Junge pro brütendem Paar und Jahr.

Nahrung: Omnivor; überwiegend jedoch Insekten und Larven, weniger Beeren und Früchte.

Jahresphänologie: Langstreckenzieher. Bevorzugtes Überwinterungsgebiet im Sudan und Äthiopien. Heimzug April bis Ende Mai, die Dismigrationen der Juvenilen ab 2. Junidekade, Höhepunkte des Durchzuges im August bis Anfang September mit vereinzelten Nachzüglern bis Ende Oktober.

Gefährdung: Derzeit keine akute Gefährdung.

Schutz: Momentan keine Schutzmaßnahmen erforderlich.

Berglaubsänger
(*Phylloscopus bonelli*, Vieill. 1819)

Status: Gebietsweise häufiger und verbreiteter Sommervogel der Alpen.

Verbreitung: In den Italienischen Alpen von (300) 600 bis 2 200 m üb. NN, in der Schweiz bis über 2 000 m üb. NN, singende ♂ sogar bis 2 700 m üb. NN. Für die Bayerischen Alpen Beobachtungen bis 1 750 m üb. NN, in Österreich überwiegend in der montanen Stufe, darüber in abnehmender Dichte bis 1 800 m üb. NN, vereinzelt auch bis 2 000 m üb. NN. In Südtirol mit verschiedenen Schwerpunkten auf 210 bis 800 m üb. NN in den submediterranen Flaumeichen-Hopfenbuchenbeständen im Vinschgau, zwischen 700 und 1 500 m üb. NN in lockeren, sonnigen Föhrenwäldern und zwischen 1 300 und 2 100 m üb. NN in reinen Lärchenbeständen. In Liechtenstein überwiegend zwischen 1 000 und 1 530 m üb. NN. Eine Einzelbeobachtung in Liechtenstein auf 1 670 m üb. NN betraf wohl einen Durchzügler (WILLI 1984).

Mindestbestand: D: 500 000 Brutpaare, A: 35 000 Bp, F: 100 000 Bp, I: 50 000 Bp, CH: 2 500 Bp, SL: 5 000 Bp. Bestandstrend für Deutschland (Alpen) und Österreich: gleichbleibend.

Kennzeichen: Mit 11,5 cm etwa so groß wie der Fitis (*Phylloscopus trochilus*), jedoch etwas rundköpfiger als dieser. Adulte oberseits hell braungrau, am Hinterrücken, Bürzel und den Oberschwanzdecken grünlich olivgelb, nach außen hin fast gelbgrün und unterseits seidenweiß. Auffällig ist ein gelblich weißer Überaugenstreif, der weniger deutlich ist als beim Waldlaubsänger (*Phylloscopus sibilatrix*). Das Gesicht wirkt insgesamt zeichnungslos, weshalb das große dunkle Auge hervorsticht.

Stimme: Der Gesang im Sommer enthält die charakteristischen „Schwirrer", oft deutlich beschleunigt, aber dann auch kratzender.

Lebensraum / Siedlungsdichte: Brütet mit Vorliebe in vorwiegend trockenen, lichten bis lückigen Nadel-, Misch- und Laubwäldern mit schwacher bis unvollständig geschlossener Strauchschicht und deckender Kraut- und Grasschicht. Bevorzugt sonnenexponierte Hänge von der unteren bis mittleren Stufe der Alpen. Besiedelt davon abweichend im Voralpenland auch trockene oder rasch trocknende Spirkenmoore.

Siedlungsdichten recht unterschiedlich. In Österreich im lichten Lärchen-Fichtenwald an der Waldgrenze zwischen 1 700 bis 1 900 m üb.

NN bei 1,6 Bp / 10 ha (WINDING 1985) bzw. bei 10 Bp / 10 ha im lichten Kiefern-Mischwald im Klostertal / Vorarlberg (KILZER & BLUM 1991).

Brutbiologie: Neststandort in Mitteleuropa meist am Boden, vor allem an sonnigen Stellen, an steilen Hängen mit überhängendem Altgras, aber auch in Bodenvertiefungen oder zwischen Zwergsträuchern.

Nahrung: Carnivor, überwiegend Insekten und Spinnen.

Jahresphänologie: Langstreckenzieher mit Hauptüberwinterungsgebiet in der Sahelzone Afrikas. Heimzug ab Mitte März bis Mitte April, Ankunft in den Brutgebieten der Westalpen frühestens ab Anfang April. Erste Dismigration der Juvenilen Mitte bis Ende Juli, Höhepunkt des Wegzuges Mitte August mit Nachzüglern bis Ende September.

Gefährdung: Derzeit keine akute Gefährdung.

Schutz: Momentan keine Schutzmaßnahmen erforderlich.

Waldlaubsänger
(*Phylloscopus sibilatrix*, Bechstein 1793)

Status: Sehr häufiger Brut- und Sommervogel der Alpen.

Verbreitung: In den Bayerischen Alpen als Brutvogel bis ca. 1 300 m üb. NN, ausnahmsweise auch bis 1 700 m üb. NN. In den Schweizer Alpen zumeist unterhalb 1 000 m üb. NN (MEIER 1996), nur selten bis 1 300 m üb. NN zu beobachten. Eine Ausnahme bildet eine Population bei St. Moritz (Kanton Engadin) auf etwa 1 780 m üb. NN (BÜRKLI 1996). In Österreich Nachweise bis 1 400 m üb. NN (AUSOBSKY & MAZZUCO 1964, BODENSTEIN 1985, KÜHTREIBER 1952, MURR 1975 / 1977), die Obergrenze der Buche wird kaum überschritten. Höchster Brutnachweis auf 1 500 m üb. NN am Dürrenstein / Niederösterreich (PETERS 1966). Da die Buche in Südtirol größtenteils fehlt, ist die Art dort nur inselartig bis 800 m üb. NN verbreitet. Höhenverbreitung in Liechtenstein bei 940 bis 1 150 üb. NN (WILLI 1984). **Mindestbestand**: D: 270 000 Brutpaare, A: 30 000 Bp, F: 10 000 Bp, I: 10 000 Bp, CH: 20 000 Bp, SL: 1 500 Bp. Bestandstrend für Deutschland und Österreich: gleichbleibend.

Waldlaub-
sänger

Berglaubsänger

Kennzeichen: Mit einer Körpergröße von etwa 12,5 cm größter europäischer Laubsänger. Relativ längere Flügel, kürzerer Schwanz und kürzere, kräftigere Beine als andere Laubsängerarten. Adulte Waldlaubsänger oberseits lebhaft grün mit einem gelblichen Schimmer, der im Herbst matter wird. Der breite Überaugenstreif ist lebhaft gelb, der Zügel-Augenstreif braun und damit deutlicher als beim Berglaubsänger (*Phylloscopus bonelli*). Ohrdecken grünlichgelb, Wangen, Kinn, Kehle und teilweise Vorderbrust schwefelgelb, die übrige Unterseite reinweiß.

Stimme: Von verpaarten ♂ ab Mitte Mai bis Mitte Juni keine Singflüge mehr, nur noch einzelne „Schwirrer". Nach Mitte Juli hört man nur noch ausnahmsweise den schwirrenden, typischen Gesang.

Lebensraum / Siedlungsdichte: Brütet als Baumbewohner mit Vorliebe im Waldesinneren. Die Wälder sollten nicht zu dicht, zur Brutzeit aber schattig sein und einen weitgehend freien Stammraum mit relativ wenig Krautvegetation aufweisen, so zum Beispiel Hoch- oder Niederwald mit mindestens 8 bis 10 m hohen Bäumen, oder Naturwälder sowie naturnahe Wirtschaftswälder, in höheren Lagen oft mehr oder weniger ausschließlich mit Rotbuchen bestandene Wälder. Bevorzugt außerdem gemischte Baumgruppen und einzelne, in Nadelbestände eingesprengte Laubbäume. Wichtig zudem ein geschlossenes Kronendach, tief sitzende, nicht oder wenig belaubte Zweige oder Äste als Singwarten. Zum Nahrungserwerb im Kronenbereich, Singflüge unterhalb der Kronen.

In günstigeren Habitaten der Schweiz zwischen 2 bis 4 Bp und 6 Bp / 10 ha. Siedlungsdichte in einem montanem Mischwald der Salzburger Kalkalpen 2,8 Bp / 10 ha (WINDING 1990), in einem Tannen-Buchenwald auf 750 m üb. NN 6 Reviere / 25 ha, in einem montanen Mischwald bei Bürs 9 Reviere auf 30 ha (GÄCHTER et al. 1991). In einer Laubwald-Probefläche in Liechtenstein 0,7 Reviere / 10 ha (WILLI 1984).

Brutbiologie: Baut sein Nest besonders gerne an unterholzfreien Waldstellen, meist unmittelbar auf dem Boden, oft in einer Vertiefung oder im dürren Laub. Gelegegröße zwischen (4) 5 und 8 (10) Eiern. Untersuchungen zum Bruterfolg ergaben für Mitteleuropa Schlupfraten zwischen 24 und 59 % (von Jahr zu Jahr stark schwankend).

Nahrung: Carnivor, überwiegend Spinnen sowie Insekten und deren Larven.

Jahresphänologie: Langstreckenzieher mit Hauptüberwinterungsquartier im äquatorialen Regenwald und in der Feuchtsavanne Afrikas. Heimzug in der Schweiz frühestens Ende März, sonst in den Alpen nicht vor Mitte April mit Höhepunkt im letzten Aprildrittel. Dismigrationen der Juvenilen und Wegzug von Nicht-brütern ab der letzten Julidekade, Wegzug der Adulten ab Anfang August bis September, mit eindeutigem Höhepunkt im September.

Gefährdung: Derzeit keine akute Gefährdung.

Schutz: Momentan keine Schutzmaßnahmen erforderlich.

Zilpzalp
(*Phylloscopus collybita*, Vieill. 1817)

Status: Sehr häufiger Brut- und Sommervogel der Alpen.

Verbreitung: In den Bayerischen Alpen bis 1 800, höchstens 1 900 m üb. NN, in der Schweiz vor allem bis 1 500 m üb. NN (MEIER 1996), bis 1 950 m üb. NN nur noch spärlich. Höchst gelegene Brut auf 2 100 m üb. NN im Bevertal (Kanton Graubünden). In Österreich Obergrenze der Vertikalverteilung meist bei 1 800 m üb. NN, Einzelnachweise in den Zentralalpen mitunter geringfügig darüber. In Südtirol bis 1 500 m üb. NN, darüber deutlich seltener. In Liechtenstein mehr oder weniger gleichmäßig bis 1 800 m üb. NN, maximal bis 1 870 m üb. NN (WILLI 1984).

Mindestbestand: D: 2 700 000 Brutpaare, A: 500 000 Bp, F: 1 000 000 Bp, I: 100 000 Bp, CH: 350 000 Bp, SL: 500 000 Bp. Bestandstrend für Deutschland und Österreich: gleichbleibend.

Kennzeichen: Mit 11 cm etwa gleich groß, aber rundlicher wirkend als der Fitis (*Phylloscopus trochilus*), auch die Flügel sind kürzer. Adulte oberseits weniger grünlich als Fitis, mehr oliv bzw. olivbraun mit blaßgelbem oder bräunlich getöntem Überaugenstreif, der meist verwaschen wirkt und wenig über das Auge nach hinten hinausragt. Unterseite braunweißlich, Bauchmitte weißlicher getönt.

Stimme: Als wichtigstes Feldkennzeichen und Unterscheidungsmerkmal zur Zwillingsart Fitis (*Phylloscopus trochilus*) gilt der charakteristische, unverwechselbare und nicht zu überhörende Reviergesang, der aus einer monotonen Folge von Elementen, die in der Tonhöhe wechseln, wie „zilp zalp zilp zalp zelp zilp ..." besteht, wobei dazwischen oft 2 bis 5 harte „trrt trrt" eingestreut sind.

Lebensraum / Siedlungsdichte: Brütet in Laub-, Misch- und Nadelwäldern mit viel Unterholz oder Jungwuchs, vorzugsweise an durchsonnten, trockenen Standorten ohne vollständigen Kronenschluß. Wichtige Lebensraumelemente sind (vgl. Fitis) eine weitgehend einschichtig ausgeprägte Baumschicht, ein gut entwickelter Unterwuchs und eine Strauchschicht, die zumindest stellenweise gut ausgebildet sein sollte sowie eine üppige und weitgehend flächendeckend entwickelte Krautschicht. Beansprucht oft einen sehr geringen Platzbedarf.

In Bayern weniger als 10 Paare / km². In der Schweiz von 0,7 Bp / 10 ha im Lärchenwald über 1,4 Bp / 10 ha im montanen Fichen-Buchenmischwald bis zu 2 Bp / 10 ha in einem Tannenwald der Voralpen. Im Vorderrheintal (Kanton Graubünden) zwischen 1 000 und 1 200 m üb. NN am häufigsten (WARTMANN 1996). In Österreichs Alpenregion in subalpinen Wäldern der Hohen Tauern (Land Salzburg) zwischen 1 670 und 1 970 m üb NN bei 1,6 bis 4,8 Revieren / 10 ha , im Bereich der Waldgrenze in einem von höheren Einzelbäumen durchsetzten Latschenbestand auf 1960 bis 2 360 m üb. NN bei 0,4 bis 0,7 Revieren / 10 ha (WINDING et al. 1992). In Liechtenstein bis 0,8 im Wald, bis 1,7 auf teilweise offenen Flächen und 0,7 Revieren / 10 ha in Grünerlen (WILLI 1984).

Brutbiologie: Neststandort meist in geringer Höhe über dem Boden in der Kraut- oder niedrigen Strauchschicht, bei schwacher Ausbildung auch auf dem Boden. Gelegegröße zwischen 4 und 6, manchmal sogar 12 Eier (vor allem Zweitbruten). Bruterfolg in Deutschland und der Schweiz etwa 2,3 bis 4,0 geschlüpfte Junge pro brütendem Paar und Jahr.

Nahrung: Omnivor, überwiegend aber kleine Insekten und Spinnen, im Herbst auch Beeren.

Zilpzalp

Fitis

Jahresphänologie: Bei den Brutvögeln der Alpen handelt es sich um Kurz- und Mittelstreckenzieher mit Hauptüberwinterungsgebiet um das Mittelmeer und am Persischen Golf. Erste Heimzügler in der Schweiz vereinzelt schon ab Ende Februar, meistens um den 10. März, Hauptanteil erst Ende März bis Anfang April. Die mittleren Erstbeoachtungen in Deutschland in 1. Märzdekade. Dismigrationen ab Ende Juni, der eigentliche Durch- und Wegzug aber erst Mitte August bis Mitte bzw. Ende Oktober mit Höhepunkt Ende September bis Anfang Oktober.

Gefährdung: Derzeit keine akute Gefährdung.

Schutz: Momentan keine Schutzmaßnahmen erforderlich.

Fitis (*Phylloscopus trochilus*, L. 1758)

Status: Sehr häufiger Brut- und Sommervogel der Alpen.

Verbreitung: Als Brutvogel in den Alpen regelmäßig bis 1 500 m üb. NN, singende ♂ sogar bis 1 700 m üb. NN, einige Brutnachweise liegen auf 1 700 und 1 730 m üb. NN. In den Schweizer Alpen bis 1 500 m üb. NN, fehlt im Ober-Engadin dagegen völlig. In Österreich bis maximal 1 400 m üb. NN, so im Gasteiner Tal / Land Salzburg (STADLER & WINDING 1987).

Mindestbestand: D: 1 700 000 Bp, A: 40 000 Bp, F: 100 000 Bp, I: 0 Bp, CH: 1 600 Bp, SL: 500 Bp. Bestandstrend für Deutschland und Österreich: gleichbleibend.

Kennzeichen: Mit 11 cm etwa gleich groß wie seine Zwillingsart, der Zilpzalp (*Phylloscopus collybita*), aber vor allem etwas schlanker und langflügeliger wirkend als dieser. Adulte oberseits olivgrün bis -braun und somit etwas heller als Zilpzalp. Der Überaugenstreif ist blaßgelb und deutlicher gefärbt als beim Zilpzalp. Unterseite weißlich, Unterschwanzdecken schwach gelblich.

Stimme: Mischsänger Zilpzalp / Fitis kommen mitunter vor, wobei es sich überwiegend um einen Fitis handeln dürfte. Die Gesangsaktivität ist während der Bebrütungsphase reduziert. Typischer Reviergesang variantenreich mit abfallenden, weichen Flötenstrophen wie „didi die düe düe düe dea düe deida deida da"; erinnert im Aufbau an den Buchfink (*Fringilla coelebs*).

Lebensraum / Siedlungsdichte: Brütet bevorzugt in lichten, aufgelockerten Waldbeständen, an Waldrändern und in durchsonntem Gebüsch, kaum dagegen in Baumbeständen mit dichtem Kronenschluß und geringer Entwicklung der Kleinbaum- und Strauchschicht. Wichtige Lebensraumelemente sind (vgl. Zilpzalp) eine weitgehend einschichtig ausgeprägte Baumschicht, ein gut entwickelter Unterwuchs und eine Strauchschicht, die zumindest stellenweise gut ausgebildet sein sollte sowie eine üppige und weitgehend flächendeckend entwickelte Krautschicht. Liebt ausgesprochene Trockenstandorte und besiedelt dennoch ein breites Spektrum von trockenen Wäldern bis hin zu feuchten und sogar ausgesprochen nassen Standorten.

Flächenbedarf oft noch geringer als beim Zilpzalp (*Phylloscopus collybita*). Siedlungsdichte in Österreich bei 5 Bp / 10 ha, bzw. bis 6 Männchen auf einer 5 km langen Strecke im Gurgltal / Tirol (BODENSTEIN 1985). Wesentlich höhere Dichten erreichen hochmoorreiche Standorte, wie im Ennstal / Steiermark (CZIKELI 1983).

Brutbiologie: Nest zumeist auf, manchmal auch über dem Boden in oder auf Gräsern und Kräutern. Gelegegröße zwischen 4 bis 8 Eiern. Nachwuchsrate in Deutschland etwa 4,3 flügge Junge pro brütendem Paar und Jahr (kleine Stichprobe!).

Nahrung: Carnivor, überwiegend Spinnen und Insekten.

Jahresphänologie: Langstreckenzieher mit Winterquartier in den Feuchtsavannen und Trockenwäldern Afrikas. Heimzug März bis Mai, Durchzug in der Schweiz ab der 2. (3.) Märzdekade mit Höhepunkt Ende März bis Anfang April. Dismigrationsbewegungen ab Mitte bis Ende Juni, eigentlicher Wegzug ab Juli bis August mit einem Zuggipfel überwiegend Anfang August und Nachzüglern bis in den Oktober, in der Schweiz sogar bis in die 1. Novemberhälfte.

Gefährdung: Derzeit keine akute Gefährdung.

Schutz: Momentan keine Schutzmaßnahmen erforderlich.

Wintergoldhähnchen
(*Regulus regulus*, L. 1758)

Status: Sehr häufiger Brut- und Jahresvogel der Alpen mit deutlich niedrigerem Winterbestand.

Verbreitung: In den Alpen bis zur oberen Waldgrenze auf 1 600 bis 2 200 m üb. NN, mit Vorliebe jedoch in Waldgebieten zwischen 700 bis 1 600 m üb. NN, in den Bayerischen Alpen auch bis 1 800 m üb. NN. In Österreich bis in den Bereich der Waldgrenze in ca. 1 800 m üb. NN, dabei zwischen 700 und 1 600 m üb. NN gleichmäßig verteilt, fehlt allerdings in fichtenfreien Tieflagen. In Südtirol zwischen 250 und 2 200 m üb. NN, was in etwa der Ausdehnung des Fichtenwaldbereichs entspricht. In Liechtenstein regelmäßig nur bis 1 700 m üb. NN,

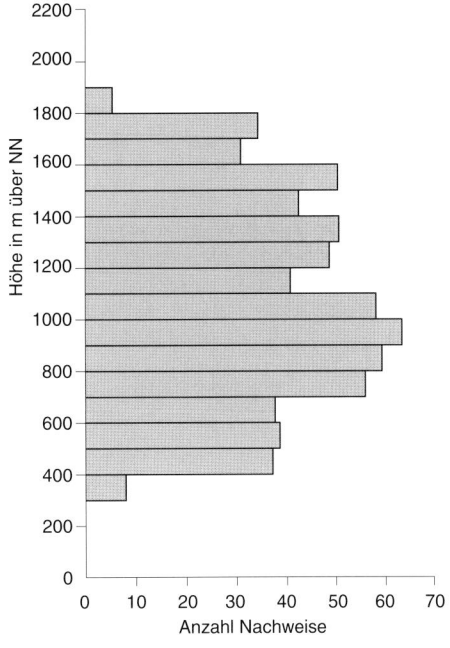

Abb. 27: Brutnachweise des Wintergoldhähnchens in Österreich (n=661) und deren Verteilung entlang des Höhengradienten. Ergebnis der Brutvogelkartierung von 1981 bis 1985 (aus DVORAK et al., Umweltbundesamt Wien 1993).

Sommergold-
hähnchen ♀

♂

Wintergold-
hähnchen ♂

Lebensraum / Siedlungsdichte: Brütet besonders gerne in Nadelwäldern, vor allem in Fichtenbeständen in nicht allzu dicht stehenden, buschigen Altfichten mit gut ausgebildeten Kammästen und Flechtenbewuchs. Zur Nahrungssuche auch in Lärchen und Kiefern, seltener in Laubbäumen. Außerhalb der Brutzeit in ähnlichen Habitaten.

In den Schweizer Alpen überwiegend unterhalb 1 000 m üb. NN im Buchen-Fichtenmischwald vertreten. In einem solchen Lebensraum wurden 12 Paare pro 10 ha festgestellt. In Bayern etwa 0,2 Bp / 10 ha. In einem subalpinen Fichtenwald bei Hinterglemm (Land Salzburg) mit 2 bis 3 Bp / 10 ha (STADLER & WINDING 1990) niedriger als in Tieflagen, so zum Beispiel in einem Mischwald der Salzburger Kalkvoralpen zwischen 930 und 1 220 m üb. NN mit 8,3 Bp / 10 ha (WINDING 1990). In einem Lärchen-Fichtenwald an der Waldgrenze bei 1 800 bis 1 900 m üb. NN 1,1 bis 2,9 Bp / 10 ha (WINDING et al. 1992). In einem Liechtensteiner Wald 1,3 bis 3,0 Reviere / 10 ha, auf einer teilweise offenen Fläche dagegen bis zu 2,2 Reviere / 10 ha (WILLI 1984).

am häufigsten zwischen 1 200 und 1 300 m üb. NN, maximal bis 1 770 m üb. NN.

Mindestbestand: D: 1 000 000 Brutpaare, A: 400 000 Bp, F: 100 000 Bp, I: 100 000 Bp, CH: 450 000 Bp, SL: 20 000 Bp. Bestandstrend für Deutschland: gleichbleibend; Österreich: leicht zunehmend.

Kennzeichen: Zusammen mit dem ebenfalls 9 cm großen Sommergoldhähnchen (*Regulus ignicapillus*) kleinster europäischer Vogel, gedrungen bis kugelig wirkend. Adulte oberseits olivgrün, auf der Scheitelmitte gelb und besonders in der Mitte und am Hinterkopf auch orangefarben. Dieses auffällige Merkmal ist von zwei schwarzen Längsstreifen begrenzt, die sich an der Stirn nicht berühren. An den Kopfseiten hell, daher wirken die Augen größer als beim Sommergoldhähnchen. In der Flügelmitte mit schwarzem Feld, Unterseite weißlich grün bis rahmfarben. Bei adulten ♀ ist der Scheitelstreif grün- bis zitronengelb ausgebildet und somit ohne orangefarbenen Anteil. Junge ♂ ebenfalls mit nur wenig orange in der Kopfplatte.

Stimme: Der Reviergesang wird mit mehreren sehr hohen „zisi"-Lauten eingeleitet, dann folgen rhythmisch wiederholte, auf- und absteigende Lautgruppen (Eselsbrücke für die Bestimmung im Feld: Wintergoldhähnchen singt wellenförmig).

Brutbiologie: Bevorzugter Neststand in mehr oder weniger hohen Fichten, zumeist im äußeren Bereich von Kammästen und dort in hängende Nebenäste eingewoben. Gelegegröße zwischen 5 und 13 Eiern. Nachwuchsrate in Österreich etwa 7,6 flügge Junge pro brütendem Paar und Jahr bei einer Erstbrut bzw. 7,2 bei einer Zweitbrut. Diese Werte sind aber aufgrund der hohen Störanfälligkeit dieser Art bei durchgehenden Kontrollen als unsicher zu bezeichnen.

Nahrung: Insektivor; Nahrungsaufnahme turnend und rüttelnd im Kronenbereich.

Jahresphänologie: Kurzstreckenzieher und offenbar auch ein „Zugopportunist", der je nach Ernährungslage und Wetter eine latente Zugbereitschaft bis in den Dezember hinein zeigt. Heimzug in West- und Mitteleuropa Mitte März bis Anfang bzw. Mitte Mai, weiter nordöstlich erst ab Ende März mit Nachzüglern bis

Ende der 1. Maidekade. Erste Dismigrationen schon ab Ende der Brutzeit, Wegzug erst im August bis November, spätestens bis Anfang Dezember. Die Höhepunkte der Zugbewegungen liegen zumeist im Oktober.

Gefährdung: Derzeit keine akute Gefährdung.

Schutz: Momentan keine Schutzmaßnahmen erforderlich.

Sommergoldhähnchen
(*Regulus ignicapillus*, Temm. 1820)

Status: Sehr häufiger Brut- und Sommervogel der Alpen.

Verbreitung: In den Alpen lokal bis zur oberen Waldgrenze, in der Schweiz bis mindestens 1 850 m üb. NN, wobei sein Verbreitungsgebiet dort große Lücken aufweist (MEIER 1996). In Bayern bis maximal 1 500 m üb. NN brütend, in Österreich überwiegend bis 1 700 m üb. NN (GÄCHTER et al. 1991), als Einzelnachweis im Defreggental (Osttirol) bis auf 1 910 m üb. NN (PROKOP 1993). In Südtirol brütet dieser Vogel zwischen 280 m im Etschtal und 1 500 m üb. NN. In Liechtenstein ähnlich, in der Regel 100 bis 200 m unterhalb der Vertikalverbreitung des Wintergoldhähnchens (*Regulus regulus*). Regelmäßig bis 1 500 m üb. NN mit einem Schwerpunkt zwischen 1 200 und 1 300 m üb. NN (WILLI 1984).

Mindestbestand: D: 630 000 Brutpaare, A: 150 000 Bp, F: 10 000 Bp, I: 50 000 Bp, CH: 350 000 Bp, SL: 10 000 Bp. Bestandstrend für Deutschland: gleichbleibend; für Österreich: leicht zunehmend.

Kennzeichen: Mit 9 cm Körpergröße nicht größer als das Wintergoldhähnchen (*Regulus regulus*). Adulte ♂ sind oberseits gelboliv, an den Halsseiten goldgrün gefärbt. Scheitelmitte gelb mit ausgedehntem orangerotem Feld, das von zwei schwarzen (breiter als beim Wintergoldhähnchen) Streifen, die sich an der Stirn vereinen, begrenzt wird. Im Gegensatz zum

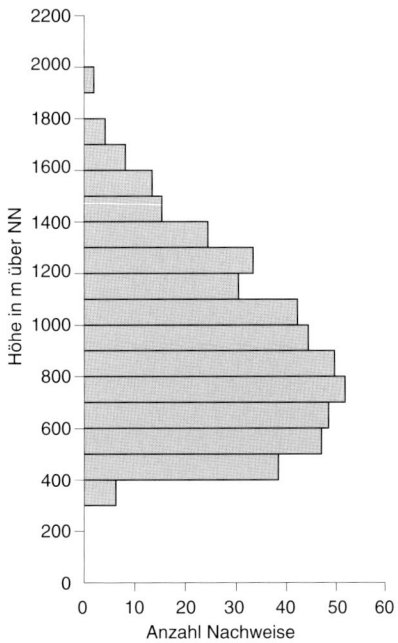

Abb. 28: Brutnachweise des Sommergoldhähnchens in Österreich (n=456) und deren Verteilung entlang des Höhengradienten. Ergebnis der Brutvogelkartierung von 1981 bis 1985 (aus DVORAK et al., Umweltbundesamt Wien 1993).

Wintergoldhähnchen mit breitem, weißem Überaugenstreif und breitem Zügel-Augenstreif, der unter den Augen schmal weiß wirkt. Deutlich ist außerdem ein schwarzer Bartstreif, ein schwarzer Flügelfleck und zwei weiße Flügelbinden wie beim Wintergoldhähnchen. Scheitelmitte bei adulten ♀ goldgelb, ohne orange Farbtöne.

Stimme: Die Rufe klingen ähnlich wie beim Wintergoldhähnchen, insgesamt aber etwas tiefer und daher besser zu hören und zu unterscheiden. Den Gesangsstrophen des Sommergoldhähnchens fehlen die auf- und absteigenden Elemente des Wintergoldhähnchens.

Lebensraum / Siedlungsdichte: Das Sommergoldhähnchen ist weniger stark an die Fichte gebunden als das Wintergoldhähnchen (*Regulus regulus*), trotz gebietsweise isotopem Vor-

Zwergschnäpper

kommen und mitunter auch deckungsgleichen Brutrevieren. Häufiger als dieses auch in Laubbäumen zur Nahrungssuche, brütet aber auch öfter in Einzelfichten, die vom Waldrand etwas isoliert stehen, daher auch öfters in laubdominierten Mischwäldern.

Brutpaardichte in einem subalpinen Fichtenwald der Schweiz bei etwa 3 Bp / 10 ha. In Österreich bis zu 12 Reviere pro 10 ha, so zum Beispiel am Westhang des Pfänders / Vorarlberg (JUNGBLUT 1991). In Liechtenstein konnten in einem Wald bis 1,0 Reviere / 10 ha, auf offenen Flächen bis 1,7 Reviere / 10 ha festgestellt werden (WILLI 1984).

Brutbiologie: Neststandort wie beim Wintergoldhähnchen (*Regulus regulus*), jedoch Sommergoldhähnchen etwas flexibler und z.T. auch in Rankengewächsen.

Nahrung: Carnivor, überwiegend jedoch kleinste Insekten. ♀ zur Eiablage auch Gehäuseschnecken (Calzium-Gewinnung).

Jahresphänologie: Kruzstreckenzieher, überwintert hauptsächlich im Mittelmeerraum. Heimzug überwiegend Ende März bis in die 1. Aprilhälfte, in der West-Schweiz selten ab der 1., meist ab der 2., im Osten sogar ab der 3. Märzdekade mit Massenankünften bis nach Mitte April, in höheren Lagen auch noch später. Anfang bis Ende Juli Abwanderung aus dem engeren Brutgebiet, geordneter Wegzug erst Ende August bis Oktober, im Süd-Westen bis in den November hinein. Nachzügler bis Ende Dezember. Der Höhepunkt des Durchzugs fällt meist auf den September.

Gefährdung: Derzeit keine akute Gefährdung.

Schutz: Momentan keine Schutzmaßnahmen erforderlich.

Zwergschnäpper
(*Ficedula parva*, Bechst. 1792)

Status: Seltener bis häufiger Brut- und Sommervogel der Nordalpen, sonst sehr seltener Brutvogel und Gast.

Verbreitung: Aus der Schweiz bisher nur Einzelbeobachtungen (MEIER 1996). In den Bayerischen Alpen als Brutvogel von 500 bis 1 520 m üb. NN, in Österreich oberhalb 320 m bis 1 140 m üb. NN, mit Maximum zwischen 400 und 800 m üb. NN. Oberhalb 1 000 m üb. NN sind nur 2 Brutplätze gemeldet, wobei singende ♂ bis 1 400, maximal sogar bis 1 600 m üb. NN auftreten können (HABLE 1955 und DATHE 1944). Die westliche Verbreitungsgrenze bildet momentan etwa der Bodensee, wobei inzwischen erste Nachweise aus der Schweiz vorliegen (SCHUSTER, mündl.).

Mindestbestand: Deutsche Alpen: 150 Brutpaare, A: 700 Bp, F: ? Bp, I: 0 Bp, CH: 0 Bp, SL: 5 Bp. Bestandstrend für Deutschland und Österreich: leicht zunehmend.

Kennzeichen: Etwa laubsängergroß, wirkt aber rundlicher mit dickerem Kopf. Schnabel an der Basis relativ schmal, Schwanz fast gerade abgeschnitten und oft gestelzt. Typisch sind im Sitzen die oft etwas herabhängenden Flügel und ein schmaler weißlichgrauer Augenring, der das große dunkle Auge noch betont. In allen Kleidern mit weißen Außenflecken an der Schwanzbasis als wichtiges Merkmal. Adulte ♂ oberseits fahlbraun, im Sommer oft mehr grau. Die Partie von Kinn bis Vorderbrust vor allem im Sommer zimtrot bzw. rostig orangefarben oder rötlichgelb gefärbt, wobei subadulte ♂ nur einen kleinen, roten Kehlfleck besitzen. Eine Verwechslung mit dem Rotkehlchen (*Erithacus rubecula*) ist also möglich, die rötliche Färbung ist beim Zwergschnäpper am Hals jedoch seitlich längst nicht so weit hinaufreichend und am Kopf nur auf das Kinn begrenzt. Die übrige Unterseite ist überwiegend weißlich, an den Brustseiten und Flanken beige bis hell rötlich-braun gefärbt. Adulte ♀ ähneln oberseits den ♂, Oberkopf jedoch bräunlicher, die Wangen hellbeige bis weißlich, Ohrdecken und Halsseiten hellbraun. Gefieder an Kinn, Kehle und Vorderbrust beige, Unterseite weißlich.

Stimme: Der charakteristische Gesang besteht aus Strophen mit reinen, abfallenden Tönen, wobei dem ersten Strophenteil aus einer Serie von kurzen Elementen von „tzri"- oder „tvü"-Lauten ein absinkender Teil mit zweisilbigen Elementen wie „dliü-tvi" oder „didle..." und schließlich eine absinkende Endphrase mit wohlklingenden „dlü-dlü..." folgt. Die individuelle Variation ist groß.

Lebensraum: Brütet mit Vorliebe in schattigen und ziemlich dunklen Laub- und Misch-, im Osten auch in dunklen Nadelwäldern. Besonders geeignet sind Laubwälder mit einer hohen, geschlossenen Kronenschicht. In Mitteleuropa findet man bei unterschiedlicher Zusammensetzung eine starke Bindung an ältere Buchenbestände und geschlossene Laub- und Laubmischbestände mit vorzugsweise geringem Nadelholzanteil, häufig an feuchten und schattigen Stellen, im Bergland nicht selten auch in schattigen Einschnitten und Schluchten, selbst bei starker Hangneigung. Auf dem Durchzug auch in Gärten oder in kleinen Busch- bzw. Baumgruppen.

Brutbiologie: Nest zumeist an Bäumen, aber auch in dichten Sträuchern, ausnahmsweise an Gebäuden.

Nahrung: Carnivor, überwiegend Insekten und Spinnen.

Jahresphänologie: Langstreckenzieher mit Hauptwintergebiet in Süd-und Südost-Asien. Früheste Rückkehrer in Mitteleuropa etwa ab Mitte April – die frühesten Daten aus Bayern stammen vom 12. und 17. April – meist aber erst Anfang Mai. Abzug von den Brutplätzen von Juli bis August, letzte Nachweise im September, extreme Nachzügler bis Oktober.

Gefährdung: RLB 3; RLÖ R. Lebensraumverluste durch intensive Waldnutzung möglich.

Schutz: Verbesserung des Nahrungsangebots durch Belassen von Totholz in ausgedehnten Laub- und Laubmischwaldbeständen. Erhaltung und Schutz oder schonendere Bewirtschaftung alter, naturnaher Laubmischwälder sowie deutliche Erhöhung der Umtriebszeiten. Erhaltung von Waldgewässern (BAUER & BERTHOLD 1996).

Sumpfmeise
(*Parus palustris*, L. 1758)

Status: Sehr häufiger Brut- und Jahresvogel der Alpen.

Verbreitung: Im Bergland normalerweise auf die ausgesprochenen Tallagen beschränkt und brütet dort nur in geringer Dichte. In den Schweizer Alpen oberhalb 1 200 bzw. 1 300 m üb. NN kaum anzutreffen, ausnahmsweise jedoch auf 1 500 m üb. NN, wie zum Beispiel im

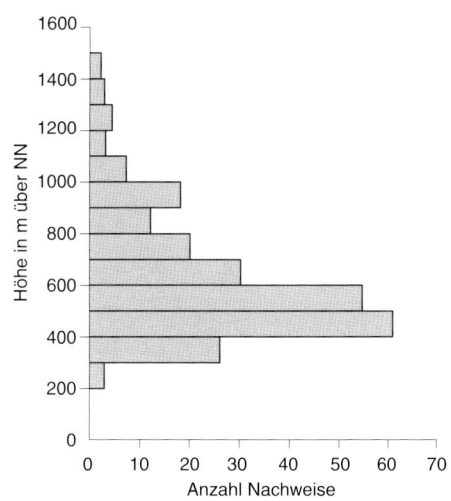

Abb. 29: Brutnachweise der Sumpfmeise in Österreich (n=242) und deren Verteilung entlang des Höhengradienten. Ergebnis der Brutvogelkartierung von 1981 bis 1985 (aus DVORAK et al., Umweltbundesamt Wien 1993).

Les Haudères (Kanton Wallis). Fehlt im Kanton Engadin als Brutvogel völlig (MEIER 1996). Im Bereich der Österreichischen Koralpe (Kärnten) bei Tratenhofen regelmäßig auf 1 500 m üb. NN zu beobachten (RAß 1993), in Bayern nur bis 1 300 m üb. NN. In Südtirol überwiegend in den trockenen Flaumeichen-Hopfenbuchenwäldern, so zum Beispiel an den Hängen des Etschtals, zwischen 220 und 1 300 m üb. NN, im klimatisch ungünstigen Pustertal nur bis 800 m üb. NN.

Mindestbestand: D: 350 000 Brutpaare, A: 30 000 Bp, F: 100 000 Bp, I: 30 000 Bp, CH: 40 000 Bp, SL: 40 000 Bp. Bestandstrend für Deutschland und Österreich: gleichbleibend.

Kennzeichen: Mit 11,5 cm kleiner als Kohlmeise (*Parus major*) und mit kleinerem Kopf und schlankerem Hals als Weidenmeise (*Parus montanus*). Oberseits graubraun, auf der Unterseite grauweißlich und im Gegensatz zur Weidenmeise mit schwarz glänzender Kopfplatte und ohne hellem Feld im Flügel. Kopfseiten bereits hinter den Ohrdecken allmählich graubraun wie auch Rücken und Schultern, deshalb Kontrast oft schwächer und vor allem das helle Kopf- und Halsseitenfeld kleiner als bei Weidenmeise (auch im Flug zu erkennen!). Mischpaare mit Weidenmeise nachgewiesen. Tannenmeise (*Parus ater*) mit Nackenfleck.

Stimme: In Erregung oft „zijdädädä" oder „zrriwewewewe ...". Der Gesang baut sich aus mehreren Strophentypen auf, häufig zum Beispiel aus nasal klingenden, rhythmischen Wiederholungen von 2 bis 3 unterschiedlichen Elementen, wie „zi-wüd-zi-wüd ..." oder „tiju-plitiju-pli ...". Ferner ist eine Klapperstrophe, die wie „tjätjätjä ..." klingt, typisch.

Lebensraum / Siedlungsdichte: Brütet in Laub- und Mischwäldern mit hohem Altholzanteil, eher feuchten als trockenen Standorten, bevorzugt in reich strukturierten und aufgelichteten Waldbeständen und uferbegleitenden Gehölzen. Bei ausreichendem Nistkastenangebot auch im Fichtenwald genügend Junge für die Bestandserhaltung.

Weidenmeise   Sumpfmeise

In der Schweiz etwa 2 Bp / 10 ha. Siedlungsdichten für die Österreichischen Alpen zwischen 1 Revier / 10 ha in einem laubholzreichen, montanen Mischwald am Pfänder / Vorarlberg (SCHUSTER et al. 1983) und 2,9 Revieren / 10 ha auf einer Laubwaldfläche im Gasteiner Tal / Land Salzburg (WINDING et al. 1992).

Brutbiologie: Neststandort sind natürliche Baumhöhlen, aber auch Nistkästen. Gelegegröße zwischen (4/5) 7 und 9 (12) Eiern. Bruterfolg in Deutschland mit Schlupfraten von 66 % (Nistkasten) und 88% bei Bruten mit mindestens einem flüggen Jungen.

Nahrung: Überwiegend insektivor, aber auch Beeren und Samen von Disteln und Buchen, von denen auch Vorräte angelegt werden.

Jahresphänologie: Standvogel, auch Dismigrationen. Überwinterung im Brutareal. Nur ausnahmsweise Wanderungen über längere Strecken.

Gefährdung: Derzeit keine akute Gefährdung.

Schutz: Momentan keine Schutzmaßnahmen erforderlich.

Abb. 30: Brutnachweise der Weidenmeise in ▷ Österreich (n=288) und deren Verteilung entlang des Höhengradienten. Ergebnis der Brutvogelkartierung von 1981 bis 1985 (aus Dvorak et al., Umweltbundesamt Wien 1993).

Weidenmeise
(*Parus montanus*, Conrad 1827)

Status: Häufiger Brut- und Jahresvogel der Alpen.

Verbreitung: In den Alpen als Brutvogel oberhalb 800 m üb. NN. In der Schweiz selten unterhalb von 1 000 m üb. NN, bis 2 200 m üb. NN (MEIER 1996), im Kanton Wallis schon ab 500 m üb. NN bis zur Waldgrenze. In Österreich regelmäßig bis in den Bereich der Waldgrenze auf 1 800 bis 2 000 m üb. NN, in den obersten Regionen des Ötztals (Tirol) mit einer Waldgrenze von 2 000 m üb. NN häufigste Meisenart (LÖHRL 1963). Dort auch höchster Brutnachweis auf 2 020 m üb. NN (LÖHRL und WINDING 1993). Verbreitungsschwerpunkt in Bayern zwischen 800 bis 1 800 m üb. NN. In Südtirol fast ausschließlich oberhalb von 1 000 m üb. NN zu beobachten, jedoch auch dort, wo in Schattenlagen der Fichtenwald bis auf 500 m üb. NN hinabreicht. In Liechtenstein regelmäßig bis 1 900 m üb. NN (WILLI 1984).

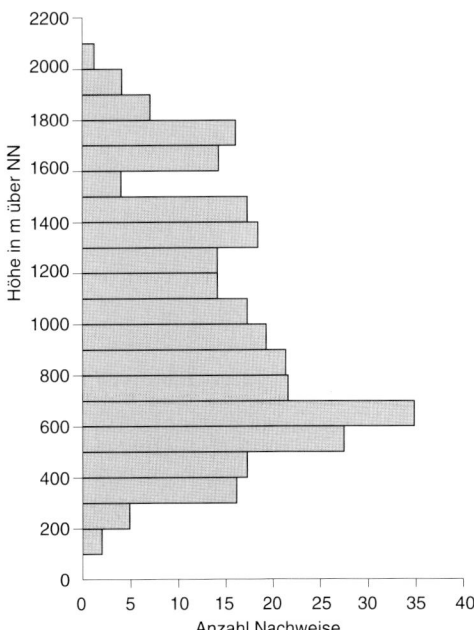

Mindestbestand: D: 63 000 Brutpaare, A: 70 000 Bp, F: 100 000 Bp, I: 30 000 Bp, CH: 30 000 Bp, SL: 40 000 Bp. Bestandstrend für Deutschland und Österreich: gleichbleibend.

Kennzeichen: Mit 11,5 cm kleiner als Kohlmeise (*Parus major*) und mit etwas größer wirkendem Kopf und dickerem Hals als Sumpfmeise (*Parus palustris*). Die Subspecies *P. m. montanus* („Alpenmeise") wirkt im Vergleich zur Sumpfmeise relativ groß, massig und oberseits deutlich brauner. Gesamtfärbung entspricht der der Sumpfmeise. Kopfplatte mattschwarz, Kinnfleck etwas größer und meist an den Rändern diffus, die Körperseiten oft verwaschen rostfarben.

Stimme: Im Vergleich zur Sumpfmeise (*Parus palustris*) Strophen mit einer größeren Zahl kürzerer Elemente, die nicht absinken und wie „zie-zie ..." oder „düh ..." klingen. Hauptgesangszeit ist die 1. Jahreshälfte.

Lebensraum / Siedlungsdichte: Die Weidenmeise und speziell die Subspecies Alpenmeise brütet gerne in morschholzreichen Wäldern und Gehölzen, in einem breiten Spektrum von montanen und subalpinen Nadelwäldern bis hinauf in die Krummholzstufe, ebenso in Laub- und Mischwäldern mit deutlichem Schwerpunkt in naturnahen Nadel- und Mischwäldern. Das Totholzangebot ist für die Brutplatzwahl und Jungenaufzucht entscheidend. In geschlossenen Siedlungsbereichen ist diese Meisenart auch im Winter selten an Futterplätzen.

In den Schweizer Alpen Bestandsdichten von 3,3 bis 5,4 Brutpaaren im reinen Tannenwald über 6,2 Bp im Lärchenwald bis hin zu 10 bis 11 Bp / 10 ha im Arvenwald. In Österreich in lockeren, subalpinen Lärchen-Zirben-Fichtenwäldern mit 1 und 3,2 Revieren / 10 ha (WINDING et al. 1992). In geschlossenen Wäldern Liechtensteins bis 3,9, auf teilweise offenen Flächen bis 2,2 Reviere / 10 ha (WILLI 1984).

Brutbiologie: Nest meist in selbstgehackten Höhlen in morschem bzw. sehr weichem Holz, es werden aber auch begonnene Höhlen, beispielsweise von Spechten, fertiggestellt. Gelegegröße zwischen (5) 7 und 9 (10) Eiern. Bruterfolg in Finnland etwa 5,4 flügge Junge pro brütendem Paar und Jahr.

Nahrung: Omnivor, überwiegend Insekten und deren Larven, im Winter auch Sämereien.

Jahresphänologie: Standvogel mit Dismigrationen über geringe Entfernungen. Überwinterung im Brutareal.

Gefährdung: Derzeit keine akute Gefährdung.

Schutz: Momentan keine Schutzmaßnahmen erforderlich.

Haubenmeise
(*Parus cristatus*, L. 1758)

Status: Häufiger Brut- und Jahresvogel der Alpen.

Verbreitung: In den Alpen als Brutvogel bis an die Baumgrenze. Die höchsten Brutplätze liegen in der Schweiz auf 2 100 m üb. NN bei Chandolin d'Anniviers. Besiedelt im Vergleich zu den anderen Meisenarten die Schweiz nahezu gleichmäßig (MEIER 1996). In den Bayerischen Alpen bis 1 900 m üb. NN. In Österreich mit zwei Schwerpunkten in der Vertikalverbreitung: zwischen 500 und 700 m üb. NN und zwischen 1 300 und 1 600 m üb. NN im subalpinen Nadelwald, in abnehmen-

Haubenmeise

der Dichte bis 1 800 m üb. NN. Höchster Brutnachweis dort auf 1 810 m üb. NN auf der Hindenburghöhe / Kärnten (HAFNER 1993). In Südtirol mit einem Maximum zwischen 1 000 und 1 500 m üb. NN, vor allem in Föhrenwäldern, allerdings nirgends mit hoher Dichte. In Liechtenstein ziemlich gleichmäßig von 1 100 bis 1 900 m üb. NN verbreitet, vereinzelt aber auch darüber.

Mindestbestand: D: 190 000 Brutpaare, A: 40 000 Bp, F: 10 000 Bp, I: 20 000 Bp, CH: 40 000 Bp, SL: 40 000 Bp. Bestandstrend für Deutschland und Österreich: gleichbleibend.

Kennzeichen: Mit einer Körpergröße von 11,5 cm kleiner als Kohlmeise (*Parus major*). Besonders auffällig sind die charakteristischen Scheitelfedern, die zu einem langen, spitzen Schopf verlängert und beim ♀ nur unwesentlich kürzer ausgebildet sind. Federn des Oberkopfes braunschwarz mit breiten weißen Säumen, Oberseite bräunlich, Bürzel und Oberschwanzdecken mehr rostfarben. Markant außerdem ein schwarzbrauner, kurz vor dem Auge beginnender Augenstrich, der sich nach hinten zu einer hakenförmig gekrümmten bis halbkreisförmigen Umrandung der Ohrdecken und der Wangen fortsetzt. Ebenso ein schwarzer Kehllatz, der sich nach den Seiten hin zu einem dunklen Begrenzungsring der weißen Wangen und der Halsseitenfärbung bis an die Nackenseiten weiterleitet und in die Fortsetzung des Augenstrichs einmündet. Unterseite weißlich, Körperseiten rostgelblich.

Stimme: Der Gesang entspricht einer Aneinanderreihung zweier Elemente, die wie „zizi gürr zizi gürr zizi gürr" in 4 bis 6maliger Wiederholung klingen.

Lebensraum / Siedlungsdichte: Brütet mit Vorliebe in Nadelwäldern. Zur Brutzeit an Totholz gebunden, weshalb Fichtenwälder Kiefernwäldern vorgezogen werden. In den Alpen jedoch auch häufig in Wäldern mit überwiegend Lärchen, Zirben, Tannen und Bergkiefern. Bei ausreichendem Koniferenanteil auch in Mischwäldern, reine Fichtenstangenhölzer im Laubwald werden nicht besiedelt.

Tannenmeise

Höchste Dichten in der Schweiz in der subalpinen Höhenstufe mit etwa 4 Brutpaaren/ 10 ha, in Bayern mit etwa 1 Bp / 10 ha. In Österreich zwischen 1 bis 2 Bp in einem Bergmischwald im Gurgltal / Tirol (BODENSTEIN 1985) bis maximal 4 Bp / 10 ha im Bergfichtenwald zwischen 1 600 und 1 800 m üb. NN bei Hinterglemm / Land Salzburg (STADLER & WINDING 1990). Im geschlossenen Wald in Liechtenstein 1 bis 2,3 Reviere, im aufgelockerten Wald 0,8 bis 2,2 Reviere / 10 ha (WILLI 1984).
Brutbiologie: Nest zumeist in selbstgehackter Höhle, in totem oder morschem Holz. Gelegegröße zwischen 5 bis 9, zumeist aber 6 Eiern. Bruterfolg in Deutschland zwischen 3,1 / 3,7 (Nistkästen) und 4,7 flügge Junge pro brütendem Paar und Jahr.
Nahrung: Omnivor, überwiegend Insekten, sowie deren Larven und Spinnen; im Winter Sämereien.
Jahresphänologie: Standvogel. Über sehr kurze Strecken kann es zu Dismigration der Juvenilen kommen.
Gefährdung: Derzeit keine akute Gefährdung.
Schutz: Momentan keine Schutzmaßnahmen erforderlich.

Tannenmeise
(*Parus ater*, L. 1758)

Status: Sehr häufiger Brut- und Jahresvogel der Alpen.
Verbreitung: In den Alpen bis oberhalb von 2 000 m üb. NN brütend. In den Nadel- und Mischwäldern der montanen und subalpinen Stufe neben dem Buchfink oft häufigste Brutvogelart. In Bayern bis 1 700 m üb. NN, vereinzelt auch bis 1 800 m üb. NN, in Österreich von den Tallagen bis an die Waldgrenze auf 1 800 bis 1 900 m üb. NN, dabei relativ gleichmäßig über alle Höhenstufen verteilt. Höchstgelegener Brutplatz im Ötztal (Tirol) auf 2 030 m üb. NN (LÖHRL 1993). In Südtirol bis 2 200 m üb. NN. In Liechtenstein häu-

figste Meisenart bis 1 700 m üb. NN, darüber nur noch seltener anzutreffen.
Mindestbestand: D: 1 600 000 Brutpaare, A: 500 000 Bp, F: 10 000 Bp, I: 100 000 Bp, CH: 500 000 Bp, SL: 80 000 Bp. Bestandstrend für Deutschland und Österreich: gleichbleibend.
Kennzeichen: Mit etwa 11 cm Körpergröße wohl die kleinste mitteleuropäische Meise, noch etwas kleiner als Blaumeise (*Parus caeruleus*) und mit relativ kurzem Schwanz. Einige der verlängerten Hinterkopffedern können zu einer angedeuteten Haube aufgestellt werden, Verwechslung mit Haubenmeise (*Parus cristatus*) jedoch unwahrscheinlich. Stirn, Oberkopf, Seiten des Nackens und der große Kehllatz bis fast zu den Halsseiten glänzend schwarz, Kehle matter, Zügel, Wangen und der große Nackenfleck weiß getönt. Mittlere und Große Oberflügeldeckfedern mit weißen Spitzen, im Unterschied zur Kohlmeise (*Parus major*) zwei weiße Flügelbinden bildend.
Stimme: Gesang aus 2 bis 4 miteinander abwechselnden Elementen, wie „zewize-zweweze ...", auf einer Warte oder während der Nahrungssuche, selten im Flug vorgetragen.
Lebensraum / Siedlungsdichte: Brütet vor allem in Nadelwäldern. Dabei stärker auf Fichtenwälder angewiesen als Haubenmeise (*Parus cristatus*). Aus diesem Grund offenbar in Kieferwäldern seltener. Bei ausreichendem Höhlenangebot auch in Laub- und Mischwäl-

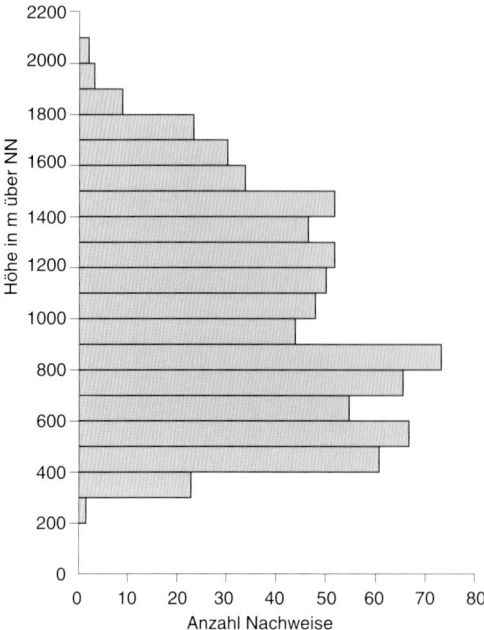

Abb. 31: Brutnachweise der Tannenmeise in Österreich (n=729) und deren Verteilung entlang des Höhengradienten. Ergebnis der Brutvogelkartierung von 1981 bis 1985 (aus DVORAK** et al., Umweltbundesamt Wien 1993).**

Waldbeständen Liechtensteins 2,8 bis 5,3 Reviere / 10 ha, in teilweise offenen Beständen 0,8 bis 3,3 Reviere / 10 ha (W**ILLI** 1984).

Brutbiologie: Bevorzugter Neststandort sind Baumhöhlen und Nistkästen. Gelegegröße zwischen (5) 8 und 9 (13) Eiern. Bruterfolg in Süddeutschland etwa 9,3 bis 10,3 (Nistkastenbruten) flügge Junge pro brütendem Paar und Jahr.

Nahrung: Omnivor, überwiegend Insekten und Sämereien.

Jahresphänologie: Standvogel mit Dismigrationen über kürzere Entfernungen. Häufiger als bei anderen Meisen Mitteleuropas weiter reichende Wanderungen vom Evasionstyp. An den Alpenpässen sind solche Evasionswanderungen oft stärker konzentriert als im Binnenland. Überwintert in allen Teilen des europäischen Brutareals, bei großen Evasionen kommt es aber auch zur Überschreitung dieser Grenzen.

Gefährdung: Derzeit keine akute Gefährdung.

Schutz: Momentan keine Schutzmaßnahmen erforderlich.

dern, in reinen Laubbeständen selten. In höheren Stufen der Alpen mit geringer Dichte in Zirbenbeständen. Zur Nahrungssuche bevorzugt an Altfichten, außerhalb der Brutzeit auch an Laubbäumen.

In den Schweizer Alpen häufigste Meisenart (M**EIER** 1996). Im Tannen-Buchenwald auf 950 m üb. NN 6 Brutpaare / 10 ha, im Lärchenwald auf 1 780 m üb. NN 2 bis 3 Bp / 10 ha und im reinen Fichtenwald auf 1 850 m üb. NN 3 Bp / 10 ha. In Bayern etwa 1 Bp / 10 ha, in den österreichischen Alpengebieten von 2,9 Revieren / 10 ha in einer subalpinen, von Lärchen und Fichten dominierten Fläche an der Waldgrenze im Gasteiner Tal / Land Salzburg (W**INDING** et al. 1992) bis zu 20,7 Revieren / 10 ha am Westabhang des Pfänders (Vorarlberg) in einem Fichten-Tannen-Buchenwald (S**CHUSTER** et al. 1983). In geschlossenen

Blaumeise
(*Parus caerulus*, L. 1758)

Status: Regional sehr häufiger bis häufiger Brut- und Jahresvogel der Alpen.

Verbreitung: Für die West- und Zentralalpen werden für die Blaumeise Bestandslücken gemeldet. In den Ostalpen ist sie nur ein lokaler Brutvogel (M**EIER** 1996). In den Bayerischen Alpen als Brutvogel bis 1 000 m üb. NN, vereinzelt sogar bis 1 400 m üb. NN. In der Schweiz brüten 75 % des Bestands unterhalb 1 000 m üb. NN. Höchste Bruten bis auf 1 510 m üb. NN am Mont Tendre / Waadt, Brutzeitbeobachtungen bis 1 700 m üb. NN. In Österreich größtenteils zwischen 400 und 1 000 m üb. NN, bis 1 200 m üb. NN nur noch selten. Höchster Brutnachweis dort in den Nockbergen / Kärnten auf 1 540 m üb. NN (S**TEITMAIER**

1993). In Südtirol vom Talboden bis etwa 1 200 m üb. NN in geringer Dichte, außerhalb der Brutzeit allerdings auch deutlich darüber.

Mindestbestand / Bestandsdichte: D: 1 400 000 Brutpaare, A: 200 000 Bp, F: 100 000 Bp, I: 100 000 Bp, CH: 150 000 Bp, SL: 40 000 Bp. Bestandstrend für Deutschland und Österreich: gleichbleibend.

Kennzeichen: Mit 11,5 cm deutlich kleiner als Kohlmeise (*Parus major*). Oberkopf des ♂ blau, zur Stirn hin aufgehellt und von einem geschlossenen weißen Ring von der Stirn über das Auge und über den Nacken gesäumt. Vom Zügel durch das Auge zieht sich ein breiter schwarzer Strich, der hinter der Ohrgegend in ein dunkelblaues Nackenband einmündet. Kopfseiten weiß, Oberseite nahezu vollständig hellgrün mit olivfarbenem Anflug. Oberschwanzdecken und Steuerfedern blau, Schwungfedern dunkelgrau, Unterseite lebhaft gelb gefärbt. Die ♀ in der Regel matter, vor allem das Blau an der Kopfplatte und den Flügeldecken weniger leuchtend.

Stimme: Bei Erregung hört man ein geräuschhaftes Zetern, das etwa wie „zerrretetetet" klingt. Der Gesang ist weniger variabel als bei der Kohlmeise (*Parus major*), wobei die typische Strophe mit 2 bis 3 hohen Einleitungselementen beginnt, worauf ein tieferer, manchmal fast scheppernder Triller folgt, der etwa wie „tii-ti-ti-tirrr" oder „zii-zii-tütütü ..." klingt .

Lebensraum / Siedlungsdichte: Brütet in lichten, sonnigen Laubwäldern und offenen Baumbeständen. In dunklen, geschlossenen Hochwäldern und reinen Nadelwäldern dagegen selten, jedoch abhängig vom Nistkastenangebot bzw. dem Konkurrenzdruck anderer Höhlenbrüter. Bevorzugt Randlagen und Lichtungen. Außerhalb der Brutzeit in einer Vielzahl von Biotopen, mit besonderer Vorliebe für Schilfröhricht.

Bestandsdichten weit geringer als bei anderen Meisenarten. In Österreich bei 6 Brutpaaren in einem 57 ha großen Mischwald bei Weitersfeld / Niederösterreich (LAUERMANN 1976) bzw. bei 2 Revieren / 10 ha in verschiedenen Dörfern innerhalb der montanen Stufe des Inntals / Tirol (LANDMANN 1987).

Brutbiologie: Nest überwiegend Höhlen, in Mitteleuropa heute vor allem in Nistkästen, aber auch in Mauerritzen oder gedeckten Stellen am bzw. im Boden. Gelegegröße zwischen

Blaumeise

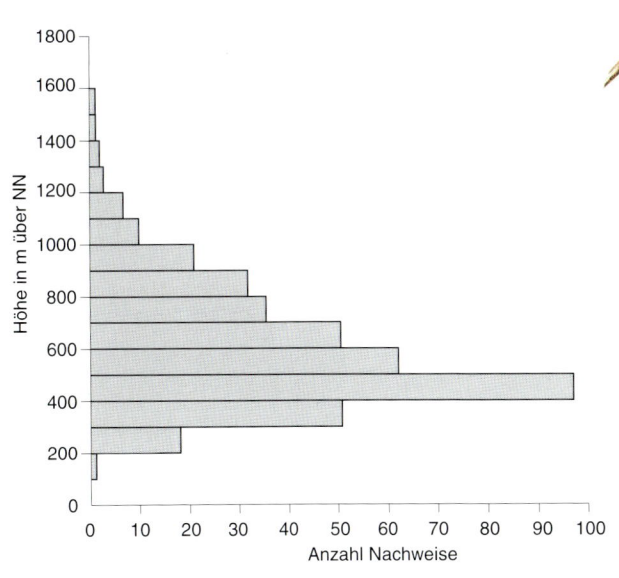

Abb. 32: Brutnachweise der Blaumeise in Österreich (n=395) und deren Verteilung entlang des Höhengradienten. Ergebnis der Brutvogelkartierung von 1981 bis 1985 (aus DVORAK et al., Umweltbundesamt Wien 1993).

9 und 11 Eiern. Bruterfolg in Deutschland etwa 8,4 bzw. 8,6 flügge Junge pro brütendem Paar und Jahr. Polygynie bekannt.

Nahrung: Omnivor, überwiegend Insekten, Spinnen, Larven und Eier, aber auch Früchte, Sämereien und Blütenknospen.

Jahresphänologie: Standvogel mit vereinzelten Dismigrationstendenzen. Dichteabhängige Evasionen und regelmäßiger Zug der Jungvögel. Allgemeine Abnahme der Wanderfreudigkeit wird durch Winterfütterungen erklärt.

Gefährdung: Derzeit keine akute Gefährdung.

Schutz: Momentan keine Schutzmaßnahmen erforderlich.

Kohlmeise

Kohlmeise
(*Parus major*, L. 1758)

Status: Sehr häufiger Brut- und Jahresvogel der Alpen.

Verbreitung: In den Alpen bis 1 800 m üb. NN brütend. In der Schweiz nur gelegentlich oberhalb 1 300 m üb. NN. Weniger als 3% aller Brutnachweise im Alpenbereich dort über 1 400 m üb. NN. Höchster Brutplatz in der Schweiz bei Riederalp (Kanton Wallis) auf 1 920 m üb. NN. In Bayern bis 1 300 m üb. NN, vereinzelt bis 1 450 m üb. NN. Auch in Österreich mit steigender Höhe abnehmende Dichte. Höchster Brutplatz dort auf 1 950 m üb. NN im Ötztal (Tirol) bei Obergurgl (GOLLER 1984). In Südtirol regelmäßig bis 1 300 m üb. NN, darüber nur in oder in der Nähe von Siedlungen, so zum Beispiel bei Prags-Plätzwiese auf 1 950 m üb. NN. In Liechtenstein bis maximal 1 090 m üb. NN im Laubmischwald (WILLI 1984).

Mindestbestand: D: 6 000 000 Brutpaare, A: 500 000 Brutpaare, F: 1.000 000 Bp, I: 1 000 000 Bp, CH: 500 000 Bp, SL: 100 000 Bp. Bestandstrend für Deutschland und Österreich: gleichbleibend.

Kennzeichen: Mit einer Körpergröße von 14 cm knapp sperlingsgroß und somit größte mitteleuropäische Meise. Mit relativ längerem Schwanz als Tannenmeise (*Parus ater*). Oberkopf und Nacken des ♂ glänzend schwarz. Schwarzes Halsseitenband verbindet Nacken mit schwarzer Kehle und Vorderbrust, von der ein breites schwarzes Band über die schwefelgelbe Unterseite bis hin zum Bauch zieht. Auffälliger grünlichgelber Nackenfleck. Rücken gelblich olivgrün, Bürzel und Oberschwanzdecken bläulichgrau. Große Armdecken mit breitem weißem Spitzenfleck, so daß eine deutliche, weiße Flügelbinde entsteht (Tannenmeise mit zwei Flügelbinden). ♀ in der Regel etwas heller getönt, Schwarz an der Kehle nicht so stark glänzend. Schwarzes Band auf der Unterseite matter, schmaler und oft unterbrochen, nahe dem Ansatz der Beine sogar oft verschwunden, beim ♂ hier eher verbreitert.

Stimme: Vielseitiges Rufrepertoire, das anderen Vogelrufen mitunter zum Verwechseln ähnlich ist, so zum Beispiel das „pink" dem Buchfink (*Fringilla coelebs*). Das Zetern klingt meist wie „dsche dsche dsche … ", kann aber auch gedämpft „dädädä …" vorgetragen werden.

Lebensraum / Siedlungsdichte: Brütet gerne in Laub- und Nadelwäldern, bevorzugt in lichten oder offenen Beständen, in geringerer Dichte auch in dichten und dunklen Wäldern. In den Alpen deutliche Präferenz für Mischbestände vor reinen Laub- oder Nadelwäldern. Höhlenangebot oft entscheidend. Ferner fast überall in kleineren Baumbeständen, Feldgehölzen und Gärten. Außerhalb der Brutzeit nahezu überall dort, wo Büsche und Bäume stehen.

Siedlungsdichten in den Schweizer Alpen um 10 Brutpaare / 10 ha. In Österreich zwischen 2,4 und 5,9 Revieren / 10 ha in einem montanen Fichten- bzw. einem Laubwald im Gasteiner Tal / Land Salzburg (WINDING et al. 1992).

Brutbiologie: Nest in verschiedensten Höhlen, so auch in Nistkästen oder Spechthöhlen. Gelegegröße zwischen 7 und 10 Eiern. Bruterfolg in Deutschland etwa 5,3 bis 5,6 flügge Junge pro brütendem Paar und Jahr.

Nahrung: Omnivor, vor allem Insekten und deren Larven, Spinnen und kleine Weichtiere, im Winter auch fetthaltige Sämereien.

Jahresphänologie: Standvogel. Dismigrationen über kurze Entfernungen und weite Wanderungen vom Evasionstyp von Jungvögeln, in Mitteleuropa dichteabhängig, weniger von der Härte des Winters. Bei überregionalen Wanderungen – überwiegend im Oktober – können die Tiere bis zu 2 000 km zurücklegen (MEIER 1996).

Gefährdung: Derzeit keine akute Gefährdung.

Schutz: Momentan keine Schutzmaßnahmen erforderlich.

Kleiber
(*Sitta europaea*, L. 1758)

Status: Häufiger Brut- und Jahresvogel der Alpen.

Verbreitung: In den Schweizer Alpen bei Zermatt bis auf 2 200 m üb. NN brütend, im bayerischen Alpenraum regelmäßig bis 1 400 m üb. NN, vereinzelt auch bis 1 700 m üb. NN. In Österreich als Brutvogel in abnehmender Dichte von den Tallagen bis auf 1 500 m üb. NN, darüber nur noch vereinzelt. Höchster Brutnachweis dort im Ötztal (Tirol) auf 2 100 m üb. NN (GOLLER 1984). In Südtirol in Lärchen- und Zirbenbeständen – zum Beispiel im Martelltal – bis auf 2 300 m üb. NN, Verbreitungsmaximum auch dort nur bis 1 500 m üb. NN. In Liechtenstein bis maximal 1 240 m üb. NN (WILLI 1984).

Mindestbestand: D: 600 000 Brutpaare, A: 300 000 Bp, F: 100 000 Bp, I: 50 000 Bp, CH: 70 000 Bp, SL: 60 000 Bp. Bestandstrend für Deutschland und Österreich: gleichbleibend.

Kennzeichen: Mit einer Körpergröße von 14 cm etwas größer als ein Sperling, von gedrungener Gestalt mit großem Kopf, verhältnismäßig kurzem Hals, kurzem Schwanz, langem, kräftigem Schnabel und relativ kurzen Läufen. Körperhaltung immer etwas geduckt und kauernd. Oberseite bläulichgrau. Ein schwarzer Streif zieht sich vom Schnabel durch das Auge entlang der Halsseiten bis zur Schulter, wo er sich etwas verbreitert. Darüber mit schmalem hellem Saum, sowie einer aufgehellten Stirn. Kinn und Kehle weißlich, die übrige Unterseite hell rostfarben, typischerweise weiß getönt. Körperseiten des ♂ lebhaft kastanienbraun gezeichnet und relativ deutlich abgesetzt, bei ♀ dagegen heller und diffus rostbraun. Läuft als einziger einheimischer Kleinvogel mit dem Kopf voraus an Bäumen hinunter.

Stimme: Der Gesang ist vielseitig, wobei besonders die laut pfeifenden Elemente im Gelände zu hören sind.

Lebensraum / Siedlungsdichte: Brütet gerne in alten Baumbeständen, vor allem in lichten Laub- und Mischwäldern, bei ausreichendem Höhlenangebot auch in naturnahen Nadelwäldern. Die Lebensraumunterschiede sind z.T. durch das Nistkastenangebot verwischt. Außerhalb der Brutzeit auch in innerstädtischen Gärten und Parkanlagen.

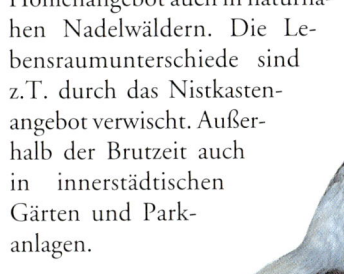

Kleiber

In der Schweiz sind die Siedlungsdichten in Laub- bzw. Lärchen-Arvenwäldern am höchsten (MEIER 1996). In Nadel- und Mischwäldern bzw. lichten Föhren- oder Lärchen-Arvenwäldern zwischen 1 bis 2 bzw. 4 Brutpaaren / 10 ha, im bayerischen Alpenraum bei etwa 10 Bp / 10 km². In Österreich zwischen 0,7 Revieren / 10 ha in einem montanen Laubwald im Gasteiner Tal / Land Salzburg (WINDING et al. 1992) und 3 Bp / 10 ha in einem lockeren Mischwald auf 1 150 m üb. NN bei Klösterle / Vorarlberg (KILZER & BLUM 1991). In Südtirol höchste Dichten aufgrund des hohen Nisthöhlenangebotes in den Kastanienhainwäldern. In einem Laubmischwald Liechtensteins 1,5 Bp / 10 ha (WILLI 1984).

Brutbiologie: Bevorzugter Neststandort sind ausgefaulte Baumhöhlen, Spechthöhlen und neuerdings auch Nistkästen. Das Flugloch wird zumeist exzentrisch angelegt. Gelegegröße zwischen (5) 6 und 7 (9) Eiern. Bruterfolg in Deutschland etwa 5,5 flügge Junge pro brütendem Paar und Jahr.

Nahrung: Im Frühjahr und Sommer überwiegend insektivor, ab Herbst herbivor und dann überwiegend Samen.

Jahresphänologie: Standvogel, allerdings sind auch Dismigrationen und weitere Wanderungen mit Evasionscharakter bekannt. Überwinterung zumeist im Brutareal.

Gefährdung: Derzeit keine akute Gefährdung.

Schutz: Momentan keine Schutzmaßnahmen erforderlich.

Mauerläufer
(*Tichodromia muraria*, L. 1766)

Status: Seltener Brut- und Jahresvogel in den Alpen. Im Winter auch seltener Wintergast im Tiefland.

Verbreitung: In den Alpen in günstigen Lagen schon ab 350 m üb. NN, oder ab 900 m üb. NN entlang der großen Flußtäler. In der Schweiz regelmäßig bis 2 500 m üb. NN brütend, darüber seltener. Höchster Brutnachweis am Stockhorn auf 3 000 m üb. NN. In den Bayerischen Alpen als Brutvogel etwa von 650 bis 2 450 m üb. NN. In Österreich zwischen 700 und 2 000 m üb. NN, besonders in den von schroffen Felsabstürzen geprägten Gebirgszügen der Nördlichen Kalkalpen und der Hohen Tauern. Höchster Brutnachweis hier auf 2 500 m üb. NN aus der Schobergruppe / Kärnten (WRUß 1993), Brutzeitbeobachtungen bis 2 700 m üb. NN (KILZER & BLUM 1991). In Südtirol von 600 m üb. NN am Eingang zum Schnalstal bis auf 2 400 m üb. NN, etwa im Abteital, mit einem Verbreitungsmaximum zwischen 1 700 und 2 400 m üb. NN.

Mindestbestand: D: 200 Brutpaare, A: 1 000 Bp, F: 1 000 Bp, I: 3 000 Bp, CH: 400 Bp, SL: 5 Bp. Bestandstrend für Deutschland und Österreich: gleichbleibend. Die Bestandszahlen sind möglicherweise zu tief, da es sich beim Mauerläufer um eine schwer zu kartierende Art handelt.

Kennzeichen: Mit einer Körpergröße von 16,5 cm etwas größer, aber viel schlanker als der Kleiber (*Sitta europaea*). Entspricht dem Gewicht nach etwa einer Kohlmeise (*Parus major*). Neben seiner Gefiederfärbung die langen gerundeten Flügel, der kurze Schwanz und der lange, nach unten gebogene Schnabel auffallend. Zehen und Läufe relativ dünn, die langen Krallen stark gekrümmt. Wirkt grau, da sein farbenprächtiges, rosenrotes Flügelgefieder oft erst bei einer Bewegung im Fels oder beim charakteristischen Flügelzucken deutlich wird. Im Prachtkleid beim ♂ Oberkopf etwas dunkler, Rücken heller aschgrau, Steuerfedern schieferschwarz mit grauen Spitzen, die Schwungfedern dunkel- bis schwarzbraun, gegen die Basis hin mit rosenroten Außenfahnen. Auffällig außerdem die großen, weißen Flecken an den Rändern der Schwingen und des Schwanzes. Wangen, Kehle und Brust schwarz, die übrige Unterseite grau gezeichnet. Das Prachtkleid des ♀ entspricht dem des ♂, Kehle und Brust jedoch hell ohne jeden dunklen Fleck oder mit einem grauschwärzlichen Kehl- bzw. Brustfleck unterschiedlicher Ausdehnung versehen. Im Schlichtkleid bei ♂ und ♀ Wangen, Kehle und Vorderbrust grauweiß, der Oberkopf mehr graubraun und der Rücken heller grau. Typisch ist auch der „schmetterlinghafte" Flug des Mauerläufers.

Stimme: Rufrepertoire gering; der charakteristische Gesang verläuft 4- bis 5-stufig aus ansteigenden, reinen Pfeiftönen, die von einem ca. 1 sec langen, tiefen Pfiff gefolgt werden und auch aus größerer Entfernung zu hören sind. ♂ und ♀ singen, letzteres mit kürzeren Elementen. Der Gesang ist das ganze Jahr über zu hören, von den ♀ vor allem im Winterrevier.

Mauerläufer

Lebensraum: Brütet ausschließlich in Felsgebieten und dort in der Regel in abwechslungsreichen, mit Grasbändern oder Pflanzenpolstern durchsetzten, feuchten, nicht zu sehr dem Wind ausgesetzten Partien mit sehr unterschiedlicher Sonnenexposition, so daß zu möglichst vielen Tageszeiten sonnenbeschienene Stellen, bei größerer Erwärmung aber auch Schattenplätze vorhanden sind. Mit Vorliebe offensichtlich für Dolomit- und Kalkfelsen. Oft in der Nähe von Wasser, meistens in Form von kleinen Rinnsalen oder Bächen. Zur Nahrungssuche auch in Geröllfeldern am Fuße von Wänden. Mitunter auch für längere Zeit Gebäudebruten.

Der kleinste ermittelte Nestabstand betrug im Berner Oberland 1 000 m. Dichte in Bayern in geeigneten Felsregionen wohl kaum mehr als 1 Brutpaar auf etwa 10 ha. Im Klostertal (Vorarlberg) wurden 3 Reviere auf 2,5 km gezählt (KILZER & BLUM 1991).

Brutbiologie: Nest zumeist in unzugänglichen Felshöhlen oder -spalten, aber auch in Steinhaufen. Gelegegröße zwischen (3) 4 und 5 Eiern.

Nahrung: Insektivor mit breitem Arten- und Größenspektrum der potentiellen Nahrungstiere.

Jahresphänologie: Ausweichbewegungen und Altitudinalwanderungen über meist kurze, horizontale Strecken, aber auch über weitere Entfernungen von offenbar nicht nur gelegentlich mehreren 100 km, sogar über kleinere Meeren-

gen. Rückkehr zu den Alpenbrutplätzen mitunter schon ab Februar, meist jedoch erst ab März. Ab diesem Zeitraum kommt es zu einer etappenweisen Rückkehr in die Brutgebiete, wobei schon vorher individuelle Verlagerungen von Winteraufenthalten wahrscheinlich sind. Bereits ab Mitte Juli Abwanderung in die höchsten Lagen der Alpinstufe möglich, in der Schweiz also bis 4 500 m üb. NN. Bleibt dort dann bis mindestens Oktober. Ab Ende September bzw. Anfang Oktober – selten im Sommerhalbjahr – in Tallagen oder im Vorland der Gebirge sowie fernab der Brutgebiete. Ein bekannter Winteraufenthaltsplatz für Mauerläufer ist beispielsweise der Kapuzinerberg sowie der Schloßberg in Salzburg. Ein Teil der alpinen Brutpopulation verbringt den Winter im näheren Bereich der Nistfelsen in mittleren und tieferen Lagen.

Gefährdung: RLD R; RLB R; RLS 3. Der Mauerläufer ist aufgrund seines kleinen, dünn besiedelten Lebensraumes potentiell, aber nicht akut gefährdet.

Schutz: Momentan keine Schutzmaßnahmen erforderlich.

Waldbaumläufer
(*Certhia familiaris*, L. 1758)

Status: Sehr häufiger Brut- und Jahresvogel der Alpen.

Verbreitung: In den Schweizer Alpen bis 1 800 m, maximal bis 2 230 m üb. NN brütend. Zur Brutzeit in den Bayerischen Alpen nur bis etwa 1 600 m üb. NN, teilweise bis 1 750 m üb. NN. In Österreich bis zur Waldgrenze. In subalpinen Lärchen- und Zirbenwäldern scheinbar weitaus seltener als in Fichtenwäldern. Höchster Brutplatz dort auf 2 000 m üb. NN im Gasteiner Tal / Land Salzburg (STADLER & WINDING 1987). In Südtirol zwischen 750 und 750 m üb. NN. In Liechtenstein nur bis 1 700, vereinzelt bis 1 850 m üb. NN (WILLI 1984).

Mindestbestand: D: 155 000 Bp, A: 50 000 Bp, F: 10 000 Bp, I: 30 000 Bp, CH: 50 000 Bp, SL: 1 500 Bp. Bestandstrend für Deutschland und Österreich: gleichbleibend.

Kennzeichen: Mit 12,5 cm Körpergröße zierlicher Klettervogel mit einem langen, dünnen, nach unten gebogenen Schnabel und einem re-

Waldbaumläufer

lativ langen, gestuften Schwanz. Versteifte Steuerfedern am Ende zugespitzt. Schnabel und Krallen bei Juvenilen oft bis in den Herbst hinein nicht voll ausgewachsen. Unterseite reinweiß, Oberseite rindenfarbig mit einer komplizierten Zeichnung von braunen, schwarzbraunen und gelblichbraunen Mustern. Optisch schwer vom Gartenbaumläufer (*Certhia brachydactyla*) zu unterscheiden, daher Merkmalskombinationen zur Differenzierung beider Arten wichtig.

Stimme: Gesang langanhaltender und leiser als beim Gartenbaumläufer (*Certhia brachydactyla*) mit einem längeren, abfallenden Triller und meist einem Endschnörkel, was etwa wie „zizi zisisrri zrrisrirr" klingt. Mischsänger kommen bei beiden Arten vor und vereinen den Gesang beider Baumläuferarten in einer Strophe, während Imitationssänger jeweils die komplette Strophe der anderen Art in ihr Repertoire aufgenommen haben.

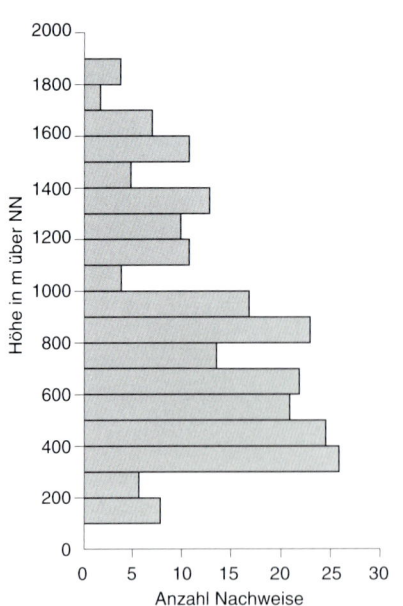

Abb. 33: Brutnachweise des Waldbaumläufers in Österreich (n=239) und deren Verteilung entlang des Höhengradienten. Ergebnis der Brutvogelkartierung von 1981 bis 1985 (aus Dvorak et al., Umweltbundesamt Wien 1993).

Tab. 1: Wichtige Unterscheidungsmerkmale zwischen Altvögeln von Wald- und Gartenbaumläufer *(Certhia familiaris, C. brachydactyla)*

	Waldbaumläufer	Gartenbaumläufer
Schnabel:	kürzer als Kopf bis Nacken	mind. so lang wie Kopf bis Nacken
Hinterzehenkralle:	rel. lang und flach	rel. kurz und stärker gekrümmt
Stirn:	rel. scharf begrenzte, helle Schaftflecke	keine oder schwache, helle Schaftflecke
Überaugenstreif:	von Schnabelbasis bis hinter das Auge weiß und deutlich	vor dem Auge mind. undeutlich
Bürzel:	heller als Rücken, eher rostfarben	eher braun
Oberseite:	mehr hell geschuppt	mehr hell gestreift
Unterseite:	rein weiß bis weißlich; Flanken weiß bis gelblich-braun	schmutzig- bis grauweiß; Kehle weiß; Flanken verwaschen gelb-grau bis hellbräunlich

Jahresphänologie: Überwiegend Standvogel. Wanderungen des Evasionstyps, Dismigrationen über kurze Entfernungen, sowie Wanderungen über 100 km möglich.

Lebensraum: Brütet bevorzugt in großen, geschlossenen Waldgebieten mit Altholzbeständen, in Nadel-, Laub- und Mischwäldern. Auch in monotonen Fichtenforsten und in montanen und subalpinen Wäldern unterschiedlicher Baumartenzusammensetzung. Klettert aufgrund seiner langen Krallen auch an glatten Bäumen (Buchenalthölzern), meidet reine Buchenbestände wahrscheinlich aus nahrungsökologischen Gründen. Ob Buchen allgemein bevorzugt werden, ist fraglich, doch insgesamt kann offensichtlich ein breiteres Spektrum von Oberflächenstrukturen der Baumstämme genutzt werden als vom kurzzehigeren Gartenbaumläufer (*Certhia brachydactyla*).

In der Schweiz überwiegend im subalpinen Nadelwald mit maximal 3 Bp / 10 ha, in Buchen-Tannenwäldern der Voralpen mit 1 bis 2 Bp / 10 ha. In Bayern etwa mit 0,1 Bp / 10 ha. In Österreich 2 Bp / 10 ha in einem submontanen Fichtenwald bei Hinterglemm / Salzburg (STADLER & WINDING 1990), 2,2 Revieren / 10 ha in einem von Fichten dominierten montanen Mischwald am Gaisberg / Land Salzburg (WINDING 1990). In einem geschlossenen Waldbestand Liechtensteins 1,3 bis 2 Reviere / 10 ha, in teilweise offenem Gebiet 0,9 Reviere / 10 ha (WILLI 1984).

Brutbiologie: Nest in Ritzen und Spalten, hinter abstehender Rinde, in Reisighaufen usw. Gelegegröße zwischen (4) 5 und 6 (7) Eiern. Bruterfolg in Deutschland etwa 4,3 flügge Junge pro brütendem Paar und Jahr bei Nistkastenbruten – ein Wert, der in natürlichen Nestern wahrscheinlich nicht erreicht wird.

Nahrung: Insektivor, vor allem aber Spinnen, die er an und unter der Baumrinde aufsammelt.

Gefährdung: Derzeit keine akute Gefährdung.

Schutz: Momentan keine Schutzmaßnahmen erforderlich.

Gartenbaumläufer
(*Certhia brachydactyla*, Brehm 1820)

Status: Häufiger Brut- und Jahresvogel der Alpen.

Verbreitung: In den Schweizer Alpen als Brutvogel bis 1 000 m üb. NN, selten darüber. Fehlt dort in den Bergnadelwäldern, die ausschließlich vom Waldbaumläufer (*Certhia familiaris*) bewohnt werden (MEIER 1996). Höchster Brutplatz auf 1 385 m üb. NN bei Mayens de

Gartenbaumläufer

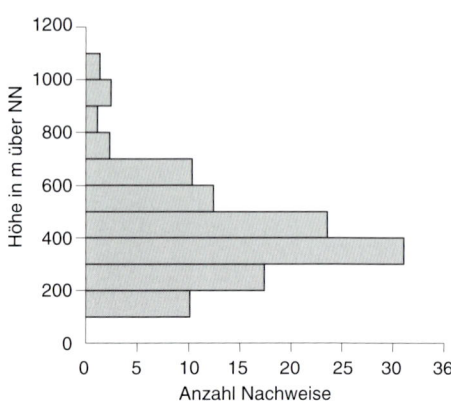

Abb. 34: Brutnachweise des Gartenbaumläufers in Österreich (n=108) und deren Verteilung entlang des Höhengradienten. Ergebnis der Brutvogelkartierung von 1981 bis 1985 (aus DVORAK et al., Umweltbundesamt Wien 1993).

Sion (Kanton Wallis). In den Bayerischen Alpen regelmäßig bis 800 m üb. NN, vereinzelt sogar bis 1 380 m üb. NN brütend, in Österreich überwiegend unterhalb 500 m üb. NN, seltener darüber. Höchster Brutplatz Österreichs auf 1 000 m üb. NN bei Ratschfeld / Steiermark (SPREITZER 1993). In Südtirol nur unterhalb von 800 m üb. NN.

Mindestbestand: D: 230 000 Brutpaare, A: 10 000 Bp, F: 100 000 Bp, I: 100 000 Bp, CH: 50 000 Bp, SL: 3 000 Bp. Bestandstrend für Deutschland und Österreich: gleichbleibend.

Kennzeichen: In Gestalt, Färbung und Größe dem Waldbaumläufer (*Certhia familiaris*) sehr ähnlich. Zur Unterscheidungshilfe im Gelände siehe dort.

Stimme: Gesang kürzer und lauter als beim Waldbaumläufer (*Certhia familiaris*) und klingt etwa wie „tüt-tüt-titeroi-sri". Mischsänger beider Arten sind bekannt.

Lebensraum / Siedlungsdichte: Brütet mit Vorliebe in Laub- und Mischwäldern bis zur montanen Stufe, wobei geschlossene Fichtenbestände in der Regel gemieden und überwiegend Bäume mit gröberem Rindenrelief aufgesucht werden. Fehlt daher in reinen Buchenbeständen.

In der Schweiz etwa ein Brutpaar / 10 ha, in Bayern dagegen nur etwa 0,1 Bp / 10 ha. In Österreich etwa 4 Reviere / 10 ha in verschiedenen Lebensräumen wohl die Regel (SCHUSTER et al. 1983, SCHNEIDER 1981).

Brutbiologie: Nest vor allem in Ritzen alter Bäume und hinter abstehender Rinde sowie in Holzstapeln und Nistkästen mit seitlichem Schlitz.

Nahrung: Überwiegend carnivor (Insekten und Spinnen), am winterlichen Futterplatz auch Fettfutter.

Jahresphänologie: Standvogel, wobei Dismigrationen, offenbar auch Wanderungen vom Evasionstyp vorkommen. Die Kenntnisse dazu sind insgesamt lückenhaft.

Gefährdung: Derzeit keine akute Gefährdung.

Schutz: Momentan keine Schutzmaßnahmen erforderlich.

Neuntöter
(*Lanius collurio*, L. 1758)

Status: Lokal häufiger Brut- und Sommervogel der Alpen.

Verbreitung: In der Schweiz unterhalb von 600 m üb. NN inzwischen selten, darüber in geeigneten Lebensräumen noch häufig. In Graubün-

Neuntöter ♂

♀

den 1988 oberhalb Stampa auf 1 900 m üb. NN (MEIER 1996), im Engadin 1964 bei Sils-Maria bis auf 1 830 m üb. NN und im Wallis bis auf 1 850 m üb. NN. In den Berchtesgadener Alpen liegt die Verbreitungsobergrenze bei etwa 1 200 m üb. NN (SCHUSTER 1996). Brutzeitbeobachtungen aus anderen Teilen Bayerns bis 1 350 m üb. NN. In den nördlichen Alpenregionen Österreichs regelmäßig bis 1 400 m üb. NN, die obere Verbreitungsgrenze variiert stark: im Gurgltal bis 1 100 m üb. NN (BODENSTEIN 1993), in Tirol dagegen lokal bis 1 450 m üb. NN (BERCK 1993). In den südlichen Alpenteilen durchwegs höher, so im Gailtal (Osttirol) bis 1 600 m üb. NN (GOLLER 1984). Höchster Nestfund auf 1 970 m üb. NN im Ötztal (Tirol) aus dem Jahre 1973 (SCHINDLER 1993). In Südtirol vom Talboden bis 1 600 m üb. NN weit verbreitet, im Vingschgau auch noch darüber.

Mindestbestand: D: 200 000 Brutpaare, A: 15 000 Bp, F: 70 000 Bp, I: 50 000 Bp, CH: 10 000 Bp, SL: 25 000 Bp, Liechtenstein: 50 Bp. Bestandstrend für Deutschland, Liechtenstein, Italien, Frankreich und Österreich: leicht abnehmend. In der Schweiz dagegen stabil.

Kennzeichen: Etwa 17 cm Körpergröße. Charakteristisch – wie für alle Anhörigen der Würgerfamilie – ist die stark nach unten gebogene Spitze des Oberschnabels. Mit rotbraunem Rücken („Rotrückenwürger"), mausgrauem Kopf, schwarzer Gesichtsmaske, weißen Wangen, heller Unterseite sowie dem oberseits schwarzen Schwanz sehr auffällig. ♀ und junge Vögel durchwegs heller, wobei besonders bei den Juvenilen die gesperberte Unterseite auffällt. Das häufige Schwanzzucken in der sonst aufrechten Sitzposition während seiner Ansitzjagd auf exponierten Warten (Stacheldrähte und Zaunpfähle) läßt ihn im Gelände relativ leicht entdecken.

Lebensraum / Siedlungsdichte: Brutvogel offener und halboffener Landschaften mit aufgelockertem, abwechslungsreichem Buschbestand, größeren kurzrasigen oder / und vegetationsarmen Flächen mit dennoch abwechslungsreicher Krautflora, bevorzugt in thermisch günstiger Lage bzw. Exposition (MEIER 1996). In den Alpen werden gerne auch frühe Stadien von Sukzessionsflächen, unterschiedliche Heckenlandschaften mit Wiesen und besonders Weidenutzung angenommen. Verbreitungsschwerpunkt innerhalb der alpinen Kulturlandschaft.

Auf einer 40 ha großen Feldflur im Gurgltal (Tirol) über mehrere Jahre zwischen 2 und 8 Paare (BODENSTEIN 1993), im östlichen Gailtal auf einer 1,5 km langen Wegstrecke 7 bis 10 Paare (GOLLER 1984). In der Schweiz wurden 1974 auf einer 60 ha großen Fläche bei Poschiavo 14 Paare (WIPRÄCHTIGER 1982) ermittelt.

Brutbiologie: Neststandort überwiegend abhängig vom Angebot an Büschen, Hecken, kleinen Bäumen, besonders Dornbüschen. Gelegegröße 4 bis 7 Eier, meist 5 bis 6. Bruterfolg in der Schweiz etwa 2,9, in Süddeutschland etwa 2,7 flügge Junge pro brütendem Paar und Jahr. Nester in Fichtenkulturen signifikant weniger gefährdet als solche in Büschen.

Nahrung: Nur gelegentlich Mäuse und Jungvögel, ansonsten ausschließlich insektivor. Beutetiere werden oft zur Vorratsanlage bzw. zur leichteren Zerteilbarkeit auf Dornen aufgespießt.

Jahresphänologie: Langstreckenzieher mit Hauptüberwinterungsgebiet in Ostafrika. Der Neuntöter taucht Ende April / Anfang Mai in den schweizer Brutgebieten auf und verläßt es bereits Ende August bzw. Anfang September wieder.

Gefährdung: RLD V; RLB 3. Wird vor allem durch Veränderungen und Zerstörungen in seinem Lebensraum bedroht. Dazu gehören sowohl Ausräumungen und Beseitigungen von Hecken, einzelnen Büschen, Gebüschen und Brachflächen, als auch eine intensive Grünlandnutzung, die Umwandlung von Wiesen zu Äckern sowie verschiedene andere Erschließungsmaßnahmen. Die genannten Faktoren führen zusammen mit übertriebenem Biozideinsatz zu einer Verarmung der Insektenfauna und dadurch zu einer starken Beeinträchtigung des Nahrungsangebots. Zusätzlich können sich Lebensraumveränderungen im Winterquartier negativ auf die Bestandsentwicklung dieser Art auswirken.

Schutz: Umfassender Schutz großflächiger Lebensräume, so zum Beispiel die Erhaltung extensiv betriebener, landwirtschaftlicher Nutzungsflächen. Kein weiteres Ausräumen der Landschaften. Vollständiger Verzicht auf Insektizide. Biotopverknüpfung geeigneter, allerdings fragmentierter Lebensräume. Anbringen von Sitzwarten in strukturarmen Wiesenlandschaften zur Verbesserung der Jagdmöglichkeiten (BAUER & BERTHOLD 1996).

Tannenhäher

Tannenhäher
(Nucifraga caryocatactes, L. 1758)

Status: Häufiger Brut- und Jahresvogel der Alpen.

Verbreitung: In den Schweizer Alpen oberhalb ca. 1 100 m üb. NN bis zur Waldgrenze bei etwa 2 200 m üb. NN brütend. In den Bayerischen Alpen von der montanen bis subalpinen Stufe mit einer Verbreitungsobergrenze zwischen 1 700 und 1 800 m üb. NN. In Österreich überwiegend oberhalb von 700 bzw. 800 m üb. NN (SCHUSTER et al. 1983) bis etwa 2 000 m üb. NN. Höchster Brutnachweis auf 2 270 m üb. NN in den Radstädter Tauern (ENDELWEBER 1993). In Südtirol zwischen 1 100 und 2 300 m üb. NN, was der dortigen Verbreitung der Zirbe entspricht. In Liechtenstein vor allem zwischen 1 100 und 1 600 m üb. NN, vereinzelt sogar bis auf 1 840 m üb. NN (WILLI 1984).

Mindestbestand: D: 5 000 Brutpaare, A: 15 000 Bp, F: 100 000 Bp, I: 10 000 Bp, CH: 20 000 Bp, SL: 1 000 Bp. Bestandstrend für Deutschland und Österreich: gleichbleibend.

Kennzeichen: Mit einer Körpergröße von 32 cm nur wenig größer als Eichelhäher (Garrulus glandarius), hat aber einen deutlich kürzeren Schwanz, einen großen, etwa kopflangen Schnabel und breite, gerundete Flügel. Oberkopf und Nacken dunkelbraun, fast der ganze übrige Körper etwas heller braun getönt. Weiße Tropfenflecken und Striche bedecken jede Körperfeder – mit Ausnahme des braunschwarzen Bürzels, der braunen Oberschwanzdecken sowie der weißen Unterschwanzdecken. Schwungfedern schwarz, Steuerfedern glänzend schwarz mit einer weißen Endbinde, die von innen nach außen breiter wird.

Stimme: Der Ruf klingt bei Erregung sehr laut und schnarrend hart „krärr-krärr ..." und wird meist gereiht vorgetragen. Auch leise klangvoll „djüü". Der Gesang besteht aus einem leisen

Schwätzen mit nahezu perfekten Imitationen anderer Vogelstimmen und -gesänge.

Lebensraum / Siedlungsdichte: Bewohnt Nadelwälder (Fichte, Lärchen-Arvenwälder) und Mischwälder mit vorherrschendem Koniferenanteil, wobei das Vorkommen von *Pinus*-Arten (z.B. die Zirbelkiefer) mit großen (zoochoren) Samen entscheidend ist. Außerhalb der Brutzeit trifft man ihn oberhalb der Waldgrenze in der Krummholzzone und auch in Zwergstrauchgesellschaften. Im Herbst und Winter gerne auch in Talnähe auf Nußbäumen und Haselnußbüschen (SCHUSTER, mündl.).

In der Schweiz erreicht er seine höchsten Dichten im Lärchen-Arvenwald mit 2 Bp / 10 ha, im subalpinen Fichtenwald 0,6 bis 0,9 Bp / 10 ha. Siedlungsdichte des Liechtensteiner

Alpenraums in einem geschlossenen Fichten-Tannenwald von 900 ha bei 0,34 Bp / 10 ha (WILLI 1984).

Brutbiologie: Brütet bevorzugt in Koniferen, meist auf der Astbasis in Stammnähe. Gelegegröße zwischen 3 und 5 Eiern. Bruterfolg in der Schweiz etwa 1,6 flügge Junge pro brütendem Paar und Jahr (n = 38 Nester).

Nahrung: Omnivor, überwiegend Samen der Zirbe, Hasel und Kiefer, daneben Früchte, Beeren sowei Insekten und Kleintiere.

Jahresphänologie: Überwiegend Standvogel. Dismigrationen und Jugendwanderungen vom Evasionstyp sind bekannt. Im Winter kann es von einjährigen Vögeln zu einer regelrechten Schneeflucht über Strecken von bis zu 85 km kommen (MATTES 1978), mitunter auch von den ganzjährig reviertreuen Adulten (in den Nord- und Ostalpen scheinbar häufiger als in den Westalpen). Herbstliche Sammelflüge können bis 15 km weit reichen (MEIER 1996).

Gefährdung: Derzeit keine akute Gefährdung.

Schutz: Momentan keine Schutzmaßnahmen erforderlich.

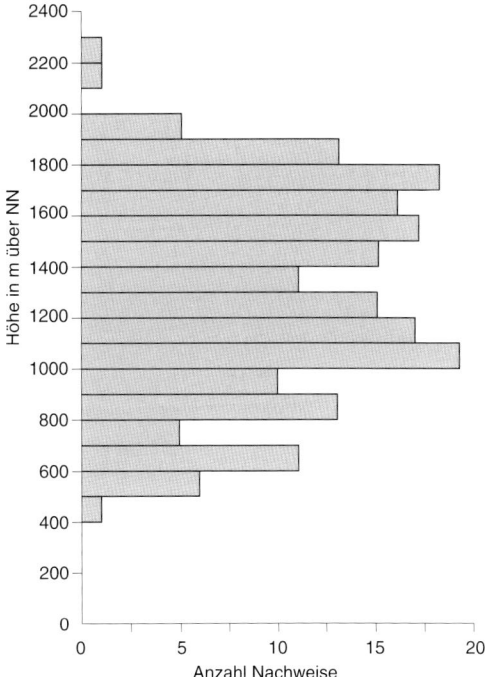

Abb. 35: Brutnachweise des Tannenhähers in Österreich (n=194) und deren Verteilung entlang des Höhengradienten. Ergebnis der Brutvogelkartierung von 1981 bis 1985 (aus DVORAK et al., Umweltbundesamt Wien 1993).

Alpendohle
(*Pyrrhocorax graculus*, L. 1766)

Status: Häufiger Brut- und Jahresvogel in den Alpen.

Verbreitung: In den Alpen zwischen (1 200) 1 400 bis 3 300 m üb. NN am Breithorn (Kanton Wallis) brütend. Profitiert vom Tourismus, daher wohl auch im Zunehmen begriffen (MEIER 1996). Tiefstgelegene Brut in der Schweiz auf 560 m üb. NN bei Thun (Kanton Bern). In den Bayerischen Alpen oberhalb von 1 300 m bis 2 500 m üb. NN, in Österreich ab etwa 1 600 m üb. NN bis oberhalb 3 000 m üb. NN. Höchster Brutplatz hier auf 3 100 m üb. NN im Sonnblick-Observatorium (Land Salzburg) entdeckt (PROKOP 1993). In Südtirol brütet die Alpendohle bis auf 2 700 m üb. NN in der Sesvennagruppe.

Alpendohle

Lebensraum / Siedlungsdichte: Brütet an steilen Felswänden, Felskaminen, mitunter auch an Gebäuden (siehe unten) oberhalb der Baumgrenze und ist insgesamt ein ausgeprägterer Hochgebirgsvogel als die Alpenkrähe (*Pyrrhocorax pyrrhocorax*). Zur Nahrungssuche bevorzugt in der Alpin- und Montanstufe auf Weiden, Geröllhalden, belebten Gipfelstationen und Berggasthöfen. In der collinen Stufe und in talnahen Siedlungen (WILLI 1984) auf frisch gemähten Wiesen anzutreffen. Charakteristisch ist das Aufsuchen bestimmter Nahrungsplätze aufgrund einer oft jahrzehntelangen Tradition – unter völliger Vermeidung anderer, scheinbar günstiger zu erreichender Plätze.

Mindestbestand: D: 1 000 Brutpaare, A: 7 000 Bp, F: 1 000 Bp, I: 5 000 Bp, CH: 5 000 Bp, SL: 1 000 Bp. Bestandstrend für Deutschland: gleichbleibend; für Österreich: aufgrund der Arealausdehnung möglicherweise leicht zunehmend.

Kennzeichen: Mit einer Körpergröße von 38 cm etwas größer als die Dohle (*Corvus monedula*), und deutlich kleiner als die Aaskrähe (*Corvus corone*). Der Schnabel ist kürzer als der Kopf und im Vergleich zur Alpenkrähe (*Pyrrhocorax pyrrhocorax*) nur wenig gebogen. Auch die Beine sind etwas kürzer als bei der Alpenkrähe, der Schwanz wirkt länger und meist abgerundet. Hauptunterscheidungsmerkmal zur Alpenkrähe: Alpendohle mit orange- bis hellroten Beinen und gelbem Schnabel, Alpenkrähe mit korallenroten Beinen und einem roten Schnabel. Auf Schwanz und Flügeln fällt ein leichter, grünlicher Schimmer auf. Bastarde zwischen Alpendohle und Alpenkrähe kommen nur im sehr kleinen Verbreitungsgebiet der Alpenkrähe vor.

Stimme: Der häufigste Ruf der Alpendohle klingt hoch und durchdringend „triii“ oder „sriii“ bzw. schärfer „zjii“, ferner etwas gedämpfter wie „dschirrr“ oder „prri“. Schnabelknappen beim Drohen kommt ebenso vor wie ein sogenannter „Plaudergesang“ bei der „Gruppenbalz“.

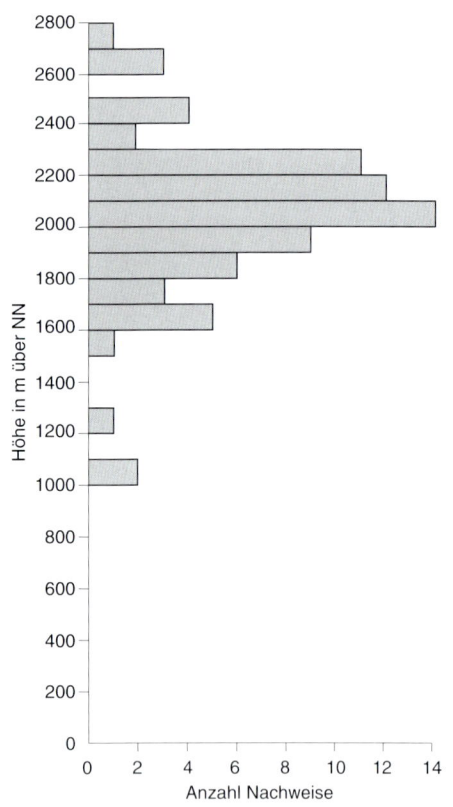

Abb. 36: Brutnachweise der Alpendohle in Österreich (n=74) und deren Verteilung entlang des Höhengradienten. Ergebnis der Brutvogelkartierung von 1981 bis 1985 (aus DVORAK et al. 1993).

Brütet in lokal sehr unterschiedlichen Abundanzen. Eine Untersuchung von 1981 aus dem Raum Davos (Kanton Graubünden) zeigt, daß die Neststandorte einige Hundert Meter bis zu mehreren Kilometern auseinanderliegen können und geschützte Einzelstandorte bevorzugt werden (MEIER 1996).

Brutbiologie: Nest meist einzeln in unzugänglichen Felsspalten, Höhlen, Nischen, Grotten, aber auch in Gebäuden, so zum Beispiel im Parkhaus an der Franz-Josefs-Höhe / Hohe Tauern. Gelegegröße zwischen 3 und 5 (6) Eiern. Untersuchungen zum Bruterfolg ergaben in der Schweiz 32 Juvenile von 26 Brutpaaren. Derzeit Trend zur Neststandorterweiterung aufgrund verschiedentlich auftretender Gebäudebruten (siehe oben) möglich.

Nahrung: Omnivor, überwiegend allerdings Insekten und deren Larven, sowie Früchte und bisweilen Abfälle.

Jahresphänologie: Standvogel. Vor allem Juvenile neigen zu Dismigrationen. Im Winter, zunehmend auch bei ungünstigen Wetterlagen im Sommer, kommt es auf der Suche nach Nahrung zu täglichen Altitudinalwanderungen von den Gipfelbereichen bis in die Siedlungen der Täler. Die Vögel halten sich jedoch meist nicht mehr als 20 km von den Brutplätzen entfernt auf.

Gefährdung: Derzeit keine akute Gefährdung.

Schutz: Momentan keine Schutzmaßnahmen erforderlich.

juv.

Alpenkrähe ad.

Alpenkrähe
(*Pyrrhocorax pyrrhocorax*, L. 1758)

Status: Seltener Brut- und Jahresvogel der Südwest-Alpen.

Verbreitung: In den Südwest-Alpen Frankreichs und Italiens zwischen 1 200 und 1 500 m üb. NN, in den Schweizer Alpen nur mehr im Kanton Wallis zwischen 2 000 und 3 000 m üb. NN anzutreffen. Die dortige Population scheint konstant und steht mit Populationen im Aostatal (Italien) und den Savoyer Alpen (Frankreich) in Verbindung (MEIER 1996).

Mindestbestand: D: 0 Brutpaare, A: 0 Bp, F: 100 Bp, I: 800 Bp, CH: 40 Bp, SL: 0 Bp. Bestandstrend für Deutschland: gleichbleibend 0. Schweiz: stabil. Italien und Frankreich: rückläufig.

Kennzeichen: Mit einer Körpergröße von 40 cm einziger Alpenvogel mit roten Beinen und rotem Schnabel. Dieser ist bei adulten Vögeln gebogen und länger als Kopf, bei Juvenilen ähnlich wie bei der Alpendohle (*Pyrrhocorax graculus*) ausgebildet. Die Beine sind etwas länger als die der Alpendohle, der Schwanz kürzer und relativ gerade abgeschnitten (vgl. Artbeschreibung Alpendohle).

Stimme: Häufigster Ruf ist neben dem typischen Plaudergesang ein rauhes und etwas heiser klingendes „kjar" oder „kijerr", das allerdings sehr charakteristisch ist. Beide *Pyrrhocorax*-Arten können akustisch miteinander kommunizieren.

Lebensraum: Weniger als Hochgebirgsvogel zu bezeichnen als die Alpendohle (*Pyrrhocorax graculus*). Im Winter aber weniger eng an Siedlungen gebunden als diese. Mit Vorliebe in warmen und trockenen Lagen mit kurz anhaltender Schneebedeckung, aber ebenso in relativ engen Schluchten.

Brutbiologie: Bevorzugter Neststandort sind Simse, Nischen und Höhlen von Felswänden, Steinbrüche, aber auch an Burgen, Ruinen und Häusern. Gelegegröße zwischen 2 und 6 Eiern. Bruterfolg in den Italienischen Abruzzen etwa 3,7 flügge Junge pro brütendem Paar und Jahr, wobei die Paare nicht jährlich brüten.

Nahrung: Omnivor, überwiegend jedoch Insekten, Weichtiere, aber auch Abfälle an Berggaststätten.

Jahresphänologie: Überwiegend Standvogel. Vor allem die Juvenilen neigen zu Dismigrationen. In den Alpen in tieferen Lagen überwinternd.

Gefährdung: RLÖ 0; RLS 3; SPEC Kategorie 3 – gefährdet, z.T. stark abnehmend. Lebensraumveränderungen durch den Verzicht auf traditionelle Haustierhaltung und damit einhergehender Verbuschung offener und halboffener Bereiche in der Subalpin- und Alpinstufe. Außerdem durch touristische Veränderungen und eine intensivierte oder spezialisierte Landwirtschaft (Verarmung des Nahrungsangebotes). Zu starker Viehtritt (Übergrasung) verhindert das Vorkommen von Invertebraten, der Hauptnahrung der Alpenkrähen. Verlust wichtiger Arthropodennahrung im Weidetierkot durch den Einsatz von Antibiotika (z.B. Ivermectin bei Rindern). Starker Befall durch den Rotwurm (BAUER & BERTHOLD 1996).

Schutz: Erhaltung der extensiven Almbewirtschaftung. Schutz von Mager- und Trocken-Standorten in der Brutregion (BAUER & BERTHOLD 1996).

Rabenkrähe

Rabenkrähe
(*Corvus corone corone*, L. 1758)

Status: Sehr häufiger Brut- und Jahresvogel der Alpen.

Verbreitung: In den Schweizer Alpen im Val d'Hèrens (Kanton Wallis) bis 2 100 m üb. NN,

in den Nordalpen sonst meist nur bis 1 500 / 1 600 m üb. NN. Höchster Brutplatz in Bayern auf 1 550 m üb. NN. In Österreich bis auf 1 400 m üb. NN regelmäßig, bis 1 800 m üb. NN seltener (AUSOBSKY & MAZZUCO 1964, HÖPFLINGER 1958 und STADLER & WINDING 1987). Flügge Jungvögel im Familienverband auf der Idalpe in der Samnaungruppe (Tirol) auf 2 340 m üb. NN beobachtet. In Südtirol bis hinauf zur oberen Waldgrenze auf 1 700 m üb. NN, in engeren Tälern weitaus seltener. In Liechtenstein überwiegend zwischen 1 200 und 1 500 m üb. NN, außerhalb der Brutzeit in Bargella auch bis 1 750 m üb. NN (WILLI 1984).

Mindestbestand: D: 250 000 Brutpaare, A: 20 000 Bp, F: 100 000 Bp, I: 105 000 Bp, CH: 80 000 Bp, SL: 10 000 Bp. Bestandstrend für Deutschland und Österreich: gleichbleibend.

Kennzeichen: Mit 47 cm deutlich größer als Alpenkrähe (*Pyrrhocorax pyrrhocorax*) und Alpendohle (*Pyrrhocorax graculus*), aber wesentlich kleiner als der Kolkrabe (*Corvus corax*). Neben dem komplett schwarzen Gefieder ist auch der dunkel befiederte Schnabelgrund und der an der Spitze deutlich nach unten gebogene Oberschnabel auffällig. Die Juvenilen sind matter gefärbt, aber auch bei ihnen sind Schnabel, Beine und Füße schwarz. Handflügel und Schwanz sind etwas kürzer als beim Kolkraben, zudem fehlen die ausgesprochenen „Federhosen".

Stimme: Der typische Ruf besteht meist aus mehrmals und laut hintereinander ausgestoßenen „krah"- oder „arrr"- Lauten.

Lebensraum / Siedlungsdichte: Lebensraumwahl vielseitig, bevorzugt werden in den Alpen offene und halboffene Landschaften mit Bäumen, Feldgehölzen und Waldrändern. Benötigt in nicht allzu großer Entfernung ergiebige Nahrungsgründe, insbesondere Grün- und Ackerland, hochgelegene Viehweiden und gedüngte Wiesen. Meidet in der Regel das Innere dichter Wälder.

Siedlungsdichten im Montanbereich der Österreichischen Alpen lagen in der Umgebung von Innsbruck (Tirol) bei etwa 1 bis 4 Revieren je Dorf (LANDMANN 1987).

Brutbiologie: Brütet in Kolonien, meist in hohen, mitunter auch in niedrigen (vorzugsweise Laub-) Bäumen (vor allem isoliert stehende Baumgruppen). Auch an Gebäuden. Gelegegröße zwischen (2) 3 und 5 (6) Eiern. Bruterfolg in Deutschland etwa 0,8 bis 2,3 flügge Junge pro brütendem Paar und Jahr (oft unvollständige Erfaßung der Totalverluste).

Nahrung: Omnivor, mit Vorliebe Würmer, Insekten, Fische, Amphibien, Eier anderer Vögel und Aas, aber auch Früchte und Sämereien.

Jahresphänologie: Standvogel und Teilzieher, auch Dismigrationen wurden beobachtet.

Gefährdung: Derzeit keine akute Gefährdung. Die vielfach erwähnten Bestandszunahmen haben in den letzten Jahrzehnten wohl nicht stattgefunden. Eingriffe des Menschen zur Bestandsregulierung – wie einzelne Fälle gezeigt haben – sind daher ökologisch nicht sinnvoll. Allein in Graubünden wurden 1990 etwa 230 Vögel erlegt (MEIER 1996).

Schutz: Momentan keine Schutzmaßnahmen erforderlich.

Kolkrabe
(*Corvus corax*, L. 1758)

Status: In den Alpen häufiger Brut- und Jahresvogel.

Verbreitung: In den Alpen bis in die subalpine, mitunter sogar alpine Stufe. In den Schweizer Alpen gewöhnlich zwischen 800 und 1 500 m üb. NN, in den Berchtesgadener Alpen zwischen 700 / 900 m üb. NN bis hinauf zur Waldgrenze auf etwa 1 600 m üb. NN (SCHUSTER 1996). Höchster Brutplatz der Schweiz bei Davos (Kanton Graubünden) auf 2 500 m üb. NN. In Österreich selten unterhalb 500 m üb. NN, regelmäßig bis auf 2 200 m üb. NN, Brutzeitbeobachtungen in Einzelfällen bis auf 2 500 m üb. NN bei Tschagguns / Vorarlberg (GÄCHTER 1993). In Südtirol unterhalb 600 m üb. NN spärlich, zwischen 800 und 1 500 m üb. NN dagegen regelmäßig. Höchster Brutplatz auf 1 900 m üb. NN. In Liechtenstein in allen Höhenstufen (WILLI 1984).

Mindestbestand: D: 420 Brutpaare, A: 2 500 Bp, F: 500 Bp, I: 3 000 Bp, CH: 1 500 Bp, SL: 800 Bp. Bestandstrend für Deutschland und Österreich: leicht zunehmend.

Kennzeichen: Mit 64 cm größer als Mäusebussard (*Buteo buteo*). Völlig schwarz gefiedert, besitzt einen mächtigen Schnabel mit einem deutlich gekrümmten First, einen relativ langen, keilförmig zulaufenden Schwanz und an der Kehle und Vorderbrust verlängerte Federn. Auch Schnabel, Beine und Füße sind schwarz gefärbt, während die Juvenilen allgemein matter gezeichnet sind.

Stimme: Im Flug einzeln oder mehrmals hintereinander tief und gutural „grog" oder „kark" oder auch kurz „kok", viel tiefer als bei der Rabenkrähe (*Corvus corone corone*). Während der Flugspiele des Paares gerne ein schnell gereihtes und ebenso charakteristisches „krokro ... „. Beim Hassen auf Greifvögel ruft er kurz „kra-kra ...". Aus nicht allzugroßer Entfernung ist das pfeifend-wetzende Fluggeräusch – als gute Unterscheidungsmöglich-

Kolkrabe

keit zwischen fliegenden Aaskrähen und Kolkraben – gut zu hören.

Lebensraum / Siedlungsdichte: Lebensraumwahl sehr vielseitig. Bis in die Alpinstufe in halboffenen bis sogar offenen Landschaften und in Wäldern bis hin zu kleinen Gehölzen. In der Schweiz werden in der Regel Felswände der montanen und subalpinen Stufe als Neststandorte gewählt. Selten liegen sie über der Waldgrenze (MEIER 1996). Überwiegend außerhalb der Brutzeit in oft größerer Zahl an Mülldeponien in tieferen Lagen. Nahrungssuche zumeist außerhalb geschlossener Waldbestände (HAURI 1958).

Größte Dichte in den Alpen zwischen 600 und ca. 1 600 m üb. NN, wobei die Größe eines Kolkrabenreviers negativ mit dem Nahrungsangebot korreliert (MEIER 1996).

Brutbiologie: In den Alpen baut der Kolkrabe sein Nest mit Vorliebe in Felswänden, Bäumen, aber auch auf Gittermasten. Gelegegröße zwischen 2 und 6 Eiern. Bruterfolg in Bayern 2,3 flügge Junge pro brütendem Paar und Jahr (bei etwa 60% erfolglos brütenden Paaren).

Nahrung: Omnivor, vor allem jedoch kleinere Wirbeltiere, Insekten, Eier, Samen, Nüsse, Früchte, aber auch Abfälle und Aas.

Jahresphänologie: Überwiegend Standvogel. Auch Dismigrationen und große Streifgebiete nicht brütender Individuen – besonders bei bereits selbständigen Jungvögeln, die gerne große und dann oft mehr als 100 Individuen zählende Junggesellenschwärme bilden (SCHUSTER, mündl.).

Gefährdung: Derzeit besteht keine akute Gefährdung mehr. Früher durch direkte Verfolgung dezimiert und gebietsweise ausgerottet. In Graubünden werden immer noch jährlich etwa 110 bis 180 Vögel geschossen (MEIER 1996).

Schutz: Ganzjährige Schonzeit. Momentan keine weiteren Schutzmaßnahmen erforderlich.

Star
(*Sturnus vulgaris*, L. 1758)

Status: In größeren Alpentälern häufiger Brut- und Sommervogel.

Verbreitung: Hat größere Höhen innerhalb der Alpen erst in jüngster Zeit besiedelt. In den Tälern der Schweizer Alpen normalerweise nur bis 1 500 m, selten bis 2 000 m bzw. 2 100 m üb. NN vor. Höchster Brutplatz auf 2 100 m üb. NN bei Riederalp (Kanton Wallis). In den Bayerischen Alpen ausnahmsweise bis 1 200 m üb. NN, in Österreich nur selten oberhalb 1 400 m üb. NN an. Höchster Brutplatz dort am Rathaus von Schöneck in der Sonnblick-Gruppe (Kärnten) auf 1 950 m üb. NN (WINDING 1993). In Südtirol oft bis 1 600 m üb. NN brütend.

Mindestbestand: D: 2 000 000 Brutpaare, A: 250 000 Bp, F: 9 500 000 Bp, I: 1 000 000 Bp, CH: 150 000 Bp, SL: 500 000 Bp. Bestandstrend für Deutschland: gleichbleibend; für Österreich: leicht zunehmend (Arealausdehnung in die Alpentäler).

Kennzeichen: Mit einer Körpergröße von 22 cm etwas kleiner als Amsel (*Turdus merula*), wirkt gedrungen und kurzschwänzig und hat einen relativ langen, geraden und spitzen Schnabel. Im Flug mit spitzen, dreieckigen Flügeln. Vor allem beim ♂ im Sitzen die langen spitzen Federn an Kehle und Brust auffällig. Schlichtkleid schwärzlich und mit metallischem Glanz und zahlreichen beigebräunlichen (auf der Oberseite) und weißen (auf der Unterseite) Flecken, die beim ♀ durch die kürzeren und breiteren Körperfedern gröber erscheinen. Kopf und Nacken schimmern metallisch grünlich, Oberseite grün bzw. purpurn, Unterseite ganz ähnlich. Prachtkleid wirkt durch die Abnützung der hellen Spitzenflecken auf der Ober- und Un-

♂ im
Schlichtkleid

Star ♂ im
Prachtkleid

juv.

terseite dunkler und stärker metallisch glänzend, besonders an Oberkopf und Unterseite. Die ♀ zeichnen sich in diesem Gefieder durch weniger starken Metallglanz und eine hellere Fleckung aus. Juvenile sind stumpfbraun gefärbt und ohne Fleckung.

Stimme: Meist mit Pfiffen eingeleitetes und kontinuierliches, sehr variables Schwätzen mit vielen unterschiedlichen Bestandteilen. Besonders charakteristisch sind schnalzende, schnurrende und ratternde Partien, scharfe Rätschlaute, knackende Laute, ein bauchrednerisches Schwätzen, ein absinkender Pfeiflaut wie „dssie" und melodische und nach oben gezogene „hooid"- Laute. Ausgezeichnete Imitationen von Vogelstimmen und anderen Lauten. Gesang wird meist mit gesträubtem Gefieder, abgestellten und flatternden Flügeln von einer Warte aus vorgetragen.

Lebensraum / Siedlungsdichte: Brütet überwiegend in Gebieten mit einem reichhaltigen Angebot an Brutplätzen und offenen Flächen zur Nahrungssuche für eine meist größere Individuenzahlen, daher nicht in geschlossenen Wäldern und in völlig baum- und gebäudefreien, großräumigen Agrarlandschaften anzutreffen. Günstig sind höhlenreiche Baumgruppen oder Nistkästen bzw. Gebäudegruppen mit nicht zu trockenem, kurzrasigem Grünland in 200 bis 500 m Entfernung vom Brutplatz. Außerhalb der Brutzeit je nach Nahrungsangebot in meist großen Schwärmen in Obstplantagen, Gärten oder Weinbergen.

Die Siedlungsdichte ist stark abhängig vom Nistplatzangebot. Im Schweizer Tiefland zum Beispiel 8,9 Brutpaare / 10 ha. In tieferen Lagen Österreichs Siedlungsdichten von bis zu 20 Brutpaaren auf einer 4,5 ha großen Fläche bei Stopfenreuth (WINDING & STEINER 1988).

Brutbiologie: Nest bevorzugt in Höhlen verschiedenster Art, besonders in Bäumen, mit wachsender Vorliebe auch in Nistkästen. Verschiedene Fortpflanzungssysteme bekannt, neben Monogamie auch Bigynie, in sukzessiver Polygynie auch bis zu 5 ♀. Gelegegröße zwischen 4 und 8 (9) Eiern. Bruterfolg in Mitteleuropa etwa 4,8 bis 5,8 flügge Junge pro ♀ und Jahr.

Nahrung: Omnivor, überwiegend Würmer, Insekten und Beeren bzw. Früchte.

Jahresphänologie: In den Alpen Kurzstreckenzieher. Die Tendenz, im oder näher am Brutgebiet zu überwintern, nimmt in ganz Europa zu. Die Brutvögel Bayerns überwintern hauptsächlich im Mittelmeergebiet. Heimzug meist Februar bis März, der Wegzug von Ende September bis Dezember mit einem Höhepunkt Ende Oktober / Anfang November.

Gefährdung: Derzeit keine akute Gefährdung. In der Schweiz ist allerdings gemäß „Bundesgesetz über die Jagd und den Schutz wildlebender Säugetiere und Vögel 1986" der Abschuß im Sinne der „Selbsthilfe" erlaubt (MEIER 1996).

Schutz: Momentan keine Schutzmaßnahmen erforderlich.

Schneefink
(*Montefringilla nivalis*, L. 1766)

Status: Brut- und Jahresvogel in den Alpen oberhalb der Baumgrenze.

Verbreitung: Das Vorkommen des Schneefinken beschränkt sich in Mitteleuropa auf die Alpen (MEIER 1996). In der Schweiz innerhalb der alpinen und nivalen Stufe, in der Regel erst oberhalb von 2 500 m üb. NN, im Kanton Wallis ausnahmsweise schon ab 1 900 m üb. NN. Höchster Brutnachweis am Theodulpaß an der Jungfrau (Kanton Wallis) auf 3 450 m üb. NN, ist dort ganzjährig auch bis auf 4 000 m üb. NN hinauf zu beobachten (HEININGER 1991). In den Bayerischen Alpen zwischen 2 000 und 2 450 m üb. NN, ausnahmsweise bis 1 850 m üb. NN hinunter. In Österreich oberhalb etwa 1 800 m üb. NN (MURR 1975 / 77

und STOCKER 1981), in den Zentralalpen zumeist oberhalb 2 000 m üb. NN (z.B. WENDLAND 1963 und STADLER & WINDING 1987), vereinzelt auch darunter. Die höchsten Brutplätze liegen in den Ötztaler Alpen (Tirol) auf 3 000 m üb. NN (z.B. CORTI 1959). In Südtirol typischerweise zwischen der oberen Waldgrenze und 3 000 m üb. NN, höchster Brutplatz auf 3 200 m üb. NN an der Tschenglser Hochwand („Becherhaus"). In Liechtenstein als Brutvogel zwischen 1 980 und 2 380 m üb. NN, wobei die Tiere bei Schneelage bis nach Malbun ausweichen (WILLI 1984).

Mindestbestand: D: 100 Bp, A: 1 800 Bp, F: 100 Bp, I: 3 000 Bp, CH: 2 000 Bp, SL: 600 Bp. Bestandstrend für Deutschland und Österreich: gleichbleibend.

Kennzeichen: Mit 18 cm größer als Haussperling (*Passer domesticus*). Auch der Schnabel ist schlanker und spitzer als bei den Sperlingen. Schwanz gekerbt, Flügel lang und bis über die Schwanzmitte hinaus reichend. Adulte ♂ am Oberkopf und Kopfseiten grau, am Rücken graubraun mit helleren Säumen und oft wenig deutlich vom Kopf abgesetzt. Bürzel und Ober-

Schneefink

schwanzdecken schwarzbraun mit helleren bräunlichen Säumen, die seitlichen Oberschwanzdecken weiß. Die Flügeldecken bilden im Flug einen weißen Innenflügel sowie ein weißes Band nahe der Basis des Handflügels und sind somit leicht auszumachen. Auffällig außerdem die weiße Unterseite und ein schwarzer Kehlfleck, der mehr oder weniger stark von grauen Kehlfedern bedeckt ist. Beim ♀ Kehlfleck undeutlicher bzw. im frischen Kleid durch graue Federn oft verdeckt. Juvenile allgemein etwas matter gefärbt.

Stimme: Der Gesang besteht aus einer Aneinanderreihung sperlingsähnlicher Laute, die langsam in Nestnähe sitzend oder im schwebenden Singflug vorgetragen werden und etwa wie „twi-tuj-twi-tuj" klingen.

Lebensraum / Siedlungsdichte: In den Alpen das ganze Jahr über oberhalb der Baumgrenze auf kurzrasigen Matten, Schuttfeldern, Blockhalden, Felsgebieten der Gipfel und Paßbereichen, auch bei ungünstigsten Wetterbedingungen nur ausnahmsweise tiefer in Tallagen oder gar außerhalb des Hochgebirges. Zur Nahrungssuche im Winter an Futterplätzen oder an Berghütten. Auch auf schneefreien Bändern anzutreffen.

Wenige Untersuchungen zur Siedlungsdichte: 4,3 bis 5,8 Reviere / 10 ha auf 1 960 bis 2 360 m üb. NN im Fuscher Tal (Hohe Tauern / Land Salzburg) (WINDING et al. 1992). In Liechtenstein insgesamt 3 sichere Brutreviere auf rund 5,5 km² (WILLI 1984).

Brutbiologie: Nest in hohen Felswänden bis 300 m üb. NN. Auch an Hütten, Häusern und Skiliftmasten, meist in Löchern, Spalten oder kleinen Höhlen. Bei ungünstigen Witterungsbedingungen und schlechter Kondition des ♀ werden Gelege aufgegeben.

Nahrung: Omnivor, überwiegend Insekten, Spinnen, Käfer und deren Larven, im Winter nur Samen.

Jahresphänologie: Überwiegend Standvogel, doch wurden auch weitere Wanderungen (mehr als 430 km) nachgewiesen (regelmäßig von den Alpen ins Massiv Central / Frankreich).

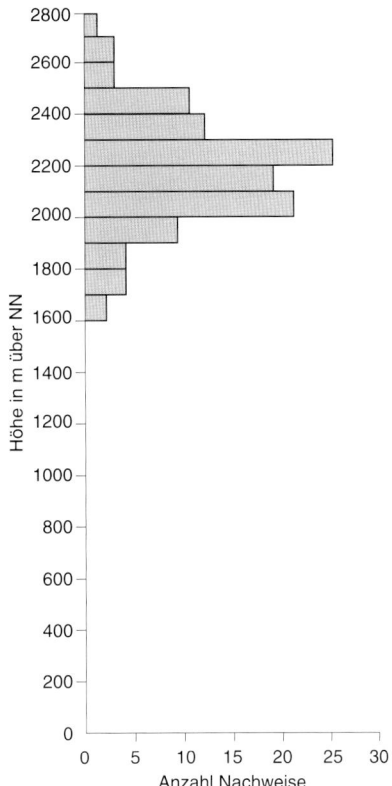

Abb. 37: Brutnachweise des Schneefinken in Österreich (n=113) und deren Verteilung entlang des Höhengradienten. Ergebnis der Brutvogelkartierung von 1981 bis 1985 (aus DVORAK et al., Umweltbundesamt Wien 1993).

Altitudinalwanderungen bis ins Tal oder das Erscheinen am Nordrand der Alpen bzw. sogar noch weiter nördlich sind die Ausnahme. Erstaunlich sind die täglichen Flüge zu den 1 000 m höher gelegenen Schlafplätzen in Rissen und Spalten auf ca. 2 700 m üb. NN in der Nordwand von Eiger und Mönch / Engadin, wo 20 °C höhere Lufttemperaturen und eine um 50 % geringere Luftfeuchtigkeit als auf der Paßhöhe bei ca. 1 700 m üb. NN herrschen (HEININGER 1991). Regelmäßige Überwinterungen von Trupps bis 200 Vögeln in touristisch nicht stark frequentierten Gebieten oberhalb 2 000 m üb. NN. Steigt regelmäßig bis

1 500 m üb. NN in die Touristenzentren wie Arosa, Samedan / Graubünden u.a. hinunter (MEIER 1996).

Gefährdung: RLD R; RLB R; RLS 3. Gefährdung durch zunehmenden Hochgebirgstourismus nicht auszuschließen. Klimaerwärmung als möglicher bestandsmindernder Faktor. Genauere Untersuchungen sind nötig.

Schutz: Momentan keine Schutzmaßnahmen erforderlich.

Buchfink
(*Fringilla coelebs*, L. 1758)

Status: Sehr häufiger Brut- und Jahresvogel der Alpen.

Verbreitung: In den Schweizer Alpen bis in den Zwergstrauchgürtel, stellenweise sogar bis ca. 2 300 m üb. NN brütend. In den Bayerischen Alpen bis an die Baumgrenze. Höchste Brutplätze auf 1 800 bzw. 1 900 m üb. NN. In Österreich gleichmäßig über alle Höhenstufen bis an die Baumgrenze. Höchster Brutnachweis dort auf 2 050 m üb. NN im Ötztal / Tirol (LÖHRL 1963). In Südtirol überall dort, wo Bäume über Buschhöhe wachsen, also bis 2 200 m üb. NN. In Liechtenstein regelmäßig mit geringen Abundanzänderungen bis 1 900 m, maximal bis 2 000 m üb. NN (WILLI 1984).

Mindestbestand: D: 6 100 000 Bp, A: 1 500 000 Bp, F: 1 000 000 Bp, I: 300 000 Bp, CH: 2 000 000 Bp, SL: 1 000 000 Bp. Bestandstrend für Deutschland und Österreich: gleichbleibend.

Kennzeichen: Mit 14 cm etwa so groß wie der Haussperling (*Passer domesticus*), allerdings schlanker und langschwänziger und mit einem relativ kleinen Kopf. Schnabel mehr oder weniger gerade konisch, der Schwanz ist gekerbt. Kennzeichen in allen Kleidern die weißen Schwanzaußenkanten, die zwei breiten, weißen Flügelbinden und der grünliche Bürzel. Im Prachtkleid beim ♂ Stirn schwarz, Oberkopf, Nacken und Halsseiten blaugrau, der Rücken rotbraun, Bürzel und Oberschwanzdecken gelblich olivgrün, Schwungfedern bräunlichschwarz und mit helleren Außenrändern gesäumt. Kopfseiten, Ohrdecken, Hals und Brust kastanienbraun, übrige Unterseite nach hinten aufhellend lebhaft bräunlich bis weinrötlich getönt. Im Schlichtkleid sind beim ♂ die Farbkontraste weniger deutlich ausgebildet. ♀ oberseits olivbraun, am Bürzel grünlich, die Oberschwanzdecken gelblichbraun und am Oberkopf mit zwei dunkleren Streifen, die sich von der helleren Scheitelmitte abheben. Halsseiten oft ausgesprochen braungrau, der Bauch bräunlichweiß und die weißen Flügelbinden schmaler. Letztere sind auch für Jungvögel charakteristisch.

Stimme: Als häufigster Ruf ist bei Erregung ein ein- oder mehrsilbiges „pink" zu hören, mitunter dem Ruf der Kohlmeise (*Parus major*) sehr ähnlich. Der Gesang, auch „Schlag" genannt, besteht aus schmetternden, ziemlich lauten Strophen mit einer Reihe in der Tonhöhe abfallender Elemente und einem Schlußschnörkel, etwa wie „zi zi zizizizi würzgebier".

Buchfink ♀

♂

Lebensraum / Siedlungsdichte: Brütet in Wäldern aller Art sowie in kleineren und größeren Baumgruppen. Optimalhabitate sind Baumgruppen oder Wälder mit spärlicher Strauch- und schwach ausgebildeter Krautschicht. In den Alpen einzeln auch noch im Zwergstrauchgürtel über der Waldgrenze anzutreffen, vor allem wenn einige Überhälter vorhanden sind. Nahrungssuche überwiegend auf dem Boden, außerhalb der Brutzeit oft mit anderen Finken oder Ammern vergesellschaftet. Gerne auf offenen Flächen ohne oder mit kurzrasiger Vegetation, zum Beispiel auf Abfallhaufen und Deponien.

In der Schweiz etwa 20 Brutpaare / 10 ha. In den montanen und subalpinen Nadel- und Mischwäldern Österreichs die häufigste Brutvogelart. In einem Fichtenwald im Gasteiner Tal (Land Salzburg) Abundanzen von 5,3 Bp / 10 ha (WINDING et al. 1992), in einer subalpinen Fichtenfläche in Hinterglemm / Land Salzburg 14 Bp / 10 ha (STADLER & WINDING 1990). In Liechtenstein auf einer Waldfläche 1,5 bis 7,8 Reviere / 10 ha, auf teilweise offenen Flächen 1,1 bis 6,7 Reviere / 10 ha und in der Gebüschzone bis 1,5 Reviere / 10 ha (WILLI 1984).

Brutbiologie: Nest in Astgabeln oder Ästen in Bäumen und Büschen. Gelegegröße zwischen 2 bis 6 Eiern. Bruterfolg in Deutschland etwa 3,1 flügge Junge pro brütendem Paar und Jahr.

Nahrung: Adulte überwiegend herbivor. Nestlinge werden vor allem mit Insekten gefüttert.

Jahresphänologie: Standvogel mit Dismigrationen über meist kleine Entfernungen; auch Teilzieher. Häufigster Durchzügler auf den Alpenpässen der Schweiz und dort besonders ab Mitte September bis Anfang November zu beobachten.

Gefährdung: Derzeit keine akute Gefährdung.

Schutz: Momentan keine Schutzmaßnahmen erforderlich.

Abb. 38: Brutnachweise des Zitronengirlitz in Österreich (n=139) und deren Verteilung entlang des Höhengradienten. Ergebnis der Brutvogelkartierung von 1981 bis 1985 (aus DVORAK et al., Umweltbundesamt Wien 1993).

Zitronengirlitz
(*Serinus citrinella*, Pall. 1764)

Status: Häufiger Brut- und Sommervogel in subalpinen Nadelwäldern.

Verbreitung: In den Schweizer Alpen mit Vorliebe ab 1 400 m üb. NN bis in den Bereich der Waldgrenze oder sogar bis zur Baumgrenze brütend (MEIER 1996). In den Nordalpen und in Bayern ab etwa 950 m üb. NN, in den Italienischen Südalpen ab 1 400 m üb. NN, in Österreich ab 700 m üb. NN bis zur Waldgrenze (2 000 m üb. NN) mit einem Maximum zwischen 1 200 und 1 700 m üb. NN. Singende ♂ im Ötztal (Tirol) bis auf 2 090 m üb. NN (LÖHRL 1963). In Südtirol in Nadelwäldern ab 1 500 m üb. NN bis zur Baumgrenze. In Liechtenstein zwischen 1 200 und 1 900 m üb. NN mit einem deutlichen Schwerpunkt bei 1 600 bis 1 800 m üb. NN (WILLI 1984).

Mindestbestand: D: 2 500 Bp, A: 5 000 Bp, F: 1 000 Bp, I: 4 000 Bp, CH: 5 000 Bp, SL: 10 Bp. Bestandstrend für Deutschland und

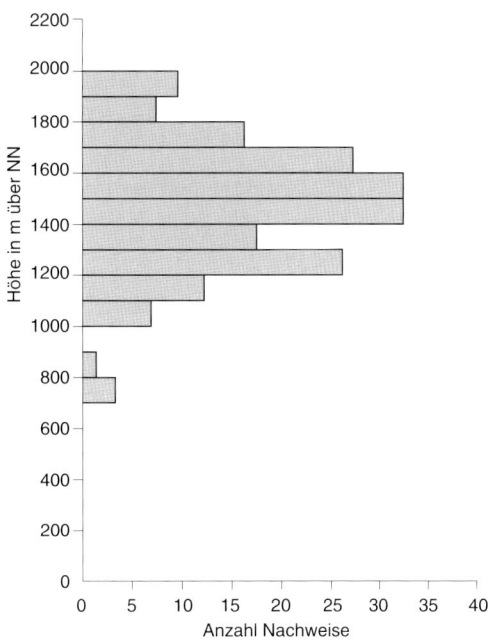

Zitronengirlitz

Österreich: trotz Arealausdehnung leicht rückläufig.

Kennzeichen: Körpergröße 14 cm und dabei etwas schlanker und langschwänziger als der Girlitz (*Serinus serinus*), wobei auch der Schnabel deutlich länger und schlanker und der Schwanz deutlich ausgeschnitten ist. Adulte ♂ sind am Oberkopf und den Kopfseiten bis hinter die Augen, in der Kehlmitte, fast auf der gesamten Unterseite, am Bürzel und den Oberschwanzdecken gelbgrün bis grünlichgelb gefärbt. Nacken, Hals- und Brustseiten grau, der Rücken weniger lebhaft gelbgrün, mit einer schwachen bräunlichen Streifung. Steuerfedern dunkelbraun mit gelbgrünen Säumen, die Schwungfedern braun, mit schmalen gelblichgrünen Außensäumen, die Schirmfedern vor allem im frischen Gefieder mit breiteren hellen Säumen. Besonders auffällig sind zwei gelbgrüne Flügelbinden. Adulte ♀ ähnlich wie ♂ gefärbt, die gelbgrünen Partien jedoch deutlich grünlicher. Schwanz bei beiden Geschlechtern dunkel, ohne gelbe Ränder wie beim Grünling (*Carduelis chloris*) oder Zeisig (*Carduelis spinus*).

Stimme: Sehr charakteristischer Flug- bzw. Stimmfühlungsruf, einzeln oder in lockerer Folge vorgetragen, etwa wie „dit ...", zuweilen etwas näselnd. Der zwitschernde Gesang besteht aus kurzen Strophen, die häufig mit einem gedehnten, etwas quetschenden Laut enden und am Anfang etwas an den Stieglitz (*Cardu-*

elis carduelis) erinnern, oft auch mit dem Girlitz (*Serinus serinus*) verglichen werden, aber weniger geräuschhaft sind. Gesungen wird von Warten, im girlitzartigen Singflug oder auch im normalen Flug.

Lebensraum / Siedlungsdichte: Brütet besonders gerne in lichten, subalpinen Nadelwäldern bzw. am aufgelockerten Waldrand mit einzelnen Nadelbäumen. Zur Nahrungssuche vor allem auf kurzrasigen Wiesen bzw. Weiden, innerhalb geschlossener Waldflächen überwiegend auf Lichtungen oder Almböden. Auch in Randgebieten von hochgelegenen Ortschaften oder Hochmooren mit einzelnen Bäumen und Skipisten. Bei Schneefällen auf aperen, talnahen Stellen, die der Struktur ihrer Brutplätze entsprechen, sowie nach der Brutzeit auch oberhalb der Baumgrenze in der Krummholzzone und auf alpinen Matten.

Außerhalb der Brutzeit schließen sich in Graubünden bis zu 200 Vögel zusammen (MEIER 1996). In teilweise lockeren Kolonien in Liechtenstein bis zu 4,3 Reviere / 10 ha (WILLI 1984).

Brutbiologie: Nest mit Vorliebe auf Nadelbäumen, überwiegend Fichte, vorzugsweise am Stamm angelehnt. Nicht selten in lockerer Koloniebildung.

Nahrung: Omnivor, überwiegend allerdings Samen, aber auch Insekten.

Jahresphänologie: Kurzstreckenzieher. Winterausharrer regelmäßig und in kleiner Zahl in günstigen Lagen der Schweiz. Dismigrationen, auch in größere Höhenlagen, führen offenbar seltener in die Nähe der Talböden und ins Alpenvorland, und so gut wie nie über die Arealgrenzen hinaus. Rückkehr ab Mitte Februar bis Anfang März mit einem Höhepunkt Ende März bis Mitte April. ♂ und ♀ scheinen etwa gleichzeitig zurückzukehren. Bis mindestens in die 1. Maidekade kommt es durch Schneefall zu Ausweichbewegungen in die Talbereiche und ins Vorland. Wegzug ab Ende September bis Anfang November mit einem Höhepunkt im Oktober.

Gefährdung: RLB 3. Lebensraumveränderung durch die Aufgabe traditioneller Waldweidewirtschaft, durch Düngung und Intensivierung der Almweiden. Zerstörung der ursprünglichen Pflanzendecke durch touristische Erschließung (BAUER & BERTHOLD 1996).

Schutz: Rückkehr zu traditioneller extensiver Nutzung der Almweiden und Bergwälder ohne starke Düngung. Keine zusätzliche Erschließung der Bergregionen. Erhalt und Förderung von Ödland- und Ruderalflächen (BAUER & BERTHOLD 1996).

Erlenzeisig
(*Carduelis spinus*, L. 1758)

Status: Lokal häufiger Brut- und Jahresvogel der Alpen.

Verbreitung: In den Schweizer Alpen zwischen 1 000 und 1 800 m üb. NN brütend, lokal sogar bis auf 2 000 m üb. NN. In den Bayerischen Alpen bis 1 740 m üb. NN. In Österreich mit zwei Maxima: zwischen 800 und 1 000 m üb. NN im montanen Bergwald und in der subalpinen Nadelwaldstufe ab 1 400 m üb. NN, selten bis zur Waldgrenze. Höchster Brutplatz dort auf 1 900 m üb. NN in den Kärntner Hohen Tauern (WRUß 1993). In Südtirol liegt das Brutgebiet innerhalb des Fichtenwaldbereichs, also zwischen ca. 1 000 bis 2 000 m üb. NN, überwiegend jedoch zwischen 1 500 und 1 800 m üb. NN. In Liechtenstein im allgemeinen nur zwischen 1 280 und 1 600 m üb. NN anzutreffen, umherstreifende Trupps im Frühjahr und Herbst auch höher.

Erlenzeisig

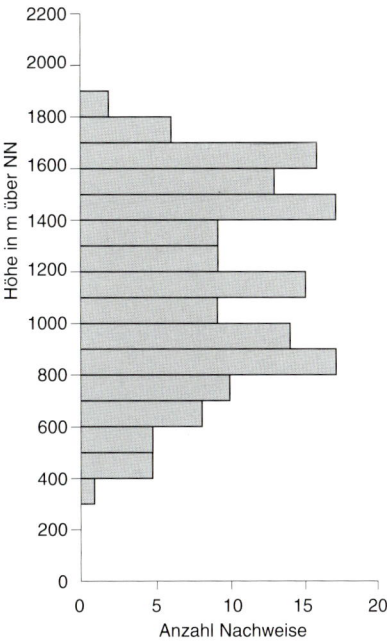

Abb. 39: Brutnachweise des Erlenzeisigs in Österreich (n=154) und deren Verteilung entlang des Höhengradienten. Ergebnis der Brutvogelkartierung von 1981 bis 1985 (aus DVORAK et al. 1993).

Mindestbestand: D: 2 200 Bp, A: 30 000 Bp, F: 1 000 Bp, I: 500 Bp, CH: 5 000 Bp, SL: 3 500 Bp. Bestandstrend für Deutschland und Österreich: gleichbleibend. Die Bestände unterliegen starken Schwankungen, die vom Angebot an Koniferensamen abhängen (MEIER 1996).

Kennzeichen: Mit einer Körpergröße von 12 cm etwas größer als Blaumeise (*Parus caeruleus*). Mit rundlicher wirkenden Gestalt und kürzerem Schwanz als Birkenzeisig (*Carduelis flammea*), wobei dieser bei beiden Arten am Ende deutlich eingekerbt ist. Zumindest auf der Oberseite grünlich. Deutliche helle bis grünliche Flügelbinde. Adulte ♂ am Oberkopf und der Kehlmitte schwarz, im frischen Gefieder teilweise verdeckt. Rücken gelblich grün mit feinen schwärzlichen Strichen, Bauch grauweiß mit gelblichem Anflug. Grauweiße Flanken kräftig schwarz gestreift. Markant sind eine schwarze Kopfplatte und ein kleiner, schwarzer Kinnfleck. Adulte ♀ mit graugrünlicher Oberseite, die schwarzbraun gestreift ist. Bürzel grüngelb gezeichnet und ebenfalls dunkel gestreift. Flügel und restlicher Körper dem ♂ sehr ähnlich. Unterseite grauweiß, schwarzbraun gestreift, an den Seiten oft mit einem gelblichen Anflug.

Stimme: Gesang schnell und anhaltend schwätzend vorgetragen, oft mit den arttypischen Rufen „zäi" eingeleitet und dann etwas schmetternd fortgeführt. Gegen Ende folgt ein bezeichnendes, nasales „Knätschen". Im Winter charakteristischer Gruppengesang in größeren Schwärmen. Einzelvortrag in Baumkronen, aber auch im „fledermausartigen" Singflug vorgetragen.

Lebensraum / Siedlungsdichte: Brütet besonders gerne in lichten Nadelwäldern der Montan- und Subalpinstufe, bevorzugt in Fichtenwäldern, aber auch an Siedlungsrändern in Gärten, wenn diese an größere Fichtenwälder angrenzen. Außerhalb der Brutplätze in den verschiedensten Laubgehölzen, besonders an Erlen, Weiden, Birken und daher oft in Wassernähe, ebenso in Bruchwäldern und Mooren. Meist in geringer Siedlungsdichte mit weniger als 2 Revieren / 10 ha, wie zum Beispiel in einem montanen Mischwald zwischen 980 bis 1 220 m üb. NN am Gaisberg (Land Salzburg), wo er mit 1,1 bis 1,7 Bp / 10 ha festgestellt wurde (WINDING 1990). In Liechtenstein auf halboffenen Bereichen an der Waldgrenze 6,7 Reviere / 10 ha, im Wald selbst dagegen nur 0,7 Reviere / 10 ha (WILLI 1984).

Brutbiologie: Nest zumeist auf hohen Fichten, ferner in Tannen oder Lärchen, weit vom Stamm entfernt bzw. gut in den Zweigen versteckt.

Nahrung: Omnivor, überwiegend Samen von Erlen und Nadelbäumen, auch Insekten.

Jahresphänologie: Zugvogel, Teilzieher. Auch Wanderungen vom Evasionstyp bzw. Tendenzen zur Nomadisierung sind deutlich erkennbar. Durchzug und Einzug von Wintergästen von Jahr zu Jahr stark schwankend. Hauptüberwinterungsgebiet der alpinen Population ist der Mittelmeerraum und der Nahe Osten. Heimzug in Mitteleuropa Ende Februar bis Mitte April, jahrweise stark wechselnd, in manchen Jahren kaum zu bemerken. Nach der Brutzeit streichen die Familientrupps und größere Gruppen weit umher und sind in manchen Jahren schon ab Juni bis Juli außerhalb der Brutplätze zu beobachten. Beginn des Wegzugs Ende September. In den meisten Gebieten Mitteleuropas sind die Winterbestände von Jahr zu Jahr sehr unterschiedlich, vielfach niedriger als im Herbst. Noch mitten im Winter kommt es zu Zuwanderungen.

Gefährdung: Derzeit keine akute Gefährdung.

Schutz: Momentan keine Schutzmaßnahmen erforderlich.

Bluthänfling
(*Carduelis cannabina*, L. 1758)

Status: Gebietsweise häufiger Brut- und Jahresvogel der Alpen mit deutlich geringeren Winterbeständen.

Verbreitung: In den Schweizer Alpen bis auf 2 200 bzw. 2 300 m üb. NN brütend. Höchster Brutplatz dort auf 2 300 m üb. NN im Val d'Hèrens (Kanton Wallis). In den Bayerischen Alpen nur bis 800 m üb. NN, selten darüber, höchster Brutplatz dort auf 1 120 m üb. NN. In den Berchtesgadener Alpen fehlt die Art völlig (SCHUSTER 1996). In Österreich überwiegend in den unteren Hanglagen bis 1 000 m üb. NN, darüber und bis an die Baumgrenze nur in den südlichen Zentralalpen, so zum Beispiel im Osttiroler Gailtal (Tirol) auf Trockenwiesen und an sonnigen Waldrändern bis etwa 2 000 m üb. NN (GOLLER 1984). Höchste Brutnachweise in Vorarlberg bei maximal 2 000 m üb. NN, so zum Beispiel in der Silvretta (KILZER 1993). In Südtirol überwiegend zwischen 600 und 1 500 m üb. NN. In Liechtenstein überwiegend im Legföhrengürtel, sporadisch

Bluthänfling ♂

auch an Waldrändern und in Siedlungen zwischen 1 600 und 2 010 m üb. NN (WILLI 1984).

Mindestbestand: D: 250 000 Bp, A: 15 000 Bp, F:1.000 000 Bp, I: 50 000 Bp, CH: 30 000 Bp, SL: 50 000 Bp. Bestandstrend für Deutschland und Österreich: gleichbleibend. In der Schweiz z.T. lokale, kurzfristige Schwankungen, die bisher ungeklärt sind (MEIER 1996).

Kennzeichen: Mit 13 cm etwas größer als Erlenzeisig (*Carduelis spinus*) und ungefähr genauso groß wie Birkenzeisig (*Carduelis flammea*). Schnabel an der Basis typischerweise dick, konisch zugespitzt und länger als beim Birkenzeisig, Schwanz tief ausgeschnitten. Adulte ♂ haben im frischen Kleid einen bräunlichen Oberkopf mit dunklen Strichen und verborgenen dunkelroten Flecken, im abgetragenen Kleid Scheitel scharlachrot. Nacken, Halsseiten und Ohrdecken braungrau bis grau, Rücken, Schultern, Flügeldecken und Schirmfedern kastanienbraun mit dunkleren Strichen. Bei zusammengelegten Flügeln mit deutlichem Feld. Die Brust wirkt im frischen Kleid rosa, doch ist sie mit vielen grauen Federrändern durchsetzt. Flanken gelbbraun mit kastanienbraunen Streifen. ♀ dem ♂ sehr ähnlich, doch ohne jedes Rot. Oberseite dunkler, allgerdings auch lebhafter gestreift und dunkler, nicht so auffällig kasta-

nienbraun. Brust und Flanken dunkelbraun gestrichelt.

Stimme: Der Gesang wird meist von einer Warte, im Singflug oder im normalen Flug vorgetragen und ist ab März bis in den Hochsommer hinein zu hören.

Lebensraum / Siedlungsdichte: Liebt sonnige, offene und mit Hecken, Sträuchern oder jungen Nadelbäumen bewachsene Flächen, die mit einer kurzen, aber samentragenden Krautschicht bestanden sind. In den Alpen findet man die Art daher vor allem an Trockenhängen mit Büschen, Wacholderheiden, Hang- und Bergweiden. In den Westalpen gerne im Zwergstrauchgürtel oberhalb der Waldgrenze. Außerhalb der Brutzeit häufig auf Ruderal- und Ödflächen, abgeernteten Feldern, sowie auf Deponien.

Eine der wenigen Siedlungsdichteanalysen erbrachte im Gurgltal (Tirol) 1 Revier / 10 ha Talboden (BODENSTEIN 1985).

Brutbiologie: Nest in dichten Hecken und Büschen von Laub- und Nadelhölzern, auf Dornsträuchern und verschiedenen Alpenrosenarten angelegt. Gelegegröße zwischen 3 (4) und 6 Eiern. Bruterfolg in der Schweiz etwa 1,1 bis 4,0 flügge Junge pro brütendem Paar und Jahr (3jährige Untersuchung im Hochgebirge).

Nahrung: Herbivor, vor allem Sämereien der Ackerkräuter.

Jahresphänologie: Standvogel mit relativ weiten Dismigrationen, z.T. auch Altitudinalbewegungen in günstigere Tieflandgebiete. Wintervögel sreifen oft nahrungsbedingt weit umher, oft auch ausgesprochene Winterfluchtbewegungen. Durchzug in den Alpen von Ende März bis Anfang Mai.

Gefährdung: Derzeit keine akute Gefährdung.

Schutz: Momenatan keine Schutzmaßnahmen erforderlich.

Alpenbirkenzeisig
(*Carduelis flammea cabaret*, L. 1758)

Alpenbirkenzeisig

Status: Gebietsweise häufiger Brut- und Jahresvogel mit jüngst zu beobachtender, noch immer anhaltender Arealausweitung. Im Winter z.T. invasionsartige Einfälle.

Verbreitung: In den Schweizer Alpen, wo er derzeit in Ausbreitung begriffen ist (MEIER 1996), ab 1 200 m üb. NN brütend, häufiger ab 1 400 m üb. NN, regelmäßig erst oberhalb 1 600 m üb. NN bis zur Baumgrenze. Der bisher tiefstgelegene Brutplatz befand sich auf 1 150 m üb. NN bei Lauen (Kanton Bern). In den Bayerischen Alpen vormals ab 1 500 m üb. NN bis Baumgrenze, seit 1970 / 71 Brutnachweise in einigen Talböden der Nordalpen bzw. im Alpenvorland, mindestens einmal auch im Randbereich von Siedlungen. In Österreich als Brutvogel der subalpinen Stufe mit einem Verbreitungsschwerpunkt zwischen 1 600 und 2 000 m üb. NN. Höchste Brutnachweise aus den Kärntner Hohen Tauern auf 2 100 bzw. 2 120 m üb. NN (HAFNER und WRUß 1993). Seit 1970 auch dort Sommerbeobachtungen bis hinab in die Talböden Tirols, seit 1985 auch ein Brutnachweis im Rheindelta Vorarlbergs. In der Steiermark seit 1965 wieder unterhalb von 900 m üb. NN brütend, in Salzburg unterhalb von 1 200 m üb. NN. In Südtirol seit 1969 ein Brutverdacht unterhalb von 900 m üb. NN. Dort überwiegend in Lärchen- und Lärchenmischwäldern zwischen 1 500 m üb. NN und der Baumgrenze. Einen weiteren Schwerpunkt bilden die Obstwiesen zwischen 220 und 800 m üb. NN. In Liechtenstein regelmäßig zwischen 1 600 und 1 900 m üb. NN, maximal auch bis 1 930 m üb. NN (WILLI 1984).

Mindestbestand: D: 10 000 Bp, A: 20 000 Bp, F: 1 000 Bp, I: 20 000 Bp, CH: 5 000 Bp, SL: 2 000 Bp. Bestandstrend für Deutschland und Österreich: leicht zunehmend.

Kennzeichen: Mit 13 cm etwas größer als Erlenzeisig (*Carduelis spinus*), sein eingeschnittener, dunkler Schwanz ein wenig länger, der Körper etwas schlanker und der Schnabel deutlich kürzer und zarter ausgebildet. Zudem fehlen die Gelb- und Grüntöne im Gefieder. Adulte ♂ an der Stirn heller oder dunkler braun gefärbt und

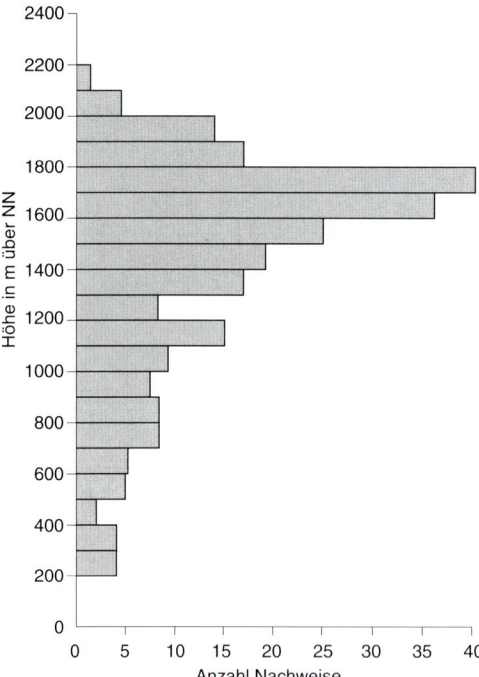

Abb. 40: Brutnachweise des Alpenbirkenzeisigs in Österreich (n=248) und deren Verteilung entlang des Höhengradienten. Ergebnis der Brutvogelkartierung von 1981 bis 1985 (aus DVORAK et al., Umweltbundesamt Wien 1993).

um die Schnabelbasis hell abgesetzt. Vorderscheitel bis hinter das Auge, oft auch die Stirn, mitunter fast der gesamte Oberkopf rot gezeichnet. Oberseite hellbraun bis grau und dicht hell graubraun gestreift, Bürzel weißlich bzw. leicht rosa. Flanken kräftig, Unterschwanzdecken schwach dunkel gestreift. Adulte ♀ den ♂ sehr ähnlich, doch auf Unterseite und Bürzel in der Regel ohne Rosa. Brust grauweiß mit gelblichbraunem Anflug, die Körperseiten von der Brust an intensiv dunkelbraun gestreift.

Stimme: Der Gesang besteht aus einem schnellen, rauhen Schwirren, das etwa wie „tschrrrr" klingt und häufig auf ein einleitendes „tsched tsched ..." folgt, also etwa „tsche-tsche-tschrrr". Entweder von einer Warte im Baum, oder – zumindest in Bruchstücken –im normalen Flug oder Singflug mit betont langsamen Flügelschlägen vorgetragen.

Lebensraum / Siedlungsdichte: Brütet mit Vorliebe in subalpinen und seltener auch in montanen Nadelwäldern bis einschließlich in die Krummholzzone, vor allem in lichten Baumbeständen mit angrenzenden Almböden, Viehweiden, Mähwiesen und Gebüschunterwuchs, in lichten Lärchenwäldern und kümmernden Fichtenbeständen mit Einzelbäumen an der Waldgrenze, auch Legföhren und Grünerlengebüsch. Außerhalb der Brutzeit in vergleichbaren Habitaten mit einem entsprechenden Angebot an Baumsamen.

Höchste Siedlungsdichten in der Schweiz mit 1 bis 4 Bp / 10 ha in lichten Lärchenwäldern. In fünf aufgelockerten, von Fichten und Lärchen dominierten subalpinen Wäldern der Salzburger Hohen Tauern durchschnittlich 3,1 Reviere / 10 ha (WINDING et al. 1992). Auf teilweise offenen Flächen Liechtensteins 1,1 bis 2,3 Reviere / 10 ha, oberhalb von 1 600 m üb. NN in der Gebüschzone bis 0,7 Reviere / 10 ha, einmal auch 3 Reviere / 10 ha (WILLI 1984).

Brutbiologie: Neststand vorwiegend Fichte und Lärche. Gelegegröße zwischen (3) 4 und 6 (7) Eiern. Bruterfolg in Deutschland etwa 2,0 flügge Junge pro brütendem Paar und Jahr (Tiefland).

Nahrung: Omnivor, neben Insekten vor allem kleine Samen von Laubbäumen und krautigen Pflanzen.

Jahresphänologie: Teilzieher und Standvogel. Dismigrationen und Altitudinalbewegungen häufig. Die Brutvögel der Alpen überwintern im Nord-, West- und Südalpenvorland – in den Westalpen offenbar auch nur in kleiner Zahl unterhalb 1 200 m üb. NN (MEIER 1996) –, ziehen aber auch nach Süd und Südwest ab, mindestens bis nach Norditalien und Südfrankreich. Bei starken Invasionen hoher Anteil einjähriger Individuen. Individuell unterschiedliche Wahl des Winterquartiers. Rückkehr an die Brutplätze in den Alpen von März bis Ende April. Im Sommer kommt es zu Dismigrationen bis in die Alpinstufe, zu Abwanderungen wohl nicht vor September bis Oktober. Invasionsvögel in Mitteleuropa in der Regel ab Oktober, während die Brutvögel der Alpen überwiegend schon ab August wegziehen.

Gefährdung: Derzeit keine akute Gefährdung.

Schutz: Momentan keine Schutzmaßnahmen erforderlich.

Fichtenkreuzschnabel
(*Loxia curvirostra*, L. 1758)

Status: In den Alpen häufiger Jahresvogel. In unregelmäßigen Abständen kommt es zu Invasionen.

Verbreitung: In den Schweizer Alpen ab 450 m üb. NN (Boningen / Kanton Solothurn), überwiegend oberhalb von 1 000 m üb. NN bis zur Baumgrenze bei etwa 2 000 m üb. NN (MEIER 1996), gelegentlich bis 2 200 m üb. NN. Im bayerischen Alpenraum mit einem Maximum in den Nadelwäldern bis 1 800 m üb. NN. In Österreich zeigt sich ein ebenso deutlicher Verbreitungsschwerpunkt zwischen 1 400 und 1 800 m üb. NN, dort relativ gleichmäßig auch in den montanen Wäldern oberhalb 800 m üb. NN. Höchster Brutnachweis in den Lechtaler Alpen (Vorarlberg) auf 2 050 m üb. NN (KILZER 1993). In Südtirol ab etwa 800 m üb. NN bis zur Waldgrenze, selten darunter. Hauptverbreitung in Liechtenstein zwischen 1 500 und 1 900 m üb. NN.

Mindestbestand: D: 5 000 Bp, A: 30 000 Bp, F: 1 000 Bp, I: 20 000 Bp, CH: 50 000 Bp, SL: 10 000 Bp. Bestandstrend für Deutschland und Österreich: gleichbleibend; z.T. starke Bestandsschwankungen.

Kennzeichen: Etwa 17 cm groß, von massiger Gestalt mit dickem Kopf und kräftigem Schnabel. Oberschnabel länger als Unterschnabel, die Spitzen nach unten bzw. oben gezogen sich kreuzend. Der Schwanz wirkt kurz und ist tief eingekerbt. Adulte ♂ am Oberkopf überwiegend leuchtend karminrot gefärbt, die übrige Oberseite ebenfalls rot, aber mit Brauntönen durchsetzt. Hinterrücken und Bürzel heller einfarbig rot als der Rücken bzw. Oberkopf. Auch die Unterseite ist heller rot ausgeprägt als der Rücken, die Bauchmitte grauweiß, die Flanken oft undeutlich dunkelbraun gestrichelt. Adulte ♀ oberseits bis

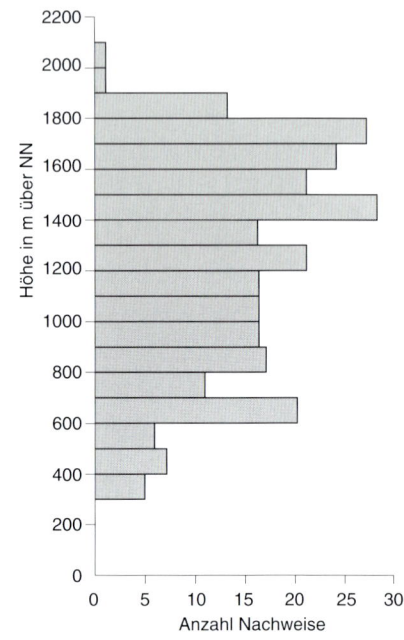

Abb. 41: Brutnachweise des Fichtenkreuzschnabels in Österreich (n=266) und deren Verteilung entlang des Höhengradienten. Ergebnis der Brutvogelkartierung von 1981 bis 1985 (aus DVORAK et al., Umweltbundesamt Wien 1993).

einschließlich zum Vorderrücken graugrün, am Oberkopf oft mehr gelbgrün getönt mit einer undeutlichen, dunkelbraunen Streifung. Bürzel im Unterschied zum ♂ einheitlich gelbgrün.

Stimme: Typisch sind metallische Flugrufe, die wie „gip-gip-gip" klingen und weithin hörbar sind. Der nasal wirkende Gesang wird meist von einer hohen Warte, aber auch im verlangsamten, oft schmetterlingshaften Singflug mit eingestreuten Gleitphasen oder im normalen Streckenflug vorgetragen. In Trupps kommt es mitunter zum Gruppengesang.

Lebensraum / Siedlungsdichte: Brütet in Nadelwäldern bis zur oberen Baumgrenze, ebenso in Aufforstungen und Mischwäldern, bevorzugt in Fichtenwäldern, aber auch in Kiefern- und Lärchenbeständen bzw. in größeren Parks mit eingestreuten Koniferen. Gruppen von bis zu 100 Vögeln sind außerhalb

juv.

♀

♂

Fichtenkreuzschnabel

der Brutzeit in Graubünden die Regel (MEIER 1996).

Im Großglocknergebiet (Land Salzburg) in einem teilweise offenen, subalpinen Lärchen-Fichtenwald zwischen 1 830 und 1 970 m üb. NN etwa 1,5 Reviere / 10 ha (WINDING 1985). Siedlungsdichte sehr stark von „Zapfenjahren" abhängig. In Liechtenstein je einmal 1,4 Reviere / 10 ha im Wald bzw. 1,1 auf einer teilweise offenen Fläche (WILLI 1984).

Brutbiologie: Nest meist auf Fichten, Lärchen, Kiefern oder Tannen. Gelegegröße zwischen 3 und 5 Eiern. Bruterfolg in den Niederlanden etwa 2,6 flügge Junge pro brütendem Paar und Jahr. Bei ausreichend hohem Samenangebot erfolgreiche Bruten bei bis zu -10 °C, in Rußland sogar bis -36 °C.

Nahrung: Herbivor, überwiegend Samen von Fichten und anderen Nadelbäumen.

Jahresphänologie: Zu gelegentlichen Dismigrationen und evasionsartigen Wanderungen kommt es bei Nahrungsmangel.

Gefährdung: Derzeit keine akute Gefährdung.

Schutz: Momentan keine Schutzmaßnahmen erforderlich.

Karmingimpel

Karmingimpel
(*Carpodacus erythrinus*, Pall. 1770)

Status: Nur im Osten häufiger Brut- und Sommervogel der Alpen. Momentan Ausbreitung nach Westen.

Verbreitung: In der Schweiz 1983 erster, 1989 bei Toggenburg erster erfolgreicher Brutversuch (MEIER 1996). In den Ostalpen bis ca. 1 400 m üb. NN, vereinzelt auch darüber. Höchste Brutnachweise in der Silvretta (Vorarlberg) auf 2 050 m üb. NN (SOKOLOWSKI 1993).

Mindestbestand: D: 1 000 Brutpaare, A: 50 Bp, F: ? Bp, I: ? Bp, CH: 0 Bp, SL: 30 Bp. Bestandstrend für Deutschland: leicht zunehmend; Österreich: stark zunehmend.

Kennzeichen: Mit einer Körpergröße von 15 cm etwa so groß wie Haussperling (*Passer domesticus*), wirkt jedoch schlanker. Der konisch zulaufende Schnabel wirkt kurz und hoch, die Firstlinie konvex. Die Flügel sind relativ lang, der Schwanz tief gekerbt. Adulte ♂ an Oberkopf, Nacken, Hinterrücken, Wangen, Kehle und Vorderbrust leuchtend karminrot, Zügel und Ohrdecken braun und nur rosa überflogen. Hinterbrust und Bauchseiten weißlich, z.T. auch karminrosa überflogen, Bauchmitte und Unterschwanzdecken weiß. Steuerfedern und Schwungfedern dunkelbraun mit hellen, oft rosa überflogenen Säumen. Adulte ♀ an Kopf und Rücken oliv bis gelblich graubraun mit einer feinen dunkelbraunen Strichelung. Unterseite hell und leicht gefleckt.

Stimme: Gesang meist von einer erhöhten Warte aus vorgetragen. Zum vollen Gesang kommt es gleich nach der Ankunft, wobei er bei verpaarten ♂ sehr rasch erlischt, bei unverpaarten ♂ noch bis in den Juli anhält.

Lebensraum / Siedlungsdichte: Brütet in einer Vielfalt von Lebensräumen, die Hochlandpopulation Mitteleuropas besonders gerne in halboffenen Landschaften, in den Alpen somit an Laub- und Mischwaldrändern bzw. Bergwiesen. Wichtige Lebensraumbestandteile sind eine gut ausgebildete Gebüschstruktur und zur Nahrungssuche ein nach Möglichkeit üppiger, vielfältiger Pflanzenwuchs. Daher häufig an feuchten Stellen.

Brutbiologie: Nistet überwiegend in Laubbüschen, wie Dornsträuchern oder Laubhölzern, auch in Koniferen. Gelegegröße zwischen (3) 4 und 6 (7) Eiern. Bruterfolg in Mitteleuropa etwa 1,9 (Spätgelege) bzw. 2,5 (Hauptlegeperiode) flügge Junge pro brütendem Paar und Jahr.

Nahrung: Überwiegend herbivor, vor allem Sämereien und Knospen. Der Anteil tierischer Kost ist sehr gering.

Jahresphänologie: Langstreckenzieher, im Osten seines Verbreitungsareals wohl auch Mittelstreckenzieher, mit Hauptwinterquartier in Nord- und Zentralindien bis China. Rückkehr der mindestens 3jährigen ♂ an ihre etablierten Brutplätze konstant zwischen 15. und 20. Mai, die der anderen ♂ und ♀ etwas später. Wegzug aus den Brutgebieten Mitteleuropas nach dem Ausfliegen der Jungen ab Mitte Juli mit einem Höhepunkt Anfang September. Einzelvögel in der weiteren Umgebung der Brutplätze noch bis Ende August.

Gefährdung: RLD R; RLB R; RLÖ R; RLS R. Derzeit keine akute Gefährdung erkennbar.

Schutz: Momentan keine Schutzmaßnahmen erforderlich.

Gimpel
(*Pyrrhula pyrrhula*, L. 1758)

Status: Sehr häufiger Brut- und Jahresvogel der Alpen.

Verbreitung: In den Alpen überwiegend oberhalb von mittleren Höhen bis hinauf zur Baumgrenze. In der Schweiz durch Nadelholzaufforstungen auch in tieferen Lagen ansässig (MEIER 1996). In den Bayerischen Alpen höchste Brutplätze zwischen 1 700 und 1 800 m üb. NN. In Österreich relativ gleichmäßig bis 1 500 m üb. NN verbreitet, darüber selten.

Gimpel

Höchste Brutnachweise dort auf 1 950 m üb. NN in den Eisenerzer Alpen / Steiermark (DUMPELNIK 1993). In Südtirol, abhängig vom Nadelwaldanteil, in allen Höhenlagen mit einem deutlichen Verbreitungsschwerpunkt zwischen 800 und 2 000 m üb. NN. In Liechtenstein nicht häufig, aber gleichmäßig bis 1 600 m, maximal bis auf 1 830 m üb. NN (WILLI 1984).

Mindestbestand: D: 400 000 Bp, A: 40 000 Bp, F: 100 000 Bp, I: 20 000 Bp, CH: 50 000 Bp, SL: 20 000 Bp. Bestandstrend für Deutschland: keine Bestandsschwankungen erkennbar.

Kennzeichen: Mit 15 cm deutlich größer und massiger als Haussperling (*Passer domesticus*). Mit dickem Kopf und kurzem und rundlich wirkenden Schnabel, wobei die Oberschnabelspitze den Unterschnabel ein wenig überragt. In allen Kleidern weißer Bürzel, die schwarzmetallisch glänzenden Schwungfedern mit hellem Flügelband, die schwarze Kopfplatte bzw. Gesichtsmaske und das darunter bis zum weißlichen Hinterbauch rosarot gefärbte Gefieder auffällig. Jungvögel ohne Schwarz am Kopf.

Stimme: Markanter, relativ weit hörbarer Lockruf, der wie „diü ... diü ...“ klingt. Gesang leise aus locker gereihten Pfeifelementen.

Lebensraum / Siedlungsdichte: Brütet mit Vorliebe in Nadel- und Mischwäldern, bevorzugt in dichten Busch- und Jungholzbeständen (vor allem Fichte), meist am Rand größerer, geschlossener Waldkomplexe, aber auch in aufgeforsteten Lichtungen und aufgelockerten Laub- und Mischgehölzen mit einer ausgeprägten Strauchschicht, so in Feldgehölzen und Parks der alpinen Kulturlandschaft. Im Winter auch in kleinen Grünflächen von Städten und an Futterplätzen.

In Österreich am Arlberg (Vorarlberg) in einem 40 ha großen, lockeren Kiefern-Mischwald auf 1 100 m üb. NN 2 Brutpaare / 10 ha (KILZER & BLUM 1991), in einem 18 ha großen montanen Mischwald zwischen 980 und 1 220 m üb. NN am Gaißberg (Land Salzburg) 1,7 Bp / 10 ha (WINDING 1990). In einem Liechtensteiner Wald 0,7 bis 1,3 Reviere / 10 ha (WILLI 1984).

Brutbiologie: Nest überwiegend in Koniferen sehr gut versteckt auf den Außenästen. Gelegegröße zwischen 4 und 6 Eiern. Untersuchungen zum Bruterfolg ergaben in Süddeutschland eine Schlupfrate von 44 % (2,9 flügge Junge pro Paar und Jahr im 6er-Gelege, 2,4 im 5er-Gelege und 2,2 im 4er-Gelege).

Nahrung: Überwiegend herbivor, im späten Winter und im Frühjahr häufig Knospen, zur Brutzeit auch Insekten.

Jahresphänologie: Teilzieher und Standvogel. Heimzug aus den überwiegend mediterranen Überwinterungsgebieten im März und April. Dismigrationsbewegungen ab August, Wegzug erst Mitte September. Hauptdurchzugszeit in den Alpen Mitte Oktober bis Ende November.

Gefährdung: Derzeit keine akute Gefährdung.

Schutz: Momentan keine Schutzmaßnahmen erforderlich.

Zaunammer
(*Emberiza cirlus*, L. 1766)

Status: Seltener Brut- und Jahresvogel der Alpen. Außerhalb der Schweiz, Frankreichs und Italiens nur inselartige Brutvorkommen im Westen und Süden.

Verbreitung: In den Schweizer Alpen in den Weinbaugebieten und großen Föhntälern bis ca. 1 200 m üb. NN (MEIER 1996), vereinzelt auch bis 1 500 m üb. NN, so zum Beispiel bei Forclaz (Kanton Waadtland). In den Bayerischen Alpen zwischen 750 und 850 m üb. NN, in der Steiermark von 300 bis 570 m üb. NN als Brutvogel. In Südtirol nur im Bereich des Vinschgauer Sonnenbergs mit seinem typischen Steppencharakter, dort je einmal auf 700 m, 800 m und 1 300 m üb. NN nachgewiesen.

Mindestbestand: D: 100 Bp, A: 2 Bp, F: 100 000 Bp, I: 100 000 Bp, CH: 400 Bp, SL: 2 000 Bp. Bestandstrend für Deutschland und Österreich: gleichbleibend.

Kennzeichen: Mit einer Körpergröße von 16,5 cm minimal größer als Zippammer (*Emberiza cia*) und so groß wie Goldammer (*Emberiza citrinella*). Adulte ♂  im Prachtkleid mit olivgrau bis -grün gefärbtem Oberkopf und Nacken und breiten gelben Streifen über und unter dem Auge. Die Zügel dazwischen fast schwarz, die Ohrdecken schwarzgrünlich gefärbt. Auffällig außerdem ein breiter, schwarzer Kinn- und Kehlfleck sowie der dunkle Bürzel. Rücken und Schultern kastanienbraun mit schwarzen Streifen durchsetzt. Von der Kehle her zieht sich ein gelbes Band unterhalb des schwarzen Kehlflecks bis auf die beiden Halsseiten. Im Schlichtkleid gleiches Muster, doch Kopfzeichnung weniger kontrastreich. Adulte ♀ ähnlich gefärbt wie ♂, Oberkopf und Nacken im Winter jedoch brauner und intensiver gestrichelt. Das dunkel/hell gestreifte Gesicht ist ein wichtiges Unterscheidungsmerkmal gegenüber anderen Ammern im Schlichtkleid, so auch im Vergleich mit der Zippammer. Die Jungvögel sind ebenfalls matter gezeichnet.

Stimme: Der Gesang wird schnell vorgetragen und klingt wie der Gesang der Goldammer (*Emberiza citrinella*), nur ohne Schluß. In wechselnder Intensität – überwiegend von Singwarten aus – das ganze Jahr über zu hören.

Lebensraum / Siedlungsdichte: Brütet mit Vorliebe in steilen, trockenwarmen, bevorzugt südexponierten Hängen mit halboffener Vegetation oder auf kurzrasigen bzw. zumindest lückig bewachsenen Flächen mit Einzelbäumen oder Gebüsch als exponierte Singwarten und Deckung. Oft auch in sehr lichten Nadelwäldern an Trockenhängen in Kombination mit Waldweide und offenen Wiesenflächen. Im Winter in vergleichbaren Lebensräumen mit kurzrasiger Vegetation, auch anthropogenen Ursprungs.

Brutbiologie: Bodennest überwiegend in Böschungen oder Mauern, gut durch Pflanzen versteckt. Gelegegröße zwischen 2 und 5 Eiern. Untersuchungen zum Bruterfolg ergaben in Deutschland eine Schlupfrate von 46 Juvenilen in 73 Nestern.

Nahrung: Omnivor, vor allem jedoch Insekten, deren Larven und Eier sowie Sämereien.

Jahresphänologie: Teilzieher und Standvogel mit Überwinterungsgebiet in Nordafrika. Rückkehr ab Ende Februar (Reviertreue und eine jahrzehntelange Beibehaltung selbst geographisch isolierter Sing- und Brutplätze). Wegzug in Mitteleuropa zwischen Oktober und Anfang November.

Gefährdung: RLD 2; RLS 2. Aufgrund der kleinen alpinen Population besteht eine starke Gefährdung. Ungünstige Witterungsbedingungen können die wenigen Vorkommen jederzeit zum Erlöschen bringen. Gefährdung außerdem durch menschliche Eingriffe in den Lebensräumen (Verringerung der Strukturvielfalt oder Entfernen von Hecken führt zur Einschränkung des Nahrungsangebots). Störungen am Brutplatz.

Schutz: Vermeidung von Störungen an sensiblen Standorten während der Brutzeit. Verminderung des Biozideinsatzes. Erhalt bestehender Bruthabitate sowie Neuschaffung entsprechender Habitatelemente bei Flurbereinigungsmaßnahmen (BAUER & BERTHOLD 1996).

Zippammer
(*Emberiza cia*, L. 1766)

Status: Seltener Brut- und Jahresvogel der Alpen.

Verbreitung: In den Südalpen als Brutvogel bis ca. 2 000 m üb. NN. In der Schweiz, ihrem nördlichsten Verbreitungsgebiet in Mitteleuropa (MEIER 1996), zwischen 500 und 1 500 m üb. NN, selten darüber. Höchster Brutplatz im Puschlav (Kanton Wallis) auf 2 150 m üb. NN. Nur ausnahmsweise bis 2 400 m üb. NN. In Österreich bis 1 100 m üb. NN verbreitet, höchste Brutzeitbeobachtung am Plöckenpaß (Kärnten) auf 1 360 m üb. NN (WRUß 1993). In Südtirol mit dem einzig geschlossenen Vorkommen am Vinschgauer Sonnenberg zwischen 500 und 1 500 m üb. NN, mitunter bis 1 700 m üb. NN.

Mindestbestand: D: 280 Brutpaare, A: 100 Bp, F: 1 000 Bp, I: 10 000 Bp, CH: 1 000 Bp, SL: 2 000 Bp. Bestandstrend für Deutschland, Österreich, Frankreich, Schweiz, Slowenien: stabil. Italien: leicht rückläufig.

♂ ♀
Zippammer

Kennzeichen: Mit 16 cm etwas kleiner als die Zaunammer (*Emberiza cirlus*), ihr Schwanz jedoch deutlich länger (langschwänzigste Ammer Mitteleuropas). In allen Kleidern mit ungestreiftem, kastanienbraunem Bürzel, ebenso gefärbter, stark gestreifter Oberseite und Flügeln sowie zimtbrauner Unterseite. Adulte ♂ mit blaugrauem Oberkopf und Nacken, im frischen Gefieder mit bräunlichem Anflug. Zwei schwarze Scheitelstreifen stoßen an der Stirn zusammen. Ein breiter, aschgrauer Überaugenstreif reicht von der Schnabelbasis bis auf die beiden Halsseiten. Darunter folgt ein breiter, schwarzer Streifen durch das Auge, der den Oberrand einer vollständigen, etwa dreieckigen schwarzen Umrandung der grauen Ohrdecken bildet. Adulte ♀ brauner gefärbt als ♂, Oberkopf schwarz gestrichelt, Rücken dunkelbraun und nicht kastanienbraun getönt. Spreizt am Boden häufig den Schwanz.

Stimme: Der charakteristische Ruf klingt kurz und hoch wie „zip" oder gedehnt auch „zii". Im Flug wird oft ein kurzer, harter, fast tonloser Triller ausgestoßen, der wie „trrr" klingt. Der Gesang besteht aus rasch vorgetragenen, hohen Strophen, die meist mit „zip" beginnen, worauf ein hell klingendes Auf und Ab folgt, das dem der Heckenbraunelle (*Prunella modularis*) sehr ähnlich ist. Diese Ähnlichkeit wird auch durch den oft beobachteten Wechselgesang dieser beiden Arten im Freiland belegt.

Lebensraum / Siedlungsdichte: Brütet mit Vorliebe an trockenen und warmen, felsigen oder mit Lockergestein belegten (Steil-)Hängen, in Geröll- oder Blockhalden, Lawinenrunsen und -kegeln, aber auch auf extensiven Kulturflächen mit lückiger Vegetation. Auch im Übergang von Wald zu Freiflächen sowie in Ginsterheiden, Blockfeldern mit Büschen, Magerweiden mit Lesesteinen, abwechslungsreichen Kahlschlagflächen und ausgesprochenen Föhnhängen. Singwarten für Revierabgrenzungen bei der Lebensraumwahl offenbar entscheidend.

Erreicht z.T. recht hohe Siedlungsdichten. In Österreich größtes Vorkommen mit 10 bis 11 Paaren am Pfaffenkogel / Steiermark (WÖHL 1989).

Brutbiologie: Bodennest in dichten Ranken, Büschen oder Stauden, in Weinbergsmauern, zwischen Blöcken und Geröll.

Nahrung: Omnivor, für die Jungenaufzucht überwiegend Insekten, auch kleinere Sämereien.

Jahresphänologie: Teilzieher, Standvogel, Dismigrationen. Hauptüberwinterungsgebiet innerhalb des Brutareals, Einzelnachweise auch aus dem südlichen Mittelmeerraum. Heimzug in die Brutgebiete von März bis April. Außerhalb der Brutzeit auch im Tiefland, in vielen Gebieten kommt es auch zu Altitudinalbewegungen. Wegzug von Oktober bis November, in Mitteleuropa auch Überwinterungen.

Gefährdung: RLD 1; RLB 1; RLÖ R. Die Gefährdungsursachen sind weitgehend unbekannt, wahrscheinlich jedoch durch die Zerstörung der Lebensräume: Aufgabe traditioneller Nutzungsformen, intensive Landnutzung, Aufforstung, Verbuschung sowie Erschließung für den Skitourismus.

Schutz: Der Schutz der kleinen Alpenpopulation ist in Zukunft wohl nur möglich, falls es gelingt, die von der Zippammer besiedelten Landschaftsbereiche großflächig zu verschonen. Hilfreich wäre sicherlich außerdem ein Monitoring der Art und ihrer Bestandsentwicklung.

Ortolan
(*Emberiza hortulana*, L. 1758)

Status: Nur mehr inselartig verbreiteter Brut- und Sommervogel der Alpentäler.

Verbreitung: In den Schweizer Alpen bis auf 2 660 m üb. NN brütend mit einem Verbreitungsschwerpunkt entlang des Rhonetals. Sonst in Mitteleuropa in der Regel unterhalb 500 m üb. NN anzutreffen, häufig sogar nur unterhalb 400 m üb. NN. In Österreich in Osttirol brütend. In Südtirol als Brutvogel in geringerer Dichte als die Zippammer an den

Vinschgauer Steppenhängen zwischen 500 und 1 000 m üb. NN. Vereinzelt dort auch auf Äckern und Wiesen mit Feldgehölz oder einzelnen Bäumen zwischen 800 und 900 m üb. NN.

Mindestbestand: D: 1 300 Brutpaare, A: 10 Bp, F: 5 000 Bp, I: 3 000 Bp, CH: 243 Bp, SL: 400 Bp. Bestandstrend für Deutschland, Italien, Schweiz, Italien, Slowenien: leicht rückläufig. Frankreich: stark rückläufig.

Kennzeichen: Mit 16 cm so groß wie die Zippammer (*Emberiza cia*). Adulte ♂ am Kopf einschließlich Nacken und Vorderbrust olivgrau, im Sommer mehr grau gefärbt. Heller Streifen vom Schnabelansatz nach unten bis über den Bartstreif. Augenring, Kinn und Kehle blaßgelb, Rücken braun mit kastanienbraunen Säumen und kräftigen schwarzen Strichen durchsetzt. Hinterrücken und Bürzel gelblichbraun mit dunklen Schaftstrichen. Äußere Steuerfedern auffällig weiß. Die ♀ sind ähnlich gefärbt wie die ♂, ihr fein gestrichelter Oberkopf und Kopfseiten jedoch mit bräunlichem Anflug. Jungvögel auf der Unterseite stark gestreift.

Stimme: Gesang ähnlich dem der Goldammer (*Emberiza citrinella*) aus einer kurzen, melodischen Strophe wie „dui-dui-dui-duiii".

Lebensraum / Siedlungsdichte: Bevorzugt regenarme und warme Standorte mit wasserdurchlässigem Boden und einzeln stehenden Büschen und Bäumen, vor allem sonnenexponierte Hänge in nicht zu starker Reliefkammerung mit Terrassenkulturen, also zum Beispiel Weinbaugebiete und Trockenrasen.

In Österreich 1971 bis 1977 im Gurgltal (Land Salzburg) Siedlungsdichten von 1 bis etwa 2 Revieren / 10 ha (BODENSTEIN 1985).

Brutbiologie: Bodennest aus feinen Wurzeln und Grashalmen überwiegend in kurzer, krautiger Vegetation. Zwei Jahresbruten.

Nahrung: Omnivor, im Sommer überwiegend Insekten und Raupen, im Winter dagegen Sämereien.

Jahresphänologie: Langstreckenzieher mit Überwinterungsquartier im tropischen Afrika.

Ortolan

Heimzug in die südalpinen Brutgebiete frühestens ab Ende März bis Anfang Mai, Durchzug im Vorland der Nordalpen erst Mitte April bis Mai. Ankunft an den nordalpinen Brutplätzen frühestens ab Mitte April, die Besetzung der Reviere bis Anfang Mai. Brutortstreue ist nachgewiesen. Wegzug aus Mitteleuropa ab 2. Augustdrittel, späteste Beobachtungen in Mitteleuropa Mitte September.

Gefährdung: RLD 2; RLB 2; RLÖ 1; RLS 1. SPEC Kategorie 2 – gefährdet, z.T. stark abnehmend. Ursache ist neben Klimafaktoren der Wechsel von kleinstrukturierten Agrarlandschaften zu großflächigen Monokulturen. Vernichtung vieler Brutplätze durch Flurbereinigungsmaßnahmen und die Rodung von Streuobstanlagen führt zu einer massiven Brutraumvernichtung.

Schutz: Beibehaltung extensiv betriebener Obstanbaugebiete. Schutz von Streuobstwiesen, Alleen und von Straßen und Wege begleitenden Baumbeständen. In Frankreich und Italien bessere Kontrolle des Verbots, Kleinvögel mit Leimruten, Schlingen und Netzen zu bejagen sowie härtere Bestrafung (BAUER & BERTHOLD 1996).

Alpine Lebensräume und ihre Vogelgemeinschaften

Die Alpen stellen als Lebensraum ganz besondere Anforderungen an ihre Bewohner. Pflanzen und Tiere sind aufgrund der geographischen und klimatischen Voraussetzungen (siehe S. 10-16) selbst während der gemäßigten Monate des Sommers wesentlich härteren Bedingungen ausgesetzt als die meisten Brutvögel in den niedriger gelegenen Lebensräumen Mitteleuropas. Auch suchen nur sehr wenige in den Alpen nicht brütende Vogelarten dieses Hochgebirge als Überwinterungsgebiet auf.

Zu diesen Ausnahmen gehören der Bergfink (*Fringilla montifringilla*) und mit Einschränkung auch der Gänsesäger (*Mergus merganser*). Dagegen wird im Winter die in den Alpen überwinternde Vogelgemeinschaft (Standvögel) bisweilen regelmäßig von Individuen bzw. Teilpopulationen der selben Art aus anderen Regionen Europas aufgestockt. Beispiele dafür sind Tannenmeise (*Parus ater*), Sumpfmeise (*Parus palustris*) und Weidenmeise (*Parus montanus*).

Als Rastgebiet spielen die Alpen ebenfalls eine eher untergeordnete Rolle, wobei die Wasservögelansammlungen auf den als alpin zu bezeichnenden großen Stillgewässern (z.B. Genfer See oder Bodensee) während der Zugzeiten eine Ausnahme bilden.

Die Vogelgemeinschaften der Alpen beschränken sich somit – im Gegensatz zu Lebensräumen wie Binnengewässer oder Küstenlandschaften – in ihrer Zusammensetzung zum überwiegenden Teil auf die Sommerpopulationen der Brutvögel bzw. die Überwinterungspopulationen der Standvögel, die bisweilen ergänzt wird durch eine unterschiedlich hohe Individuenzahl (Teil- bzw. Kurzstreckenzieher) der gleichen Vogelart aus anderen europäischen Brutgebieten.

Kulturlandschaft

Die Entstehung der alpinen Kulturlandschaft

Die ersten gesicherten Nachweise von Menschen aus dem Alpenraum datieren aus einer Zeit vor etwa 100 000 Jahren. Das Sammler- und Jägerstadium dieses Zeitalters (Paläolithikum) wurde durch die Anfänge von Haustierzucht, Keramikkunst und Getreideanbau (Neolithikum) abgelöst (ca. 5500 v. Chr.), durch Kulturformen also, die über das Mittelmeer nach Mitteleuropa eingeführt wurden. Im Zuge dieser Entwicklung wurden viele Menschen in zentrale Bereiche der Alpen vertrieben, wo sie noch lange ihrer althergebrachten Lebensweise nachgingen, auch deshalb, da Ackerbau in den überwiegend bewaldeten Regionen dieses Hochgebirges anfangs nicht möglich war.

Die Mattenregion der Alpen bot dagegen den Viehzüchtern dieser Zeit gerade im Sommer geeignete Weideflächen für ihre Tiere, die sie sonst während dieser Jahreszeit in den trocken-warmen Tallagen (z.B. Rhonetal, Provence, Riviera) durch Wasserknappheit verlieren konnten. Diese Nutzungsform der sogenannten Transhumanz (Wanderschaftshaltung) erlebte etwa vor 4 000 Jahren ihre erste Blüte in den Alpen. Sie hat sich in den Französischen und Italienischen Alpen bis ins 20. Jahrhundert hinein erhalten (BÄTZING 1991).

Etwa im selben Zeitraum wurden die Alpen auch als Dauersiedlungsraum endeckt und dementsprechend erschlossen, wobei die Besiedlung aufgrund der besseren Zugänglichkeit zuerst entlang der inneralpinen Trockenzonen (z.B. das Tessin-Tal) voranschritt. Durch die

Notwendigkeit, sich selbst vollständig mit allen Nahrungsmitteln versorgen zu müssen, entstand die sogenannte Autarkiewirtschaft etwa 4000 bis 3500 v. Chr. Der Alpenraum wurde demnach gleichzeitig durch zwei völlig verschiedene Nutzungsformen (Transhumanz und Autarkiewirtschaft mit Ackerbau) erobert. Durch die Erfindung der Metallverarbeitung kam etwa 1800 v. Chr. eine große Neuerung über den Balkan und das Mittelmeer in die Alpen, was zu einer starken Nutzung der alpinen Kupferlagerstätten führte. Die beiden traditionellen Lebensweisen der Alpenbewohner erhielten durch den Bergbau wichtige Entwicklungsimpulse. Bevölkerungszuwachs und Wirtschaftsaufschwung für die Gebirgsregionen waren die Folge. Während die transhumante Nutzung bis ins 20. Jahrhundert nahezu unverändert blieb, machte die Autarkiewirtschaft noch vor der Zeitenwende wichtige Strukturänderungen durch, die letztendlich zur autarken Bergbauernwirtschaft (= Kombination zwischen Ackerbau im Tal und Almwirtschaft im subalpinen-alpinen Bereich) führte. Diese Kulturform ist durch die Notwendigkeit gekennzeichnet, im Sommer genügend Lebensmittel produzieren zu müssen, um den langen alpinen Winter zu überstehen. Den natürlichen klimatischen Bedingungen angepaßt, diente dabei die colline und untere montane Stufe in erster Linie dem wärmebedürftigen Ackerbau, während die höher gelegenen Regionen von der Viehwirtschaft als Weidefläche genutzt wurden. Wichtige Impulse erhielt die Bergbauernwirtschaft vor allem durch die Römer, die den gesamten Alpenraum nicht nur aus militärstrategischen Gesichtspunkten unterwarfen, sondern auch mit den Alpenbewohnern in rege Handelsbeziehungen (u.a. Harz, Wachs, Honig, Pech, Kienholz und Käse) traten und neue Produkte wie Wein und die Eßkastanie in den gemäßigten Regionen der Alpen einführten. Diese Entwicklung und das von den Römern mit aller Macht ins Gebirge vorangetriebene Straßennetz führte zu einem neuen Bevölkerungsschub. Die feuchte Alpen-

nordabdachung und der klimatisch ungünstigere östliche Teil der Ostalpen waren von dieser Entwicklung allerdings vorerst ausgenommen. Dort sorgten nur wenige Römerstraßen für wirtschaftliche Impulse.

Zwischen 500 und 1000 n. Chr. kam es im gesamten Alpenraum zu einem deutlichen Bevölkerungs- und Nutzungsrückgang, der durch den Niedergang des Römischen Reichs und die periodischen Vorstöße «barbarischer» Stämme (z.B. Sarazenen, Hunnen) in die Alpen entlang der ausgebauten Straßen hervorgerufen wurde. Die wichtigste wirtschaftliche und kulturelle Innovation für die weitere Entwicklung der Alpen entstand in dieser Zeit durch die Einwanderung germanischer Stämme (z.B. die Alemannen und Bajuwaren) etwa ab 600 n. Chr., wodurch sich dort neben dem romanischen auch der germanische Wirtschafts- und Kulturraum entwickelte. Schon immer auf Viehzucht spezialisiert, war es den germanischen Bergbauern möglich, alpine Bereiche zu besiedeln, die von der romanisch geprägten und vor allem Getreide anbauenden Bevölkerung aufgrund der hohen Niederschlagsmengen bisher nicht genutzt werden konnten. Durch ihre andersartige Kulturform und die dadurch bedingte, geringere Abhängigkeit vom Grundnahrungsmittel Brot erschlossen sie sich große zusätzliche Lebensmöglichkeiten in den Alpen, wodurch auch die natürliche Grenze der menschlichen Nutzung nachhaltig in höhere Lagen verschoben wurde.

Etwa um 1000 n. Chr. – in den Ostalpen etwa 100 Jahre später – setzte in den Westalpen der hochmittelalterliche Siedlungsausbau ein, der in kurzer Zeit den gesamten Alpenraum umgestaltete. Während dieser Periode kam es zur wirtschaftlichen und kulturellen Blüte der germanischen und romanischen Bergbauernwirtschaft, aber auch zu den ersten intensiveren landwirtschaftlichen Nutzungen, was mit zahlreichen Waldrodungen verbunden war und erst durch die große Wirtschaftskrise und die Pestzeit um 1350 n. Chr. zumindest vorübergehend beendet wurde. Am Alpennordrand wurde unterdessen (14. / 15. Jahrhundert) die traditionelle Almwirtschaft völlig auf den Export von Vieh und Käse umgestellt, so zum Beispiel im Greyezer Land, im Berner Oberland und der Innerschweiz. Die schnell voranschreitende Entwicklung der Käserei führte in diesen Regionen zu einem großen wirtschaftlichen Aufschwung, der bis ins 19. Jahrhundert anhielt und noch heute durch den Prunk an vielen Berner Oberländer Häusern deutlich zu erkennen ist. Der größte Teil der Alpen blieb von dieser Sonderentwicklung jedoch unberührt und veränderte sich in der Zeit vom 15. bis 19. Jahrhundert nur wenig, was zum einen auf das während dieser Periode kälter und feuchter werdende Klima, zum anderen auf die politische Entwicklung in Europa (Umwandlung von Feudalstaaten zu Nationalstaaten) zurückzuführen ist. Als einzige wichtige Neuerungen bezüglich der alpinen Wirtschaftsform tritt in dieser Zeit sowohl die weitgehende Umstellung von Rinder- auf Schaf- und Ziegenhaltung als auch die Einführung der Kartoffel auf.

Auch die grundlegende Umgestaltung der alpinen Ökosysteme spielte sich vorwiegend im 19. und 20. Jahrhundert ab, wobei der Mensch die Pflanzenartenzusammensetzung der einzelnen Ökosysteme veränderte und sich darum bemühte, die «sprunghafte» Dynamik der Naturprozesse in eine gleich- und regelmäßigere umzuwandeln und so diesen feindlichen und bedrohlichen Naturraum lebenswert zu gestalten.

Bei der Veränderung der Ökosysteme kann man drei große Eingriffe feststellen: die Schaffung der Kulturstufe der Almen sowohl durch Vergrößerung der alpinen Matten mittels Rodungen als auch durch die Veränderung der Vegetationsdecke, die Schaffung der talnahen Kulturstufe mittels Rodungen und schließlich die Entsumpfung und Urbarmachung der großen Talböden (BÄTZING 1991). Bessere Weidemöglichkeiten für das Vieh in tieferen Lagen und der enorme Holzverbrauch im Bergbau (z.B. Salzgewinnung), der Erzverarbeitung und anderen Gewerben (z.B. in der Glasver-

hüttung), ließen sowohl große Waldflächen der Talflanken verschwinden als auch die bestehenden Almflächen systematisch in tiefere Lagen wachsen. Als Ergebnis dieser doppelten Rodung wurde die Waldgrenze nahezu im gesamten Alpenraum um etwa 300 m nach unten gedrückt, weshalb die klimatische und die tatsächliche Waldgrenze heute um diese Ausdehnung voneinander abweichen. Für den Städte- bzw. Siedlungsbau, für den Salzabbau und die Energieversorgung wurden weite Bereiche des natürlichen Waldbestandes abgeholzt und überwiegend mit lebensraumfremden, aber schneller wachsenden Monokulturen der Fichte (*Picea abies*) wieder aufgeforstet. Großflächige Gebiete, überwiegend in Talnähe, wurden gerodet und zu Viehweiden, Mähdern, Getreideäckern und Weinbauflächen umgewandelt. Der Mensch entdeckte den Nutzen der – vorwiegend durch Brandrodung – urbargemachten Bereiche der Wiesenflächen und Grasheiden bis hinauf in die alpine Stufe. Letztendlich wurde der natürlichen alpinen Vegetation auf großen Flächen eine vollständig neue Artenzusammensetzung «aufgezwungen». So wachsen auf einer nicht genutzten alpinen Rasenfläche ungefähr 70 % Gräser und 30 % Kräuter, während dieses Verhältnis auf beweideten Almflächen etwa umgekehrt ist (BÄTZING 1991). Daneben gab es weitere Veränderungen auf den Almen: Alle Almtiere, bis auf Ziegen, besitzen die Eigenart, beim Weiden in mehreren Reihen hintereinander hangparallel herzugehen, wodurch sich die charakteristischen «Treppungen» ausbildeten. Diese erwiesen sich in dieser labilen Region als stabilisierend.

Die Kultivierung des Talbereichs führte zu einer Besiedlung der Schwemmkegel von den in große Alpentäler mündenden Seitenbächen. Dadurch waren die Siedlungen von Überschwemmungen der Alpenflüsse geschützt. Die Höhenlage, die oft nicht mehr als 500 bis 600 m üb. NN betrug, war für den Ackerbau sehr günstig. Charakteristisch für die Herausbildung der Kulturlandschaft der Talstufe ist, daß der Mensch seine Eingriffe sehr sorgfältig und kleinräumig auf die bestehende Naturlandschaft ausrichtete, indem er gezielt nur Flächen mit ausreichender Bodenmächtigkeit, geeigneter Sonneneinstrahlung, geringer Bedrohung durch kalte Lokalwinde und nicht zu steilem Relief in Kulturland umwandelte.

Die von den Gletschern während der Eiszeiten verbreiterten, vertieften und anschließend mit Schotter und Wasser aufgefüllten Alpentäler bereiteten den Menschen bei der Besiedlung der Alpen die größten Schwierigkeiten, da die Dynamik der Wassermassen so groß ist, daß sie mit den damals noch einfachen technischen Hilfsmitteln nicht zu zähmen war. Erst das 19. Jahrhundert wurde zum Jahrhundert der großen Wasserbauten: alle großen und größeren Alpenflüsse wurden begradigt und tiefergelegt, wodurch zum ersten Mal in der Geschichte die breiten Talauen intensiver genutzt werden konnten – zumeist als Wiesenflächen, die zwei- bis dreimal im Jahr gemäht wurden.

Darüber hinaus wurden zahlreiche kleinere Seen und Feuchtgebiete trockengelegt und in Wiesen und Weiden umgewandelt. Das Kulturland in den tiefergelegenen und leichter zugänglichen Bereichen der Alpen vergrößerte sich wesentlich. Damit waren im übrigen auch die Voraussetzungen für die moderne Verkehrserschließung der Alpen geschaffen (BÄTZING 1991).

Letztendlich entstand durch die Schaffung von Almflächen, Äckern, Wiesen, Weiden, durch die Besiedlung der Täler und der Talflanken sowie durch die massive Rodung und Umstrukturierung des Waldes eine überaus prägnante, reich gegliederte Kulturlandschaft und mit ihr ein völlig neues Landschaftsbild, das noch heute für den alpinen Naturraum so charakteristisch ist. Das alpine Ökosystem wurde in weiten Bereichen nachhaltig verändert, aber gerade die abwechslungsreiche Gliederung dieses Landschaftstyps ermöglichte es einer Vielzahl von Lebewesen, neue Lebensräume in diesem derart umgewandelten Naturraum zu besiedeln. Besonders Vögel waren aufgrund ihrer Mobilität mit als erste in der Lage, sich die-

se neu geschaffenen Lebensräume zu erschließen. Allerdings trifft man heute unter den alpinen Brutvogelarten nicht nur ausgesprochene Kulturfolger, die mitunter sehr zahlreich auftreten können, sondern auch seltene und scheue Vertreter, die in den offenen und halboffenen Bereichen der alpinen Kulturlandschaft neue Lebensräume vorfanden. So kam es zur Einwanderung von Vögeln aus der alpinen Stufe bzw. der Waldgrenzregion, aber genauso und sogar verstärkt auch aus dem Tiefland. Im Laufe der Zeit entstand somit jene charakteristische Artenzusammensetzung, wie wir sie in den Alpen nur im Bereich der Kulturlandschaft finden (siehe Tab. 2).

Alpine Trockenrasen

Durch Überweidung mit Ziegen, Rindern und Schafen entstand in den Alpen im Laufe der Jahrhunderte ein charakteristischer Lebensraum für eine Vielzahl von Tieren und Pflanzen: der alpine Trockenrasen. Typisch für dieses einzigartige Habitat sind seine z.T. sehr kleinflächigen Ausdehnungen und der umso überraschendere Artenreichtum bezüglich Flora und Fauna. Klein- und Kleinstlebewesen besiedeln diese Räume in erstaunlicher Dichte und Artenvielfalt. Für alpine Verhältnisse außerordentlich viele Insekten (z.B. Heuschrecken, Schmetterlinge, Solitärbienen, Hummeln, Käfer und Fliegen) finden auf diesen zumeist sonnenexponierten Flächen ideale Voraussetzungen und bilden ein reichhaltiges Angebot für eine ähnlich große Zahl von Prädatoren. Das günstige Klima hat auch die Flora zur Ausbildung einer atemberaubenden Mannigfaltigkeit veranlaßt. Die großen Mengen der verschiedensten Sämereien und Früchte kommen einer Vielzahl von Insekten und damit in doppelter Hinsicht auch den alpinen Brutvögeln zugute. Typischerweise bilden auf alpinen Trockenrasen den Artengrundstock an Alpenpflanzen der Walliser Schwingel (*Festuca valesiaca*) und die Niedrige Segge (*Carex supina*). Die besondere Bedeutung der unge-

Tab. 2: Vogelgemeinschaft der alpinen Kulturlandschaft, Requisitenansprüche und Nutzungstypen

Vogelart	PL	SL	NT	Requisitenansprüche
Sperber	•		JG ÜG	abwechslungsvolle, deckungsreiche Landschaft mit ausreichendem Kleinvogelangebot
Mäusebussard	•		JG ÜG	offene, abwechselungsreiche Landschaft mit kargen Böden und kurzer Vegetation als günstige Jagdgebiete; ausreichendes Mäuseangebot
Turmfalke	•		JG	jagt bevorzugt auf freien Flächen mit niedriger oder lückiger Vegetation nach Mäusen, Großinsekten u. Reptilien
Wanderfalke	•		JG ÜG	jagt vor allem in offener Landschaft nach Vögeln im Flug, im Winter bevorzugt in Gewässernähe
Steinhuhn		•	NG ÜG	trockene, sonnige Standorte (Weinbaugebiete) in gut strukturiertem, unübersichtlichem Gelände (viele Verstecke, kurze Fluchtwege); ausreichendes Insekten- und Sämereienangebot (Süßgräser)
Chukarhuhn		•	NG	trockene, sonnige Standorte (Weinbaugebiete) in gut strukturiertem, unübersichtlichem Gelände (viele Verstecke, kurze Fluchtwege); ausreichendes Insekten- und Sämereienangebot (Süßgräser)
Wachtel	•		BG NG	offene Feldflur mit hochwachsender Krautschicht für Deckung, bevorzugt an wärmeren Standorten, so zum Beispiel in Getreidefeldern, Brachflächen u. Hackfruchtäckern; während der Brutzeit hohes Insektenangebot, im Winter Sämereien wichtig
Ringeltaube		•	NG	Nahrungssuche auf offenen Flächen mit niedriger oder lückiger Vegetation; ausreichendes Angebot an Sämereien
Kuckuck		•	NG	halboffene, abwechslungsreiche Landschaftsräume; ausreichendes Angebot an Schmetterlingsraupen
Uhu	•		JG ÜG	jagt in offenen, meist locker bewaldeten und reich strukturierten Gebieten, oft in der Nähe von Flüssen und Seen; reichhaltiges Beutetierangebot (Reptilien- bis Rehkitzgröße)
Waldkauz	•		JG ÜG	jagt in reich strukturierter Landschaft mit alten Baumbeständen (oft der Buchenverbreitung folgend) mit hohem Kleinsäugerangebot
Waldohreule	•		JG ÜG	jagt im Bereich weiträumiger, kleinstrukturierter halboffener Landschaften mit hohem Kleinsäugerangebot

PL = Primärlebensraum; SL = Sekundärlebensraum; NT = Nutzungstyp;
BG = Brutgebiet; JG = Jagdgebiet; NG = Nahrungsgebiet; ÜG = Überwinterungsgebiet

Tab. 2: Vogelgemeinschaft der alpinen Kulturlandschaft, Requisitenansprüche und Nutzungstypen (Fortsetzung)

Vogelart	PL	SL	NT	Requisitenansprüche
Wiedehopf	•		BG NG	offene, reich strukturierte, warm-trockene Gebiete mit Flächen niedriger Vegetation und weicherem Boden zur Nahrungssuche; vor allem in extensiv genutztem Kulturland mit reichhaltigem Großinsektenangebot
Buntspecht		•	NG ÜG	Futterstellen im Siedlungsbereich
Baumpieper	•		BG NG	offenes und halboffenes Gelände mit hohen Singwarten und reich strukturierter Krautschicht für ein ausreichendes Insektenangebot
Hausrotschwanz		•	BG NG	Kulturfolger, der bis in vegetationslose Innenstadtbereiche vordringt und dort überwiegend an Gebäuden und Bauwerken brütet; Nahrungserwerb (Insekten) dort auf vegetationsarmen Flächen
Braunkehlchen	•		BG NG	Offenland mit reich strukturierten, niederwüchsigen Bereichen und bodennaher Deckung für die Nestanlage sowie vielfältiger Zwergstrauch- oder Krautschicht zur Nahrungssuche (Insekten) und höheren Einzelstrukturen als Warten
Steinrötel		•	BG NG	wärmeexponierte Steinbrüche als Neststandort; verwilderte Weinberge zur Nahrungssuche (Insekten)
Blaumerle	•		BG NG	jagt als Wartenjäger nach Reptilien, nützt aber auch Früchte und Sämereien; brütet an ausgeprägten Vertikalstrukturen, in den Alpen v. a. in sonnigen Steinbrüchen
Amsel		•	BG NG ÜG	als ursprünglicher Waldbewohner heute auch Kulturfolger; im Kulturland nahezu überall zu finden, wo ausreichend Insekten, Wirbellose, Beeren und im Winter Sämereien vorhanden sind
Wacholderdrossel	•		NG	halboffene Landschaften mit Feldgehölzen und Baumhecken; ausreichendes Angebot an Beeren, Früchten und Insekten
Blaumeise		•	ÜG	Futterstellen im Siedlungsbereich
Kohlmeise		•	ÜG	Futterstellen im Siedlungsbereich
Neuntöter	•		BG NG	reich strukturierte, offene bis halboffene Landschaften in thermisch günstiger Lage, zum Beispiel auf Trocken- und Magerrasen, Weinbergen, Ödländern usw.; reichhaltiges Insekten- und Wirbeltierangebot
Alpendohle		•	ÜG NG BG	Berg- oder Skihütten sowie Unterkunftshäuser und selbst Siedlungsbereiche in Tallagen (bei hohen Schneelagen im Gebirge) mit hohem Angebot an menschlichen Abfällen; mitunter Bruten an Gebäuden wie Berghütten, Ruinen

Kulturlandschaft

Tab. 2: Vogelgemeinschaft der alpinen Kulturlandschaft, Requisitenansprüche und Nutzungstypen (Fortsetzung)

Vogelart	PL	SL	NT	Requisitenansprüche
Alpenkrähe		●	NG BG	offene und zumeist niedrig bewachsene Trocken- oder Magerrasen mit ausreichendem Angebot an Bodenarthropoden, vor allem Koprophagen (Sommer) sowie Vegetabilen (Winter); zuletzt vermehrt auch Gebäudebruten
Rabenkrähe	●		BG NG ÜG	baumbestandene, offene und halboffene Landschaften sowie Waldränder (Brutplatz)
Kolkrabe		●	NG ÜG	nützt offene und halboffene Landschaften zur Nahrungssuche (Abfälle, Aas, Wirbellose, Eier anderer Vögel)
Star	●		BG NG	ausreichende Nahrungsflächen (kurzrasiges, nicht zu trockenes Grünland) und ausreichendes Höhlenangebot (Neststandort)
Bergfink		●	ÜG	als Habitatgeneralist oft Überwinterer in halboffenen Landschaften, in Siedlungsbereichen und in der Nähe von Futterstellen
Erlenzeisig		●	ÜG	Futterstellen im Siedlungsbereich
Gimpel		●	ÜG	Futterstellen im Siedlungsbereich
Zaunammer	●		BG NG	trocken-warme, meist südexponierte Hänge mit halboffener Vegetation (Brut) und kurzrasigen oder lückig bewachsenen Flächen (Sämereien, Beeren) sowie Bäumen oder Büschen (Sitzwarten und Deckung)
Zippammer		●	NG	aufgelassene Steinbrüche und alte, extensiv genutzte Weinberge; typisch sind Habitate mit Ginsterweiden, abwechslungsreich strukturierte Kahlschläge, lückig mit Pionierpflanzen und Bäumen oder Büschen bewachsene Rasen; ausreichendes Angebot an Sämereien und Arthropoden (Brutzeit)
Ortolan	●		BG NG	trocken-warme Standorte mit wasserdurchlässigen Böden, zum Beispiel in terrassierten Weinbergen, auf Trockenrasen, strukturreichen Landwirtschaftsflächen; Singwarten; ausreichendes Angebot an Sämereien und Arthropoden (Brutzeit)

PL = Primärlebensraum; **SL** = Sekundärlebensraum; **NT** = Nutzungstyp;
BG = Brutgebiet; **JG** = Jagdgebiet; **NG** = Nahrungsgebiet; **ÜG** = Überwinterungsgebiet

wöhnlich ausgedehnten Trockenrasenflächen am Vinschgauer Sonnenberg / Südtirol machen dagegen überwiegend die zentralasiatisch verbreiteten Arten aus, wie zum Beispiel der Stengellose Targant (*Astragalus exscapus*), der Blasen-Tragant (*Astragalus vesicarius*), der Bunte Bergfenchel (*Seseli varium*) und der Schweizer Schöterich (*Erysimum rhaeticum*).

Stärker submediterran beeinflußt sind die Trockenrasen des mittleren Etschtales und des unteren Eisacktales / Südtirol. Bestandsbildend sind dort in erster Linie das Bartgras (*Bothriochloa ischaemum*) und der Steifhalm (*Cleistogenes serotina*). Neben einigen anderen Carex-Arten sind dort auch das Zarte Schillergras (*Koeleria gracilis*) und das Glanz-Lieschgras (*Phleum phleoides*) häufig. Dazwischen blühen die bis 2 800 m üb. NN vorkommende Stein- (*Dianthus sylvestris*) und die Felsen-Nelke (*Petrorhagia saxifraga*), aber auch das gelbblühende Gemeine Sonnenröschen (*Helianthemum nummularium*).

Ein ausgesprochener Charaktervogel solcher klimatisch bevorzugter Trockenrasenflächen im Westteil der Alpen ist die seltene Alpenkrähe (*Pyrrhocorax pyrrhocorax*), die vor allem nach Bodenarthropoden – mit einer deutlichen Vorliebe für kotfressende Arten – sucht. Gebäudebruten wurden bei dieser Vogelart gleichermaßen festgestellt wie bei ihrer nahen Verwandten, der Alpendohle (*Pyrrhocorax graculus*). Diese ist allerdings wesentlich stärker an den hochalpinen Lebensraum gebunden. Massenüberwinterungen dieser Rabenvogelart kommen wegen des hohen Nahrungsangebots im talnahen Siedlungsbereich sehr häufig vor. Trotzdem kann man beide Arten nicht als typische Vertreter der alpinen Kulturlandschaft bezeichnen, da sie primär im Bereich der Felswände und Grasheiden leben und überwiegend auch dort brüten.

Auch der ebenso auffällig gefärbte wie lebende Neuntöter (*Lanius collurio*) ist typisch für sonnige Trockenrasenflächen. Auf exponierten Sitzwarten am Rand von offenen oder halboffenen Regionen lauert er auf Insekten. Größere Beutetiere spießt er gerne auf Dornen oder Stacheldrähte, um sie anschließend zerkleinern zu können. Vorwiegend seine schwarze Gesichtsmaske, sein unruhiges Schwanzzucken und seine auffällige Lebensweise in offenen und halboffenen Bereichen der Alpen erleichtern das Beobachten und die Bestimmung im Gelände. Im Vinschgau steigt er regelmäßig auf Höhen bis über 1 600 m üb. NN und ist dort vor allem in extensiv bewirtschafteten, reich mit Hecken, Gehölzen, Buschgruppen und Lesesteinzäunen ausgestatteten Regionen anzutreffen. Daneben bevorzugt er Flächen an unterholzreichen Waldrändern innerhalb der alpinen Kulturlandschaft.

Für viele Vogelarten ist neben der Ausstattung der Nahrungsflächen die Möglichkeit zur geeigneten Brutplatzwahl von besonderer Bedeutung. Die wärmeliebende, zur Brutzeit stahlblau schimmernde Blaumerle (*Monticola solitarius*) nutzt in den trocken-heißen Regionen der Alpen neben tiefen Schluchten und Felsküsten auch aufgelassene Steinbrüche als Brutplatz. Das Vorhandensein solcher Bereiche scheint das Vorkommen dieser Art mancherorts sogar zu limitieren. Als Neststandort werden aber auch Ruinen und ältere Gebäude – sogar mitten in Siedlungen – angenommen. Voraussetzung ist dabei aber immer ein reichhaltiges Angebot an Insekten, Regenwürmern, Reptilien und Spinnen sowie an Beeren und Früchten in der näheren Umgebung – Bedingungen, wie sie gerade auf den trockenheißen Rasenhängen in Südtirol umd manchen anderen Bereichen der Südalpen (vor allem in den Seealpen / Frankreich) zu finden sind.

Ebenso ausnahmslos an wärmere Regionen der Alpen gebunden ist der kurzschwänzige, farbenprächtige Steinrötel (*Monticola saxatilis*). Auf steinigen, sonnenexponierten, von wenigen Büschen durchsetzten, kurzrasigen Wiesenhängen findet er seine Nahrung, die überwiegend aus größeren Bodeninsekten, aber auch kleineren Reptilien und fleischigen Früchten besteht. Ebenso wie die Blaumerle (*Monticola solitarius*) brütet er bevorzugt in Porphyr-Steinbrüchen und erreicht dort – zumindest in Südtirol – seine höchsten Siedlungsdichten.

Sobald das Interesse des Menschen an kargen, überweideten Flächen erlischt und sich Pionierpflanzen, wie zum Beispiel Ginsterheiden (verschiedene Arten von *Genista*), niedriges Buschwerk und vereinzelte Bäume einfinden, stellt sich eine der wenigen auch in den Alpen brütenden Ammern-Arten ein, die Zippammer (*Emberiza cia*). Langschwänzig und überwiegend bräunlich gefärbt, sucht sie zwischen Lesesteinen, aber auch in Blockhalden und Lawinenrunsen nach Insekten und Sämereien.

Einen ähnlichen Lebensraum bevorzugt die gelbkehlige Zaunammer (*Emberiza cirlus*), die man nicht selten singend auf den einzeln stehenden, höheren Warten dieses Lebensraumes zu Gesicht bekommt.

Weinbaugebiete

Neben ehemals vom Menschen genutzten Flächen (z.B. Trockenrasen) bewohnen Zaunammer (*Emberiza cirlus*) und Zippammer (*E. cia*) auch die terrassenartig angelegten Weinberge alpiner Trockentäler, wie zum Beispiel in Südtirol und anderen Bereichen der Südalpen. Dort teilen sie sich ihren Lebensraum mit einer Vielzahl anderer Vogelarten, die das dort reichhaltige Angebot an Insekten und anderen Wirbellosen nutzen. Zu diesen gehört der auch in den Alpen immer seltener werdende und unauffällig lebende Ortolan (*Emberiza hortulana*), der prächtig orange gefärbte Wiedehopf (*Upupa epops*) und der in vielen Farben schillernde

Star (*Sturnus vulgaris*). Letzterer ist bei den Weinbauern kein gern gesehener Gast, da er auch die fruchtigen Trauben frißt und mitunter in großen Schwärmen in die Weinberge einfällt.

Wie der Star, aber in wesentlich geringeren Abundanzen, kommt auch der Ortolan auf den sandigen Böden dieser Terassenkulturen vor. Überall dort, wo einzelne Bäume und Sträucher wie Wacholder (*Juniperus communis alpina*), Sanddorn (*Hippophae fluviatilis*) oder Sauerdorn (*Berberis vulgaris*) im lockeren Wechsel mit Heckenreihen und Obstplantagen auf sonnenexponierten Hängen gedeihen, jagt er nach Insekten und Kleintieren.

Die sandigen, schütter und kurz bewachsenen Böden zwischen den Weinstöcken sucht der Wiedehopf (*Upupa epops*) bei seiner Jagd nach Insekten auf. Dort erbeutet er während der Jungenaufzuchtsphase, auffällig mit dem Kopf nickend und die prächtige Federhaube nach hinten angelegt, vorwiegend die im Boden lebenden Maulwurfsgrillen (*Gryllotalpa gryllotalpa*), vgl. Tab. 3. Im auffälligen, wellenförmigen Flug bringt er die Beute zu seiner Bruthöhle. Als Neststandort wählt er besonders gerne lockerbödige Böschungen in Kiefernwäldern und natürliche Zwischenräume in den Weinbergmauern.

Das versteckt lebende Steinhuhn (*Alectoris graeca*) hört man dank seiner auffälligen Stimme, dem sogenannten «Wetzen», eher als das man es sieht. Dieses anpassungsfähige, ursprünglich mediterrane Faunenelement besiedelt daneben die sonnigen, steilen Porphyrhän-

Tab. 3: Prozentualer Anteil verschiedener Beutetierarten an der Nahrung des Wiedehopfs *(Upupa epops)* im Vergleich zum Nesteintrag. Maulwurfsgrillen sind von herausragender Bedeutung während der Jungenaufzucht (nach FOURNIER 1990).

	Adulte	Nesteintrag
Maulwurfsgrillen	25 %	80 %
Raupen	60 %	15 %
Puppen	8 %	3 %
Sonstige Beute	7 %	2 %

ge Südtirols (z.B. im Etschtal) und die steilen, mit Zwergsträuchern üppig bewachsenen Hänge im Bereich der Waldgrenze. Leicht zu verwechseln ist es nur mit seinem nahen Verwandten, dem Chukarhuhn (*Alectoris chukar*). Dieser Hühnervogel wurde in den letzten Jahrzehnten in den Alpen zu Jagdzwecken ausgewildert und gefährdet dort durch Bastardisierungen mit dem Steinhuhn dessen Überlebensfähigkeit. Das Chukarhuhn besiedelt vergleichbare Lebensräume, ist aber selbst ohne menschliche Hilfe nicht in der Lage, in den Alpen zu überwintern und eine überlebensfähige Population aufzubauen.

Halboffene und offene Landschaftsbereiche

An etwas feuchteren Stellen offener und halboffener Bereiche der alpinen Kulturlandschaft mit einer ausreichend Deckung bietenden Krautschicht lebt die starengroße, nahezu schwanzlos wirkende Wachtel (*Coturnix coturnix*). Wie das Steinhuhn (*Alectoris graeca*) gehört sie zur Familie der Glattfußhühner (*Phasianidae*). Sie besiedelt die Alpen nur in geringer Dichte. Aufgrund ihrer Vorliebe für artenreiche Wiesenflächen im Bereich von Gehölzrändern wie Goldhafer-Mähwiesen (*Trisetion*) und Glatthafer-Mähwiesen (*Arrhenatherion elatioris*) südlich des Alpenhauptkammes bzw. für die feuchtere Variante der Knöterich-Goldhaferwiesen (*Triseto-Polygonion*) in den nördlichen Alpentälern wurde die Wachtel durch die Intensivierung der Landwirtschaft auch in den Alpen immer mehr zurückgedrängt.

Häufig und leicht zu beobachten ist dagegen der bodenbrütende Baumpieper (*Anthus trivialis*). Er bewohnt als Charaktervogel die offenen und halboffenen, durch Bäume, Büsche und Feldgehölze gegliederten Wiesenlandschaften mit hohen Singwarten, die ihm einen guten Überblick über sein Revier ermöglichen. Man findet ihn an Waldrändern und großen Lichtungen von Nadelwäldern von den Tallagen bis hinauf in die Almregion, wo er besonders durch seinen markanten Singflug auffällt. Singend gleitet er «fallschirmartig» von einer hohen Singwarte herab und landet zumeist auf einer weiteren Warte im Gelände.

Besonders in der halboffenen Kulturlandschaft der Zentralalpen ist die Wacholderdrossel (*Turdus pilaris*) weit verbreitet. Sie besiedelt die an Wiesen grenzenden Waldränder, kleinere Baumgruppen, Erlenauen und vergleichbare Standorte, wobei sie feuchtkühle Lokalklimate bevorzugt. Als ursprüngliche Bewohnerin der Taiga ist sie erst Ende des letzten Jahrhunderts am Alpenrand aufgetaucht und galt in Südtirol vor 1969 nicht als Brutvogel. Heute trifft man sie innerhalb der Alpen bis hinauf zur Waldgrenze.

Im Zuge der Entstehung der alpinen Kulturlandschaft hat auch die Amsel (*Turdus merula*) eine umfangreiche Lebensraumerweiterung erfahren und sich als ehemals ausschließlicher Bewohner unterholzreicher, dichter und feuchter Nadelwälder in diese neuentstandenen, z.T. baumlosen Landschaften ausgebreitet. Als ausgesprochenen Kulturfolger finden wir die Amsel in Hausgärten, Parkanlagen, Obstgärten, überwiegend jedoch in halboffenen und offenen Landschaften mit einzelnen Scheunen und Gebäuden bis in den Nieder-, Mittel- und geschlossenen Hochwald (dort allerdings in nur geringer Dichte).

Ein Charaktervogel feuchter und extensiv genutzter Wiesen mit abwechslungsreichem Vegetationsaufbau ist das immer seltener werdende Braunkehlchen (*Saxicola rubetra*). Es reagiert besonders empfindlich auf die Behandlung des Bodens mit chemischen Substanzen, denn es jagt mit Vorliebe an Wegerändern nach kleinen Insekten. Gerade dort wird die Vegetation oft mit Herbiziden bearbeitet. Jedoch auch andere Teile seines Lebensraumes werden immer mehr zerstört. So verdrängt auch in den Alpen die intensive Grünlanddüngung und ein mehrmaliger Grasschnitt die vormals extensive Nutzung von Mähwiesen oder Weiden, wodurch das Braunkehlchen immer mehr auf kleinräumige Restflächen wie Niedermoore,

△
Kulturlandschaft in Südtirol (1 600 m üb. NN).

Alpine Kulturlandschaft mit Almen (Reiteralm / Bayern) auf ca. 1 500 m üb. NN.
▽

Alpines Fließgewässer (Königsseer Ache / Bayern).

Alpines Stillgewässer (Martelltal / Südtirol).

Streuwiesen und Zwergstrauchheiden der Sub-alpinstufe sowie entsprechend feuchte Standor-te zurückgedrängt wird. Typische Lebensräume in den Zentralalpen sind zum Beispiel Bürst-ling-Weiderasen (*Aveno-Nardetum*), Kamm-gras-Rispengras-Weiderasen (*Cynosuro-Poion*) und Straußgras-Rasenschmielen-Weiderasen (*Agrostido-Trifolio-Deschampsietum caeespito-sae*) – jeweils mit einer ausreichenden Ausstat-tung an Einzelbüschen, Hecken und Weide-zäunen als Sitzwarten. In Südtirol kommt es da-gegen in Gebieten vor, wo Hecken und Flurgehölze die Restbestände der ehemaligen Pflanzendecke bilden. Wichtige Lebensraum-bestandteile sind höher wachsende und Hecken bildende Rosenarten (*Rosa gallica*, *R. dume-torum*, *R. canina*), Bestände an Weißdorn (*Crataegus monogyna*) und Sauerdorn (*Berberis vulgaris*) sowie kleinwüchsigere, nicht weniger auffällige Arten wie Felsen-Gänsekresse (*Arabis nova*), Steife Rauke (*Sisymbrium strictissimum*), Roter Storchschnabel (*Geranium sanguineum*), Ochsenzunge (*Anchusa officinalis*) und der blaublütige Natternkopf (*Echium vulgare*). Dort sieht man das Braunkehlchen noch heute in erfreulicher Regelmäßigkeit auf Sitzwarten nach Beute Ausschau halten.

Auch der Turmfalke (*Falco tinnunculus*) jagt in den offenen Bereichen der Kulturlandschaft. Wenige Meter über dem Boden «steht» er mit den Flügeln rüttelnd in der Luft. Auf diese Wei-se sucht er nach kleinen Nagern, größeren In-sekten und Reptilien, die er während der Nest-lingszeit seinen Jungen in die Fels- und Gebäu-dehorste, wie Ruinen und Kirchen, bringt.

Ein weiterer, typischer Jäger in der Kultur-landschaft ist der Mäusebussard (*Buteo buteo*). Er zieht seine suchenden Kreise, um vorwie-gend Feldmäuse (*Microtus arvalis*) am Boden auszumachen. Oft sieht man ihn auch auf Zaunpfählen oder einzeln stehenden Bäumen sitzen, jedoch stets in der Nähe von Nahrung verheißenden, offenen Bereichen.

Der flinke Sperber (*Accipiter nisus*) nutzt je-de sich bietende Deckung, wie Bäume, Hecken, Büsche und Häuserecken, bis hinein in den Vorstadtbereich, um im Überra-schungsangriff kleine Vögel zu erbeuten. Als Standort für seinen Baumhorst bevorzugt er im Gegensatz zu seinen offenen Jagdgebieten über-wiegend geschlossene Nadelstangenhölzer.

Der etwa krähengroße Waldkauz (*Strix aluco*) ist in den Alpen wohl der verbreiteste Nacht-greifer unter den Vögeln und gleichzeitig derje-nige, den man am leichtesten und häufigsten hört. Er sitzt gerne an Lichtungen und Wald-rändern aller Art, aber auch in Parkanlagen und Friedhöfen, wo er die angrenzenden, offenen Bereiche nach Nahrung abspäht. Dichte Fich-tenforste meidet diese Art dagegen weitgehend.

Wo die Koniferenbestände besonders dicht sind – in kleineren Baumgruppen und am Waldrand – brütet die schlanker wirkende Waldohreule (*Asio otus*). Am häufigsten trifft man sie in den breiteren Alpentälern bis hinauf zur Waldgrenze. Im Gegensatz zum Waldkauz sucht sie nur im Winter engeren Anschluß an menschliche Siedlungen, wobei sie im offenen Gelände mit niedrigem Pflanzenwuchs beson-ders gerne Wühlmäusen nachstellt. Am ehesten sieht man die Jungvögel, die sich in der Däm-merung und bis in die Nacht hinein – oft am Boden kauernd – durch ihre hohen Standort- und Bettelrufe verraten.

Mit der Rodung zusammenhängender, dich-ter Waldgebiete und damit der Öffnung weit-räumiger Flächen wurde auch der größten ein-heimischen Eulenart, dem mehr als bussard-großen Uhu (*Bubo bubo*), ermöglicht, in die bis dahin für ihn lebensfeindlichen Regionen der Alpen vorzudringen. Er brütet vor allem in ver-steckten Felswänden geschlossener Wälder aller Art. In den letzten Jahrzehnten wurde er er-freulicherweise wieder häufiger. Er jagt mit Vorliebe nach größeren Nagern, Eichhörnchen (*Sciurus vulgaris*), Igeln (*Erinaceus europaeus*), Vögeln, Mardern (*Martes spec.*) und anderen Beutetieren bis hin zu Rehkitz (*Capreolus capreolus*) und Jungfuchs (*Vulpes vulpes*).

Die Rabenkrähe (*Corvus corone*) hat im Zu-ge der Urbarmachung und Kultivierung der Al-pen auf ganz andere Art und Weise profitiert.

Zum einen bevorzugt sie als Lebensraum offene und halboffene Landschaften mit Bäumen, Feldgehölzen und Waldrändern sowie hochgelegene Viehweiden und gedüngtes Grünland. Zum anderen drängen sich aber gerade im Winter sehr viele Rabenkrähen auf den Mülldeponien unserer Kulturlandschaft. Dies hat manchmal zu Bestandsüberschätzungen und damit oft zur ungerechtfertigten Verfolgung dieser Krähenart geführt hat (siehe S. 229, 230).

Mit Vorliebe bewohnt der Kuckuck (*Cuculus canorus*) tundrenähnliche Landschaften, hat sich aber auch bestens an die Bedinungen der alpinen Kulurlandschaft angepaßt und erreicht hier innerhalb der Alpen seine größte Häufigkeit. Er fehlt eigentlich nur in ausgeräumten Agrarlandschaften und ist bis oberhalb 2 000 m üb. NN, also auch oberhalb der Waldgrenze, anzutreffen. Im Flugbild gleicht er auffällig dem Turmfalken, während die «Sperberung» seiner Unterseite stark an den Sperber erinnert. Zumeist sitzt er mit charakteristisch herabhängenden Flügeln und gespreiztem Schwanz auf seinen bevorzugten Warten.

In manchen Wintern kommt es in den halboffenen Bereichen der Alpen zu Masseneinflügen oder zumindest hohen Konzentrationen des Bergfinks (*Fringilla montifringilla*). Dabei handelt es sich um Überwinterungsgäste aus nördlicheren Regionen Europas, die schlechten Witterungsbedingungen in ihren angestammten Überwinterungsgebieten ausweichen und dann zuweilen auch an Futterplätzen oder im Siedlungsbereich in großer Anzahl auftauchen. Ansonsten findet man diesen Habitatgeneralisten ebenso wie den Buchfink (*Fringilla coelebs*) in allen Waldtypen vor, wo er diesen von Mittel-Fennoskandien nach Norden hin ersetzt. In den Alpen brütet dieser Bergfink allerdings nicht.

Der Siedlungsbereich

Einige Bewohner ursprünglich z.T. völlig andersartiger Lebensräume haben sich im Laufe der Kultivierung der Landschaft in Regionen vorgewagt, die auf den ersten Blick oft nicht im

mindesten den natürlichen Bedürfnissen der jeweiligen Vogelart entsprechen. Die Amsel (*Turdus merula*) ist dabei innerhalb der alpinen Kulturlandschaft nicht nur in die offenen und halboffenen Bereiche vorgedrungen, sondern auch bis in vegetationsarme Siedlungsbereiche und bewohnt diese in z.T. hohen Siedlungsdichten. Allerdings deuten viele Fakten darauf hin, daß es sich bei der Besiedelung dieses «extremen» Lebensraumes durch die Amsel entweder um ein Ausweichverhalten dieser Art aufgrund von sich verschlechternden Bedingungen innerhalb ihres Primärlebensraumes handelt oder sich nur die «Überschußindividuen» der Population wie Kulturfolger verhalten (BAUER & BERTHOLD 1996; siehe S. 228, 244). Vor allem in Gärten und Parks alpiner Siedlungen findet man die Amsel sehr häufig, wobei sie je nach Nahrungsangebot saisonal bedingt in vielfältigen Habitaten anzutreffen ist. Bereiche mit Beerensträuchern spielen im Herbst eine wichtige Rolle, wohingegen sie im Winter ausschließlich Sämereien zu sich nimmt. Während der Brutphase bilden vorwiegend Wirbellose (z.B. Würmer) den Hauptanteil des Nahrungsspektrums.

Ursprünglich ein Bewohner offener, baumloser Felslandschaften, hat sich auch der Hausrotschwanz (*Phoenicurus ochruros*) den Siedlungsbereich als Lebensraum erobert, wobei ihm die menschlichen Bauten ein nahezu grenzloses Brutplatzangebot bieten. Dort jagt er – auffällig mit dem Schwanz zitternd – von exponierten Sitzwarten aus nach Kleininsekten aller Art oder läßt seinen auffälligen, gequetscht klingenden Gesang hören. Obwohl er im Siedlungsbereich erstaunlich hohe Dichten erreichen kann, handelt es sich bei felsigen Bereichen bis nahe 3 000 m üb. NN um seinen primär angestammten Lebensraum in den Alpen (s. Seite 202).

Besonders im Winter kann man im Bereich unserer Siedlungen noch eine ganze Reihe anderer Überwinterungsgäste aus zumeist höher gelegenen Bereichen der Alpen beobachten. Eisige Temperaturen, hohe Schneeauflagen und damit verbundene Nahrungsknappheit veranlassen z.T. größere Trupps von Erlenzeisigen (*Carduelis spinus*), Blaumeisen (*Parus caeruleus*) und Kohlmeisen (*Parus major*), sich an Futterstellen einzufinden. Das Erscheinen des farbenprächtigen Gimpel (*Pyrrhula pyrrhula*) am Futterhäuschen gilt in den Alpen als «Frühwarnsystem» vor Wintereinbrüchen mit starkem Schneefall.

Gewässer

In den Alpen kommen naturgemäß weniger Arten vor, die sich in ihrer Lebensweise ausschließlich auf Feuchtgebiete, Still- oder Fließgewässer konzentrieren. Allgemein spielt sich bei solchen Vögeln ein Hauptanteil des Lebens auf oder unter der Wasseroberfläche ab, wie zum Beispiel bei den Vertretern der Entenvögel (Familie *Anatidae*) und auch der Wasseramsel (*Cinclus cinclus*). Andere suchen lediglich die Nähe von Gewässern auf, um im Uferbereich zu brüten oder das reiche Nahrungsangebot feuchter Standorte zu nutzen. Alpine Gewässer zeichnen sich in naturbelassenem Zustand durch ein reichhaltiges Angebot an Insekten, deren Larven und Kleinfischen aus, es sei denn, es handelt sich um Gewässer, die im Winter bis zum Grund durchfrieren oder austrocknen. Auch die Uferregion bietet einer Vielzahl von Kleinstlebewesen (z.B. Würmern, Insektenlarven usw.) hervorragende Lebensbedingungen.

Tab. 4: Vogelgemeinschaft alpiner Gewässer, Requisitenansprüche und Nutzungstypen

Vogelart	PL	SL	NT	Requisitenansprüche
Reiherente	•		BG NG	stehende bis schwach fließende, seichte bis tiefere, oligo- bis mäßig eutrophe Gewässer mit ausreichend großem Vegetationsgürtel (Brut) und einer reichlich großen Wasserfläche (Nahrungssuche durch Tauchen)
Gänsesäger	•		ÜG	überwintert bevorzugt an schnellfließenden, fischreichen Gewässern mit alten Baumbeständen und reichhaltigem Angebot an Kleinfischen
Flußuferläufer	•		BG NG	schluchtartige Bereiche der Gebirgsflüsse bis zu locker bewachsenen Schotter- und Kiesbänken in Flußniederungen sowie an geschlossenen, auch sandigen Gehölzbeständen entlang von offenen Gewässern (Brut); Nahrungssuche im Uferbereich (Insektenlarven und andere Wirbellose)
Gebirgsstelze	•		BG NG	beschattete Fließgewässer mit Wildbachcharakter, d.h. mit Geröllufern und wechselhaften Strömungsverhältnissen; Nest an Steilufern; im Kulturland meist an Wehren und ähnlichen Strukturen; Nahrungssuche in der Uferzone (v. a. Wirbellose)
Wasseramsel	•		BG NG ÜG	rasch fließende, saubere bis mäßig verschmutzte und ständig wasserführende Gewässer mit steinigem oder kiesigem Flußbett sowie einigen herausragenden Steinen; ausreichende Sauerstoffsättigung, gutes Nahrungsangebot sowie geeignete Neststandorte und Schlafplätze

PL = Primärlebensraum; **SL** = Sekundärlebensraum; **NT** = Nutzungstyp;
BG = Brutgebiet; **JG** = Jagdgebiet; **NG** = Nahrungsgebiet; **ÜG** = Überwinterungsgebiet

Dies macht sich beispielsweise die darauf spezialisierte, überwiegend gelbgefärbte Gebirgsstelze (*Motacilla cinerea*) zunutze.

Die Anpassung an diesen Lebensraum der Alpen erfordert von allen Arten der Vogelgemeinschaft besondere Fähigkeiten, denn die Voraussetzungen für ein Leben im oder am Wasser sind vielfach andere als die im Tiefland.

Bäche und Flüsse der Alpen

Ein großer Teil des Niederschlags in gebirgigen Regionen fließt in Form reißender Bäche oder unterirdischer Kanalsysteme schnell zu Tal. Auf seinem Weg dorthin weist der Gebirgsbach nur wenige Bereiche mit ruhig fließendem Wasser auf. Diese bieten nur einer geringen Anzahl von Vögeln einen ausreichend großen Lebensraum. Die Bachläufe der Alpen dagegen zeigen in ihren schnellfließenden Bereichen eine erstaunlich große Vielfalt an floristischen und faunistischen Besonderheiten – sofern sie nicht vom Menschen reguliert wurden. An Stellen, an denen der Untergrund (z.B. Karstgestein) ein rasches Versickern des Wassers unterstützt, kann die bachbegleitende Vegetation etwas andersartig ausgebildet sein als an Standorten auf wasserundurchlässigerem Gestein (z.B. Silikatgestein). Die Unterschiede bezüglich dieses Vegetationstyps sind über den gesamten Alpenbogen jedoch minimal. Charakteristisch sind Grauerlenbestände (*Alnus incana*), in deren Unterwuchs eine üppige Vegetation mit großblättrigen, krautigen Pflanzen gedeiht. Diese profitieren zum Großteil wiederum vom Stickstoff, den die Grauerlen mit Hilfe von Wurzelbakterien binden können. In höheren Lagen, vorwiegend im Bereich der subalpinen Wald- und Zwergstrauchstufe, werden die Grauerlen des öfteren von Grünerlengebüschen (*Alnus viridis*) abgelöst. Jedoch auch andere Pflanzengesellschaften prägen das Gesicht des alpinen Bergbachs in entscheidendem Maße. So finden wir überwiegend in den südlichen Regionen der Alpen an Stellen mit gefestigtem Untergrund Grau-Weide (*Salix eleagnos*), Purpur-Weide (*S. purpurea*), Sal-Weide (*S. caprea*), Mandel-Weide (*S. triandra*) und Schwarz-Weide (*S. nigricans*). In deren Unterwuchs steht bevorzugt die Alpen-Pestwurz (*Petasites paradoxus*), der in weißen Dolden blühende Geißfuß (*Aegopodium podagraria*), die rötlich-violette Roß-Minze (*Mentha longifolia*) und der bis 1 200 m üb. NN vorkommende, unverwechselbare Blut-Weiderich (*Lythrum salicaria*). Sobald das Bachbett ständig verlagert wird und periodische Hochwasser eine ausreichende Bodenbildung verhindern, beschränkt sich die Vegetation auf kraut- und grasreiche Pioniergesellschaften. In ihnen geben Weißes Straußgras (*Agrostis stolonifera*) und unter 1 500 m üb. NN auch das Ufer-Reitgras (*Calamagrostis pseudophragmites*) den Ton an. Dazwischen blühen als bunte Farbtupfer Fleischers Weidenröschen (*Epilobium fleischeri*), bis auf eine Höhe von 2 600 m üb. NN die rasenbildende Kleine Glockenblume (*Campanula cochleariifolia*), das goldgelbe Gänse-Fingerkraut (*Potentilla anserina*) und etliche Alpenschwemmlinge wie Alpen-Leinkraut (*Linaria alpina*), Schild-Ampfer (*Rumex scutatus*) oder Felsen-Kugelschötchen (*Kernera saxatilis*).

Geschützt durch die üppige Vegetation am Gebirgsbach zwischen den ausgeschwemmten Wurzeltellern bzw. den überhängenden Uferböschungen, aber auch unter Brücken und hinter Wasserfällen, findet die Wasseramsel (*Cinclus cinclus*) vom Talboden bis in große Höhen hinauf geeignete Standorte für ihr kugeliges Moosnest. Dieser einzige echte Wasservogel unter den Singvögeln zeigt einige erstaunliche Anpassungen an den Lebensraum Gebirgsbach. Verschließbare Nasen- und Ohröffnungen, ein dichtes, festes Gefieder und kurze Flügel sowie ein kurzer Schwanz erlauben es der Wasseramsel, auf dem Bachgrund unter Steinen, in reißender Strömung und in Tiefen von bis zu 1,5 m nach Insektenlarven zu tauchen. Oft verrät sie sich an sauberen Bächen und Flüssen im Gebirge durch ihre schrillen Rufe und ihr auffälliges Wippen auf Steinen im Gewässer.

Der Gänsesäger (*Mergus merganser*) sucht in den letzten Jahren immer häufiger die schnellfließenden und fischreichen Gewässer der Alpen auf, um an ihnen diejenige Zeit zu überbrücken, während der auf anderen Gewässern geschlossene Eisdecken vorherrschen. Oft sieht man ihn dann zusammen mit der Wasseramsel tauchend nach Beutetieren jagen, wobei der Gänsesäger weniger Insekten als vielmehr Kleinfische bevorzugt. Während der Brutzeit trifft man diesen in Höhlen brütenden Entenvogel in ähnlichen, von Bäumen gesäumten Gewässertypen, allerdings in den meisten Fällen weiter flußabwärts und somit in tieferen Lagen als den Alpen.

Im seichten Wasser, bevorzugt aber im näheren Uferbereich, auf Viehweiden und anderen Grünflächen sucht die Gebirgsstelze (*Motacilla cinerea*) nach Insekten und anderen Kleintieren. Von den europäischen Stelzen ist sie am engsten an das Element Wasser gebunden und baut ihr Nest mit Vorliebe in Löchern oder Spalten von Böschungen, Mauern und Felsen in der Nähe geeigneter Wasserläufe. Sie ist bis über 2 000 m üb. NN anzutreffen, wobei sie sich besonders häufig an schnell fließenden, schattenreichen Gewässern mit vielgestaltiger Uferausbildung aufhält. Ein typischer Lebensraum der Alpen sind somit die üppigen, feuchten Grünerlenauen (*Alnus viridis*), wo die Gebirgsstelze durch ihr überwiegend gelbes Gefieder, ihre metallisch klingenden Rufe sowie ihre kurzen Fangflüge über der Wasseroberfläche auf der Jagd nach Insekten auffällt.

Weitaus seltener ist heutzutage der Flußuferläufer (*Actitis hypoleucos*) in seinem typischen Lebensraum anzutreffen, den Uferzonen von natürlichen Bächen und Flüssen. Die ungestörten, bewachsenen Kies- und Schotterbänke und damit seine bevorzugten Niststandorte sind in den Alpen selten geworden. Die fortschreitende Lebensraumzerstörung durch Flußverbauungen, aber auch durch die zunehmenden Störungen durch Badegäste, Angler, Kanufahrer, Rafter usw. an den letzten verbliebenen Wildwasserläufen der Alpen, haben die-

sen Watvogel zu einer bedrohten Art der Roten Listen werden lassen. Auf den trockenen Schotterbänken, zwischen Sanddorn (*Hippophae fluviatilis*), Weißdorn (*Crataegus monogyna*), überwiegend jedoch niedriger Vegetation wie dem gelbblütigen Huflattich (*Tussilago farfara*), dem Weißem Steinklee (*Melilotus albus*), der Kamille (*Matricaria germanica*) und dem zumeist rötlich blühenden Ampfer-Knöterich (*Polygonum lapathifolium*) baut der Flußuferläufer in einer Bodenmulde sein flaches, gut getarntes Bodennest. An solchen Standorten und auf den Schlamm- und Kiesbänken sucht er stochernd nach Insekten, Spinnen und Würmern. Genau wie die Wasseramsel (*Cinclus cinclus*) und Gebirgsstelze (*Motacilla cinerea*) wirkt er rast- und ruhelos. Neben seinem ständigen Wippen fällt er besonders durch seine durchdringenden Rufe sowie seinen raschen, abgehakten Flug unmittelbar über der Wasseroberfläche auf.

Stillgewässer

Sobald die Bäche und Flüsse sich in kleine Seen, Weiher oder Teiche ergießen und dort eine Fläche stehenden Gewässers bilden, treffen wir auf eine Vogelart, die ursprünglich kein typischer Vertreter der alpinen Avifauna war. Seit etwa zwei Jahrzehnten jedoch hat sich auf diesen Wasserflächen bis nahe an 2 000 m üb. NN die schwarz-weiß gefärbte Reiherente (*Aythia fuligula*) eingestellt und dort auch – bisher noch in geringer Siedlungsdichte – als Brutvogel etabliert. In Ufernähe oder direkt an der Grenzlinie zwischen Wasser und Land (in der amphibischen Zone) findet diese kleine Tauchente ausreichende Mengen an Schnecken, Insekten und deren Larven sowie mitunter kleine Fische. Sie benötigt einen üppig bewachsenen Uferbereich, an dem sie auf Schwimmnestern zwischen Schilf (*Phragmites australis*), Rohrkolben (*Typha latifolia* und *T. angustifolia*), Teichbinse (*Schoenoplectus lacustris*) und dem seltenen Fieberklee (*Menyanthes trifoliata*) brütet. Auch auf festem Untergrund baut die Reiherente ihr einfaches Nest gut versteckt im undurchdringlichen «Dschungel» von Rohrglanzgras (*Phalaris arundinacea*), Horst-Segge (*Carex elata*), Schnabel-Segge (*C. rostrata*), Zierlicher Segge (*C. gracilis*) und Pfeifengras (*Molinia caerulea*). Auf der Wasserfläche ist sie durch ihre schwarzweiße Färbung und den auffälligen Schopf, der bei den ♀ etwas kürzer ausgebildet ist, gut zu erkennen und von anderen, zumeist durchziehenden Enten leicht zu unterscheiden.

Neben der Reiherente (*Aythya fuligula*) trifft man selbstverständlich auch andere Wasservögel während der Sommermonate auf alpinen Stillgewässern an. Stockente (*Anas platyrynchos*) Bläßhuhn (*Fulica atra*), Eisvogel (*Alcedo atthis*) und Graureiher (*Ardea cinerea*) nutzen diese ausschließlich als Nahrungs- und Jagdgebiete. Im Winter besiedelt die Reiherente die wenigen eisfreien Flächen im Alpenraum so gut wie alleine.

Laubmischwälder

Alpine Wälder, vor allem reine Laub- und Laubmischwälder, gehören mit zu den artenreichsten Lebensräumen für Wirbeltiere. Aufgrund regionaler und lokaler Unterschiede bezüglich Klima, geologischem Untergrund und Art der menschlichen Nutzung haben sich in den Alpen im Laufe der Jahrtausende – bezüglich ihrer Artenzusammensetzung – sehr unterschiedliche Laubmischwaldtypen herausgebildet. Die geringere Übersäuerung des Bodens gegenüber Nadelwäldern und die höhere Lichtdurchlässigkeit der Baumkrone ergibt ein artenreiches Spektrum an Klein- und Kleinstlebewesen. Dies gilt sowohl für den Waldboden als auch für die oberen Baumregionen. Die Bodenvegetation ist ebenfalls wesentlich ausgeprägter als im alpinen Nadelwald. Diese bietet vielen Vögeln Deckung, Nahrung und Niststandorte in Bodennähe.

Die vertikale Obergrenze des Laubwaldgürtels ist im Bereich der klimatisch rauheren, regenreicheren Nordalpen um mehrere hundert Meter nach unten verschoben. Der jeweilige Nadelholzanteil – wenn überhaupt vorhanden – ist sehr unterschiedlich und neben der Laubholzarten- und Alterszusammensetzung mindestens genauso wichtig für die Eignung des jeweiligen Laubwaldtyps als Lebensraum für bestimmte Vogelarten. Im Zuge der möglichen Klimaänderung und der damit verbundenen Erwärmung handelt es sich beim alpinen Laubmischwald um einen Habitattyp, der künftig flächenmäßig dazugewinnen könnte.

Laubwälder der Südalpen

Die natürliche, geographische Verbreitung der Laubwälder hat ihren Schwerpunkt sicherlich südlich des Alpenhauptkammes. Das hat seine Ursache in den für Laubhölzer günstigeren klimatischen Bedingungen. In der Mannigfaltigkeit ihrer Artenzusammensetzung übertreffen sie bei weitem die Laubwälder der Zentral- und Nordalpen. So finden wir in Südtirol auf stark bewegtem, sauerstoffreichem Untergrund an schnell fließenden Gerinnen höher gelegener Täler typische Grauerlenbestände (*Alnus incana*), die dort bereits die Schwarzerlen (*A. glutinosa*) in ihrer Vertikalverbreitung ablösen. Rispen-Segge (*Carex paniculata*), Manna-Schwaden (*Glyceria fluitans*) und die staudig wachsende, Gemeine Pestwurz (*Petasites hybrides*), aber auch das bis 3000 m üb. NN vorkommende, Zweiblütige Veilchen (*Viola biflora*), die Gefleckte Taubnessel (*Lamium maculatum*) und die Wald-Engelwurz (*Angelica sylvestris*) sind nur einige Vertreter der dortigen Begleitflora. Die besonders auf wasserzügigen, tonreichen Böden gedeihenden Birken-Hangwälder (*Betula verrucosa*) sind ähnlich stark in die umgebende Vegetation eingebunden, zeigen jedoch auch eine Anzahl eigenständiger Elemente, wie die Rasen-Schmiele (*Deschampsia cesposita*), die Hain-Rispe (*Poa nemoralis*), den Wolligen Hahnenfuß (*Ranunculus lanuginosus*), die Echte Nelkenwurz (*Geum urbanum*) oder das gelbblütige Springkraut (*Impatiens nolitangere*).

Laubmischwälder

Tab. 5: Vogelgemeinschaft alpiner Laubmischwälder, Requisitenansprüche und Nutzungstypen

Vogelart	PL	SL	NT	Requisitenansprüche
Habicht	•		BG ÜG	möglichst vielgestaltige, deckungsreiche Landschaft mit langen Randlinien zwischen freien Flächen und Wald (Jagd); Hochwälder mit alten Baumbeständen (Brut)
Haselhuhn	•		BG NG ÜG	unterholzreiche, stark gegliederte Wälder mit reichem Deckungs- bzw. Äsungsangebot und mehr oder weniger hohem Nadelholzanteil
Waldschnepfe	•		BG NG	reich gegliederte, lichte sowie meist feuchte bzw. bruchige Hochwälder oder in Niederwäldern mit ausgeprägter Kraut- und Strauchschicht; wichtig sind Lichtungen und andere Freiflächen (Balzflüge); Nahrungssuche bei ausreichendem Regenwurmangebot im angrenzenden Offenland
Uhu		•	JG BG	lichte Schluchtwälder mit offenen, lückig bestandenen und reich strukturierten Bereichen
Waldkauz	•		BG ÜG	reich strukturierte Landschaft mit alten Baumbeständen; oft an Verbreitung der Buche gebunden (Brut in Buchenhöhlen)
Wiedehopf		•	BG	Bruthöhlen in alten Bäumen (z. B. der Edelkastanie in Südtirol)
Grauspecht	•		BG ÜG NG	in tieferen Lagen vor allem ausgedehnte, grenzlinienreiche Laubwaldbereiche (bevorzugt Rotbuche als Höhlenbaum) mit hohem Strukturreichtum sowie niedrigwüchsige Flächen zur Nahrungssuche am Boden (Insekten, v. a. Ameisen)
Grünspecht	•		BG NG ÜG	Randbereiche geschlossener Laub- und Mischwälder in reich strukturierter Landschaft sowie Lichtungen und Kahlschläge (Brut); Nahrungsspezialist für Ameisen (überwiegend *Lasius*, daneben auch *Formica*)
Buntspecht	•		BG NG ÜG	Habitatgeneralist; saisonal in unterschiedlichen Waldtypen bis hin in den Siedlungsbereich anzutreffen
Weißrückenspecht	•		BG NG ÜG	naturnahe Laub- und Mischwaldbereiche (Brut) mit hohem Altholzanteil und großer Zahl absterbender Bäume in allen Stadien der Zersetzung; sucht vor allem in sonnenexponierten Waldbereichen nach holzbewohnenden Insekten
Gebirgsstelze		•	BG	lichte Laub- und Mischwaldbereiche in der Nähe fließender Gewässer (Schluchtwälder)

PL = Primärlebensraum; SL = Sekundärlebensraum; NT = Nutzungstyp;
BG = Brutgebiet; JG = Jagdgebiet; NG = Nahrungsgebiet; ÜG = Überwinterungsgebiet

Tab. 5: Vogelgemeinschaft alpiner Laubmischwälder, Requisitenansprüche und Nutzungstypen (Fortsetzung)

Vogelart	PL	SL	NT	Requisitenansprüche
Zaunkönig	•		BG NG ÜG	unterholzreiche Laub- und Mischwaldbereiche; v.a. im Winter überwiegend in der Nähe von Gewässern und der angrenzenden Krautbestände aufgrund der auch zu dieser Jahreszeit überwiegend animalischen Ernährungsweise
Rotkehlchen	•		BG NG	feuchte und unterholzreiche Waldbereiche aller Art
Gartenrotschwanz	•		BG NG	lichte Altholzbestände, Obst- und Hausgärten
Amsel		•	BG NG ÜG	Waldbereiche aller Art mit ausreichendem Angebot an Wirbellosen, Beeren und Sämereien
Wacholderdrossel		•	BG NG	Randbereiche geschlossener Laub- oder Mischwälder mit ausreichendem Angebot an Wirbellosen und Beerensträuchern
Singdrossel	•		BG NG	unterholzreiche Waldbereiche mit ausreichendem Angebot an Wirbellosen, v. a. Schnecken
Misteldrossel		•	BG NG	Waldrandbereiche mit ausreichendem Angebot an Wirbellosen und Beerensträuchern
Berglaubsänger		•	BG NG	Flaumeichen-Hopfenbuchenwälder Südtirols
Zwergschnäpper	•		BG	alt- und totholzreiche Buchenwaldbereiche oder andere Laub- und Laubmischwaldbereiche mit geschlossener Kronenschicht (Flugjäger unterhalb des Kronendachs) und wenig ausgeprägtem Unterholz; oft Gewässernähe
Sumpfmeise	•		BG NG ÜG	vorzugsweise feuchte, reich strukturierte und altholzreiche Laub- und Mischwaldbereiche mit ausreichendem Angebot an Arthropoden aller Art (Brutzeit) und Sämereien (Winter)
Blaumeise	•		BG NG ÜG	lichte Bereiche von sonnigen Laub- und Mischwäldern, v. a. in eichendominierten Waldbereichen mit ausreichendem Angebot an Beeren, Arthropoden, Knospen, Blüten und Sämereien
Kohlmeise	•		BG NG ÜG	Bevorzugung für lichte oder offene Mischwaldbereiche (Brut) mit ausreichendem Angebot an (auch im Winter) animalischer Nahrung
Kleiber	•		BG NG ÜG	alte, lichte Baumbestände von Laub- und Mischwäldern mit ausreichendem Angebot an Arthropoden (Brutzeit), Sämereien und Nüssen (Winter)

Tab. 5: Vogelgemeinschaft alpiner Laubmischwälder, Requisitenansprüche und Nutzungstypen (Fortsetzung)

Vogelart	PL	SL	NT	Requisitenansprüche
Waldbaumläufer	●		BG NG ÜG	große, altholzreiche Misch- und Laubholzbestände mit ausreichendem Angebot an Arthropoden und Sämereien
Gartenbaumläufer	●		BG NG ÜG	Laub- und Mischwaldbereiche (z. B. in Südtirol mit hohem Eichenanteil) mit hoher Präferenz für hohe Altersklassen; nicht in reinen Buchenbeständen
Buchfink	●		BG NG ÜG	Waldbereiche oder Baumgruppen aller Art mit einer spärlichen Strauchschicht bzw. einer schwach ausgeprägten Krautschicht; ausreichendes Angebot an Insekten (Brutzeit) und Sämereien (Winter)

PL = Primärlebensraum; **SL** = Sekundärlebensraum; **NT** = Nutzungstyp;
BG = Brutgebiet; **JG** = Jagdgebiet; **NG** = Nahrungsgebiet; **ÜG** = Überwinterungsgebiet

Die überwiegend aus Hopfenbuche (*Ostrya carpinifolia*) und Manna-Esche (*Fraxinus ornus*) bestehenden Hopfenbuchenwälder Südtirols dringen aus dem mediterran beeinflußten Norditalien bis weit in die inneralpinen Täler vor. Dort zeigen sie zwischen 300 und 700 m üb. NN (bis maximal 1 200 m üb. NN) einen deutlichen Verbreitungsschwerpunkt. Untergeordnet sind Winter-Linde (*Tilia cordata*), Feld-Ahorn (*Acer campestre*), Liguster (*Ligustrum vulgare*), der gelbblühende Blasen-Strauch (*Colutea arborescens*), der Spindelstrauch (*Euonymus europaea*) oder auch die Kornelkirsche (*Cornus mas*). Typisch für derartige Wälder ist das Vorkommen des weißen, duftenden Salomonsiegel (*Polygonatum odoratum*), des wärmeliebenden Mäusedorn (*Ruscus aculeatus*), der hellvioletten Dingelorchis (*Limodorum abortivum*) und des geschützten Schmalblättrigen Waldvögeleins (*Cephalanthera longifolia*).

In den anschließenden Quertälern mischen sich andere Laubbaumarten, wie die Flaumeiche (*Quercus pubescens*), dazu. An südseitig exponierten Talhängen ist diese stärker kontinental geprägte Baumart mancherorts sogar bestandsbildend. Untergemischt finden wir in der acht bis zehn Meter hohen Baumschicht die Manna-Esche, den Zürgelbaum (*Celtis australis*) und die Pistazie (*Pistacia terebinthus*). Die nicht selten sehr dichte Strauchschicht setzt sich überwiegend aus der weiß blühenden Weichselkirsche (*Prunus mahaleb*), dem bis zu drei Meter hohen Schlehdorn (*Prunus spinosa*), der eingebürgerten Felsenbirne (*Amelanchier spicata*), der Kronwicke (*Coronilla emerus*), der Elsbeere (*Sorbus torminalis*) und dem stacheligen Wacholder (*Juniperus communis*) zusammen. Die bunten Farbtupfer dieses vielgestaltigen, artenreichen Laubwaldtyps bilden auf Lichtungen zum Beispiel das Gemeine Sonnenröschen (*Helianthemum ovatum*), das Gemeine Heideröschen (*Fumana procumbens*), das Sternhaarige Fingerkraut (*Potentilla pusilla*), die Südliche Skabiose (*Scabiosa gramuntia*) oder der Ährige Ehrenpreis (*Veronica spinata*). Schattiger lieben es der geschützte Diptam (*Dictamnus albus*), die giftige Schwalbenwurz (*Vincetoxicum hirundinaria*), die bis 1 700 m üb. NN vorkommende Astlose Graslilie (*Anthericum liliago*) oder die Filzige Glockenblume (*Campanula bononiensis*).

Die schönsten Flaumeichenbuschwälder mit ihrer typischen, für viele Vogelarten reiche

Deckung und Nahrung bietenden Vegetation findet man an den steilen Porphyrhängen zwischen Atzwang und Meran / Südtirol. Dort trifft man als charakteristischen Vertreter der alpinen Brutvogelwelt auf die Sumpfmeise (*Parus palustris*) und – eher untypisch für diesen Lebensraum – auch den Berglaubsänger (*Phylloscopus bonelli*). Während die Meise auch im Winter in diesem Lebensraum verharrt oder höchstens in die alpine Kulturlandschaft ausweicht, bewohnt der Berglaubsänger nur im Sommer die sonnigen Bereiche dieses Waldtyps.

Am Waldrand der unteren Lagen findet sich in Südtirol noch eine andere Laubbaumart ein, die wir in den Nord- und Zentralalpen überhaupt nicht finden, die Edelkastanie (*Castanea sativa*). Neben ihrem ästhetischen und wirtschaftlichen Wert für die einheimische Bevölkerung sind diese einzeln stehenden Bäume bevorzugte Lebensraumbestandteile vieler Vogelarten. Spechte bauen ihre Höhle in den graubraunen, grobrindigen Stamm, wovon andere höhlenbewohnende Arten profitieren. Zu ihnen gehören viele seltene Vogelarten wie der Gartenrotschwanz (*Phoenicurus phoenicurus*), der Wiedehopf (*Epops upopa*), der Wendehals (*Jynx torquilla*), die Zwergohreule (*Otus scops*) sowie Waldkauz (*Strix aluco*) und Steinkauz (*Athene noctua*). Auf den Blättern der Kastanie, auf oder unter der Rinde leben zahlreiche Insekten, die eine wichtige Nahrungsquelle für viele dieser Vogelarten darstellen.

Buchenwald

Der alpine Buchenwald ist in den südlichen Bereichen der Alpen wesentlich seltener und dort überwiegend auf lokal tiefgründige und nährstoffreiche Schattlagen der unteren Bergstufen beschränkt. Die Buche (*Fagus sylvatica*) ist bestandsbildend, daneben finden sich aber auch Tanne (*Abies alba*), Fichte (*Picea abies*), Bergulme (*Ulmus glabra*) und Birke (*Betula pendula*). Diese deckungsärmeren, lichteren Wälder benötigen einen humusreichen, biolo-

gisch hochaktiven Untergrund und weisen eine mehr oder weniger einheitlich zusammengesetzte Bodenschicht aus Schneeheide (*Erica herbacea*), der bis 1 600 m üb. NN verbreiteten Weiß-Segge (*Carex alba*) und dem bis 1 900 m üb. NN vorkommenden Nickenden Perlgras (*Melica nutans*) auf. Dazwischen blüht typischerweise das violette Leberblümchen (*Hepatica nobilis*), das weißblühende Dreiblättrige Windröschen (*Anemone trifolia*), das weiße Maiglöckchen (*Convallaria majalis*), das geschützte, hellrosa blühende Alpenveilchen (*Cyclamen purpurascens*), der Waldmeister (*Galium odorata*) und die Vielblütige Weißwurz (*Polygonatum multiflorum*). Auch verschiedene Orchideenarten, wie das Weiße und Rote Waldvögelein (*Cephalanthera rubra* und *C. damasconium*), die Breitblättrige Sumpfwurz (*Epipactis helleborine*), die Waldhyazinthe (*Palanthera bifolia*) und die Nestwurz (*Neottia nidus-avis*) sind charakteristisch. Wo saure Böden vorherrschen und nur eine artenärmere Vegetation zulassen, dominiert die Heidelbeere (*Vaccinium myrtillus*) und bildet dort für viele Tierarten eine wichtige Lebensgrundlage.

In alten Buchenbeständen am Nordalpenrand, die mit einer hohen, geschlossenen Kronenschicht nur wenig Licht zum Boden durchlassen, brütet an Bäumen, mitunter auch in Sträuchern, der unauffällig lebende Zwergschnäpper (*Ficedula parva*). Dieser seltene Fliegenschnäpper könnte bei einer eintretenden Klimaänderung zu Gunsten wärmeliebender Laubbaumarten wie der Buche sein alpines Verbreitungsgebiet möglicherweise ausdehnen (siehe S. 232ff.). Nachteilig auf den Bestand könnten sich dagegen die Entwicklungen in den Überwinterungsgebieten dieses Langstreckenziehers und der steigende Konkurrenzdruck im Brutgebiet auswirken (siehe S. 228, 235). Er siedelt auch in anderen, geschlossenen Laub- und Laub-Mischwaldbeständen mit geringem Nadelholzanteil, häufig an feuchten und schattigen Stellen wie innerhalb von steilen Schluchtwäldern, erreicht aber nie besonders hohe Dichten.

Schluchtwald

Einen eigenen Waldtyp innerhalb der Waldregion stellt der Schluchtwald dar. Dieser funktionsreiche, durch eine extrem hohe Produktivität ausgezeichnete Waldtyp entwickelt sich in Taleinschnitten und Nordstaulagen mit entsprechend hoher Luftfeuchtigkeit und fällt besonders durch seine üppige, moos- und farnreiche Vegetation auf. Esche (*Fraxinus excelsior*) und Ahorn (*Acer pseudoplatanus*) dominieren neben Fichte (*Picea abies*) und Tanne (*Abies alba*). Die Strauchschicht setzt sich überwiegend aus Hasel (*Corylus avellana*), Rotem Hartriegel (*Cornus sanguinea*), Heckenkirsche (*Lonicera xylosteum*), Vogelbeere (*Sorbus aucuparia*) und Holunder (*Sambucus nigra*) zusammen. Neben seiner Unzugänglichkeit sind gerade jene zwei zuletzt genannten Straucharten aufgrund ihres reichen Beerenangebots im Spätsommer / Herbst mitverantwortlich für eine überdurchschnittlich hohe Vielfalt an Vogelarten, darunter viele Vertreter aus der Familie der Drosseln (Turdidae). Die gute Wasserversorgung und das reichliche Nährstoff- und Humusangebot lassen neben derartigen Sträuchern auch schattenliebende Hochstauden wie den bis auf 2 200 m üb. NN vorkommenden Grauen Alpendost (*Adenostyles alliariae*), Wald-Geißbart (*Aruncus dioicus*), den extrem giftigen Blauen Eisenhut (*Aconitum napellus*), den bis zu zwei Meter hohen, blauvioletten Alpen-Milchlattich (*Cicerbita alpina*), den geschützten Schwalbenwurz-Enzian (*Gentiana asclepiadea*), den Dornigen, Breiten und Gemeinen Wurmfarn (*Dryopteris carthusiana, D. dilatata, D. filix-mas*) sowie die Hirschzunge (*Phyllitis scolopendrium*) prächtig gedeihen. Mitunter trifft man auch auf die dunkelrosa bis purpurn gefleckte Türkenbund-Lilie (*Lilium martagon*).

Ein typischer, befiederter Bewohner dieser laubholzreichen Schluchtwälder ist der Zaunkönig (*Troglodytes troglodytes*). Mit seiner kleinen, kugeligen Gestalt bewegt er sich ganz ähnlich einer Maus durch das dichte Unterholz und bevorzugt feuchte, stark verwachsene Stellen mit viel Gestrüpp. Seinen auffälligen, für seine geringe Größe erstaunlich lauten Gesang hört man häufig aus und auf den Wurzeltellern umgestürzter Bäume, an Waldrändern und in Feldgehölzen. Das kugelige Nest aus Moos baut er in der Nähe deckungsreicher Fließgewässer, in Heckenlandschaften und über der Baumgrenze in der Krummholzstufe. Daneben besiedeln auch der Uhu (*Bubo bubo*) und die Gebirgsstelze (*Motacilla cinerea*) derartige Lebensräume in Schluchtwäldern und Waldschluchten, allerdings nicht als Primärlebensraum.

Laubmischwälder mit höherem Nadelholzanteil

Das äußerst heimlich lebende Haselhuhn (*Bonasa bonasia*) bevorzugt unterholz- und deckungsreiche Laubmischwälder, ist dabei aber weniger auf enge Waldbereiche angewiesen. Wichtige Bestandteile seines Lebensraumes sind eine naturnahe Mischung aus Laub- und Nadelbäumen und vor allem eine reiche, aber nicht zu dichte Kraut-, Hochstauden- und Zwergstrauchschicht mit einem ausreichenden Angebot an Beeren und Dickungen. An sonnigen Hängen bevorzugt das Haselhuhn am ehesten Grau- und Grünerlenbestände in Gräben und Lawinenbahnen. Im Gegensatz zu den anderen alpinen Rauhfußhühnern lebt dieses Waldhuhn nicht gesellig, sondern paarweise in großen Revieren. Sandige Stellen auf Waldwegen werden besonders gerne zum Staubbaden aufgesucht und sind einige der wenigen Stellen, an denen man bei entsprechendem Verhalten Haselhühner mehr oder weniger häufig in freier Wildbahn antreffen kann.

Nicht weniger heimlich lebt die Waldschnepfe (*Scolopax rusticola*). Dieser perfekt getarnte Vogel zieht Laub- und Laubmischwälder reinen Nadelwäldern deutlich vor. Wichtige Bestandteile seines Lebensraums sind feuchte, verwachsene Stellen mit laubbedecktem und tiefgründigem Boden für die Suche nach Kleintieren sowie für die Tarnung des Bodennests.

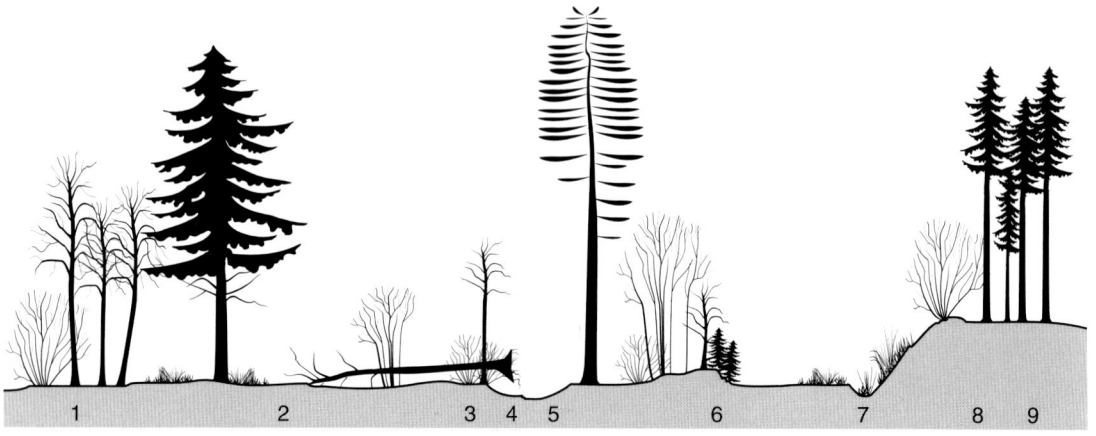

Abb. 42: Optimaler Lebensraum des Haselhuhns (*Bonasa bonasia*) in den Alpen. Die Requisitenvielfalt unterstreicht die Bedeutung eines reichstrukturierten Waldbereichs. 1 Birkenknospen als Winternahrung, 2 Lichtungen zur Kükenaufzucht, 3 Balz auf Strünken oder Windwürfen, 4 Vogelbeeren als Herbst- und Winternahrung, 5 Brutplatz unter Wurzeltellern oder tiefastigen Bäumen, 6 Buchenstangenhölzer als Wintereinstand, 7 Himbeeren an der Straßenböschung, 8 Huderpfannen an trockenen Waldrändern, 9 Fichtenstangenhölzer als Einstand und Zuflucht (nach BRÜLL et al. 1977).

An Randzonen und Lichtungen kann man die langschnäbelige Waldschnepfe während der Dämmerung im Frühjahr bei ihren Balz-Singflügen wohl am ehesten beobachten.

Wenn das Tageslicht vollständig durchgebrochen ist, nützt der Habicht (*Accipiter gentilis*) die gleichen Randzonen und halboffenen Bereiche laubholzreicher Wälder für die Jagd auf Kleinsäuger und Vögel. Mit Hilfe seines verlängerten Schwanzes vermag dieser Greifvogel selbst in dichteren Gehölzen zu manövrieren und seinen fliehenden Beutetieren zu folgen. Bei seinen Jagdausflügen dringt er bis in die angrenzende Kulturlandschaft vor. So nahe an menschliche Siedlungen heran wie der Sperber (*Accipiter nisus*) traut er sich jedoch nicht, da er vor allem die deckungsreiche und vielgestaltige Feldmark nach Nahrung absucht. Beide Greifvögel sind sich in Gestalt und Färbung sehr ähnlich. Die unterschiedlichen Flugbilder helfen bei der Unterscheidung und Bestimmung im Gelände.

Die Ringeltaube (*Columba palumbus*) bevorzugt Gehölzbereiche als Nest- und Ruheplätze sowie Flächen mit niedriger, lückenhafter Vegetation zur Nahrungssuche (überwiegend Eicheln, Bucheckern und Getreidesamen). Mitunter sind bereits Einzelbäume oder ein Gebüsch als Niststandort ausreichend. Im Wald werden dagegen mit Vorliebe Randpartien oder Bestände an Blößen und Lichtungen aufgesucht. Besonders auffällig sind die weißen Flügelbänder, die beim lautstarken Aufflug gut sichtbar sind.

Waldrandbereiche alter Laub-, weniger von Nadelwäldern, liebt auch der Waldkauz (*Strix aluco*), der in stark von Menschenhand beeinflußten Bereichen der Alpen vorwiegend in offenen und halboffenen Gebieten jagt. Wo noch naturnahe Waldbestände zu finden sind, bevorzugt diese Eule eine abwechslungsreich gegliederte Waldstruktur und ein ganzjährig gut

Habicht   **Sperber**

erreichbares Nahrungsangebot (überwiegend Nagetiere). Früh im Jahr schneefrei werdende Hänge der Alpentäler werden zur Nahrungssuche besonders gerne aufgesucht.

Der Gartenbaumläufer (*Certhia brachydactyla*) meidet reine Buchenbestände, da er in der Regel Bäume mit starkem Rindenrelief bevorzugt. Trotz dieser Tatsache werden auch geschlossene Fichtenbestände gemieden. Stattdessen brütet er in Laub- und Mischwäldern des Tieflandes und dort mit Vorliebe in Altholzbeständen. Im Stammbereich alter Bäume sucht er unter der Rinde nach Insekten und deren Larven sowie Spinnen. Auffällig ist seine charakteristische Art und Weise, bei der Nahrungssuche von Baum zu Baum zu fliegen und diese rundherum abzusuchen.

Im gleichen Lebensraum, allerdings noch in höhere Bereiche hinauf sowie in großen, geschlossenen Nadel- und Mischwäldern kommt der vom Gartenbaumläufer nur schwer zu unterscheidende Waldbaumläufer (*Certhia familiaris*) vor (siehe Tab. 1, Seite 123). Er bevorzugt montane und subalpine Wälder unterschiedlicher Zusammensetzung, ist aber wie sein naher Verwandter auch an den Rändern von Siedlungen anzutreffen. Im Gegensatz zum kurzzehigen Gartenbaumläufer kann von ihm offensichtlich doch ein insgesamt breiteres Spektrum an Oberflächenstrukturen von Baumstämmen genutzt werden. So ist er auch in reinen Buchenbeständen zu finden. Er besiedelt geeignete Lebensräume bis hinauf an die Baumgrenze, während der Gartenbaumläufer im gesamten Alpenraum nicht oberhalb 1 400 m üb. NN anzutreffen ist.

Ein Artist der Bäume ist der Kleiber (*Sitta europea*), der in den Alpen bis etwa 1 500 m üb. NN Laub- und Mischwälder mit altem Baumbestand, in tieferen Lagen aber auch Gärten und Parkanlagen besiedelt. Dank seines kurzen Schwanzes kann er kopfüber den Stamm abwärts klettern, wobei er in Rindenspalten nach ähnlichen Beutetieren wie der Gartenbaumläufer (*Certhia brachydactyla*) sucht. Mit diesem zu verwechseln ist er allerdings nicht, da er größer, auffälliger gefärbt und sein Schnabel nicht gekrümmt ist. In geringer Dichte besiedelt der Kleiber bei ausreichendem Höhlenangebot selbst Nadelforste und naturnahe Nadelwälder.

Die Meisenarten sind im nahezu reinen Laubwaldbereich der Alpen u.a. durch die zierliche Blaumeise (*Parus caeruleus*) vertreten. Sie sucht fast ausschließlich in den Zweigen der Bäume turnend nach Nahrung und bevorzugt sonnige, lichte und offene Laubwälder mit einem möglichst geringen Nadelholzanteil. Mit ihrem blauen Scheitel und dem bläulichen Rücken ist sie leicht zu erkennen. In den Alpen kommt sie auch in den Tallagen meist in geringer Dichte vor, während sie in vielen Obstintensivkulturen Südtirols aus Mangel an Nistplätzen und einem überhöhten Insektizideinsatz bereits gänzlich verschwunden ist. In den Nord- und Zentralalpen ist sie kaum bis über 1 000 m üb. NN, in den südalpinen Laub-Mischwaldbereichen aber deutlich bis 2 000 m üb. NN vertreten.

Eine vergleichbar starke Bindung an Laubbäume zeigt die Sumpfmeise (*Parus palustris*), die besonders die reich strukturierten und aufgelichteten Laub- und Mischwaldbestände mit einem nicht zu geringen Altholzanteil bevorzugt. In Südtirol besiedelt sie die bereits beschriebenen Flaumeichen- und Hopfenbuchenwälder mit dichtem Unterwuchs. Dort jagt sie im Frühjahr und Sommer überwiegend nach Insekten und Spinnen, später spielen Sämereien in großer Vielfalt eine bedeutende Rolle. Bei ausreichendem Nistkastenangebot werden von dieser Meisenart in geringer Dichte auch Fichtenwälder besiedelt.

Alpine Laubwälder mit einem hohen Anteil an Nadelhölzern toleriert die größte der einheimischen Meisen, die Kohlmeise (*Parus major*). Essentieller Lebensraumbestandteil ist vor allem ein ausreichendes Höhlenangebot. Abgesehen davon ist sie fast überall und dann auch häufig in kleineren Baumbeständen, wie Feldgehölzen, Gärten und Parkanlagen bis 1 500 m üb. NN zu finden.

Am häufigsten wird man in den alpinen Laubmischwäldern jedoch den Buchfink (*Fringilla coelebs*) antreffen, der besonders in Baumgruppen oder Wäldern mit einer spärlichen Strauch- und schwach ausgebildeten Krautschicht sehr hohe Brutpaardichten erreichen kann. Vereinzelt kommt er in den Alpen bis in den Zwergstrauchgürtel oberhalb der Baumgrenze vor. Dort und auf der niedrigen Vegetation in geeigneten Waldgebieten sucht der Buchfink nach seiner Nahrung. Im Sommerhalbjahr ernährt er sich größtenteils von Insekten, im Winterhalbjahr bzw. außerhalb der Brutzeit dagegen überwiegend von Sämereien, Blattknospen und Beeren.

An Waldrändern von sonnigen, lichten Bergmischwäldern ist der Gartenrotschwanz (*Phoenicurus phoenicurus*) zu Hause. Geschlossene Bestände mit einem hohen Nadelholzanteil meidet er völlig. Besonders regelmäßig trifft man ihn in Altholzbeständen, aber auch an Bauernhöfen sowie in Dörfern und Gärten bis 1 500 m üb. NN. Früher galt er als verbreiteter Brutvogel der Alpen. In den letzten Jahrzehnten ist sein Bestand drastisch zurückgegangen, wobei die Ursachen dieser Tendenz noch immer nicht genau geklärt sind. Von dem sehr ähnlichen, überwiegend felsige Regionen der Alpen und Kunstfelsen (Gebäude) besiedelnden Hausrotschwanz (*Phoenicurus ochruros*) unterscheidet ihn neben der andersartigen Lebensraumwahl vor allem seine weiße Stirn. Auch bei der Suche nach Insekten und Spinnentieren ist er wesentlich mehr an gebüschreiche Strukturen gebunden.

In ausgedehnten, nicht zu stark geschlossenen Laub- und Mischwäldern ist auch der Grauspecht (*Picus canus*) zu Hause. Neben Buchen- und Buchenmischwäldern bevorzugt er ebenso Eichen-Kiefernwälder, aber auch kleinere Laubgehölze, Parkanlagen, Streuobstflächen und Feldgehölze. Mit seiner langen, klebrigen Zunge sucht er unter der Rinde von Bäumen nach Ameisen sowie deren Larven und Puppen. Allerdings hat er sich bei der Nahrungssuche nicht so sehr auf Ameisen speziali-

siert wie der ihm optisch sehr ähnliche Grünspecht (*Picus viridis*). Beide graben die Hügelbauten von Waldameisen auf, um an die schmackhaften Insekten und deren Larven zu gelangen. Im Winter sieht man selbst von einer dicken Schneedecke verborgene Ameisenhaufen aufgehackt. Beide Spechte sind oft im gleichen Lebensraum anzutreffen, doch dringt der Grünspecht häufiger in reine Berg-Nadelwälder vor, sofern zumindest einige alte Bergahorne (*Acer pseudoplatanus*) vorhanden sind, oder sucht lichte Lärchenwälder auf, meidet aber das Innere geschlossener Bestände. Außerdem unterscheiden sich die beiden Höhlenbrüter in einigen Verhaltensweisen und Merkmalen: So ist die rote Kopfplatte des Grünspechts wesentlich größer ausgebildet. Typisch für ihn sind außerdem seine Angewohnheit, überwiegend am Boden nach Nahrung zu suchen, sowie die «lachenden», rhythmischen Rufreihen.

Wesentlich vielseitiger – und damit weniger anspruchsvoll an seinen Lebensraum als andere Spechte – ist der Buntspecht (*Dendrocopos major*). Er ist in Parks, Feldgehölzen, aber auch in Gärten nicht selten und sucht dort im Winter regelmäßig die Futterstellen auf. Besonders auffällig sind seine «Schmieden». Dabei handelt es sich um von ihm erweiterte Nischen oder Spalten in einem Ast oder Stamm, wo er Fichtenzapfen, Haselnüsse oder dergleichen hineinsteckt und hackend bearbeitet. Im Gegensatz zu Grauspecht (*Picus canus*) und Grünspecht (*Picus viridis*) zimmert er seine Bruthöhlen nahezu ausschließlich selbst.

Bei flüchtigem Hinsehen kann man den Buntspecht mit einem anderen, wenn auch etwas größeren Vertreter dieser Familie verwechseln, dem Weißrückenspecht (*Dendrocopos leucotos*). Besonders wo montane, überwiegend sonnenexponierte Laub- und Mischwälder einen naturnahen Aufbau mit hohem Altholzanteil gewährleisten und viel Baummaterial in allen Stadien des Absterbens vorhanden ist, erreicht dieser seltene Specht seine höchsten Siedlungsdichten. Als «Naturwaldanzeiger» meidet der Weißrückenspecht Bereiche mit ertragsorientierter Forstwirtschaft. In Schutz- und Bannwäldern oder in Extremlagen mit erschwerter Bringung ist er dagegen regelmäßig anzutreffen. Seinen Verbreitungsschwerpunkt hat er im Ostalpenraum, in den Fichten-Tannen-Buchenwäldern der Nördlichen Kalkalpen und ihrer Vorberge. Als ausgeprägter «Hackspecht» bearbeitet er mit besonderer Vorliebe liegendes Totholz, morsche Strünke und die unteren Stammregionen.

Nadelwälder

Die oft monoton und dunkel wirkenden Nadelwälder sind ähnlich wie die alpinen Laubwaldgesellschaften ein faunistisch artenreicher und vielgestaltiger Lebensraum. Ausgenommen sind hier zu einem großen Teil die standortfremden, im Laufe der sogenannten «Kultivierung» der Alpen geförderten dicht an dicht stehenden Fichten-Stangenhölzer. Eine kurze Umtriebszeit, mangelnde Nährstoffaufschließung aufgrund der Flachwurzeln und die Bodenverdichtung erhöhen die Gefahr von Windwürfen und Pilzbefall und machen unsere klassischen Wirtschaftswälder – die Monokulturen der collinen bis montanen Stufen – zu einer der artenärmsten und instabilsten Pflanzengemeinschaften der Alpen. Die Fähigkeit zur Selbstregulation ist in diesen künstlichen Forsten vollständig verloren gegangen (Amt für Naturparke, Naturschutz und Landschaftspflege in Südtirol 1983). Windwürfe schaffen selbst in solchen monotonen Standorten neue, vielgestaltige Lebensräume für Vögel, wie für den Zaunkönig (*Troglodytes troglodytes*), die Heckenbraunelle (*Prunella modularis*) oder auch die Klappergrasmücke (*Sylvia curruca*). Bei diesen Arten handelt es sich nur um kurzfristige «Pächter» mit einer Vorliebe für derart geöffnete Flächen. Letztendlich gewinnt der Wald diese Bereiche aufgrund der unmittelbar einsetzenden Sukzession durch natürlich vorkommende Baumarten wie Vogelbeere (*Sorbus aucuparia*), Ahorn (*Acer pseudoplatanus*), Tan-

ne (*Abies alba*), Lärche (*Larix decidua*) und Buche (*Fagus sylvatica*) im Laufe weniger Jahrzehnte wieder vollständig zurück – vorausgesetzt, daß kein übermäßiger Wildverbiß (durch unnatürlich hohen Schalenwildbestand) diesen natürlichen Prozeß verzögert.

Natürlich gewachsene Bergfichtenwälder sind zumeist Mischbestände aus verschiedenen Nadelbaumarten wie Fichte, Tanne, Lärche oder Kiefer und sind wesentlich stabilere Ökosysteme als die monotonen Fichten-Stangenhölzer in weiten Bereichen der Alpen. Dies wird unter anderem durch die wesentlich höhere Widerstandskraft gegen Starkwindereignisse, die Vielzahl von Kleinlebensräumen (z.B. der ausgeprägten Krautschicht) oder dem mosaikartigen Wechsel aus jungen, mittelalten, alten und abgestorbenen Baumbeständen deutlich. Die Vogelgemeinschaft der alpinen Bergfichten- und Nadelmischwaldbestände ist charakteristisch ausgeprägt und durch viele Spezialisten (im Gegensatz zur Vogelgemeinschaft der alpinen Kulturlandschaft) an diesen Lebensraum angepaßt. Die einzelnen Vogelarten sind dabei mehr oder weniger stark an das reichhaltige Angebot an Bruthöhlen (Spechte und Käuze), Alt- und Fallholz (Spechte), Arthropoden (Spechte, Meisen, Goldhähnchen usw.), Sämereien (Finkenvögel) und Beerensträuchern der Kraut- und Strauchschicht (Drosseln) gebunden. Insgesamt mehr als 20 Brutvogelarten beanspruchen diesen Waldtyp als Primärlebensraum und machen ihn auch in faunistischer Hinsicht zu einem erstaunlich artenreichen Biotop.

Bergfichtenwälder

Die natürlichen Bergfichtenwälder, die in den Alpen vorwiegend innerhalb der montanen und subalpinen Regionen zwischen 1 400 und 1 700 m üb. NN dominieren, weisen eine hohe soziologisch-ökologische Vielfalt an Pflanzengesellschaften auf (SCHIECHTL & STERN 1985). Oberhalb dieser Grenze werden die Fichtenbestände aufgelockerter und andere Nadelbaumarten wie Lärche (*Larix decidua*) und

Tab. 6: Vogelgemeinschaft alpiner Nadel- und Nadelmischwälder, Requisitenansprüche und Nutzungstypen

Vogelart	PL	SL	NT	Requisitenansprüche
Habicht	●		BG	randgelegene Hochwaldbereiche (Brut)
Sperber	●		BG	vor allem durchlichtete Bereiche von Nadel-Stangenhölzern (Brut)
Auerhuhn	●		BG NG ÜG	naturnahe, extensiv bewirtschaftete, störungsarme Nadel- und Mischwaldbereiche mit einer Vielzahl von Strukturelementen, wie zum Beispiel stufigem Aufbau, geschlossener Krautschicht und Sträucher (v. a. Heidelbeere) zur Nahrungsaufnahme im Sommer; lückige, ältere Nadelholzbestände (Deckung und Winternahrung, v. a. Fichten- und Kiefernnadeln) als ganzjähriger Lebensraum; viele Übergangsbereiche («Grenzlinien») zwischen Althölzern und Verjüngungen (Jungenaufzucht und Balz); reichliches Ameisenvorkommen; Möglichkeit zur Aufnahme von Magensteinchen, Zugang zu Wasser usw. (vgl. S. 45)
Sperlingskauz	●		BG JG ÜG	reich strukturierte Plenter- und Femelwälder mit hohem Nadelholzanteil (vor allem Fichte); deckungsreiche Tageinstände, lichte Altholzbestände mit Bruthöhlen (überwiegend Buntspecht), hohe Rufwarten sowie Freiflächen und Randstrukturen zur Mäuse- und Singvogeljagd
Rauhfußkauz	●		BG JG ÜG	abgeschiedene, unterholzarme Nadelholz-Altbestände mit ausreichendem Höhlenangebot (vor allem Schwarzspecht); Großflächigkeit, die ein geklumptes Siedeln ermöglicht; Freiflächen zur Jagd (überwiegend Kleinsäuger) und Dickungen oder Stangenhölzer als Tageseinstände
Schwarzspecht	●		BG NG ÜG	glattrindige, astfreie Stämme mit freiem Anflug, die im Höhlenbereich mindestens 35 cm Umfang haben müssen (Brut); lichte, große, reichstrukturierte und naturnahe Nadel- und Mischwälder mit größeren Alt- und Totholzanteilen (Nahrungssuche)
Buntspecht	●		BG NG ÜG	Waldtypen und damit auch Habitat-Generalist
Dreizehenspecht	●		BG NG ÜG	autochthone, lichte, tot- und fallholzreiche Fichtenwaldbereiche (auch Nadelmischwaldbereiche); hoher Flächenbedarf; reichhaltiges Angebot an holzbewohnenden Insekten, vor allem Borkenkäfern (daher in der Nähe von Windwürfen relativ häufig anzutreffen)

PL = Primärlebensraum; **SL** = Sekundärlebensraum; **NT** = Nutzungstyp;
BG = Brutgebiet; **JG** = Jagdgebiet; **NG** = Nahrungsgebiet; **ÜG** = Überwinterungsgebiet

Alpiner Bergfichtenwald mit hohem Totholzanteil (Nationalpark Berchtesgaden / Bayern).
Alpiner Bergfichtenwald (Nationalpark Berchtesgaden / Bayern).

Nächste Seite: Alpiner Laubmischwald (Biosphären-reservat Berchtesgaden / Bayern).
Unten rechts: Alpiner Laubmischwald (Biosphären-reservat Berchtesgaden / Bayern); unten rechts.

Lärchen-Zirbenwald über Lärchenwiesen (Martell-tal / Südtirol).

Lärchen-Zirbenwald über Zwergstrauchgesell-schaften (Reiteralm / Nationalpark Berchtesgaden).

◁ Herbstlicher Lärchen-Zirbenwald mit Blockfeldern
(Nationalpark Berchtesgaden).
Aufgelockerter Lärchen-Zirbenwald mit Alpenrosenge-
büschen (Reiteralm / Nationalpark Berchtesgaden).
▽

Tab. 6: Vogelgemeinschaft alpiner Nadel- und Nadelmischwälder, Requisitenansprüche und Nutzungstypen (Fortsetzung)

Vogelart	PL	SL	NT	Requisitenansprüche
Rotkehlchen	●		BG NG	feuchte und unterholzreiche Waldregionen mit ausreichendem Angebot an Arthropoden
Ringdrossel	●		BG NG	schattige und feuchte Standorte in nadelholzreichen Bergwäldern (Brut); meist in der Nähe von Bergweiden und feuchten Wiesen, Blockfeldern etc. mit einem ausreichenden Angebot an Würmern, Beerensträuchern und größeren Insekten
Singdrossel	●		BG NG	unterholzreiche Waldbereiche mit hohem Angebot an Schnecken
Misteldrossel	●		BG NG	Randbereiche von Hochwäldern mit ausreichendem Angebot an Arthropoden (Brutzeit), Beeren und Früchten (Spätsommer)
Berglaubsänger	●		BG NG	trockene, lichte und vor allem sonnseitige Waldbereiche mit lückigem Unterwuchs, häufig mit starker Bindung an die Kiefer (Nahrungssuche); ausreichend steile Stellen mit überhängendem Altgras oder Bodenvertiefungen (Neststandort)
Zilpzalp	●		BG	durchsonnte, frische bis trockene, reich strukturierte Waldbereiche und Gehölzgruppen ohne dichten Kronenschluß; bevorzugt höherwüchsige Baumbestände als der Fitis; ausgeprägte Kraut- oder niedrige Strauchschicht (Neststandort)
Fitis	●		BG NG	lichte, durchsonnte Waldbereiche und Baumbestände mit gut ausgebildeter Strauchschicht und üppiger Krautschicht (Nest) auf nassen bis trockenen Standorten, vor allem in jungen Nadelbaumforsten
Wintergold- hähnchen	●		BG NG ÜG	Fichtenwaldbereiche mit lückig stehenden Altfichten, deren Kammäste gut ausgebildet und/oder mit Flechten bewachsen sind; gerne in Kiefern und Lärchen (Nahrungssuche)
Sommergold- hähnchen	●		BG NG	weniger stark an Fichte gebunden wie Wintergoldhähnchen; auch einzeln stehende Fichten werden angenommen
Weidenmeise	●		BG NG ÜG	besiedelt ein breites Spektrum naturnaher, nadelholzreicher Waldbereiche und Gehölze; weniger in dichten Nadelforsten; ausreichendes Angebot an Insekten (Brutzeit) und Sämereien (Winter)
Haubenmeise	●		BG NG ÜG	Nadel- und Mischwaldbereiche mit größerem Koniferen- und Totholzanteil sowie hohem Angebot an Arthropoden (Brutzeit) und Sämereien (Winter)

Tab. 6: Vogelgemeinschaft alpiner Nadel- und Nadelmischwälder, Requisitenansprüche und Nutzungstypen (Fortsetzung)

Vogelart	PL	SL	NT	Requisitenansprüche
Tannenmeise	●		BG NG ÜG	vor allem in Fichten-, daneben auch in Kiefern- und Tannen-waldbereichen mit ausreichendem Angebot an Arthropoden (Brutzeit) und Sämereien (Winter)
Erlenzeisig	●		BG NG ÜG	lichte Nadelwaldbereiche mit ausreichendem Angebot an Sämereien von Erle, Weide, Birke (Brutzeit und Spätsommer) und Fichte (vor allem im Winter)
Gimpel	●		BG NG ÜG	dichte, verbuschte Nadel- und Mischwaldbereiche oder im Stangenholz, meist in Fichten mit ausreichendem Angebot an Früchten, Samen und Knospen einer Vielzahl von Pflanzen-ten sowie Gehäuseschnecken und Arthropoden (Nestlingszeit)
Fichtenkreuz-schnabel	●		BG NG ÜG	bevorzugt Fichten-, aber auch in Kiefern- und Lärchenbestän-den oder zumindest größeren Koniferengruppen

PL = Primärlebensraum; **SL** = Sekundärlebensraum; **NT** = Nutzungstyp;
BG = Brutgebiet; **JG** = Jagdgebiet; **NG** = Nahrungsgebiet; **ÜG** = Überwinterungsgebiet

Zirbelkiefer (*Pinus cembra*) mischen sich immer häufiger darunter. Nur selten handelt es sich um Reinbestände der Fichte (*Picea abies*), doch werden auch die meisten der anderen Nadel-mischwaldtypen aufgrund der dominanten Fichte als Bergfichtenwälder bezeichnet.

Die Unterscheidung zwischen montanem und subalpinem Fichtenwald fällt oft nicht leicht und wird vielleicht am ehesten durch das Fehlen (wenn doch vorhanden, dann bilden diese Zwergsträucher zumeist keine Früchte) von Preisselbeere (*Vaccinium vitis-idaea*), Hei-delbeere (*Vaccinium myrtillus*) und Alpenrose (*Rhododendron ferrugineum*) im montanen Be-reich deutlich. Die Fichte findet ihr Klima-optimum zwischen 800 und 1 400 m üb. NN bzw. innerhalb der Zentralalpen. Aufgrund der bereits beschriebenen Kultivierung und Urbar-machung der Alpen durch den Menschen ist sie auch in tieferen Vegetationsstufen der Alpen häufig anzutreffen und vielerorts bestandsbil-dend. Diese umfangreiche Besiedlung der Al-pen durch die Fichte hat neben auffällig großen Flächenanteilen für diese Baumart auch gravie-rende Auswirkungen auf die chemische Be-schaffenheit des Bodens und damit auf die Zu-sammensetzung der Boden- und Baumvegeta-tion. Durch die bodenversauernde Wirkung der Fichtennadeln wird das Wachstum säure-liebender Pflanzen gefördert, wie zum Beispiel der bis in die Zwergstrauchregion vorkom-menden Weißen Hainsimse (*Luzula luzuloi-des*), der Draht-Schmiele (*Avenella flexuosa*), des kleinwüchsigen, bis 2 200 m üb. NN vordrin-genden Sauerklees (*Oxalis acetosella*) und der für viele Vogelarten bedeutsamen Heidelbeere (*Vaccinium myrtillus*).

Charakteristische Pflanzenarten für diesen Nadelwaldtypus sind außerdem der zwischen 1 200 und 2 800 m üb. NN siedelnde Alpen-Lattich (*Homogyne alpina*) und das z.T. sehr seltene Kleine Zweiblatt (*Listera cordata*). Nur wo die sauren Eigenschaften des Bodens durch den natürlichen Kalkgehalt des geologischen Untergrundes abgeschwächt werden, können sich andere, sonst vorzugsweise Laubwald be-

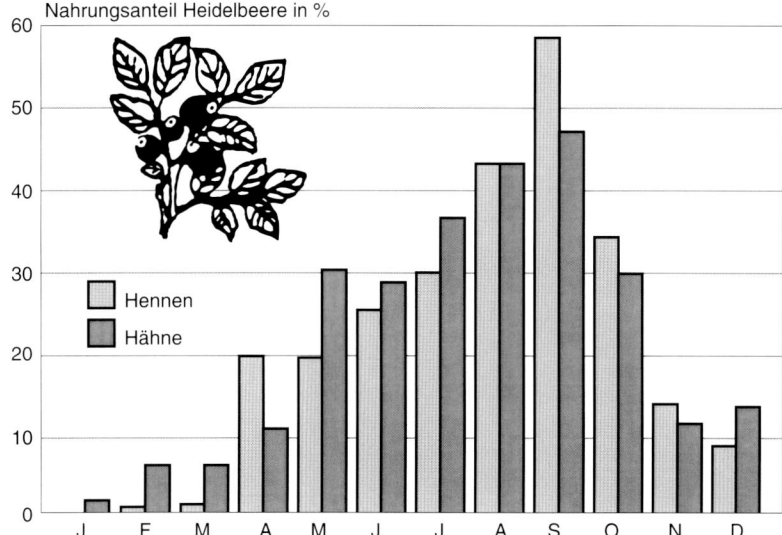

Abb. 43: Bedeutung der Heidelbeere (*Vaccinium myrtillus*) als Nahrungspflanze für viele Vogelarten im Jahresgang, hier am Beispiel des Auerhuhns (*Tetrao urogallus*) (nach Storch 1995).

gleitende Pflanzenarten wie der Eichenfarn (*Gymnocarpium dryopteris*), die Finger-Segge (*Carex digitata*), der Hasen-Lattich (*Prenanthes purpurea*) oder der Ehrenpreis (*Veronica urticifolia*) durchsetzen.

Alpine Brutvögel besiedeln diesen Lebensraum überwiegend unauffällig, aber in umso größerer Artenfülle. Jede ökologische Nische wird ausgenutzt und von Spezialisten besetzt.

Strikte Nadelwaldbewohner

Eine ausgesprochene Charakterart der alpinen Nadelwälder ist der Dreizehenspecht (*Picoides tridactylus*), der mit besonderer Vorliebe Altholzbestände mit einem hohen Totholzanteil oberhalb 1 000 m üb. NN bis hinauf zur Waldgrenze besiedelt. Dieser Specht nutzt vor allem das Angebot an Borkenkäferlarven in den ver-

Abb. 44: Der Bergfichtenwald als Lebensraum ▷ für viele Vogelarten. Die Symbole kennzeichnen bevorzugte Aufenthaltshöhen und -bereiche innerhalb der Bäume. 1 Heckenbraunelle, 2 Zaunkönig, 3 Weidenmeise, 4 Tannenmeise, 5 Kleiber, 6 Haubenmeise, 7 Wintergoldhähnchen, 8 Buchfink, 9 Buntspecht, 10 Waldbaumläufer, 11 Kohlmeise, 12 Singdrossel, 13 Amsel, 14 Rotkehlchen (nach Stüber & Winding 1991).

schiedensten Verfallsstadien von Fichten, die den überwiegenden Anteil seiner Nahrung ausmachen. Dieser leicht zu beobachtende, weil nicht scheue Specht profitiert somit indirekt von Windwurfkatastrophen und dem Waldsterben in unseren ausgedehnten Wirtschaftsforsten.

Reichgegliederte Nadelwälder bzw. nadelholzreiche Mischbestände mit überwiegendem Nadelholzanteil bevorzugt auch der unauffällig lebende, aber gar nicht so seltene Rauhfußkauz (*Aegolius funereus*). Diesen Vogel hört man eher als daß man ihn sieht. Häufig verrät diese nachtaktive, kleine Eule nur das charakteristische «Indianergeheul». Den Ruf kann man während der gesamten Brutzeit, oft aber auch über den gesamten Tag hinweg in Nadelwäldern zwischen 1 000 und 1 700 m üb. NN hören. Die Qualität des Lebensraums wird vor allem durch ein ausreichendes Angebot an Nisthöhlen bestimmt, wobei eine ausgesprochene Vorliebe für Schwarzspechthöhlen besteht.

Wesentlich leichter in seinem bevorzugten Lebensraum des Bergfichtenwaldes zu entdecken ist dagegen der überwiegend dämmerungs-, mitunter aber auch tagaktive, starengroße Sperlingskauz (*Glaucidium passerinum*). Besonders häufig sieht man ihn auf den höchsten Spitzen junger Fichten sitzen, von wo er nach Kleinsäugern und -vögeln Ausschau hält. Charakteristisch ist dabei sein abgespreizter, kurzer Schwanz, der selten in Ruhe gehalten wird. Ausgesprochen wichtiger Lebensraumbestandteil ist auch für ihn ein ausreichendes Angebot an Nisthöhlen, die als Einstände, Brutplätze oder winterliche Nahrungsspeicher genutzt werden.

Neben diesen beiden Käuzen sind vor allem viele kleine Vogelarten sehr stark spezialisiert und damit in ihrer Lebensweise an den Lebensraum Nadelwald gebunden, weshalb sie außerhalb dichter, ursprünglicher Nadelwälder kaum zu finden sind.

Zu ihnen zählt einer der kleinsten Singvögel, das nur 5 bis 6 g schwere Wintergoldhähnchen (*Regulus regulus*). Es fällt eher durch seinen hohen Gesang auf, als daß man es hoch oben in den Wipfelregionen entdecken kann. Gerade dieser gelblichgrüne Vogel ist stark an Fichten-Reinbestände und Mischwälder mit einem ausreichenden Fichtenanteil gebunden und besiedelt diese vom Talboden bis hinauf zur Baumgrenze. Dort trifft man es auch in Zirbenbeständen. Erstaunlich ist die Fähigkeit dieses winzigen Vogels, als reiner Insekten- und Spinnenfresser den – aufgrund seiner geringen Körpergröße – hohen Energieverbrauch nur mit vergleichsweise wenig nahrhaften Arthropoden ausgleichen zu können und trotzdem die härtesten Winter in den Alpen zu überleben. Beim Überdauern in der kalten Jahreszeit spielen besonders die winteraktiven Springschwänze (Collembola) eine entscheidende Rolle.

Auch die Haubenmeise (*Parus cristatus*) ist stark an Fichten-Reinbestände gebunden. In geschlossenen Bergfichtenwäldern erreicht sie ihre höchsten Dichten. An Kiefern (*Pinus sylvestris*) und an sonnigen, steilen und trockenen Standorten, aber auch in Lärchenwäldern findet man sie – in geringer werdender Dichte – bis hinauf an die Baumgrenze. Als Nistplatz werden neben Höhlen und Spalten von Bäumen gerne auch Nistkästen angenommen und eigene Höhlen in modernden Baumstrünken angelegt.

Weniger eng an Nadelhölzer gebunden wie ist die Tannenmeise (*Parus ater*), die sich ähnlich wie das Sommergoldhähnchen (*Regulus ignicapillus*) bereits mit eingestreuten Fichten begnügt. Bezüglich ihrer Nistplatzwahl ist sie wesentlich variabler, wobei sie ihre Nester besonders gerne in Bodennähe versteckt und dabei natürliche Höhlen, Nischen und Spalten, aber auch Nistkästen bevorzugt.

Kaum ein anderer Brutvogel der montanen und subalpinen Nadelwälder ist derart auf seinen Lebensraum spezialisiert wie der Fichtenkreuzschnabel (*Loxia curvirostra*). Seine besonders enge Bindung an die Fichte bietet ihm Lebensraum und Nahrungsquelle zugleich, fordert aber auch einige erstaunliche Anpassungen an seinen alpinen Lebensraum. So ist der massig wirkende Fichtenkreuzschnabel bei der Jungenaufzucht auf die Reifung der Fichtensamen angewiesen. Die Jungvögel müssen daher unter widrigsten Bedingungen im Hochwinter mit den frischen Sämereien versorgt werden. Schon ab Februar können Vollgelege dieses Vogels vorkommen. Am Boden findet man die mit Hilfe seines gekreuzten Schnabels gespaltenen Deckschuppen der Zapfen. Neben Fichtensamen verschmäht er allerdings auch die Samen von Lärche, Tanne und Latschenkiefer (*Pinus mugo*) nicht. Als unauffälliger Wipfelbewohner ist er während der Brutzeit selten zu sehen. Außerhalb der Brutzeit ist er gerne in Schwärmen unterwegs.

Abb. 45: Ein reich strukturierter und mit vielen Requisiten ausgestatteter Lebensraum im Bergfichtenwald ist für das Auerhuhn (*Tetrao urogallus*) von überragender Bedeutung zur Aufrechterhaltung einer vitalen Population. 1 freier Schlafplatz, 2 Heidelbeeren, 3 Balzraum, 4 Bodenbalzplatz, 5 Jungfichten (Deckung und Winternahrung), 6 Aufnahme von Steinchen an Wurzeltellern, 7 geschützter Brutplatz, 8 gedeckter Schlafplatz, 9 Föhren und Weißtanne (Nadeln als Winternahrung), 10 Sandbadestelle (Huderpfanne), 11 Ameisenhaufen, 12 Buche (Knospen) (nach STÜBER & WINDING 1991).

Die Bewohner von Nadelmischwäldern

Ausgedehnte, natürliche und verschiedene Altersstadien von Bäumen aufweisende Nadel- und Nadelmischwälder werden immer seltener und somit auch die Gelegenheit, die auffällige Balz des Auerhahns (*Tetrao urogallus*) im Freiland zu beobachten. Die umfangreichen Ansprüche an einen geeigneten Balzplatz bestimmen zum großen Teil die Eignung als Lebensraum. Während sich die Weibchen in den zwergstrauchgesäumten Randbereichen aufgelockerter Waldbereiche den geeignetsten Bewerber auswählen, benötigen die Hähne freie Waldflächen für die aufwendigen Turnierkämpfe mit ihren Artgenossen. Hohe Bäume am Rande derartiger Lichtungen sind ebenfalls wichtige Lebensraumelemente. Von dort lassen sie mit weithin hörbarer Stimme und gespreiztem Schwanz ihre glucksenden und schnarrenden Balzrufe hören. Neben einer ausreichend großen Waldfläche ist ein hohes Angebot an Beerensträuchern, vor allem der Heidelbeere, sowie das Vorkommen von Ameisen für die Jungenaufzucht zur Aufrechterhaltung eines gesunden Auerhuhnbestandes erforderlich.

Störungen durch Waldsanierungsmaßnahmen, Wanderer, Pilzesammler, «alternative» Skifahrer sowie ungünstige Klimabedingungen

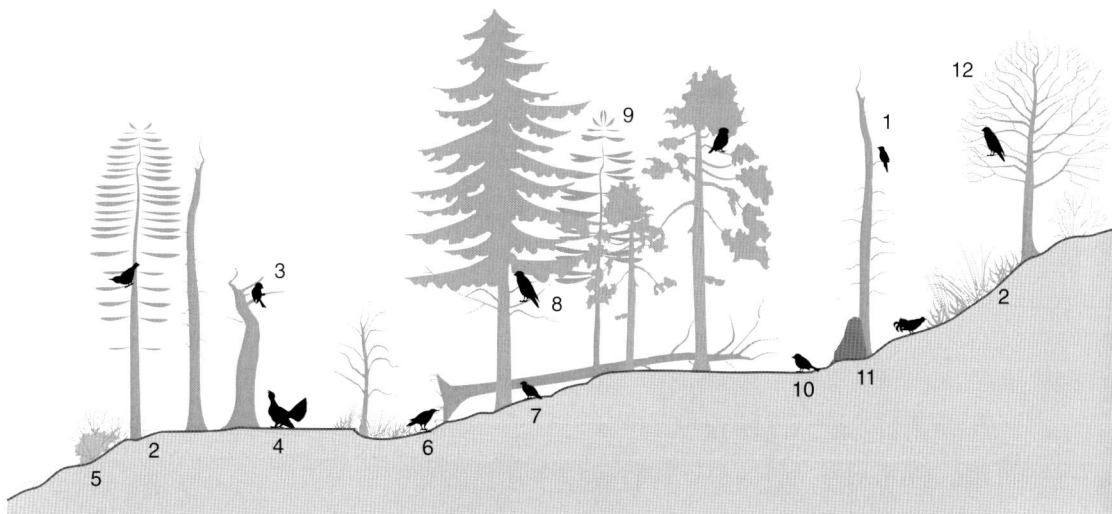

während der Brutzeit (naßkalte Witterung führt bei jungen Auerhühnern leicht zum Tod durch Verhungern oder Auskühlen) haben dieses scheue Waldhuhn zu einer der bedrohtesten Vogelarten in ganz Mitteleuropa werden lassen.

Häufig anzutreffende Spechtarten in diesem Waldtyp sind Buntspecht (*Dendrocopus major*) und Schwarzspecht (*Dryocopus martius*). Während ersterer als Habitatgeneralist zu bezeichnen ist, kann man den Schwarzspecht, den größten einheimischen Specht, während der Nahrungssuche besonders in naturnahen Altholzrelikten oder alten, gestuften Mischwäldern beobachten. Dort bewegt er sich meist schwerfällig hüpfend über den Waldboden, um seine überwiegend tierische Nahrung aufzunehmen. Auffällig sind seine ovalen Hacklöcher und seine tief eingehauenen Bruthöhlen, die auch von anderen Bewohnern dieses Lebensraumes, wie dem Rauhfußkauz, gerne genutzt werden. Sein wellenartiger Flug und seine weithin hörbaren Rufe sind bis hinauf zur Baumgrenze leicht wahrzunehmen.

Sperber (*Accipiter nisus*) und Habicht (*Accipter gentilis*) sind in diesem Lebensraum die Vertreter der tagaktiven Greifvögel. Sie brüten mit besonderer Vorliebe in oder knapp unterhalb der dichten Kronenbereiche von Nadelbäumen. Um ihre Geschwindigkeit bei der Jagd auf Kleinvögel und -säuger ausnutzen zu können, bevorzugen sie offenere Bereiche, vor allem in der Nähe von Lichtungen, am Rande von Laubmischwäldern und alpiner Kulturlandschaften (siehe S. 155, 161, 167, 172).

Das in Aussehen und Biologie dem Wintergoldhähnchen (*Regulus regulus*) sehr ähnliche Sommergoldhähnchen (*Regulus ignicapillus*) zeigt eine Vorliebe für Nadel- und insbesondere Fichtenmischwälder, ist aber im Gegensatz zu diesem bereits mit eingestreuten Fichten zufrieden und nur während der Sommermonate in den Alpen anzutreffen. Noch vor einigen Jahrzehnten ein sehr seltener Brutvogel in den Alpen, hat das Sommergoldhähnchen sein Verbreitungsgebiet inzwischen stark ausgeweitet und ist bis hinauf zur Waldgrenze vertreten.

Der Gimpel (*Pyrrhula pyrrhula*) ist in allen Nadel- und Mischwäldern von den Tallagen bis zur Baumgrenze ein verbreiteter Brutvogel. Auch er zeigt eine deutliche Vorliebe für die Fichte. Zur Brutzeit stellen deckungsreiches Unterholz, Dickungen und Stangenholz wichtige Lebensraumbestandteile dar. Neben Jungholzbeständen werden ebenso ältere Bestände mit dichtem Unterwuchs, zumeist am Rand größerer Waldgesellschaften, aber auch aufgeforstete Lichtungen und aufgelockerte Laub- und Mischgehölze besiedelt. Gelegentlich brütet er in hecken- und baumreichen Gärten oder Parks. Im Winter ist er in Siedlungen eine vertraute Erscheinung. Sein Auftauchen in tieferen Lagen kündigt nicht selten Schlechtwettereinbrüche im Gebirge an (siehe S. 163).

Für ihre Lebensraumvariabilität ist auch die Alpenmeise (*Parus montanus montanus*) bekannt, eine alpine Unterart der Weidenmeise. Sie ist in den Alpen entweder im Grauerlengebüsch oder mit hoher Abundanz in montanen und subalpinen Nadelwäldern mit einem hohen Morschholzanteil zu finden. Fichtenmonokulturen, wie zum Beispiel unsere Wirtschaftswälder, meidet die Alpenmeise nahezu vollständig.

Bezüglich seines Gesangsrepertoires kaum zu übertreffen ist das sperlingsgroße Rotkehlchen (*Erithacus rubecula*). In Gewässernähe oder an feuchten Stellen in hochstämmigen Wäldern hat dieser kleine Drosselvogel seinen bevorzugten Lebensraum. Für ihn ist eher die Dichte des Unterholzes als die dominierende Baumart entscheidend. Selbst in reinem Koniferen-Jungwuchs, besonders aber an Waldrändern und dort, wo der Unterwuchs am dichtesten ist, trifft man das Rotkehlchen von den Tallagen bis hinauf zur Baumgrenze sehr häufig an.

Subalpine Nadelwälder

Je weiter man entlang des Höhengradienten nach oben wandert, desto deutlicher unterscheidet sich der montane vom subalpinen Fichtenwald in physiognomischer und floristischer Hinsicht. Die Zwergstrauchvegetation wird moosreicher und dichter. Die Heidelbeere, die Rauschbeere (*Vaccinium uliginosum*) und die Alpenrose werden hier bis zu einem halben Meter hoch und bieten einer Vielzahl von Vögeln reichhaltige Nahrung und ausgezeichnete Versteckmöglichkeiten. Auch die Begleitflora ist deutlich artenreicher ausgebildet. Zwischen den Beerensträuchern gedeihen die Gelbliche Hainsimse (*Luzula luzulina*), der langstielige Alpenlattich (*Homogyne alpina*), die bis zu 90 cm hohe Wald-Hainsimse (*Luzula sieberi*), das Wollige Reitgras (*Calamagrostis villosa*), das rotbeerige Schattenblümchen (*Maianthemum bifolium*), der kriechende Sprossende Bärlapp (*Lycopodium annotinum*) und als Vertreter der Orchideengewächse das Kleine Zweiblatt (*Listera cordata*).

Je mehr Licht zum Boden dringt, desto dichter und üppiger wird das dort vorhandene Unterholz und der aufkommende Jungwuchs. Dies sind ideale Bedingungen für den Zilpzalp (*Phylloscopus collybita*). Die Strauch- und Krautschicht sollte zumindest teilweise gut ausgebildet sein, damit der Zilpzalp ein geeignetes Versteck für sein Nest findet, welches in den meisten Fällen knapp oberhalb des Bodens in der Vegetationsschicht angelegt wird. Seine Bestimmung im Gelände fällt aufgrund seines einfachen, sich immer wiederholenden Gesangs sehr leicht. Er ist – bezüglich Lebensraumansprüche – der vielseitigste aller europäischen Laubsänger und dringt an geeigneten Standorten bis an die Baumgrenze vor.

Auch sein naher Verwandter, der etwas größere und weniger rundlich wirkende Fitis (*Phylloscopus trochilus*), besiedelt bevorzugt lockere, lichte Waldbestände. Diese werden allerdings nur bis maximal 1 800 m üb. NN bewohnt. Der olivgrüne Fitis stellt vergleichbare Anforderungen an die Strauch- und Krautschicht, wobei aber besonders die Krautschicht üppig und flächendeckend ausgebildet sein sollte. Selbst kleinste Gebüschinseln werden als Neststandort angenommen. Dort oder in geeigneten Baumbeständen baut er in oder auf Gräsern und Kräutern sein einfaches, aber gut verstecktes Nest. Seine Nahrung – überwiegend Spinnen und Insekten sowie deren Entwicklungsstadien – sucht er flink umherhüpfend in den Wipfeln der Bäume. Wie der Zilpzalp gibt er sich meist nur durch seinen charakteristischen Gesang zu erkennen.

Zur Brutzeit hält sich der Erlenzeisig (*Carduelis spinus*) gerne im Bereich dieser lichten Fichtenwälder überwiegend innerhalb der Subalpin-Stufe auf. Nicht selten sucht er auch Gärten in Siedlungsnähe auf, sofern in unmittelbarer Nähe größere Fichtengehölze erreichbar sind. Außerhalb der Brutzeit ist er eher in Erlen-, Weiden- und Birkenbeständen (Auwälder, Fluß- und Bachufer usw.) ebenso wie an Böschungen und auf Brachland anzutreffen. Während der Wintermonate fallen ganze Schwärme dieser Art aus dem Norden und Nordosten bei uns ein und stoßen dabei mitunter bis in die Alpen vor. Dort stocken sie die hier bereits schon überwinternden Bestände dieser Art auf und sind dann häufig in großer Individuenzahl an Futterplätzen im Siedlungsbereich zu beobachten. Als Teilzieher ist der Erlenzeisig immer auf der Suche nach Sämereien, wobei er eine besondere Vorliebe für Erlensamen (verschiedene *Alnus*-Arten) entwickelt hat.

Dort, wo die Bergfichtenwälder, aber auch andere Nadelwaldtypen, offene Stellen aufweisen oder durch Lawinenbahnen und Geröllfelder unterbrochen sind, trifft man auf die Ringdrossel (*Turdus torquatus*). Dieser alpine Sommervogel ist auf seiner Suche nach Würmern, Heuschrecken, Insekten und deren Larven vor allem in offenen Bereichen anzutreffen, wie etwa auf Almwiesen. Ihre Baum- und Buschnester baut die Ringdrossel gerne am Rand geschlossener Nadelholzbestände in Alpenrosengebüschen, Latschenkiefern oder anderen Koniferen. Von der Amsel unterscheidet sich zumindest das Männchen deutlich durch den hellen Brustring. Die Ringdrossel brütet oberhalb von etwa 1 400 m üb. NN bis zur Baumgrenze, wo sie im Bereich der Waldgrenze einen deutlichen Verbreitungsschwerpunkt aufweist. Dort, aber auch im Bereich alpiner Kulturlandschaften, hat sie besonders von der Öffnung der Wälder durch den Menschen profitiert. In der Subalpinregion spielt sie als Beerenfresser durch Kotabgabe eine wichtige Rolle bei der Verbreitung von Beerensträuchern, so zum Beispiel von Preisel- und Heidelbeere. Außerhalb der Brutzeit trifft man sie häufig in ausgedehnten Zwergstrauchheiden und über der Baumgrenze.

Neben der Fichte ist mit zunehmender Höhe immer häufiger die Lärche (*Larix decidua*) eingestreut. Besonders an Schlagflächen ist die Lärche als Lichtkeimer eine der ersten Pionierpflanzen, wobei sie allerdings aufgrund ihres hochwertigen Holzes (z.B. zum Möbelbau) schon immer waldbaulich gefördert wurde. Je stärker sich der Wald öffnet, desto häufiger trifft man diese Nadelbaumart. An bestimmten Stellen entstanden ganze Lärchenwälder, die im Herbst aufgrund ihrer Färbung ein unverwechselbares Charakteristikum vieler alpiner Landschaften (z.B. Südtirol / Italien und Großglocknergebiet / Österreich) darstellen (siehe S.186ff.).

Alpine Tannenwälder

Um einen völlig anderen Nadelwaldtyp als bei dem zuletzt geschilderten handelt es sich beim Tannenwald, der seinen Verbreitungsschwerpunkt zwischen dem südalpinen Buchenareal und dem inneralpinen Fichtenareal einnimmt. Desöfteren bildet die Tanne (*Abies alba*) mit Buche und Fichte Mischbestände, in denen sie zwar als charakteristisch zu bezeichnen ist, aber nie die dominante Baumart bildet. Aufgrund der größeren Frostresistenz gegenüber der Buche dringt die Tanne auch in höhere Lagen vor. Sie hat als Tiefwurzler mehrere ökologische Funktionen, wie zum Beispiel die Vermeidung der Standortsdegradierung, die Verbesserung des Mikroklimas und die Erhaltung der Artenvielfalt (Amt für Naturparke, Naturschutz und Landschaftspflege in Südtirol 1983). Wegen ihrer Empfindlichkeit in bezug auf zunehmende Luftverschmutzung und überhöhte Schalenwildbestände kann die Tanne als Indikatorart für einen gesunden Wald angesehen werden und steht daher oft als Sinnbild für einen naturnahen nach Untergrundbeschaffenheit unterschiedlich artenreich ausgebildet. Auf dem Silikatgestein der Zentralalpen bilden im Tannenwald lediglich Wald-Habichtskraut (*Hieracium sylvaticum*), verschiedene Hainsimsenarten (*Luzula luzuloides und Luzula nivea*), die Heidelbeere und einige Moose und Farne ausgedehntere Bestände. Auf kalkhaltigem Untergrund finden wir als Vertreter einer reichhaltigeren Flora das Dreiblatt-Schaumkraut (*Cardamine trifolia*), die gelblich-weiße Neunblättrige Zahnwurz (*Dentaria enneaphyllos*), den bis 120 cm hohen Wald-Schwingel (*Festuca altissima*), das Flattergras (*Milium effusum*), das mancherorts seltene Einblütige Wintergrün (*Moneses uniflora*), die giftige, schwarzblaue Beeren bildende, quirlblättrige Weißwurz (*Polygonatum verticillatum*) und die Aremonie (*Agrimonia agrimonoides*).

Unsere größte einheimische Drosselart, die Misteldrossel (*Turdus viscivorus*), brütet gerne unter Bedingungen, wie sie alte, hochstämmige Tannenwälder bieten. Dabei spielt es nur eine untergeordnete Rolle, welche Baumarten der Tanne in einem solchen Lebensraum untergemischt sind. Neben Fichten duldet sie ebenso die verschiedensten Laubbaumarten. Im alpinen Raum werden von diesem Charaktervogel der montanen bis alpinen Nadelwälder v.a reich gegliederte Waldtypen und mosaikartig mit Weideflächen durchsetzte Bestände besiedelt. Daraus entwickelten sich im Laufe der Zeit (etwa ab Anfang des 19. Jahrhunderts) Ansiedlungstendenzen innerhalb der halboffenen alpinen Landschaften. Außerhalb der Brutzeit trifft man sie bis zur Baumgrenze an. Dort nützt sie auf den Almwiesen und den alpinen Rasen bevorzugt das reiche Angebot an Käfern, Würmern und Raupen. Erst im Herbst verschwindet dieser Teilzieher aus seinem alpinen Nahrungsgebiet.

Die etwas kleinere Singdrossel (*Turdus philomelos*) stößt in diese alpinen Bereiche weitaus seltener vor, wenn sie auch sonst eine ähnlich dominante Rolle in Tannen-, Fichten- und Nadelmischwäldern der Alpen spielt. Eine besondere Vorliebe hat sie dabei für unterholzreiche Bestände entwickelt. Eine deutliche Präferenz für offene Flächen beim Nahrungserwerb, wie bei der Misteldrossel, ist bei ihr allerdings nicht zu erkennen. Beide Drosselarten haben großen Anteil an den morgendlichen und abendlichen Vogelkonzerten in alpinen Hochwäldern, sind aber aufgrund einiger Gesangsmerkmale gut voneinander zu unterscheiden (siehe S. 99, 100).

Weitere Nadelwaldtypen

Andere Nadelbaumarten als Fichte, Tanne, Lärche und Arve spielen in der quantitativen Zusammensetzung alpiner Nadelwälder eine eher untergeordnete Rolle, stellen aber aufgrund ihrer Vorliebe für klimabegünstigte Standorte einen wichtigen Lebensraumbestandteil für viele Vogelarten dar. Lediglich die – als Pionierbaum überaus bedeutsame – Rotföhre (*Pinus sylvestris*) tritt alpenweit noch in größeren Beständen auf. Neben einigen lokalen Vorkommen in den Nordalpen sind hier vor allem die flachgründigen und nährstoffarmen Standorte innerhalb der submontanen bis montanen Stufe Südtirols zu nennen, so zum Beispiel die Bestände auf den sauren Mittelgebirgsflächen entlang des Eisacktals bis ins Brunnecker Becken. Weitere Bestände findet man im Tauferer-, Schnals- und Sextner Tal, den inneren Dolomitentälern und im Vinschgau. Der Lärchenwald im Vinschgau gilt als trockenster Bestand der Südtiroler Alpen, was sich im Vorkommen von Esparsetten-Tragant (*Astragalus onobrychis*), dem sehr seltenen Blasen-Tragant (*Astragalus vesicarius*), Seidenhaar-Spitzkiel (*Oxytropis halleri*) und dem fleischfarbigen Rundblättrigen Hauhechel (*Ononis rotundifolia*) widerspiegelt. Unabhängig davon, ob ein feuchter oder eher trockener Untergrund vorherrscht, sind überwiegend Wiesen-Wachtelweizen (*Melampyrum pratense*), das Wald-Habichtskraut (*Hieracium sylvaticum*), der goldgelbe Deutsche Ginster (*Genista germanica*), die Goldrute (*Solidago virgaurea*) und die stark duftende Waldhyazinthe (*Platanthera bifolia*) die floristischen Begleiter dieser Waldtypen. Auf Kalk setzt sich die Krautschicht vorwiegend aus Weiß-Segge (*Carex alba*), Blaugras (*Sesleria varia*) und der bis 2 300 m üb. NN vorkommenden Schneeheide (*Erica herbacea*) zusammen. Das Heideröschen (*Daphne cneorum*), die braun-purpurn blühende Dunkle Akelei (*Aquilegia atrata*), die Wohlriechende Händelwurz (*Gymnadenia odoratissima*), die nach Vanille duftende Braunrote Stendelwurz (*Epipactis atrorubens*), der bis 60 cm hohe, farbenprächtige Frauenschuh (*Cypripedium froehlichiana*) und die mehrfarbig blühende Buchsblättrige Kreuzblume (*Polygala chamaebuxus*) sind besonders bunte und z. T. sehr seltene Vertreter der Begleitflora.

In sonnigen, trockenen und steilen Lärchen-, Föhren- und aufgelockerten Fichtenwäldern findet der Berglaubsänger (*Phylloscopus bonelli*) seinen bevorzugten Lebensraum. Überwiegend aus dem Kronenbereich von zumeist südexponierten, lichten Wäldern bis hinauf zur Waldgrenze dringt der unmelodisch klingende Gesang dieses grünlichgrauen, kleinen Vogels. Dort sucht er auch nach Spinnen und Insekten. Das kugelförmige Nest versteckt er dagegen am Boden. Im klimabegünstigten Südtirol besiedelt er aber auch den völlig andersartigen Lebensraum der Flaumeichen-Hopfenbuchenwälder (siehe S. 170) in guten Siedlungsdichten.

Lärchen-Zirbenwälder

Vegetation der Lärchen-Zirbenwälder

Wenn sich die Laubbäume im Herbst in den Tallagen verfärben, zeigen die Lärchen in den Alpen oberhalb von etwa 1 600 bis 1 700 m üb. NN ein ähnlich atemberaubendes Naturschauspiel in den verschiedensten Gelb- bzw. Orangetönen. Auch im Sommer ist dieser Lebensraum stets farbenfroh: Entweder blühen die farbenprächtigen Alpenrosenheiden zwischen vereinzelt stehenden Lärchen (*Larix decidua*) und Zirben (*Pinus cembra*) – zum Beispiel in den Zentral- und Nordalpen –, oder aber die typischen Lärchenwiesen Südtirols sind mit einem bunten Teppich aus verschiedenfarbigen Alpenblumen überzogen. In naturbelassenen Regionen reichen diese abwechslungsreichen Lebensräume bis an die Wald- bzw. Baumgrenze, also je nach geographischer Lage (siehe S. 10) bis etwa 2 100 bzw. 2 300 m üb. NN. Die Zirbe und besonders ihre Nadeln sind sehr frostresistent (bis -40 °C), weshalb sie in diesen Höhen sehr häufig Mischbestände mit der Lärche eingeht und dort einen ganz eigenen, typisch alpinen Lebensraum für Pflanzen und Tiere gebildet hat. Allerdings wurde die Zirbe von den Menschen sehr selektiv genutzt und verschwand somit aus vielen Mischbeständen. So entwickelten sich vielerorts die als Weideflächen genutzten, charakteristischen Lärchenwiesen. Der gesamte Lebensraum wurde über Jahrhunderte hinweg als Folge anthropogener Nutzungen nachhaltig verändert. Gerade in dieser Zone mit einer Höhenausdehnung von etwa 400 bis 500 Höhenmetern entstanden besonders viele Almflächen, die die natürliche Waldgrenze um 300 m herabdrückten. Andererseits wurden dadurch auch große Flächen neuen Lebensraums für viele andere Tier- und Pflanzenarten geschaffen.

Der hohe Lichtgenuß der zumeist aufgelockert stehenden Bestände führt zu einem reichhaltigen, von zahlreichen Weideelementen durchsetzten Krautwuchs. Die Alpenrosenteppiche werden aus der Rostroten oder der Behaarten Alpenrose (*Rhododendron ferrugineum* und *R. hirsutum*) gebildet. Dazwischen gedeihen Heidelbeeren, Preiselbeeren und die wenig schmackhaften Rauschbeeren (*Vaccinium uliginosum*), die auch in dieser Vegetationsstufe wichtig für einige Vogelarten sind. Beigemengt stehen der langgestielte Gemeine Alpenlattich, die Draht-Schmiele (*Avenella flexuosa*), die Wald-Hainsimse, das Wollige Reitgras, die Besenheide (*Calluna vulgaris*), das schieferblau bis violett blühende Borstgras (*Nardus stricta*) und die kurzgestielte Bärtige Glockenblume (*Campanula barbata*). Im Frühjahr sind die Lärchenwiesen von einem Teppich aus Küchenschellen (*Pulsatilla* spec.) sowie kräftig gelb blühenden Schwefelanemonen (*Pulsatilla alpina*), Enzianen (*Gentiana* spec.) und Orchideen (vor allem zahlreiche Vertreter der Gattungen *Orchis* und *Dactylorhiza*) überzogen.

Zentralalpin tritt das seltene, arktisch-alpine Moosglöckchen (*Linnaea borealis*) als Trennart auf. Bäume und Sträucher sind von zahlreichen Flechten überzogen. Die stark verzweigten Bartflechten (*Usnea* spec.) und die giftige, überwiegend an Lärchen gedeihende Gelbe Wolfsflechte (*Letharia vulpina*) fallen besonders auf.

Vogelgemeinschaft der Lärchen-Zirben-Region

Die Lärchen-Zirbenwälder werden von Vögeln bewohnt, die diesen Lebensraum aufgrund der lichten Waldbestände mit dem vergrasten Boden, den alten Bäumen mit ihrer rissigen Rinde und den großen und kleinen Höhlen und Löchern sowie den Stein- und Reisighaufen bevorzugen. Viele dieser Vogelarten haben ihr Hauptverbreitungsgebiet jedoch in anderen Lebensräumen.

Auch im Lärchenwald geht die kleinste, alpenweit verbreitete Eule, der Sperlingskauz (*Glaucidium passerinum*), auf Jagd nach Kleinvögeln. Der Baumpieper (*Anthus trivialis*) be-

Tab. 7: Vogelgemeinschaft der Lärchen-Zirbenregion, Requisitenansprüche und Nutzungstypen

Vogelart	PL	SL	NT	Requisitenansprüche
Birkhuhn	●		BG NG ÜG	halboffenes und niedrigwüchsiges Gelände (Balzplätze); deckungsreiche Flächen (Verstecke); lockerer Baumbestand (Schlafbäume) und reichhaltige Kraut- und Zwergstrauch-schicht mit ausreichendem Beeren- (Sommer-Nahrung) und Lärchen-, Alpenrosen-, Heidelbeeren-, Koniferennadeln- und Knospenangebot (Winternahrung); Großflächigkeit
Steinhuhn		●	BG NG	steinige, felsige Steilhänge mit eingestreut stehenden Lärchen oder Zirben (Deckung; Neststandort) und reichhaltigem Ange-bot an Beerensträuchern und Sämereien
Sperlingskauz		●	JG	lichte Waldbestände mit ausreichendem Kleinvogelangebot
Grauspecht		●	NG	lichte Waldbestände mit reichhaltigem Angebot an Arthropo-den, vor allem Ameisen
Grünspecht		●	NG	lichte Waldbestände mit reichhaltigem Angebot an Arthropo-den, vor allem Ameisen
Baumpieper	●		BG NG	offenes und halboffenes Gelände mit reich strukturierter Krautschicht (Brut; Nahrungssuche)
Heckenbrau-nelle	●		BG	Dickichte mit angrenzenden Freiflächen (Brut und Nahrungs-suche)
Ringdrossel		●	NG	reichhaltige Krautschicht und großes Angebot an Beerensträu-chern (Heidelbeere, Preiselbeere) in der Nachbrutphase
Misteldrossel		●	NG	reichhaltige Krautschicht und großes Angebot an Beerensträu-chern (Heidelbeere, Preiselbeere) in der Nachbrutphase
Berglaubsänger		●	BG NG	trockene, lichte und sonnige Waldstrukturen mit lückigem Unterwuchs
Grauschnäpper	●		BG NG	halboffene bis offene Landschaften; in den Alpen vor allem Lichtungen und Waldränder im Bereich des Lärchenwaldes
Kleiber	●		BG NG ÜG	alte, lichte Baumbestände im Bereich des Lärchen-Arven-Gür-tels mit ausreichendem Angebot an Arthropoden (Brutzeit), Samen und Nüssen (Spätsommer und Winter)
Tannenhäher	●		BG NG ÜG	Zirbelkieferbestände (= Arvenbestände) mit ausreichendem Angebot an Zirbennüssen und anderen Samen
Zitronengirlitz	●		BG NG	lichte Lärchen-Arvenwaldbereiche oder aufgelockerte Wald-ränder in der Nähe von kurzrasigen Wiesen, Weiden oder Ski-pisten; Sämereien und Arthropodenangebot
Birkenzeisig	●		BG NG	lichte Lärchen- und Lärchenmischwaldkomplexe mit ausrei-chendem Angebot an Sämereien

PL = Primärlebensraum; **SL** = Sekundärlebensraum; **NT** = Nutzungstyp;
BG = Brutgebiet; **JG** = Jagdgebiet; **NG** = Nahrungsgebiet; **ÜG** = Überwinterungsgebiet

siedelt neben Kulturlandschaften auch die Lärchen-Zirbenwälder bis fast 2 000 m üb. NN. Die lichten Wälder mit ihren vielen offenen Flächen und angrenzenden Wiesen kommen ihm in seiner Lebensweise entgegen. Der Grauschnäpper (*Muscicapa striata*) bevorzugt solche lichten Bestände und ist besonders dort anzutreffen, wo Felsen oder Blockhalden den Boden reicher strukturieren. Dieser unscheinbar gestreifte Fliegenschnäpper ist vom Talboden bis 1 500 m üb. NN in geringer Dichte und meist nur in den Südlichen Alpen anzutreffen. Grauspecht (*Picusc canus*) und Grünspecht (*Picus viridis*) suchen vor allem nach der Brutzeit zwischen der groben Rinde und am Boden nach Ameisen und anderen Insekten. Der Kleiber (*Sitta europaea*) dagegen hat hier einen regelrechten Verbreitungsschwerpunkt ausgebildet. Auch er profitiert von dem besonders reichhaltigen Angebot an Arthropoden, Samen und Nüssen. Der Berglaubsänger (*Phylloscopus bonelli*) jagt hier im Spätsommer ausschließlich nach Insekten.

Misteldrossel (*Turdus vicivorus*) und Ringdrossel (*Turdus torquatus*) fressen sich auf den Wiesen und in den beerenreichen Strauchheiden dieses Lebensraums kurz vor ihrem Abflug in die Winterquartiere die nötigen Fettreserven an.

Das versteckt lebende Steinhuhn (*Alectoris graeca*) weiß an steileren und sonnigen Hängen sowohl das reichhaltige Nahrungsangebot als auch die erstklassigen Deckungsmöglichkeiten zwischen den vereinzelt stehenden Bäumen zu nutzen.

Der auffälligste und lautstärkste Vogel in diesem Lebensraum ist sicherlich der Tannenhäher (*Nucifraga caryocatactes*). Dieser eichelhähergroße Charaktervogel der Lärchen-Zirbenwälder mit seinem dunklen Gefieder und der dichten, weißen Fleckung ist stets ein Indikator für das Vorhandensein größerer Zirbenbestände in der näheren Umgebung. Zwischen 1 500 m üb. NN und der Baumgrenze streicht er in diesen Bereichen ab Anfang Juni auf der Suche nach Nahrung weit umher und kommt

bisweilen sogar bis in die Tallagen herab. Unverwechselbar sind seine krächzenden und knackenden Laute sowie seine Fähigkeit, nahezu alle Geräusche nachzuahmen, die er jemals gehört hat. Auf diese Art und Weise sind schon Hinweise auf das Vorkommen sonst versteckt lebender Vögel – wie zum Beispiel dem des Steinhuhns auf der Reiteralpe / Bayerische Alpen gelungen – deren charakteristische Laute der Tannenhäher im Gebiet gehört hatte und anschließend immitierte. Nachforschungen ergaben schließlich den Nachweis einer kleinen, zumindest temporären Steinhuhnpopulation an seiner nördlichen Verbreitungsgrenze innerhalb der Alpen (STEPHAN et al. 1995). Aufgrund seiner Vorliebe für Zirbennüsse ist der Tannenhäher auch an der Ausbreitung und Vermehrung dieser typisch alpinen Baumart stark beteiligt. Wenn er die Zapfen nicht gerade in Rindenspalten einklemmt, um dadurch besser an deren Nüsse zu gelangen, legt er gerne – vor allem im Herbst – zahlreiche Vorratslager aus 1 bis 12 Nüssen an. Diese können bis zu 10 km vom Samenbaum entfernt sein. Dabei vergißt er schon mal, trotz seines ausgezeichneten Gedächtnisses, das eine oder andere Versteck, was zur Verbreitung von Zirbensamen im Gebirge beiträgt. Allerdings ernährt sich dieser Krähenvogel keineswegs einseitig, denn auch die Nüsse des Haselstrauches (*Corylus avellana*), Insekten, Würmer, Schnecken und Beerenfrüchte stehen auf dem Speisezettel. Sein Nest baut er mit Vorliebe nahe am Stamm von Zirben an der vom Winde abgekehrten Seite. Bei der Eiablage richtet er sich nach der Zapfenreife und beginnt deshalb meist schon im März mit dem Brutgeschäft.

Eine weitere Charakterart dieses Lebensraumes ist das in vielen Bereichen Mitteleuropas sehr selten gewordene Birkhuhn (*Tetrao tetrix*), das – nach dem Alpenschneehuhn – zweithäufigste Rauhfußhuhn der Alpen. Gerade in den Lärchen-Zirbenwäldern und den angrenzenden alpinen Grasheiden besitzt dieser Hühnervogel in Deutschland und den anderen Alpenländern sein letztes sicher scheinendes

Rückzugsgebiet in Mitteleuropa. Doch auch hier ist aufgrund verschiedener Faktoren (siehe S. 44, 226, 238) in den letzten Jahrzehnten ein anhaltender Rückgang zu registrieren. Der auffällige, während der Brutzeit mit roten «Rosen» über den Augen ausgestattete, überwiegend schwarze Hahn sucht vor allem während seiner faszinierenden Balz die offenen Bereiche dieses Lebensraumtyps auf. Die unscheinbar bräunlich gefärbten und dadurch bestens getarnten Hennen mit ihren Küken halten sich dagegen im Schutz der tief herabbastenden Bäume und der dichten Strauchschicht auf. Hier finden sie auch genügend Beeren und Sämereien. In den ersten Lebenswochen benötigen die Küken ausreichend Ameisen, die als essentielle Lebensraumbestandteile für die Aufrechterhaltung einer gesunden Population anzusehen sind. Die exponierten Rücken und Geländekuppen dienen den Hähnen während der Frühjahrs- und Herbstbalz als begehrte Standorte für die Zurschaustellung ihres prächtigen Gefieders. Unverwechselbar sind die markanten Balzposen und Flattersprünge, unterbrochen von den charakteristischen Balzstrophen aus glucksenden, kullernden und zischenden Lauten. Leider sind diese frühmorgendlichen Turnierkämpfe kaum mehr zu beobachten, da die Hähne aufgrund des zunehmenden anthropogenen Freizeitdrucks gezwungen sind, sich auf immer entlegenere Regionen der Alpen zurückzuziehen. Am ehesten kann man die Hähne im Dämmerlicht des Frühjahrs in den Wipfeln von Lärchen oder sogar auf den Masten von Skiliften sitzen sehen. Dort stellen sie ihren glänzend schwarzen Leierschwanz mit den weißen Federabzeichen zur Schau und lassen ihre typischen Gesangsstrophen hören.

Wo die strauchigen Gehölze besonders dicht sind und auch die Latschenkiefer (*Pinus mugo*) stärker auftritt, hat die Heckenbraunelle (*Prunella modularis*) ihren bevorzugten Lebensraum. Zwar besiedelt sie in den Alpen auch andere Nadel- und Mischwaldtypen (vor allem Fichten- und Fichtenmischwälder), fühlt sich aber nirgends so wohl wie in den aufgelocker-

ten Wäldern an der Waldgrenze. Man trifft sie auch auf zwergstrauchreichen Almflächen und Lärchenwiesen, die von Fichtengebüschen durchsetzt sind. Wie die Alpenbraunelle (*Prunella collaris*) zeigt auch die Heckenbraunelle ein erstaunliches Sozialverhalten, wobei – je nach Nahrungssituation und Lebensraumeignung – neben einem Weibchen auch mehrere Männchen die Jungen im Nest füttern.

Ein typischer Vogel dieses Lebensraums ist der Alpenbirkenzeisig (*Caruelis flammea cabaret*), selbst wenn er in den letzten Jahrzehnten sein Verbreitungsgebiet aus den Lärchen- und Lärchenmischwäldern der Subalpinstufe bis in tiefere Lagen und lokal sogar das Alpenvorland ausgedehnt hat. Häufiger anzutreffen ist er allerdings nach wie vor in geeigneten Lebensräumen mit lichten Baumbeständen, niedrigen Nadelholzgebüschen und insbesondere halboffenen Landschaftsstrukturen bis hinauf an die Baumgrenze. Auf Viehweiden, Almböden und Wiesen grenzende Waldabschnitte mit reichhaltigem Gebüschunterwuchs sucht er ebenso auf wie kümmernde Fichtenbestände mit Einzelbäumen an der Waldgrenze. Außerhalb der Brutzeit schließt er sich zu größeren Schwärmen zusammen. So stößt er vor allem im Winter auf seiner Suche nach Sämereien von Erlen, Birken und anderen Bäumen, aber auch nach den Fruchtständen von Korbblütlern wie Disteln (*Carduus* spec.) und Löwenzahnarten (Vertreter der Gattung *Taraxacum*) bis in die Tallagen vor. Häufig läßt er bei dieser Gelegenheit seine charakteristischen Flugrufe aus eiligen, metallisch klingenden Trillern und Zwitschern hören.

Alpenweit eher vereinzelt und selten anzutreffen ist der Zitronengirlitz (*Serinus citrinella*). Zwar besiedelt er mit Vorliebe die alten, lichten und locker bestandenen Lärchen- und Zirbenwälder oberhalb 1 500 m üb. NN, wird dabei aber nie häufig. In Südtirol findet man nur im Vinschgau ein einigermaßen geschlossenes Vorkommen. Im Winter sammeln sich diese kleinen, grünlichgrauen Finkenvögel an schneefreien, steilen und grasigen Hängen auf der Suche nach Sämereien aller Art. Die unauffällige Lebensweise und die geringe Abundanz erlauben nur selten einen Blick auf diesen alpinen Sommervogel. Bisweilen verrät ihn nur sein typischer, schwätzender Mischgesang aus mehr oder minder wohltönendem Gezwitscher.

Die Latschen-Erlengebüsch-Zwergstrauchregion

Im Bereich der natürlichen wie auch der anthropogen beeinflußten Wald- und Baumgrenze hat sich ein völlig eigenständiger Lebensraum entwickelt, der je nach Beschaffenheit des Untergrundes völlig unterschiedlich ausgeprägt ist. Dort, wo sich vor der Urbarmachung durch den Menschen ursprüngliche Lärchen- und Zirbenwälder ausdehnten, hat der natürlich vorhandene Krummholzgürtel durch Rodung zusätzlich und in großem Umfang an Fläche dazugewonnen. Benannt wird diese Vegetationsstufe nach den dominanten Pflanzenarten, die sich in ihrem Wachstum den extremen Wind- und Klimaverhältnissen und der drückenden Schneelast im Winter angepaßt haben. Bezeichnenderweise wird dieser Lebensraum oft auch als «Kampfzone» oder Krummholzgürtel bezeichnet. Die charakteristischen, formen- und artenreichen Zwergstrauchheiden sind relativ gleichmäßig über den Alpenbogen verbreitet. Auf dem silikathaltigen Untergrund der Zentralalpen finden wir oberhalb der Subalpinstufe überwiegend ausgedehnte Grünerlenbestände (*Alnus viridis*) neben stellenweise mannshohen Latschenwäldern (*Pinus mugo*), die auf diesem Untergrund zumeist nur subdominante Bestände bilden. Als Latsche wird die niedrigliegende Form der Bergföhre (Bergkiefer) bezeichnet. Sie dominiert die Vegetation auf Kalk und Dolomit. In Südtirol findet man mancherorts auch größere Latschenbestände auf Silikat, so zum Beispiel in den Sarntaler Alpen. In den Westalpen dagegen überwiegt die aufrechte Form der Bergföhre.

Die Zwergstrauchheiden aus Alpenrosen (*Rhododendron* spec.) und Rauschbeere (*Vaccinium uliginosum*) – um nur einige zu nennen – bieten im Spätsommer riesige Nahrungsreserven für viele Lebewesen, darunter auch viele Vögel, die hier nach der Brutzeit wichtige Fettreserven für den Flug in die Winterquartiere anlegen. Unzählige Kräuter und Blumen sowie die Samen der üppig ausgebildeten Erlengebüsche ergänzen das Nahrungsangebot. Andere Vogelarten nützen die vielfältigen Versteckmöglichkeiten in der üppigen Kraut- und Zwergstrauchschicht zum Anlegen ihrer Nester und für ihre heimliche Lebensweise. Das besonders ausgeprägte, warme Mikroklima innerhalb der Latschengebüsche begünstigt die Entwicklung einer immensen Zahl von Arthropoden, was sich die Insektenfresser unter den Vögeln dieses Lebensraumes zunutze machen. Die Kleinräumigkeit und die witterungsbedingten Unwägbarkeiten dieser Region setzen dem Artenreichtum der Vogelgemeinschaft allerdings Grenzen.

Von Latschen dominierte Bereiche

Die Latschenregion ist ein klar abgegrenzter Lebensraum mit einer großen Vielfalt an Pflanzen- und Tierarten. Die Latsche bietet vielen Vögeln einen für deren Feinde undurchdringliches Dickicht als sicheren Neststandort.

Die Ringdrossel (*Turdus torquatus*) ist zwar keine typische Bewohnerin dieses Lebensraums an der Waldgrenze, nutzt aber das scheinbar unerschöpfliche Potential an Beeren in jedem Spätsommer und Herbst in regelmäßig großer Individuenzahl. Einige andere Vogelarten besitzen innerhalb des Latschengürtels einen ausgeprägten, weiteren Schwerpunkt ihres alpinen Verbreitunggebietes. Zu ihnen gehört der Zaunkönig (*Troglodytes troglodytes*), der neben Windwürfen und den mit dichtem Unterwuchs bewachsenen Wäldern besonders die deckungsreichen Bereiche der Krummholzzone besiedelt. Auch der Zilpzalp (*Phylloscopus collybita*) ist hier häufig anzutreffen. Wo Erlenge-

Latschen-Erlengebüsch-Zwergstrauchregion

Tab. 8: Vogelgemeinschaft der Latschen-Erlengebüsch-Zwergstrauchregion, Requisitenansprüche und Nutzungstypen

Vogelart	PL	SL	NT	Requisitenansprüche
Steinhuhn	●		BG	lückiges Mosaik aus Rasen-, Zwergstrauch- und offenen Strauchgesellschaften an steinigen Steilhängen in sonnenexponierter Lage
Zaunkönig	●		BG NG ÜG	nicht zu trockene Gebüschlandschaft mit ganzjährig ausreichendem Angebot an Arthropoden
Heckenbraunelle		●	BG NG	Dickichte mit angrenzenden Freiflächen, Latschengebüsche mit ausreichendem Arthropodenangebot
Alpenbraunelle	●		BG	felsdurchsetzte Hochmatten und Felsgelände mit Polsterpflanzen zwischen lückig stehenden Latschen
Rotsterniges Blaukehlchen	●		BG NG	nasse und üppig mit Zwergstrauchheiden (Alpenrose, Rauschbeere) bewachsene Schatthänge und Blockhalden mit eingestreuten Zwergstrauchgebüschen; ausreichendes Angebot an Arthropoden
Ringdrossel		●	NG	reichhaltiges Angebot an Beeren der Zwergstrauchheidengewächse (Spätsommer)
Klappergrasmücke	●		BG NG	halboffene Bereiche mit üppiger Zwergstrauch- und/oder Krummholzvegetation (auch in der Nähe von Waldweiden); reichhaltiges Angebot an Arthropoden
Zipzalp	●		BG NG	ausgeprägte Kraut- und Zwergstrauchschicht (Brut) mit eingestreuten Gehölzgruppen ohne dichten Kronenschluß (Nahrungssuche) und einem reichhaltigen Angebot an Arthropoden
Bluthänfling	●		BG NG	offene, sonnenexponierte Flächen mit Zwergstrauch- oder Latschengebüschen (Hecken) mit ausreichendem Angebot an Sämereien mittlerer Größe von Kräutern, Stauden und Bäumen
Birkenzeisig		●	NG	ausgedehnte Erlenbestände mit ausreichendem Samenangebot
Karmingimpel	●		BG NG	gut ausgebildete Gebüschstruktur und üppige, vielgestaltige Krautschicht auf trockenen, mitunter auch feuchteren Standorten in halboffenen Landschaftsbereichen

PL = Primärlebensraum; SL = Sekundärlebensraum; NT = Nutzungstyp;
BG = Brutgebiet; JG = Jagdgebiet; NG = Nahrungsgebiet; ÜG = Überwinterungsgebiet

büsche die Latschenkiefer verdrängen oder ersetzen, hält sich gerne auch der Alpenbirkenzeisig (*Carduelis flammea cabaret*) auf.

Einige Vogelarten kommen in den Alpen nahezu ausschließlich im Latschen-Zwergstrauchgürtel vor. Zu ihnen gehört die unauffällig in verschiedenen Grautönen gefärbte Klappergrasmücke (*Sylvia curruca*). Sie hat in den Alpen ihren eindeutigen Verbreitungsschwerpunkt in dichten Nadelholzgebüschen, wie wir sie in der Krummholzzone und an anderen latschenbestandenen Standorten der montanen bis subalpinen Stufe vorfinden. Auch in Lawinenzügen, Schuttkegeln, Waldweideflächen mit verbissenen Sträuchern und dichten Nadelbäumen ist sie als typischer Bewohner zu bezeichnen. Häufig hört man den charakteristischen, scheppernden und lautstarken Gesang aus dem Dickicht ihres Lebensraumes. Auf dem Durchzug und in ihrem Winterlebensraum sucht sie entsprechende Biotope auf, wobei im Nahen Osten und in Afrika ihr Vorkommen in Dornbusch-Gesellschaften besonders auffällt. Als ausgesprochener «Gebüschschlüpfer» sammelt sie zwischen Latschen oder Zwergsträuchern meist weichhäutige Insekten und deren Entwicklungsstadien.

Eine weitere Charakterart des Latschen-Krummholzgürtels ist die Alpenbraunelle (*Prunella collaris*). Im Vergleich zur Heckenbraunelle (*Prunella modularis*) ist sie hier weitaus häufiger anzutreffen und wirkt etwas größer und gedrungener. Allerdings ist sie wesentlich mehr von dem Vorhandensein kurzrasiger Hänge, von Unterbrechungen in der Vegetationsdecke und halboffenen Bereichen abhängig. Aus diesem Grund findet man sie auch weit unterhalb der Baumgrenze in Felsflächen und Schutthalden, die allerdings nicht völlig vegetationsfrei sein dürfen. Im Gegensatz zur Klappergrasmücke (*Sylvia curruca*) meidet sie geschlossene Flächen aus Zwergsträuchern und Grasheiden. In dieser Hinsicht kann man sie auch als «Übergangsart» zwischen der Latschen-Zwergstrauchregion und den alpinen Grasheiden bezeichnen. Überwiegend am Boden hüp-

fend, sucht sie auf den kurzrasigen Strukturen dieser Vegetationsstufe nach Insekten, wobei sie vor allem Schmetterlingsraupen, Zweiflügler (Ordnung *Diptera*) und Geradflügler (Ordnung *Homoptera*) bevorzugt. Bei Schlechtwettereinbrüchen oder auch im Winter sucht sie gezielt die geschützten Bereiche von Felswänden, von talnahen Heustadeln oder in der Nähe von Schutzhütten auf.

Wo die Latschen etwas lückig an steilen, von felsigen Partien durchsetzten und sonnenexponierten Stellen stehen und zusätzlich ein ausreichendes Angebot an Beerensträuchern vorhanden ist, sind zur Balzzeit im Frühjahr oder Herbst die wetzenden, knarrenden Ruflaute des Steinhuhns (*Alectoris graeca*) zu hören. Zu sehen bekommt man die scheuen Vögel erst, wenn sie von den Nahrungs- und Deckungsflächen zu Fuß – oder seltener im Flug hangabwärts – in benachbarte Einstände überwechseln.

Zwergstrauchheiden

Zwergstrauchheiden stellen im engeren Sinne ein von Einzelbäumen durchsetztes Pflanzenmosaik dar, das natürlicherweise den Bereich zwischen der klimatisch bedingten Waldgrenze bis zur Baumgrenze – teilweise auch darüber – umfaßt. Besonders auf schattseitigen, feuchten und lange vom Schnee bedeckten Hängen mit einer reich entwickelten Moosschicht, aber auch an windausgesetzten Kuppen und Oberhängen sowie Bergsturzhalden sind sie gut ausgeprägt. Dort setzt sie sich überwiegend aus der sommergrünen, im Herbst rot gefärbten Alpen-Bärentraube (*Arctostaphylos alpina*), dem Gestreiften sowie dem Felsen- und Rosmarin-Seidelbast (*Daphne striata*, *D. petraea* und *D. cneorum*), der wintergrünen Schneeheide (*Erica carnea*), der geschützten Zwerg-Alpenrose (*Rhodothamnus chamaecistus*) und der hellroten Bewimperten Alpenrose (*Rhododendron hirsutum*) zusammen.

Unter den feucht-kühlen Bedingungen der ozeanischen Randalpen kommt es aufgrund der

Herbstlicher Lärchen-Zirbenwald mit Lärchenwiesen, alpinen Matten und Blockfeldern (Nationalpark Hohe Tauern)

Zwerstrauchgesellschaften unter Lärchen (Kahlers-
berg / Nationalpark Berchtesgaden).

◁ Zwergstrauchgesell-
schaften mit Latschen
unter Lärchen (Reiter-
alm / Nationalpark
Berchtesgaden).

Ausgedehnte
Latschenfelder (Reiter-
alm / Nationalpark
Berchtesgaden).
▽

Alpiner Rasen mit eingestreuten Blockfeldern oberhalb der Baumgrenze (Reiteralm / Nationalpark Berchtesgaden).

Alpiner Rasen oberhalb der Baumgrenze (Reiteralm / Nationalpark Berchtesgaden).

△
Geröllfeld unter Lärchen (Lahntal /
Nationalpark Berchtesgaden).
Schuttkar auf 1 900 m üb. NN (Reiter- ▷
alm / Berchtesgaden).
Schutt- und Geröllfeld mit eingestreu-
ten Zwergstrauchgesellschaften
(Schnalstal / Südtirol).
▽

schweren Zersetzbarkeit verschiedener Anteile von Latschen und Zwergsträuchern zu einer verstärkten Rohhumusbildung. Das hat zur Folge, daß sich selbst auf Kalk so säureliebende Arten wie die purpurrote Rostblättrige Alpenrose (*Rhododendron ferrugineum*) und die sommergrüne Rauschbeere (*Vaccinium uliginosum*) einstellen können. Dazwischen blühen das gelbe Brillenschötchen (*Biscuitella laevigata*) und als Vertreter der Orchideen die bis 2 700 m üb. NN vorkommende Wohlriechende Händelwurz (*Gymnadenia odoratissima*). Die halbkugelig wachsende Polster-Segge (*Carex firma*), die weiß blühende Silberwurz (*Dryas octopetala*) und andere Pionierarten dominieren die Grasflora an den wenigen, lichtdurchlässigen Stellen des Zwergstrauchdickichts solcher Standorte.

Eine ornithologische Rarität ist das mit Vorliebe an nassen, derartig üppig bewachsenen Schatthängen der Alpen vorkommende, farbenprächtige Rotsternige Blaukehlchen (*Luscinia svecica svecica*). Es stellt hohe Ansprüche an seinen Lebensraum und ist daher nur sehr lokal und in kleinen Populationen verbreitet. Diese Unterart des Blaukehlchens hat im Gegensatz zur «weißsternigen» Tieflandvariante (*Luscinia svecica cyanecula*) einen rostbraunen bis rostroten, querovalen Kehlfleck und ist mit keinem anderen alpinen Brutvogel zu verwechseln. Es siedelte sich erst vor kurzem in den Alpen an (erste Brutzeitbeobachtungen in Graubünden / Schweiz datieren von 1974 bzw. von 1976 aus dem Hundsfeldmoor im Land Salzburg / Österreich) und bewohnt hier überwiegend die alpinen Zwergstrauchheiden oberhalb der Baumgrenze. Der imitationsreiche, vielgestaltige, flötende Gesang wird meist als weithin sichtbarer Singflug oder Imponierflug bzw. auch als Wartengesang vorgetragen. Charakteristisch und hilfreich bei der Erkennung ist das «Schwanzzucken» bei Erregung. Zwischen den Zwergsträuchern hüpfend macht es Jagd auf Zweiflügler und Käfer, zur Brutzeit auch auf Raupen.

Oberhalb der eigentlichen Krummholzstufe finden wir an lange schneebedeckten, windgeschützten Stellen auf saurem Gestein (Silikat) oder über Rohhumus auf Kalk die frostempfindliche, teppichbildende Krähenbeer-Rauschbeerheide (*Empetrum nigrum* und *Vaccinium uliginosum*), in die typischerweise Alpen-Flächenbärlapp (*Diphasium alpinum*) und vermehrt auch Flechten eingestreut sind. Auf Silikat blühen neben der Rostblättrigen Alpenrose das zierliche Herz-Zweiblatt (*Listera cordata*), die violett bis hellblaue Alpenrebe (*Clematis alpina*) und die strauchige Blaue Heckenkirsche (*Lonicera coerulea*).

Für extreme Windkuppen und Grate ist die «Windflechten-Gemsheide» mit der spalierstrauchartigen, rosarot blühenden Gemsheide (*Loiseleuria procumbens*), der gelblich-grünen Windbart-Flechte (*Alectoria ochruleuca*), der Rentier-Flechte (*Cladonia rangiferina*), den lappigen und röhrigen Moosflechten (vor allem *Cetraria nivalis*) sowie der Wurmflechte (*Thamnolia vermicularis*) charakteristisch.

An Südhänge gebunden ist die Zwergwacholder-Bärentraubenheide. Hier sind der Zwergwacholder (*Juniperus alpinus*), die weiß bis rosa blühende Bärentraube (*Arctostaphylos uva-ursi*), die dichtblütige Besenheide (*Calluna vulgaris*), die in den Ostalpen endemische Gelbe Hauswurz (*Sempervivum wulfenii*) und das bis 3 000 m üb. NN vorkommende Großblütige Fingerkraut (*Potentilla grandiflora*) typisch.

Die Vielfalt der Zwergstrauchheidengesellschaften im Krummholzgürtel vergegenwärtigt die Menge an zur Verfügung stehenden Sämereien und Beeren. Hieran bedient sich gerne der für die Latschen- und Zwergstrauchregion der Westalpen typische Bluthänfling (*Carduelis cannabina*). Im Vergleich zum ähnlich gefärbten Alpenbirkenzeisig (*Caruelis flammea cabaret*) wirkt dieser Finkenvogel kräftiger, der Schnabel ist graubraun gefärbt und die ausgeprägte Flügelbinde fehlt. Er bevorzugt sonnige, offene Flächen mit kurzrasiger Vegetation und meidet deshalb dichtere Gehölze, wie zum Beispiel Lärchenwälder. Dieser Kurz- und Mittelstreckenzieher lebt nahezu ausschließlich von den Sämereien der Kräuter und Stauden, die im Bereich des Zwergstrauchgürtels in großer Fülle vorhanden sind. Daher hat sich der Bluthänfling wohl auch diesen Lebensraum erschlossen abseits des sonst bevorzugten Lebensraumes in Weinbergen, Heide- und Ödlandflächen bzw. heckenreichen Agrarlandschaftsflächen des Tieflands.

Noch auffälliger rötlich gefärbt als der Alpenbirkenzeisig und der Bluthänfling ist der – nur in den Ostalpen vorkommende – Karmingimpel (*Carpodacus erythrinus*). Er ist allerdings auch dort kein allzu häufiger Brutvogel. Die gebüschreichen Strukturen der halboffenen und mit zahlreichen Kräutern bestandenen Zwergstrauchheiden mit ihrem reichhaltigen Samen- und Beerenangebot sucht er gerne auf, so daß die Wahrscheinlichkeit, ihn in den Alpen beobachten zu können, dort am größten ist.

Alpine Grasheiden

Vegetation oberhalb der Baumgrenze

Oberhalb des Krummholzgürtels und der zunehmend aufgelockerten Strauchgesellschaften öffnet sich der alpine Lebensraum und bildet zusammenhängende, nur durch Gesteins- und Schuttfluren sowie einzelne Felsbrocken unterbrochene Grasflächen, die sogenannten alpinen Grasheiden. In dieser Zone niedriger Vegetation oberhalb 2 000 bzw. 2 300 m üb. NN bis maximal 3 000 m üb. NN behaupten sich als Gehölze nur noch einzelne Krummholzkiefern (*Pinus mugo*) und strauchig wachsende Pflanzen, wie verschiedene Arten der rotblühenden Alpenrose (Gattungen *Rhodothamnus* bzw. *Rhododendron*). Dominiert wird diese Region vor allem durch die dichtstehenden Ähren des Blaugrases (*Sesleria varia*) und der langstieligen Immergrünen Segge (*Carex sempervirens*), in höheren Lagen dagegen von der bodendeckenden Polster-Segge (*Carex firma*) und der

weißblühenden Silberwurz (*Dryas octopetala*). An windexponierten Graten haben Niedriger Schwingel (*Festuca pumila*) und das unscheinbare Nacktried (*Elyna myosuroides*) ihre Hauptverbreitung. Die äußerst bunte Begleitflora dieses Grasheide-Typs setzt sich überwiegend aus blau bis weiß blühenden Arten des Spitzkiels (Gattung *Oxytropis*), der Aster (Gattung *Aster*) und des Leimkrauts (Gattung *Silene*) zusammen. Als botanische Besonderheit bietet die alpine Grasheide neben vielen anderen auch das stark nach Vanille duftende Schwarze Kohlröschen (*Nigritella nigra*).

Diese charakteristische Zusammensetzung gilt so allerdings nur für die Randbereiche der Alpen, wo kalkhaltiger Untergrund eine derart reichhaltige Flora ermöglicht.

Auf den Gebirgsflanken und Hochplateaus des überwiegend kristallinen Zentralmassivs fehlt ein Latschen-Krummholzgürtel nahezu völlig und wird dort durch eine Zone halbhoch wachsenden Grünerlengebüschs (*Alnus viridis*) ersetzt. Die oberhalb dieser Übergangszone anzutreffenden Silikatrasen sind im Vergleich zu ihren randalpinen Synonymen wesentlich monotoner ausgeprägt: Bestandsbildend ist hier die dichtrasig wachsende Krumm-Segge (*Carex curvula*), und nur verstreut finden sich bunte Farbtupfer wie beispielsweise die rosa-violett blühende Frühlings-Küchenschelle (*Pulsatilla vernalis*), die pionierartig auftretende Zwerg-Miere (*Minuartia sedoides*) und die rotblühende, nur 1 bis 4 cm hohe Zwerg-Primel (*Primula minima*).

Diese völlig andersartige floristische Zusammensetzung zweier scheinbar identischer Lebensräume ist auf die jeweiligen Klima- und Bodenbedingungen zurückzuführen: Unterschiedliche Niederschlagsmengen, Durchschnittstemperaturen und Hauptwindrichtungen, das bodennahe «Mikroklima» sowie eine andersartige Bodenzusammensetzung bestimmen die unterschiedliche vertikale Zonierung, die wir einerseits auf den Kalkstöcken des Alpennord- bzw. -südrandes und dem überwiegend kristallinen Alpenhauptkamm andererseits vorfinden.

So begünstigen die karstigen Strukturen der Kalkalpen ein schnelles Abfließen der Niederschläge und somit das Wachstum der trockenheitsliebenden Nadelgehölze, wie zum Beispiel das der Krummholzkiefer (*Pinus mugo*). Der kristalline Untergrund des Alpenhauptkammes dagegen verhindert ein schnelles Austrocknen des Bodens und fördert das Gedeihen feuchtigkeitsliebender Pflanzen, wie das des dichtwachsenden Grünerlengebüschs (*Alnus viridis*).

Vogelgemeinschaft der alpinen Grasheiden

Nur wenige Wirbeltiere besiedeln diesen Lebensraum während des gesamten Jahres. Lebensfeindliche abiotische Faktoren sind starke Sonneneinstrahlung, hohe oder schwankende Niederschlagsmengen, starker Wind, eisige Temperaturen (auch im Sommer sind Schneefälle in dieser Höhe keine Seltenheit) und extreme Schneehöhen im Winter. Das Fehlen hoher Vegetation und somit mangelnde Deckung vor Freßfeinden sowie vor extremen Wetterbedingungen erschweren den auf alpinen Grasheiden lebenden Tieren das Leben. Kaum verwunderlich ist daher, daß in dieser Region weitaus weniger Vogelarten siedeln als in Lebensräumen der tieferen Lagen.

Die vielen Mulden, Kanten, Grate und Kuppen dieses Lebensraumes dienen dem Alpenschneehuhn (*Lagopus mutus*) als ideales Biotop zur Nahrungssuche und Jungenaufzucht. Neben dem Schneefink (*Montifringilla nivalis*) ist es die einzige Vogelart, die dank erstaunlicher Anpassungsfähigkeit den rauhen Bedingungen oberhalb 2 500 m üb. NN ganzjährig trotzen

kann. Während starker Schneestürme gräbt sich das Alpenschneehuhn ganz einfach eine Schneehöhle und wartet sprichwörtlich «auf bessere Zeiten».

Auf den wenigen, durch den starken Wind freigewehten Kanten und Graten seines Lebensraumes sucht dieses genügsame Rauhfußhuhn (Familie *Tetraonidae*) nach Sämereien, um den Winter zu überstehen. Das im Winter schneeweiße und im Sommer untergrundfarbene Gefieder sorgt für eine perfekte Tarnung (Somatolyse). Als Nahrung dienen dem Alpenschneehuhn während der kurzen Vegetationsphase hauptsächlich Insekten und andere Wirbellose, aber auch Knospen und Triebe der Alpenrosen- und verschiedener Heidekrautarten (vorwiegend der Gattung *Calluna*) sowie einer Vielzahl von Kräutern.

Dort, wo die alpine Grasheide besonders steil, sonnenexponiert und nur mit Zwergsträuchern, krummwüchsigen Latschen oder lawinengepreßten Erlen bestanden ist, hört man – leichter, als daß man es sieht – eine faunistische Besonderheit der Alpen, das Steinhuhn (*Alectoris graeca*). Als Vertreter des mediterran-turkestanischen Faunentyps hat dieses Glattfußhuhn (Familie *Phasianidae*) wohl mehr als jede andere Vogelart von der Erschließung des Alpenraumes durch den Menschen profitiert. Als wärmeliebende Art besiedelt es während des Sommers den oben genannten Lebensraum. In den kalten, schneereichen Wintermonaten verfolgt es zwei unterschiedliche Überlebensstrategien: Eine Teilpopulation zieht sich auf die tiefergelegenen Almen zurück, wo die windgeschützten Bereiche der Hütten und Zäune kleine Flächen schneefrei halten und das Schar-

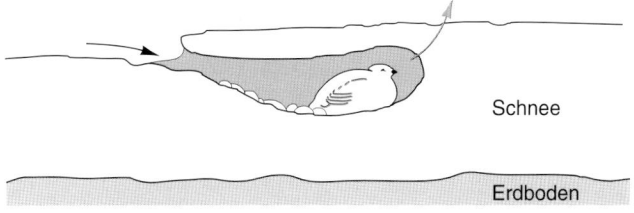

Abb. 46: Das Alpen-Schneehuhn (*Lagopus mutus*) in einer selbstgegrabenen Schneehöhle. Strategie zur Überdauerung von Schlechtwetterperioden und Schlafplatz (nach Stüber & Winding 1991).

Schnee

Erdboden

Tab. 9: Vogelgemeinschaft alpiner Grasheiden, Requisitenansprüche und Nutzungstypen

Vogelart	PL	SL	NT	Requisitenansprüche
Bartgeier	●		NG ÜG	weiträumig offene Grasheiden, Lawinenzüge sowie einen hohen Schalenwild- (Gemse, Steinbock, Rotwild) und/oder Haustierbestand (Schafe)
Gänsegeier	●		NG	weiträumig offene Grasheiden, Lawinenzüge sowie einen hohen Schalenwild- (Gemse, Steinbock, Rotwild) und/oder Haustierbestand (Schafe), gute Thermikbedingungen
Steinadler	●		JG ÜG	weiträumig offene Grasheiden oder Almflächen mit einem hohen Angebot der verschiedensten Beutetiere (z. B. Gams, Murmeltier, Mardersartige, Alpenschnee-, Stein- und Birkhuhn) sowie thermisch günstige Reliefbedingungen
Alpenschnee-huhn	●		BG NG ÜG	weiträumig offene, reich strukturierte und mit Steinen, Blockfeldern (Versteck, Neststandort), Rippen und Graten (= im Winter früh ausapernde oder freigewehte Bereiche zur Nahrungssuche) durchsetzte Grasfluren mit vereinzelten Zwergstrauchheiden (Nahrung) ; ausreichendes Angebot an Sämereien, Knospen, Beeren (Winter und Sommer) und Arthropoden (Sommer)
Steinhuhn	●		NG	steile, sonnenexponierte und zumindest vereinzelt mit Zwergsträuchern bestandene und mit Steinen oder Felsblöcken durchsetzte Grasflächen mit ausreichendem Angebot an Sämereien, Knospen, Beeren (Winter und Sommer) und Arthropoden (Sommer)
Chukarhuhn	●		NG ÜG	steile, sonnenexponierte und zumindest vereinzelt mit Zwergsträuchern bestandene und mit Steinen oder Felsblöcken durchsetzte Grasflächen mit ausreichendem Angebot an Sämereien, Knospen, Beeren (Winter und Sommer) und Arthropoden (Sommer)
Mornellregen-pfeifer	●		BG NG	weiträumig steindurchsetzte Grasfluren und Plateauflächen mit sehr niedriger und spärlicher Vegetation (Krummseggenrasen und Schotterflächen des Kristallingebirges) mit einem ausreichenden Angebot an Weichtieren (Schnecken) und Arthropoden
Wasserpieper	●		BG NG	offene oder halboffene, bisweilen nasse Grasflächen mit spärlicher Vegetation (für Nahrungssuche nach Insekten und anderen Wirbellosen) sowie Mulden, Grate und Kanten (Verstecke für das Nest)

PL = Primärlebensraum; **SL** = Sekundärlebensraum; **NT** = Nutzungstyp;
BG = Brutgebiet; **JG** = Jagdgebiet; **NG** = Nahrungsgebiet; **ÜG** = Überwinterungsgebiet

Tab. 9: Vogelgemeinschaft alpiner Grasheiden, Requisitenansprüche und Nutzungstypen (Fortsetzung)

Vogelart	PL	SL	NT	Requisitenansprüche
Alpenbraunelle		●	BG NG	halboffene Grasflächen mit zumindest lückig vorhandenen Gebüschstrukturen (z. B. Latschen) und einem reichhaltigen Angebot an Arthropoden
Steinschmätzer	●		BG NG	offenes, kurz oder karg bewachsenes Gelände mit einem hohen Anteil felsiger Strukturen (Sitzwarten; Jagd), sowie Spalten, Nischen, Mauern oder Höhlungen zwischen sonnigen Matten (Neststandorte) und einem hohen Angebot an Arthropoden
Steinrötel		●	NG	an Geröllhalden oder Schuttfluren grenzende Graslandbereiche mit einem hohen Angebot an Arthropoden
Alpendohle	●		NG ÜG	Weiden, mit Geröll durchsetzte Grasflächen mit ausreichendem Angebot an Wirbellosen, Aas (Sommer) und Vegetabilen (Winter)
Alpenkrähe	●		NG ÜG	warm-trockene, meist offene oder zumindest niedrig bewachsene Trocken- oder Magerrasen und alpine Matten mit kurzzeitiger Schneebedeckung

PL = Primärlebensraum; **SL** = Sekundärlebensraum; **NT** = Nutzungstyp;
BG = Brutgebiet; **JG** = Jagdgebiet; **NG** = Nahrungsgebiet; **ÜG** = Überwinterungsgebiet

ren nach Sämereien ermöglichen. Ein anderer Teil wandert auf Höhen bis zu 3 000 m üb. NN, wo starke Winde die Grate und Kanten der alpinen Grasheide vom Schnee freiblasen und somit auch dort eine Chance zum Überleben bieten.

Neben den extremen Bedingungen des Winters sind es vor allem verregnete Sommer, die es den jungen Steinhühnern unmöglich machen, nach nahrhaften Insekten – überwiegend Ameisen (*Formicidae*) – zu suchen, wohingegen die erwachsenen Tiere auf pflanzliche Kost ausweichen können. Der komplette Nachwuchs eines ganzen Jahres kann durch zwei verregnete Wochen im Juli gefährdet sein. All das hat dazu geführt, daß für das Steinhuhn in den Bayerischen Alpen aus den letzten Jahren nur ein gesicherter Brutnachweis (aus dem Allgäu) existiert. In den trockneren Regionen der Zentralalpen, wie zum Beispiel den Hohen Tauern, ist das Steinhuhn dagegen noch in stabileren

Populationen zu finden. In besonders wärmebegünstigten Tälern, beispielsweise dem Vinschgau / Südtirol, besiedelt das Steinhuhn in der Umgebung von sonnigen Weingärten ganzjährig den Lebensraum der alpinen Kulturlandschaft (siehe S. 155, 159).

Trotz all dieser Anpassungen fallen zahlreiche Schneehühner und Steinhühner überwiegend im Winter dem in diesem Lebensraum bevorzugt jagenden Steinadler (*Aquila chrysaetos*) zum Opfer. Im Winter auf weniger Beutetierarten angewiesen als im Sommer und deshalb diesen verstärkt nachstellend, gelingt es dem geschickten Überraschungsjäger immer wieder, genau dieselben Kuppen und Kanten der Grasheiden als Deckung für seine Jagdflüge auf Schneehasen (*Lepus timidus*) und verschiedene Hühnervögel auszunutzen (Abb. 47).

Der Steinadler befliegt diesen Lebensraum ganzjährig für seine Jagd. Während der Brutsaison kann er Beutetiere ohne großen energe-

Abb. 47: Als Überraschungsjäger nutzt der Steinadler (*Aquila chrysaetos*) von einer Sitzwarte oder im kreisenden Suchflug aus jede Deckung (Hangkonturflug), um das Beutetier zu überraschen und dessen Fluchtmöglichkeiten so gering wie möglich zu halten (nach FISCHER 1976).

tischen Aufwand im Gleitflug hangabwärts zum stets tieferliegenden Horst tragen, der sich meist in unzugänglichen, steilen Felswänden innerhalb der Waldzone befindet (Abb. 51).

Den farbenprächtigen Steinrötel (*Monticola saxatilis*) kann man einerseits in tiefergelegenen, an Trockerasen grenzenden Geröllhalden und sonnenexponierten Hängen sowie an Ruinen oder Steinbauten größerer Städte beobachten. Andererseits ist er auch ein charakteristischer Bewohner der alpinen Grasheide. Dort findet man diesen seltenen Brutvogel hauptsächlich in den Übergangsbereichen zwischen der Heide und der Felsregion darüber. Sein bevorzugter Lebensraum erstreckt sich über die zunehmend steinigen Bereiche der Grasheide, der Schuttfluren und Lawinenrinnen bis hinauf in die Region der vegetationsarmen Geröllfelder und Blockhalden.

Während der Steinrötel genauso gerne in steinigen Mulden der alpinen Rasen- und Zwergstrauchgesellschaften seiner Insektennahrung nachstellt, bewohnt der Steinschmätzer (*Oenanthe oenanthe*) fast ausschließlich offenes und sonniges Gelände. Neben Steinhaufen, Geröll und Felsblöcken als Singwarte sind vor allem ausreichend vorhandene Erdlöcher (hauptsächlich Nagerbauten) bzw. anthropogene Strukturen wie Mauern und Steinwälle bei der Wahl des Nistplatzes von großer Be-

deutung. Als Bewohner nahezu der gesamten Paläarktis besiedelt er neben seinem alpinen Lebensraum auch Steinbrüche, Schotter- und Lehmgruben der Tieflagen.

Die weiten, offenen Bereiche der alpinen Grasheiden benötigt auch der seltene Mornellregenpfeifer (*Charadrius morinellus*), der in den Alpen – wenn überhaupt – zumeist oberhalb 2 000 m üb. NN zu finden ist. Wichtige Lebensraumbestandteile sind eine niedrige oder lückige Vegetationsdecke, die ihm genügend Möglichkeiten zum Verstecken seines gut getarnten Bodennestes bietet. Auf seiner Suche nach Schnecken, Weichtieren und Insekten durchstreift er nach Regenpfeiferart am Boden laufend ein weiträumiges Areal. Besonders auffällig ist sein weißer, in allen Kleidern sichtbarer Überaugenstreif.

Der Wasserpieper (*Anthus spinoletta*) nutzt als Bodenbrüter, wie auch das Alpenschneehuhn (*Lagopus mutus*) und das Steinhuhn (*Alectoris graeca*), die Mulden, Kanten und vielen Grasbüschel dieser Region – sowohl für die Suche nach Insekten und Wirbellosen als auch für die Aufzucht seiner Jungen.

Ebenso wie das Schneehuhn ist auch der Wasserpieper ein ausgesprochener Charaktervogel der alpinen Grasheide. Bereits Mitte bis Ende März zeugt der auffällige Singflug von seiner Rückkehr aus den Überwinterungsgebieten in Afrika.

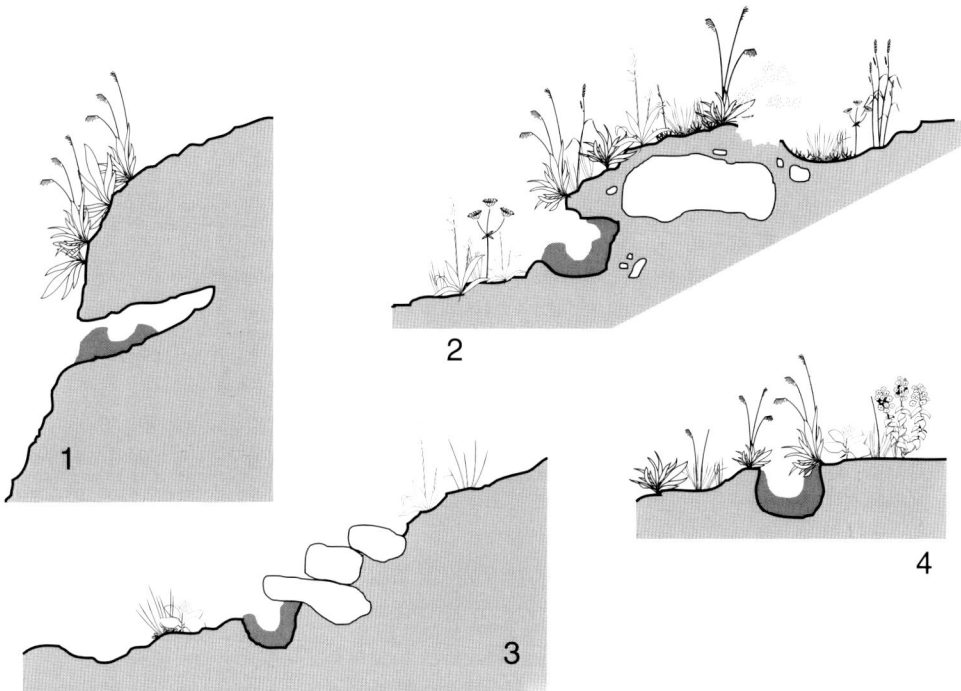

Abb. 48: Als Bodenbrüter bevorzugt der Wasserpieper (*Anthus spinoletta*) gut getarnte und versteckte Neststandorte innerhalb der Krautschicht. 1 Felsennest, 2 Rasenhügelnest, 3 Geröll- und Erosionsnest, 4 Knieholznest (nach PÄTZOLD 1984).

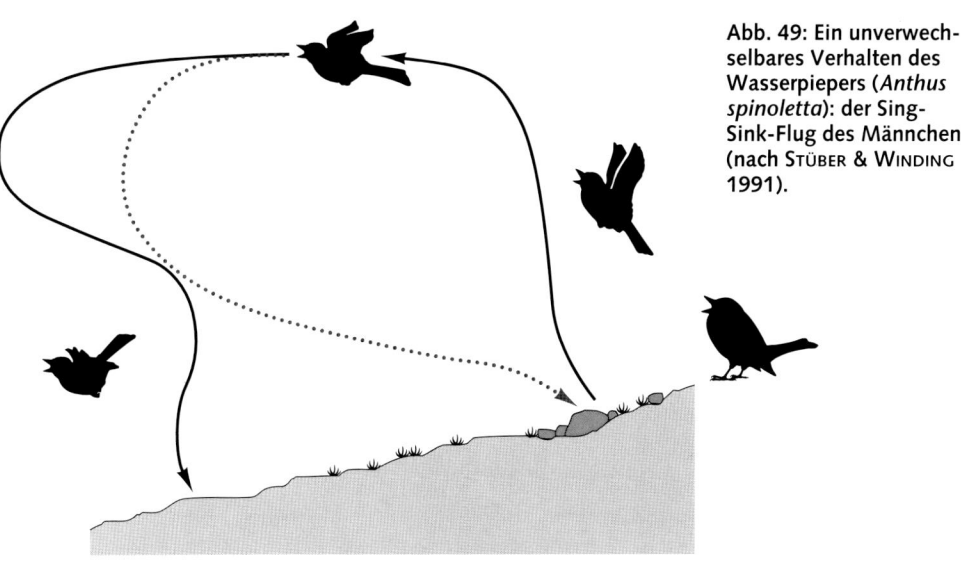

Abb. 49: Ein unverwechselbares Verhalten des Wasserpiepers (*Anthus spinoletta*): der Sing-Sink-Flug des Männchen (nach STÜBER & WINDING 1991).

Wenn man der Alpenkrähe (*Pyrrhocorax pyrrhocorax*) nicht buchstäblich auf den Schnabel schaut, kann man sie sehr leicht mit der wesentlich häufigeren Alpendohle (*Pyrrhocorax graculus*) verwechseln. Beide haben rote Beine, die deutlich seltenere und in ihrer Verbreitung auf die westlichen Alpen beschränkte Alpenkrähe hat allerdings einen kräftig roten und stärker gebogenen Schnabel. Auch ist sie weniger als Hochgebirgsvogel zu bezeichnen als die über den gesamten Alpenbogen verbreitete Alpendohle, die sich im Winter weitaus häufiger in oder an menschlichen Siedlungen aufhält. Die glänzend schwarze Alpenkrähe bevorzugt dagegen die warmen und trockenen Gegenden mit nur kurzfristig anhaltender Schneebedeckung. Die blütenreiche Vegetation der alpinen Grasheiden bietet vielen Insekten reichhaltige Nahrung und ist damit auch Grundlage für die Ernährung der Alpenkrähe. Nur selten werden kleinere Trupps weiter nach Osten verschlagen, so daß bisweilen auch Meldungen von Alpenkrähen aus Südtirol zu verzeichnen sind.

Die alpine Grasheide wird von zwei weiteren, majestätisch anmutenden Vogelarten genutzt, die diese Bereiche allerdings nur indirekt beanspruchen. Es handelt sich dabei um den sozial lebenden Gänse- oder Weißkopfgeier (*Gyps fulvus*) sowie den einzeln nach Nahrung suchenden Bartgeier (*Gypaetus barbatus*). Letzterer wurde im Laufe des letzten Jahrhunderts in den Alpen wegen seiner vermeintlichen Mordlust («Lämmergeier») vollständig ausgerottet. Ein alpenweites Wiedereinbürgerungsprojekt hat durch das Aussetzen von Bartgeiern in ehemals traditionellen Brutrevieren dafür gesorgt, daß man ihn seit einigen Jahren wieder häufiger die Hänge der alpinen Grasheiden entlang fliegen sehen kann. Dort sucht er im charakteristischen Reliefflug (z.B. im Krummltal der Hohen Tauern) sein Revier nach Aas ab, überwiegend nach toten Schafen.

Eine andere Strategie, wenn auch mit dem gleichen Ziel, verfolgt der Gänsegeier (*Gyps fulvus*), der truppweise hoch oben in der Luft – und dabei jeden sich bietenden Thermikschlauch nutzend – die alpinen Grasheiden und Lawinenzüge nach Aas absucht. Die halbwilde, einzige im Alpenraum selbst reproduzierende Gänsegeier-Kolonie des Salzburger Zoos repräsentiert gleichzeitig die nördlichste Verbreitungsgrenze von Gänsegeiern in den Alpen. Wohl noch nie hat der Gänsegeier die Alpen als Brutlebensraum genutzt (BÖGEL mündl.), und so zählen die immer noch seltenen – aber inzwischen erfolgreichen – Bruten am Untersberg bei Salzburg nach wie vor zu den ornithologischen Sensationen. Ein Überleben dieser Kolonie ohne zusätzliche Auswilderung junger, in Gefangenschaft erbrüteter Vögel scheint jedoch nach neuesten Modellrechnungen aufgrund Überalterung sowie biotischen wie auch abiotischen Unwägbarkeiten (etwa mehrere harte Winter hintereinander) nicht möglich. Die Kolonie von 50 bis 80, überwiegend nicht geschlechtsreifen Geiern im Rauristal / Hohe Tauern ernährt sich überwiegend von verunglückten Tieren der großen Schafherden auf den alpinen Grasheiden. Als Schlafwand dient den Sommergästen neben einer großen Felswand oberhalb der Ortschaft Rauris lediglich eine weitere im hinteren Krummltal / Hohe Tauern. Erstaunlich zeitgleich mit dem Abtrieb der großen Schafherden verschwinden die Gänsegeier im Spätsommer Richtung Südosten, wo sie auf den dalmatinischen Inseln um Crès den Winter verbringen, um dann ebenso pünktlich zum Schafauftrieb im Frühsommer zurückzukehren.

Schuttfluren, Blockhalden und Felswände

Die Alpen sind keineswegs starre Strukturen. Sie sind in einem steten Umwandlungsprozeß begriffen, einem schon seit Jahrmillionen andauernden Vorgang der Zersetzung und Umstrukturierung, bei dem nur schwer vorstellbare Massen an Fels und Stein versetzt, verlagert, umgeschichtet und abgetragen wurden. Die im Gebirge häufigen Starkregen sind hauptverantwortlich für die Abtragung der Alpen und waschen bei jedem Gewitter oder Platzregen erstaunlich große Mengen an Gestein aus labilen Stellen (durch Frost- und Temperatursprengung, chemische und biologische Verwitterung) im Fels. Diese kleineren und größeren Brocken stürzen oder gehen mit den niederstürzenden Wassermassen in tiefergelegene Bereiche, wo sie sich an bestimmten Stellen sammeln. So gehören die Schutthalden aus Kalk- und Silikatgestein ebenso zum vertrauten Bild unserer hochalpinen Landschaft wie die Ströme aus Schutt, Kies und kleineren Felsbrocken, die sich im Schlepptau reißender Bäche Richtung Tal bewegen und sich dort flächendeckend ablagern. Selbst auf diesen lebensfeindlich wirkenden Halden aus nacktem Fels und Geröll, aber auch auf den bis in die Talbereiche vorstoßenden Lawinenzügen und Schuttströmen, hat die Vegetation eine erstaunliche Artenvielfalt und Farbenpracht entwickelt. Mit Hilfe meterlanger Wurzeln sind verschiedene Gräser und Polsterpflanzen in der Lage, sich tief im Schutt zu verankern und das lockere Substrat zu stabilisieren. Dabei werden nicht nur die Schuttflächen unterhalb von verwitternden, mächtigen Felswänden besiedelt. Auch die nahezu senkrechten Bereiche bis hinauf in die obersten Regionen unserer Alpen sind von einzelnen Pflanzen bewachsen.

An diesen extremen alpinen Standorten, wo das ganze Jahr über Wind, Regen, Schnee und Eis ein Überleben in Höhen bis fast 4 000 m üb. NN erschweren, haben nicht nur Algen (Blaualgen bilden beispielsweise die «Tintenstriche» an glatten Kalk- und Dolomitwänden), Flechten und Moose Fuß gefaßt. Da viele Felswände während der Eiszeiten teilweise unvergletschert blieben, konnten zahlreiche Pflanzen wegen der fehlenden Vereisung überdauern und spielen heute als Reliktpflanzen eine bedeutende Rolle. Speziell die felsigen Standorte der südlichen Dolomiten sind reich an derartigen «Relikt-Endemiten». Beispiele dafür sind

die Dolomiten-Akelei (*Aquilegia einseliana*), der rosettenblättrige Verlängerte Baldrian (*Valeriana elongata*), die langstielige Zwerg-Alpenrose (*Rhodothamnus chamaecistus*) und der rotstengelige Bursers Steinbrech (*Saxifraga burseri*).

Auf silikathaltigem, grobem Untergrund siedeln die bis 15 cm hohe, auffallend großblütige Kriechende Nelkenwurz (*Geum reptans*), der zuerst hellgrün, später blutrot blühende Alpen-Säuerling (*Oxyria digyna*), die gold-orange-gelbe Zottige Gemswurz (*Doronicum clusii*), der bis 3 700 m üb. NN vorkommende Rote Steinbrech (*Saxifraga oppostifolia*), die duftende Moschus-Schafgarbe (*Achillea moschata*) und – inneralpin – der seltene Krause Rollfarn (*Cryptogramma crispa*). Sobald sich etwas mehr Feinerde angelagert hat, stellt sich gern der Bayerische Enzian (*Gentiana bavarica*). Und bei langanhaltender Durchfeuchtung bilden Alpen-Mannsschild (*Androsace alpina*) sowie die arktisch-alpine Kraut-Weide (*Salix herbacea*) das floristische Verbindungsglied zu den Schneebodengesellschaften. Diesem extremen Standort sind lediglich wenige Vertreter der Blütenpflanzen angepaßt. Die blaßviolett blühende Kleine Soldanelle (*Soldanella pusilla*), die reichbeblätterte Alpen-Wucherblume (*Tanacetum alpinum*), das kriechende Zweiblättrige Sandkraut (*Arenaria biflora*) und das weiß-wollige Zwerg-Ruhrkraut (*Gnaphalium supinum*) bilden als bunte Farbtupfer einen auffälligen Kontrast zum acht- bis zehnmonatigen «Dauerweiß» in dieser Höhe. Unter besonders ungünstigen Klima- und Bodenbedingungen wird die spärliche Vegetationsdecke an solchen Stellen nur aus verschiedenen, rasenbildenen Widertonmoosen (z.B. *Polytrichum sexangulare* und *Anthelia juratzkana*) gebildet.

Auf Kalkschutthalden entwickeln die gelben Blüten des bis 3 000 m üb. NN vorkommenden, geschützten Rhaetischen Mohns (*Papaver rhaeticum*) einen farbenfrohen Kontrast zum weißen Gestein. Kleiner, aber keineswegs weniger farbenprächtig sind die auf diesem Untergrund ebenso typischen Blumen, wie das

Tab. 10: Vogelgemeinschaft der Schuttfluren, Blockhalden und Felswände, Requisitenansprüche und Nutzungstypen

Vogelart	PL	SL	NT	Requisitenansprüche
Bartgeier	●		BG NG ÜG	Felsnischen, Simse und Halbhöhlen (Horststandort) sowie Steilflächen, Lawinenbahnen, Schuttfluren usw. (Nahrungssuche)
Gänsegeier	●		NG	Felsnischen, Simsen und Halbhöhlen (Schlafplätze) sowie Steilflächen, Lawinenbahnen, Schuttfluren usw. (Nahrungssuche)
Steinadler	●		BG JG	Felsnischen, Simse und Halbhöhlen (Horststandorte) sowie Grate und Kanten (Jagd auf Gemsen, Schneehühner usw.)
Turmfalke	●		BG	Felsnischen, Simse und Halbhöhlen (Horststandorte)
Wanderfalke	●		BG	Nischen, Simse und Halbhöhlen (Horststandorte) in steilen Felswandbereichen von Flußtälern oder Waldgebirgen
Alpenschneehuhn	●		BG NG ÜG	reich strukturierte Blockfeld- und Schuttflurenbereiche mit eingestreuten Mulden, Graten und Grasflächen (Brut und Nahrungssuche)
Steinhuhn	●		BG NG	steile, sonnenexponierte und mit Steinen bzw. Blockfeldern durchsetzte Bereiche sowie einem ausreichenden Angebot von Beerensträuchern
Chukarhuhn	●		NG	steile, sonnenexponierte und mit Steinen bzw. Blockfeldern durchsetzte Bereiche sowie mit einem ausreichenden Angebot von Beerensträuchern
Alpensegler	●		BG	Felsen oder Bauwerke mit freiem Anflug
Felsenschwalbe	●		BG	Felsen, Bauwerke und Brücken mit freiem Anflug
Hausrotschwanz	●		BG NG	offene, baumlose und zumindest vegetationsarme Felslandschaft (Brut; Ansitzwarten für die Jagd) und ein ausreichendes Angebot an Arthropoden
Steinschmätzer	●		BG NG	sonnige Mattenbereiche mit reichem Angebot an Steinen und Felsblöcken (Jagd-Ansitzwarten; Nest) sowie eingestreuten kurzrasigen Flächen (Nahrungssuche)
Steinrötel	●		BG NG	reich strukturierte, sonnenexponierte Felsgebiete und Blockhalden (Neststandort) mit hohem Angebot an kurzrasiger Vegetation, Zwergsträuchern (Nahrung) und Deckung
Mauerläufer	●		BG NG	stark gegliederte Felsgebiete, die möglichst von feuchten Rinnen, Grasbändern oder Pflanzenpolstern durchsetzt sind

PL = Primärlebensraum; **SL** = Sekundärlebensraum; **NT** = Nutzungstyp;
BG = Brutgebiet; **JG** = Jagdgebiet; **NG** = Nahrungsgebiet; **ÜG** = Überwinterungsgebiet

Tab. 10: Vogelgemeinschaft der Schuttfluren, Blockhalden und Felswände, Requisitenansprüche und Nutzungstypen (Fortsetzung)

Vogelart	PL	SL	NT	Requisitenansprüche
Alpendohle	●		BG	steile Felswandbereiche, Höhlen oder Grotten (Neststandort), mitunter kolonieartig.
Schneefink	●		BG NG ÜG	kurzrasige, felsdurchsetzte Matten, Schuttfelder, Gletscherränder zur Nahrungssuche (Athropoden im Sommer bzw. Sämereien im Winter); Spalten, Löcher, Höhlen unter Felsblöcken (Neststandort)

PL = Primärlebensraum; SL = Sekundärlebensraum; NT = Nutzungstyp;
BG = Brutgebiet; JG = Jagdgebiet; NG = Nahrungsgebiet; ÜG = Überwinterungsgebiet

hell-lila blühende Rundblättrige Täschelkraut (*Thlaspi rotundifolium*), der zwischen 1 800 und 3 000 m üb. NN verbreitete Zwerg-Baldrian (*Valeriana supina*), der lockerrasige Blattlose Steinbrech (*Saxifraga aphylla*) und das mit einem orange-gelben Schlund ausgestattete, blauviolett blühende Alpen-Lainkraut (*Linaria alpina*). Auf tonreicherem Substrat bilden der gelbe, kurzstengelige Berg-Löwenzahn (*Leontodon montanus*), das flaumig behaarte Monte-Baldo-Windröschen (*Anemone baldensis*) und der leuchtend weiß blühende Seguiers Hahnenfuß (*Ranunculus seguieri*) größere Bestände.

Der Lebensraumtyp der Schuttfluren, Blockhalden und Felswände zieht sich von den Tallagen bis hinauf zu den höchsten Gipfeln der Alpen auf über 4 800 m üb. NN. und wird von den alpinen Vögeln auf verschiedenste Art und Weise genutzt. Während Felswände überwiegend als Neststandorte angenommen werden, sind Schuttfluren und Blockhalden reiche Nahrungs-, Jagd-, Brut- und – allerdings selten – Überwinterunsgebiete.

Brutvögel der Schuttfluren und Blockhalden

Einer Vielzahl an Wirbellosen wie Käfern, Springschwänzen, Schmetterlingen, Spinnen, Zweiflüglern und Trugskropionen, aber auch Säugetieren, Reptilien und Vögeln bieten die unzähligen Ritzen, Spalten, Höhlen und Nischen ideale Lebensbedingungen. Vögel finden an derartigen Standorten nicht nur ein sicheres Versteck zum Bau ihrer Nester, sondern auch ausreichend Nahrung für sich und die Aufzucht ihres Nachwuchses.

Seltenere und anspruchsvolle Arten wie der kleine Steinschmätzer (*Oenanthe oenanthe*), das unauffällig lebende Steinhuhn (*Alectoris graeca*) und der farbenprächtige Steinrötel (*Monticola saxatilis*) haben zwischen den Felsbrocken und Zwergsträuchern der Schutthalden einen weiteren Schwerpunkt ihrer alpinen Verbreitung. Vorwiegend auf der Alpensüdseite bietet ihnen dieser Lebensraum die nötige Deckung vor Freßfeinden, ein ausgezeichnetes Angebot an Insekten und anderen Wirbellosen sowie nicht zuletzt die klimatischen Voraussetzungen für die Aufzucht ihres Nachwuchses. Ab einer gewissen Höhe und besonders dort, wo sich zunehmend alpine Rasenflächen zu den Zwergsträuchern und Polsterpflanzen mischen, beginnt dieser Lebensraum auch für das kälteliebende Schneehuhn (*Lagopus mutus*) interessant zu werden. Dieses – zu jeder Jahreszeit perfekt getarnte – Rauhfußhuhn liebt deckungs- und abwechslungsreiche Landschaften mit niedriger Vegetation und sucht deshalb mit Vorliebe die Schutt- und Blockhalden oberhalb etwa 2 000 m üb. NN auf. Mit dieser

Abb. 50: Die lebensraumspezifische Verteilung der alpinen Rauhfußhühner (Tetraonidae) entlang des Höhengradienten. Die Nutzung unterschiedlicher Lebensräume wird deutlich. Von oben nach unten: Schneehuhn, Birkhuhn, Auerhuhn und Haselhuhn (nach STÜBER & WINDING 1991).

Art finden wir entlang des Höhengradienten auch das vierte in den Alpen vorkommende Rauhfußhuhn.

Ein weiterer Charaktervogel dieses Lebensraumes ist der Hausrotschwanz (*Phoenicurus ochruros*). Ursprünglich war diese Art nur in den felsigen Regionen der Alpen beheimatet. Im Zuge der Kultivierung hat er jedoch einen zweiten Verbreitungsschwerpunkt im Randbereich der Siedlungen, Dörfer, Bauernhöfe und Almhütten gefunden (siehe S. 156, 162). Zwischen den steinigen, mit großen Felsbrocken übersäten Halden brütet er bis weit über 2 500 m üb. NN hinauf. Die reich strukturierte, kurzrasige Vegetation seines natürlichen Lebensraumes sowie die Wiesen und Weiden bis zur Schneegrenze bieten ihm ein üppiges Angebot an Spinnentieren und Insekten aller Entwicklungsstadien. Der kurze, einfache und doch so

charakteristische Gesang aus eigentümlich gepreßten und gequetschten Lauten macht ihn zu einem auffälligen Bewohner unserer Alpen. Dieser Gesang ist umso charakteristischer, da er stets in aufrechter Körperhaltung von stark exponierten Warten (z.B. Hausgiebel, Felsspitzen usw.) vorgetragen wird und von einem aufgeregt wirkendem «Knicksen» begleitet ist.

Felsbrüter

Die mächtigen Felswände der Alpen bieten einen idealen Neststandort für viele Arten von alpinen Brutvögeln. Diese Bereiche werden auch von den verschiedensten Pflanzenarten bis in die eisige Gletscherregion hinauf besiedelt. Mehrere Polsterpflanzen haben in den Felsritzen und schmalen Felssimsen Fuß gefaßt, so z.B. auf Kalk das einen silbergrauen Teppich bildende Dolomiten-Fingerkraut (*Potentilla nitida*), der Dolomiten-Mannsschild (*Androsace hausmanii*), der Halbkugelpolster bildende Blaugrüne Steinbrech (*Saxifraga caesia*) oder die Horst-Segge (*Carex firma*).

Auf Silikat dominieren an solchen Standorten dagegen Arten wie die Polster-Segge (*Silene exscapa*), die Zwerg-Miere (*Minuartia sedoides*), die strahlenblütige, violett-purpurne Berg-Hauswurz (*Sempervivum montanum*) und der cremegelb blühende Moos-Steinbrech (*Saxifraga bryoides*). Typische Vertreter der Blütenpflanzen sind dort außerdem das silbrig behaarte Stengel-Fingerkraut (*Potentilla caulescens*), das geschützte Edelweiß (*Leontopodium alpinum*), der spalierstrauchartige Zwerg-Kreuzdorn (*Rhamnus punilus*), die rosa blühende Behaarte Primel (*Primula hirsuta*) und in den Alpen mit 3 900 m üb. NN am höchsten steigend der Gletscher-Hahnenfuß (*Ranunculus glacialis*).

An witterungsbegünstigten Stellen im Fels, auf Vorsprüngen, in Ritzen und Kaminen, in Höhlen und auf Simsen finden die Vögel Gelegenheit zum Bau ihrer Nester. Dazu gehören einfache Mooskonstruktionen, grazile Lehmnester und arbeitsaufwendige, oft über Jahrzehnte wiederbenutzte Reisighorste. Unterhalb seiner traditionellen Jagdgebiete auf den alpinen Rasenflächen und im Bereich der höhergelegenen Felsregionen legt der Steinadler (*Aquila chrysaetos*) eine Vielzahl von Wechselhorsten an. Zu einem transportiert er die während der Brutperiode überwiegend in höheren Regionen erbeuteten Nahrungstiere in energiesparendem Gleitflug.

Nur selten baut der Steinadler in den Alpen Baumhorste, was zum einen am Fehlen starker, alter Tannen und Fichten, zum anderen am hohen Angebot an natürlichen Felsspalten und -nischen liegt. Außerhalb der Brutzeit sucht der Steinadler für die Jagd gerne auch tiefergelegene Bereiche wie Almwiesen und Bereiche der

Kulturlandschaft auf, da dort die Dichte an potentiellen Beutetieren, wie z.B. des Rotfuchses (*Vulpes vulpes*) und vieler Marderartiger (Gattung *Martes*), wesentlich höher ist.

Von der Eigenart dieses Adlers, manche Horste über Jahre hinweg nicht zu benutzen, profitieren eine Reihe von kleineren Alpenbewohnern. Zu ihnen zählt der Turmfalke (*Falco tinunculus*), der gerne am Fuße dieser großen Horste seinen Nachwuchs aufzieht und in der alpinen Kulturlandschaft oder hoch oben auf den alpinen Matten, Wiesen und Weiden nach Nahrung späht. Dabei weist er jedoch ein völlig anderes Beutespektrum als der Steinadler auf: Er jagt mit Vorliebe nach größeren Insekten und Mäusen.

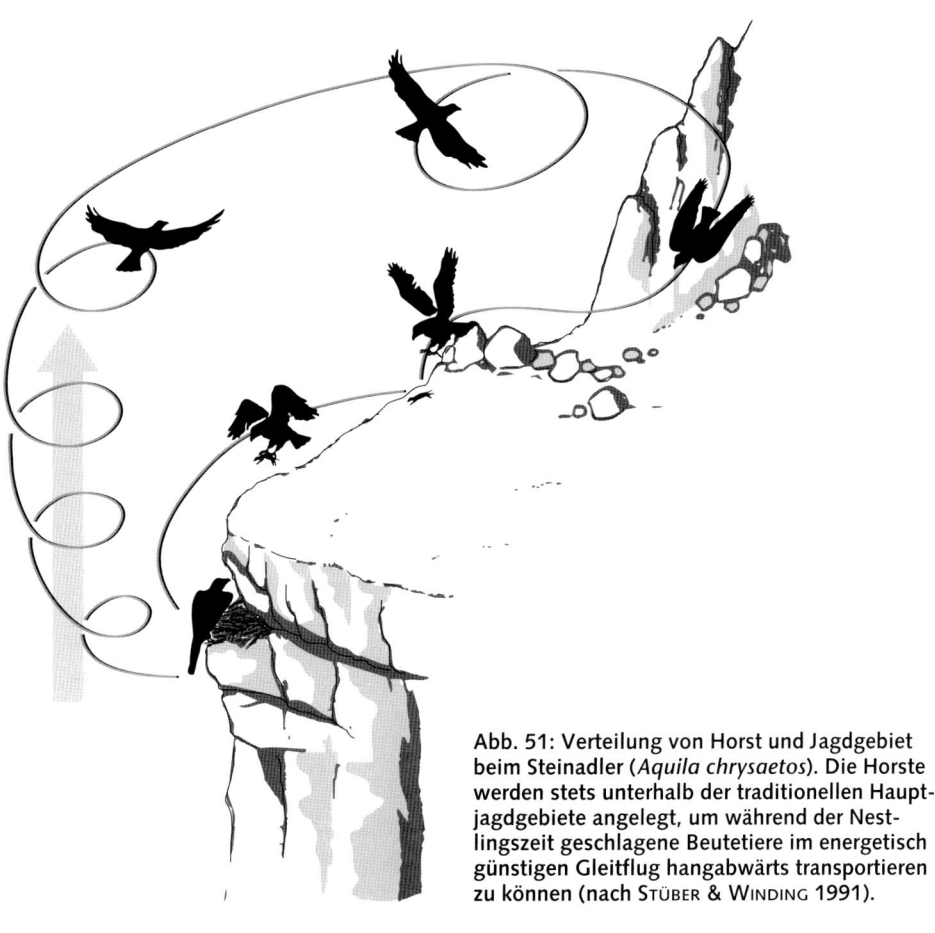

Abb. 51: Verteilung von Horst und Jagdgebiet beim Steinadler (*Aquila chrysaetos*). Die Horste werden stets unterhalb der traditionellen Hauptjagdgebiete angelegt, um während der Nestlingszeit geschlagene Beutetiere im energetisch günstigen Gleitflug hangabwärts transportieren zu können (nach STÜBER & WINDING 1991).

Auch der Kolkrabe (*Corvus corax*) bedient sich mit Vorliebe verlassener oder momentan nicht beflogener Steinadlerhorste. Falls sich diese Gelegenheit nicht bietet, baut er auch selbst einfache Reisignester in geeignete Spalten und Vorsprünge unzugänglicher Felsabschnitte, die mit Grassoden und Erdklumpen verstärkt werden. Dabei stößt er – nach einem rapiden Bestandsrückgang in der ersten Jahrhunderthälfte – wieder bis weit in die Tallagen vor, wobei sein zwei- bis maximal sechsköpfiger Nachwuchs oft auch nahe menschlicher Siedlungen großgezogen wird. In seiner Lebensraumwahl ist dieser mehr als mäusebussardgroße Krähenvogel sehr variabel. In den Alpen ist er ein Bewohner der collinen bis subalpinen Stufe. Seine ebenso vielseitige Nahrung sucht er überwiegend in den offenen Bereichen der alpinen Kulturlandschaften, auf Mähweiden, Wiesen, Almen sowie Block- und Schutthalden. Das Spektrum reicht dabei von Samen, Früchten, Insekten, Vogeleiern, Amphibien und Kleinsäugern über Hausabfälle bis zur Nachgeburt grasfressender Säugetiere und Aas. Im Winter kann man in alpinen Tallagen häufiger größere Schwärme von Kolkraben auf Mülldeponien beobachten. Dieses Verhalten führt sehr oft zur Überschätzung des realen Bestandes und läßt die Diskussion um den Abschuß dieser intelligenten Vögel schnell wieder aufkommen. Als territorialer Vogel besiedelt er je nach Nahrungsangebot größere Bereiche. Aufgrund seiner tiefstimmigen Flugrufe und seines keilförmigen Schwanzes ist der Kolkrabe mit keinem anderen Bewohner alpiner Lebensräume zu verwechseln.

Wesentlich kleiner als der Kolkrabe ist die Alpendohle (*Pyrrhocorax graculus*), Bewohner der felsigen Hänge, Block- und Schutthalden – ein Vogel, der oft als alpiner Charaktervogel schlechthin bezeichnet wird. Gerne führt sie ihre akrobatischen, von lauten Pfiffen untermalten Flugkünste vor, dabei stets auf Überreste unserer Brotzeit wartend. Dieser gesellige Krähenvogel ist uns sehr vertraut, und doch wissen wir erstaunlich wenig über ihn. Zwar ist seine Vorliebe für unzugängliche Felskamine und Spalten als Neststandort bekannt, doch gibt es noch vieles über die Brutbiologie der Alpendohle herauszufinden. Dabei könnten uns die vereinzelten Gebäudebruten (z.B. im Parkhaus an der Franz-Josefs-Höhe / Hohe Tauern) sehr hilfreich sein. Vor allem bodenbewohnende Insekten, aber auch Spinnen und Schnecken sowie die bereits erwähnten Zivilisationsabfälle gehören zu ihrem vielseitigen Speisezettel. Ihre Nahrung sucht sie meist auf Weiden, Geröllhalden und im Bereich belebter Berggaststätten der Alpin- und Montanstufe. Überwiegend im Winter sind größere Schwärme der Alpendohle auch innerhalb von Siedlungen zu beobachten. Dort finden sie selbst bei hoher Schneelage im Gebirge ausreichend Nahrung. Mitunter übernachtet der Schwarm auch in der Nähe von Ortschaften oder aber er kehrt zu seinen traditionellen Schlafplätzen in höheren Regionen zurück.

In ausgedehnten alpinen Tallandschaften mit steilen Felswänden zu beiden Seiten hat sogar der Wanderfalke (*Falco peregrinus*) seinen Bestand – im Gegensatz zu vielen anderen Lebensräumen in Europa – konstant halten können. Nischen und Halbhöhlen auf Querbändern und unter Überhängen sind bevorzugter Standort seiner Horste. Aufgrund der geringen Einsehbarkeit meidet dieser territoriale Einzelgänger geschlossene Waldlandschaften, während er die hohen Stufen der Alpen aufgrund ihrer zu niedrigen Dichte an Beutevögeln verschmäht. Seine gedrungene Gestalt, der relativ kurze Schwanz und seine spitzen, langen Flügel erlauben ihm die Jagd auf andere Vögel. Die Beute wird oft schon aufgrund der im Sturzflug erreichten Geschwindigkeiten von bis zu 300 km/h durch Aufprallschock getötet. Ansonsten wird dem Beutetier nach Falkenart mit dem «Falkenzahn» im Oberschnabel das Genick gebrochen.

Felswände bieten auch mehreren kleinen Vögeln Unterschlupf, Nahrung und Nistmöglichkeiten. In diesem Zusammenhang ist besonders der farbenprächtige Mauerläufer

(*Tichodroma muraria*) zu nennen. Der etwa kleibergroße Vogel schillert bei seinen hastig wirkenden Kletterpartien auf der Suche nach Spinnen und Insekten in kräftigem Rot und Schwarz-Weiß. Besonders auffallend ist dabei das stete Flügelzucken, welches seine farbenfrohen Körperstellen noch zusätzlich betont. Die schnellen Bewegungen, weniger die hohen Pfeiflaute dieses «Extremkletterers» sind es auch, die ihn dem aufmerksamen Beobachter verraten. Eine besondere Anpassung an seinen felsigen Lebensraum ist auch der lange, gebogene und einer Pinzette gleichende Schnabel, mit dem er seine Beutetiere aus den schmalsten Ritzen zu picken vermag. Mit Vorliebe bewohnt er Felswände mit feuchten Stellen und eingestreuten Graspolstern sowie felsige Schluchten, wobei er an günstigen Stellen auch in Talnähe brütet. Zur Nahrungssuche trifft man ihn auch an Ruinen, Kirchtürmen, Brücken und Burgmauern, die er mit Hilfe seiner kräftigen Beine , der gut spreizbaren Zehen und den extrem langen Krallen ohne Mühe absuchen kann. Außerhalb der Brutzeit steigt er bis auf Höhen von über 3 000 m üb. NN und ist im Winter regelmäßiger Gast an glattwandigen Strukturen und Felswänden innerhalb größerer Städte im Tal.

Auch die Felsenschwalbe (*Ptyonogrogne rupestris*) macht sich im Alpenraum sehr gerne felswandähnliche Gebilde zu Nutze, wobei besonders Brücken und Dämme bevorzugte Niststandorte geworden sind. Aufgrund der breiten Flügel, des fehlenden Brustbandes und Gabelschwanzes sowie der bräunlichen Färbung ist die Felsenschwalbe leicht von jeder anderen im Alpenraum vorkommenden Schwalbenart zu unterscheiden. Charakteristisch sind außerdem die weißen Punkte auf der Schwanzoberseite, die sie deutlich von der Mehlschwalbe (*Delichon urbica*) unterscheiden, mit denen die Felsenschwalbe – besonders in Südtirol – gerne zusammen brütet. Mit Vorliebe legt dieser Koloniebrüter seine Lehmnester in steilen Wänden oberhalb ausgedehnter Waldflächen an. Dort nutzt er das reiche Nahrungsangebot an Insekten über den Wipfeln der Bäume.

Der Alpensegler (*Apus melba*) brütet wie die Felsenschwalbe in geringer Dichte bevorzugt in Felswänden und Schluchten mit Spalten und Nischen. Mit dem Mauersegler (*Apus apus*), der als Brutvogel bis weit in die Alpentäler vordringt, ist er aufgrund seiner hellen Unterseite und seiner Größe nicht zu verwechseln. Oft ist er in kleineren Gruppen hoch oben am Himmel bei seinem pfeilschnellen, wendigen Jagdflug nach Insekten zu beobachten. Gebäudebruten zeigt er eher seltener, werden aber immer wieder festgestellt. Sein Verbreitungsschwerpunkt in den Alpen liegt in den südlichen Tälern mit lokalen Häufungen, z.B. im Bereich der «Bozner Porphyrplatte». Das Porphyrgestein verfügt mit seinen zahlreichen senkrechten Spalten über viele ideale Nistplätze. Bei feuchter Witterung im Frühjahr kann man diesen Langstreckenzieher nicht selten in Tallagen neben verschiedenen Schwalbenarten und dem Mauersegler zwischen den Kronen der Bäume nach Insekten jagen sehen.

Vögel der Gipfelregionen

Auch in der Gletscherregion bilden einzeln ausapernde Flächen im Firn geeignete Plätze zur Nahrungssuche für manche Vogelarten. Bei diesen Stellen handelt es sich vorwiegend um grüne «Inseln» an Bergflanken und -kanten, die aber für die Dauer einer Brutperiode meist zu lange vom Schnee bedeckt sind und somit als Brutbiotop für alpine Vogelarten nahezu komplett ausfallen. Es sind jedoch keineswegs «tote» Flächen. Vielmehr bieten sie bei genauem Hinsehen einer Fülle von Lebensformen einen geeigneten Lebensraum. So werden sie von Springschwänzen, Spinnen und Faltern bewohnt. Die Algen, Pilze, Moose und Flechten sind binnen weniger Minuten in der Lage, aus tiefster Froststarre auf volle Lebensaktivität umzuschalten, um die wenigen Tage ohne Schneebedeckung für ihre Vegetationsphase zu nutzen.

Alpenschneehuhn (*Lagopus mutus*), Steinschmätzer (*Oenanthe oenanthe*) und Hausrotschwanz (*Phoenicurus ochruros*) trifft man außerhalb der Brutzeit in diesem Lebensraum nur dort, wo zumindest kleinere Vegetationsflächen zur Verfügung stehen.

Über das ganze Jahr hinweg werden solche Bereiche gerne vom Schneefink (*Montefringilla nivalis*) zur Jagd nach Gliederfüßern aufgesucht. Er gilt als charakteristischer Brutvogel der alpinen und nivalen Stufe. Er bevorzugt oberhalb der Baumgrenze gelegene, kurzrasige Matten, Schuttfelder, Blockhalden und die Felsregionen der Gipfel und ist ganzjährig häufig auch an Skihütten und Unterkunftshäusern anzutreffen. Sogar bei Schlechtwettereinbrüchen wagt er sich nur selten bis in Talnähe, weshalb man ihn als ausgesprochenen Hochgebirgsvogel bezeichnen muß. Tief im Innern von Felsspalten baut dieser mehr als sperlingsgroße, gesellige Vogel sein kompaktes Nest bis in Höhen von über 3 500 m üb. NN. Außerhalb der Brutzeit trifft man oft auf größere Schwärme, wobei er aufgrund seiner weißen Gefiederanteile sehr gut von anderen alpenbewohnenden Vogelarten zu unterscheiden ist.

◁ Vorherige Seite: Ausgedehnte Windwurffläche auf 1 200 m üb. NN (Hochkalter / Nationalpark Berchtesgaden).

△ Typische Felssteppenlandschaft am Vinschgauer Sonnenberg / Südtirol.
Sonnenexponierter Bergföhrenwald (Nierntalkopf / Biosphärenreservat Berchtesgaden).
▽

Schutzgebiete und andere Vogel-
paradiese der Alpen

Wenn wir von schützenswerten Lebensräumen oder gar Paradiesen für Vögel
und andere Tiere sprechen, stellt sich die Frage, welche grundlegenden Faktoren es sind, die
die Eignung eines Lebensraumes für einen Vogel bzw. eine Vogelgemeinschaft bestimmen.
Zunächst einmal ist das Verhältnis zwischen
Nachwuchsrate und Sterberate einer Art ein geeigneter Anhaltspunkt, um die Qualität eines
Lebensraums für eine bestimmte Tierart abzuschätzen. Dabei verfällt man allerdings schnell
in eine isolierte Betrachtungsweise und vernachlässigt, daß in einem «hochwertigen» Lebensraum stets die Artengemeinschaft und somit eine möglichst hohe Biodiversität Priorität
haben sollte. Es hilft wenig, wenn eine ganz bestimmte Art aufgrund einer nachhaltigen Bio-
topveränderung in den letzten Jahren besonders
hohe Nachwuchsraten hatte, gleichzeitig aber
nachteilige Folgen derselben Maßnahmen für
andere Arten bestehen.

Es kommt also vielmehr auf eine umfassende, alle in einem Lebensraum vorkommenden
Arten berücksichtigende Betrachtungsweise an,
wenn man von einem schützenswerten Lebensraum spricht. Je mehr Arten eine bestimmte
Fläche bewohnen, je größer also die Biodiversität innerhalb eines Lebensraumes ist, desto
qualitativ herausragender ist er. Außerdem sollte ein schützenswerter Lebensraum nicht nur
einzelne Individuen vieler Arten beherbergen,
sondern auch eine ausreichend große Fläche für
die Besiedlung einer lebensfähigen Population
jeder Art zur Verfügung stellen. Eine hohe Le-
bensraumqualität ist demnach am ehesten in
großflächigen, zusammenhängenden und
natürlichen oder naturnahen Lebensräumen zu
erwarten. Leider sind solche Landschaften mit
einer für viele Art-Populationen ausreichend
großen Fläche in Mitteleuropa wie auch den

Alpen sehr spärlich geworden. Einige schützenswerte Bereiche werden den Ansprüchen eines natürlichen Lebensraumes nicht mehr ge-
recht und müssen somit sehr differenziert be-
trachtet werden. Bei den schützenswerten
Landschaften oder den sogenannten Schutzgebieten handelt es sich um mehr oder minder
stark vom Menschen beeinflußte Gebiete, die
allerdings aufgrund ihrer Artenvielfalt und Ausstattung ohne Ausnahme unbedingt erhaltens-
werte Lebensräume für Pflanzen und Tiere darstellen.

BirdLife International und mehrere andere
Partnerorganisationen erarbeiteten während
der 90er Jahre eine europaweite Studie mit dem
Titel «Important Bird Areas (IBAs) in Europe»,
in der mehrere Tausend Sichtbeobachtungen
von Vögeln aus den letzten Jahrzehnten zu-
sammengetragen und ausgewertet wurden. Ziel
war es, die bedeutenden Vogelgebiete Europas
nach einheitlichen Kriterien zu erfassen und zu
dokumentieren (DVORAK & KARNER 1995).
Die festgelegten Kriterien definieren diese bedeutenden Vogellebensräume als Gebiete,
– die international bedeutende Ansammlungen wandernder oder überwinternder Vogelarten beherbergen,
– in denen sich Populationen weltweit bedrohter Arten finden oder
– die zu den wichtigsten nationalen Gebieten
   für europaweit bedrohte oder schutzbedürf-
   tige Arten zählen.
Es handelt sich also um Lebensräume, die für
die Erhaltung seltener, gefährdeter oder aus anderen Gründen schutzbedürftiger Vogelarten
von internationaler Bedeutung sind (DVORAK
& KARNER 1995).

Im folgenden Kapitel werden die IBAs, aber
auch alle anderen schützenswerten, alpinen
Landschaften und Schutzgebiete der Alpenan-

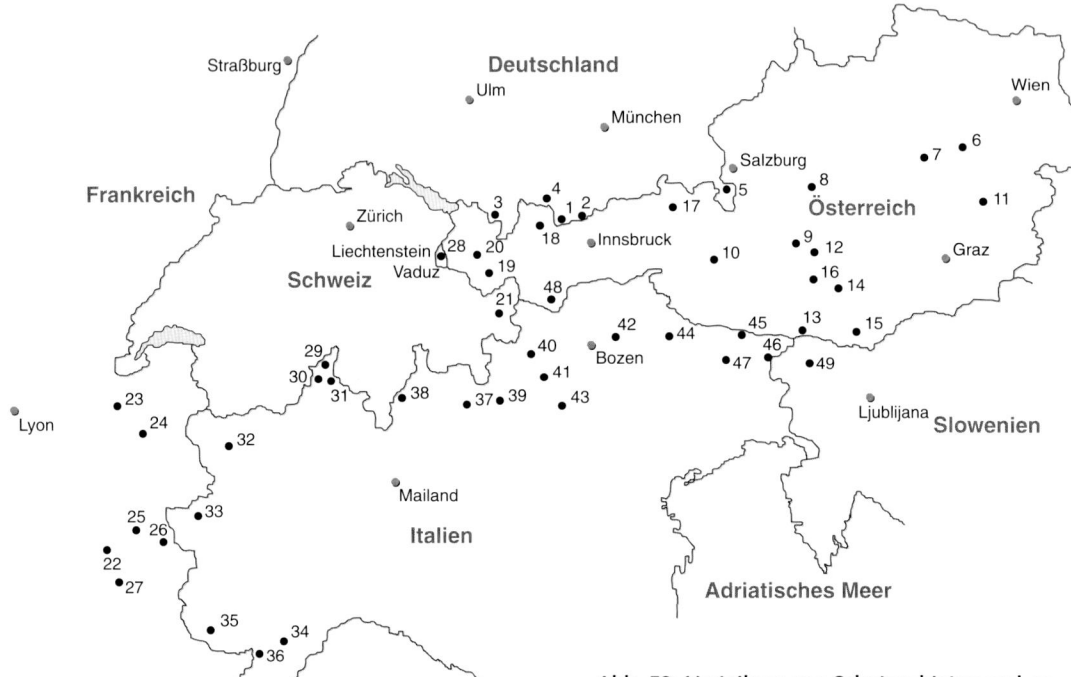

Abb. 52: Verteilung von Schutzgebieten und anderen Vogelparadiesen innerhalb der Alpen. Die angegebenen Nummern entsprechen den im Text vorgestellten Regionen.

rainer-Staaten mit den dort gebotenen ornithologischen Besonderheiten vorgestellt. Die Auswahl wurde nach GRIMMET & JONES (1989) vorgenommen.

Deutsche Alpen

In Deutschland gibt es fünf verschiedene Schutzgebietskategorien. Neben relativ kleinflächigen **Naturschutzgebieten** mit z.T. nach wie vor weitreichenden Nutzungsrechten für den Menschen gibt es vor allem großflächigere **Nationalparks**, in denen menschliche Einflüsse möglichst gering gehalten werden sollen. Daneben wurden aufgrund ihrer Schönheit und Vielfältigkeit **Landschaftsschutzgebiete** ausgewiesen, die vom Schutzstatus her den **Naturparken** mehr oder weniger entsprechen. Als **Naturdenkmäler** werden Kleinstrukturen von

wissenschaftlichem, historischem oder traditionellem Interesse bezeichnet.

Die Ammergauer Berge (Bayern) (1)

Das 27 600 ha große Naturreservat und IBA Ammergauer Berge / Bayern besteht vor allem aus alpinen Mischwäldern und alpinen Rasenflächen zwischen 800 und 2 200 m üb. NN. Als ornithologische Besonderheiten sind der in mehreren Paaren brütende Steinadler (*Aquila chrysaetos*), das Vorkommen aller in Deutschland heimischen Rauhfußhühnerarten wie Schneehuhn, Haselhuhn, Birkhuhn und Auerhuhn (*Lagopus mutus*, *Bonasa bonasia*, *Tetrao tetrix* und *T. urogallus*), der dort häufige Zitronengirlitz (*Serinus citrinella* mit über 100 Bp), als Vertreter der Eulen und Käuze der Sperlingskauz (*Glaucidium passerinum*), Rauhfußkauz (*Aegolius funereus*) und Uhu (*Bubo bubo*), sowie seltene Spechtarten wie Dreizehenspecht und Weißrückenspecht (*Picoides tridactylus* und *Dendrocopos leucotos*) zu bezeichnen.

Karwendel und Karwendel-Vorgebirge (Bayern) (2)

Zwischen 860 und 2 400 m üb. NN erstreckt sich in Bayern die überwiegend unter dem Schutzstatus eines Naturreservats stehende, 20 000 ha große IBA des Karwendels und seiner umliegenden Vorgebirge. Alpine Landschaften überwiegend oberhalb der Baumgrenze sowie naturnahe Wälder aus Buche (*Fagus*), Ahorn (*Acer*), Tanne (*Abies*) und Fichte (*Picea*) bestimmen auf kalkhaltigem Untergrund den besonderen Reiz dieser Gebirgsregion. Auch hier brüten u.a. der Steinadler (*Aquila chrysaetos*), alle in Deutschland vorkommenden Rauhfußhühner (*Tetrao urogallus*, *Tetrao tetrix*, *Bonasa bonasia*, *Lagopus mutus*), seltene Spechtarten, der wärmeliebende Berglaubsänger (*Phylloscopus bonelli*) und eine überraschend konstante Population des zierlichen, rotbrustigen Zwergschnäppers (*Ficedula parva*). Selbst der elegante Wanderfalke (*Falco peregrinus*) kann hier noch regelmäßig auf seinen rasanten Jagdflügen in ursprünglichen Flußtälern beobachtet werden.

Hoher Ifen und Gottesacker (Allgäu) (3)

Dieses nur etwa 2 400 ha große Vogelparadies wird beherrscht von montanem Nadelwald am Hohen Ifen (2 230 m üb. NN) und den bizarren, wild zerrissenen Schrattenkalkflächen des Gottesackers. Dieses Karrenfeld mit seinen unzähligen Dolinen, Naturschächten und unterirdischen Höhlen ist Lebensraum für viele gefiederte Bewohner vegetationsarmer Flächen wie Wasserpieper (*Anthus spinoletta*), Steinhuhn (*Alectoris graeca*), Alpenbraunelle (*Prunella collaris*), Steinschmätzer (*Oenanthe oenanthe*) das Alpenschneehuhn (*Lagopus mutus*) und den Schneefink (*Montefringilla nivalis*). An den vielen steilen Wänden findet der Mauerläufer (*Tichodroma muraria*) ideale Bedingungen, während an einem der vielen klaren Gebirgsbäche sogar der Flußuferläufer

(*Actits hypoleucos*) brütet. Birkhuhn (*Tetrao tetrix*), Auerhuhn (*Tetrao urogallus*) und Haselhuhn (*Bonasa bonasia*) bewohnen die reich strukturierten Bergmischwälder. Im Bereich der Baumgrenze findet man den Alpenbirkenzeisig (*Caruelis flammea cabaret*) und den Zitronengirlitz (*Serinus citrinella*). Insgesamt wurden hier 110 Vogelarten beobachtet, wobei 73 davon als regelmäßige Brutvögel zu bezeichnen sind (LOHMANN & HAARMANN 1989). In den letzten beiden Jahren haben sich auch hier wie im restlichen Allgäu die Beobachtungen des Bartgeiers (*Gypaetus barbatus*) auffällig gehäuft.

Grünten und Obere Iller (Allgäu) (4)

Zwischen 700 und 1 738 m üb. NN erstreckt sich dieses knapp 8 000 ha große, aus ornithologischer Sicht überaus bemerkenswerte Gebiet, das in weiten Teilen jedoch nicht unter Schutz steht bzw. nur als Landschaftsschutzgebiet ausgewiesen ist. Zu den auffälligsten Erscheinungen dieser Landschaft zählen viele naturbelassene Moore, die sich außerdem durch eine besondere Artenvielfalt auszeichnen, angeführt von Braunkehlchen (*Saxicola rubetra*), Alpenbirkenzeisig (*Carduelis flammea cabaret*) und Berglaubsänger (*Phylloscopus bonelli*). Wanderfalke (*Falco peregrinus*), Steinadler (*Aquila chrysaetos*) und Uhu (*Bubo bubo*) nisten zumindest gelegentlich am Grünten, aber auch Auerhuhn (*Tetrao urogallus*) und Birkhuhn (*Tetrao tetrix*), Sperlingskauz (*Glaucidium passerinum*), Rauhfußkauz (*Aegolius funereus*), Weißrückenspecht (*Dendrocopos leucotos*) und Zitronengirlitz (*Serinus ctrinella*) zählen zu den regelmäßigen Brütern, während das Haselhuhn (*Bonasa bonasia*) und die Alpenbraunelle (*Prunella collaris*) nur möglicherweise dort brüten. Seit 1981 brütet im Zuge ihrer Arealausweitung auch die Felsenschwalbe (*Ptyonoprogne rupestris*) regelmäßig mit 1 bis 2 Bp am Fuße des Grünten. Von den 220 beobachteten Vogelarten zählen ebenso erstaunliche 115 zu den regelmäßigen Brutvögeln (LOHMANN & HAARMANN 1989).

Nationalpark Berchtesgaden (5)

Auf einer Fläche von etwa 21 000 ha erstreckt sich zwischen 500 und 2 700 m üb. NN im südöstlichsten Winkel von Deutschland der ornithologisch hervorragend untersuchte Nationalpark Berchtesgaden. Dabei handelt es sich um ein Sonderschutzgebiet mit «Europa-Diplom», das wohl wie kein anderes Schutzgebiet in Deutschland touristischen Belastungen ausgesetzt ist. Trotzdem findet man hier noch ein Stück «heile Welt», was sich beispielsweise im Vorkommen des Wespenbussards (*Pernis apivorus*) und des Wanderfalken (*Falco peregrinus*) widerspiegelt. Insgesamt konnten hier 142 Vogelarten beobachtet werden (SCHUSTER 1996). Das europaweit gefährdete Auerhuhn (*Tetrao urogallus*) siedelt in einer der stabilsten Populationen in ganz Deutschland, und die spektakuläre Gemeinschaftsbalz des Birkhuhns (*Tetrao tetrix*) findet auf geeigneten Flächen noch mit 13 und mehr Hähnen statt. Dreizehenspecht (*Dendrocopos tridactylus*) und Weißrückenspecht (*Picoides leucotos*) profitieren von den umfangreichen Windwürfen durch verschiedene, schwere Stürme Anfang der 90er Jahre, wobei beide Arten mit besonderer Vorliebe die Borkenkäfergradation – als Folge dieser Naturereignisse – in den weiträumig zerstörten Fichtenstangenhölzern nutzen. Auch der Sperlingskauz (*Glaucidium passerinum*), Rauhfußkauz (*Aegolius funereus*) und der Uhu (*Bubo bubo*) leben hier in gesunden Beständen. Eisvogel (*Alcedo atthis*) und Gänsesäger (*Mergus merganser*) gehören zu den regelmäßigen Wintergästen der glasklaren Gebirgsbäche und -flüsse der Berchtesgadener Alpen. Auf der Reiteralpe und dem nahen Sonntagshorn leben die zwei wohl nördlichsten Populationen des Steinhuhns (*Alectoris graeca*) in Europa überhaupt (STEPHAN et al. 1995 und MIESLINGER mündl.).

Österreichische Alpen und Voralpenregion

Niederösterreichische Randalpen (6)

In Niederösterreich zwischen 330 und 1 311 m üb. NN, größtenteils in bäuerlichem Privatbesitz, liegt innerhalb der Randzone der nördlichen Voralpen ein etwa 17 000 ha großes Gebiet, das sich besonders durch ein von Nord nach Süd ansteigendes Geländerelief auszeichnet. Durch seine Lage am Nordrand der Alpen ist seine Bedeutung als Ausweichgebiet für zahlreiche Vogelarten bei frühzeitigen Wintereinbrüchen im Herbst nicht zu unterschätzen. Neben einer erstaunlich guten Population des Gartenrotschwanzes (*Phoenicurus phoenicurus*) brüten hier in geringer Dichte auch so bedrohte Vogelarten wie Birkhuhn (*Tetrao tetrix*), Auerhuhn (*Tetrao urogallus*), Wanderfalke (*Falco peregrinus*), Wiedehopf (*Upopa epops*) und Flußuferläufer (*Actitis hypoleucos*), sowie Waldschnepfe (*Scolopax rusticola*), Mittelspecht (*Picoides medius*) und Weißrückenspecht (*Dendrocopos leucotos*). Der in den weiter westlich gelegenen Bereichen der Alpen seltene Zwergschnäpper (*Ficedula parva*) hat hier mit 50 bis 100 Bp einen stabilen Bestand. Floristische Raritäten sind die ausgedehnten Buchenwälder im Südteil dieser IBA sowie die wärmeliebenden Eichen-Hainbuchenmischwälder mit Beimengungen von Elsbeere (*Sorbus torminalis*), Zerreiche (*Quercus cerris*), Edelkastanie (*Castanea sativa*) und Kornelkirsche (*Cornus mas*).

Ötscher-Dürrenstein-Gebiet (7)

In den Niederösterreichischen Kalkalpen liegt mit einer Fläche von 39 000 ha zwischen 391 und 1 893 m üb. NN das Landschaftsschutzgebiet Ötscher-Dürrenstein. Der Ötscher ist mit 1 893 m üb. NN der nördlichste Berg der Alpen, der eine alpine Zone ausgebildet hat. Aus diesem Grund stellt er auch den nördlichsten Brutplatz einiger alpiner Vogelarten dar (KARNER & RANNER 1995). Die ornithologische Bedeutung dieser großflächig mit Fichten-

Tannen-Buchenwäldern, in höheren Lagen mit Fichtenwäldern bestandenen Region liegt in den für die Nördlichen Kalkalpen typischen Vogelgemeinschaften von Flußbewohnern des Alpenraumes wie Flußuferläufer (*Actitis hypoleucos*), Wasseramsel (*Cinclus cinclus*) und Gebirgsstelze (*Motacilla cinerea*), Felsbrütern wie Wanderfalke (*Falco peregrinus*), Steinadler (*Aquila chrysaetos*), Kolkrabe (*Corvus corax*), Felsenschwalbe (*Ptyonoprogne rupestris*) und Mauerläufer (*Tichodroma muraria*), Brutvögeln der alpinen Zone wie Alpendohle (*Pyrrhocorax graculus*), Alpenbraunelle (*Prunella collaris*) und Totholzbewohnern wie dem Dreizehenspecht (*Picoides tridactylus*). Das Auerhuhn (*Tetrao urogallus*) brütet auf einer 2 600 ha großen Fläche mit bemerkenswerten 20 bis 25 Hähnen. Als vereinzelter Brutvogel ist vor allem der Karmingimpel (*Carpodacus erythrinus*) erwähnenswert und in Buchenmastjahren fällt der Bergfink (*Fringilla montefringilla*) regelmäßig in größeren Schwärmen in die von Buchen dominierten Wälder dieser Region ein (KARNER & RANNER 1995). Gerade der als Naturwaldreservat ausgewiesene Rothwald stellt einen wichtigen Lebensraum für viele Wald bewohnende Vogelarten dar.

Nördliche Kalkalpen (8)

Auf einer Fläche von 75 000 ha erstreckt sich zwischen 385 und 2 515 m üb. NN die IBA der Nördlichen Kalkalpen, die zu großen Teilen in Bundesforste und Privatbesitz aufgeteilt ist und im wesentlichen das Gebiet des Nationalparks Kalkalpen umfaßt. Das Reichraminger Hintergebirge, das Sensengebirge, die Haller Mauern und das Tote Gebirge bilden die Hauptgebirgsstöcke innerhalb dieser großflächigen Region. Die große ornithologische Bedeutung der Nördlichen Kalkalpen wird vor allem in den – auch national bedeutsamen Beständen – von Steinadler (*Aquila chrysaetos*), Wanderfalke (*Falco peregrinus*), Birkhuhn (*Tetrao tetrix*), Uhu (*Bubo bubo*) und Schwarzstorch (*Ciconia nigra*) deutlich (HOCHRATHNER 1995). Daneben weist diese Region eine für alpine Verhält-

nisse sehr typische Vogelwelt auf, wobei selbst Alpensegler (*Apus melba*), Karmingimpel (*Carpodacus erythrinus*), Zwergschnäpper (*Ficedula parva*), Flußuferläufer (*Actitis hypoleucos*) sowie Auerhuhn (*Tetrao urogallus*) und Haselhuhn (*Bonasa bonasia*) zu den regelmäßig brütenden Arten zählen.

Die Radstätter Tauern (9)

Im Bundesland Salzburg befindet sich zwischen 1 220 und 2 350 m üb. NN ein kleinflächiges Landschaftsschutzgebiet innerhalb der Radstätter Tauern. Auf einer Fläche von 3 500 ha wachsen u.a. 10 Gefäßpflanzen der österreichischen «Roten Liste gefährdeter Farn- und Blütenpflanzen», 13 vollkommen oder teilweise geschützte Arten der heimischen Flora sowie verschiedene geschützte Orchideenarten (GRESSEL 1975). Besonders das 100 ha umfassende Hundsfeldmoor bietet mit seiner stabilen Population des Rotsternigen Blaukehlchens (*Luscinia svecica svecica*) eine avifaunistische Besonderheit der Alpen. Baumfalke (*Falco subbuteo*), das in der Tauernregion sehr häufige Alpenschneehuhn (*Lagopus mutus*), Auerhuhn (*Tetrao urogallus*), Felsenschwalbe (*Ptyonoprogne rupestris*), Braunkehlchen (*Saxicola rubetra*), Steinschmätzer (*Oenanthe oenanthe*), Mauerläufer (*Tichodromia muraria*) und der dort zahlreich vorkommende Schneefink (*Montefringilla nivalis*) sind weitere Beispiele für die erstaunliche Artenvielfalt an alpinen Brutvögeln in diesem Gebiet.

Nationalpark Hohe Tauern (10)

Im Dreiländereck Salzburg, Kärnten und Tirol liegt der mit 178 700 ha größte alpine Nationalpark, der Nationalpark Hohe Tauern. Er umfaßt die alpinen Höhenstufen zwischen 1 300 und dem 3 798 m üb. NN hohen Gipfel des Großglockner. Neben Anteilen im montanen und subalpinen Bereich, die großteils mit Nadelwald bedeckt sind (Höhengrenze bei etwa 1 000 m üb. NN), liegt der größte Teil des Gebietes in der alpinen und nivalen Zone, also oberhalb der Waldgrenze (im Zentralalpenbereich bei etwa 2 200 m üb. NN). Ab etwa 3 000 m üb. NN beginnt die Gletscherregion, die neben den Ötztaler Alpen das gletscherreichste Gebiet der Österreichischen Alpen darstellt (DVORAK & KARNER 1995). Die Bestände von Steinadler (*Aquila chrysaetos* / 3 % des nationalen Bestandes), Wanderfalke (*Falco peregrinus* / 1%), Steinhuhn (*Alectoris graeca* / 5 %), Birkhuhn (*Tetrao tetrix* / 10 %), Dreizehenspecht (*Picoides tridactylus* / 10 %) und Steinrötel (*Monticola saxatilis* / 10 %) haben aus ornithologischer Sicht besondere Bedeutung. Als ehemaliger und möglicherweise auch wieder zukünftiger Brutvogel ist der Bartgeier (*Gypaetus barbatus*) eine besonders eindrucksvolle Erscheinung und seit einigen Jahren wieder regelmäßig im Gebiet zu beobachten. Erste Paarbildungstendenzen der im Rahmen des Wiedereinbürgerungsprojekts in den Hohen Tauern ausgewilderten Exemplare wurden aus dem Gebiet des Rauriser Tales bereits gemeldet. Die restliche Avifauna entspricht der typischen Zusammensetzung alpiner Lebensräume, wobei aufgrund der ausgeprägten Nord-Süd-Abstufung dieser Gebirgskette das geographisch enge Vorkommen «wärme- und kälteliebender» Arten bemerkenswert ist. Erstaunlich und sehenswert ist auch die Kolonie übersommernder, nicht geschlechtsreifer, also subadulter Gänsegeier (*Gyps fulvus*) im Bereich des Rauriser Tals.

Das Steirische Joglland (11)

Das kristalline, relativ stark bewaldete Mittelgebirge des Jogllandes bildet das nordöstliche Ende der Zentralalpen und umfaßt dabei in einem Bereich von 438 bis 1 080 m üb. NN eine Fläche von etwa 45 000 ha (SAMWALD & MAUERHOFER 1995). Typische Brutvögel dieses überwiegend in Privathand befindlichen Gebirges sind Haselhuhn (*Bonasa bonasia*) und Auerhuhn (*Tetrao urogallus*), Sperlingskauz (*Glaucidium passerinum*), Rauhfußkauz (*Aegolius funereus*), Grauspecht (*Picus canus*), Schwarzspecht (*Dryocopus martius*), Waldschnepfe (*Scolopax rusticola*) und Wespenbussard (*Pernis apivorus*).

Die Niederen Tauern (12)

Auf einer Fläche von etwa 170 000 ha erstreckt sich in der Steiermark auf einer Seehöhe von 800 bis 2 863 m üb. NN (Gipfel des Hochgolling) das aus Landschaftsschutzgebieten, Naturparken und Naturschutzgebieten zusammengesetzte Vogelparadies der Niederen Tauern. Dieses im Gegensatz zu den Hohen Tauern nicht vergletscherte Gebirge zählt zu den seenreichsten Gebirgszügen der Ostalpen. Einen weiteren gravierenden Unterschied zu den Landschaftsräumen der Zentralalpen stellen die ausgedehnten Wald- und Wiesenflächen in den Tallagen und die alpinen Zwergstrauchheiden und Rasengesellschaften an den Hängen und kuppigen Gipfellagen oberhalb der Baumgrenze dar (SACKL & ZECHNER 1995). Alle Gebiete der Niederen Tauern oberhalb 1 400 m üb. NN wurden in die IBA mit eingeschlossen. Ornithologisch besonders bemerkenswert sind die national bedeutenden Bestände von Birkhuhn (*Tetrao tetrix*), Steinadler (*Aquila chrysaetos* / 6 bis 8% des nationalen Bestandes) und Wanderfalke (*Falco peregrinus* / 3 bis 4 %), der einzige in Österreich bekannte Brutplatz (1994 mit mindestens 2 Bp) des Mornellregenpfeifers (*Charadrius morinellus*) sowie das Vorkommen von Steinrötel (*Monticola saxatilis*), Flußuferläufer (*Actitis hypoleucos*) und Rotsternigem Blaukehlchen (*Luscinia svecica svecica*) mit 2 bis 5 Bp in Latschenmooren oberhalb der Waldgrenze in den Schladminger und Wölzer Tauern. Auch die Reiherente (*Aythia fuligula*) brütet auf den Fischzuchtteichen bei Hohentauern mit 3 bis 5 Paaren. Ausgestorben scheint leider die Population des Steinhuhns (*Alectoris graeca*) in den Schladminger, Sölker und Rottenmanner Tauern.

Villacher Alpe - Dobratsch (13)

In Kärnten liegt mit einer Fläche von etwa 7 500 ha eine weitere IBA, die sich zwischen 500 und 2 167 m üb. NN erstreckt. Etwa 1 900 ha stehen unter Naturschutz, 4 800 ha unter Landschaftsschutz, mehrere kleinere Flächen befinden sich im Besitz des regionalen Naturschutzbundes. Besonders markant sind die senkrechten Felswände südlich des Dobratsch, an deren Fuß sich ausgedehnte Schutthalden fortsetzen. Einen national bedeutenden Bestand hat hier vor allem die Zippammer (*Emberiza cia*) mit 10 % Anteil am österreichischen Gesamtbestand (WAGNER 1995). Als Beispiele der bemerkenswerten Artenfülle seien hier die Vorkommen der Anhang I-Arten der EU-Vogelschutzrichtlinie von Haselhuhn (*Bonasa bonasia*), Auerhuhn (*Tetrao urogallus*) und Steinhuhn (*Alectoris graeca*), Uhu (*Bubo bubo*), Sperlingskauz (*Glaucidium passerinum*), Weißrückenspecht (*Dendrocopos leucotos*) und Dreizehenspecht (*Picoides tridactylus*) genannt. Auch Alpensegler (*Apus melba*) und Felsenschwalbe (*Ptyonoprogne rupestris*) brüten regelmäßig in der Region. Als Nahrungsgäste, Durchzügler und Überwinterer fallen vor allem Gänsegeier (*Gyps fulvus*), Schlangenadler (*Circeatus gallicus*), Kornweihe (*Circus cyaneus*), Gerfalke (*Falco rusticolus*) und Mornellregenpfeifer (*Charadrius morinellus*) auf.

Freudsamer Moos - Gößeberg - Steinerkofel (14)

Dieses Gebiet liegt am Nordrand des Klagenfurter Beckens im südlichen Bereich der Gurktaler Alpen und umfaßt auf einer Fläche von lediglich 1 500 ha das Freudsamer Moos, ein Hochmoor von überregionaler Bedeutung auf 902 m üb. NN sowie südlich davon den 1 171 m üb. NN aufragenden Gößeberg und im Osten den Steinerkofel. Die Untergrenze des Gebiets liegt auf 580 m üb. NN. Floristische Besonderheiten sind die Strauchbirke (*Betula humilis*), eine Reihe von Knabenkräutern und große Bestände der Sumpfdrachenwurz (*Calla palustris*). Aus ornithologischer Sicht bildet hier der Uhu (*Bubo bubo* / 1% des nationalen Bestandes) und der Wanderfalke (*Falco peregrinus* / 1%) national bedeutende Bestände. Wespenbussard (*Pernis apivorus*), Haselhuhn (*Bonasa bonasia*) und Auerhuhn (*Tetrao urogallus*), Sperlingskauz (*Glaucidium passerinum*) und

Schwarzspecht (*Dryocopus martius*) sind hier vorkommende Vertreter der Anhang I-Arten der EU-Vogelschutzrichtlinie (WAGNER 1995).

Südlicher Teil des Sattnitzrückens (15)

Den Hauptanteil dieser insgesamt 1 800 ha großen Fläche bildet der Südabfall der Sattnitz bis zur Drau sowie der Talboden bei Rottenstein. Gerade wegen der vielfältigen Biotoptypen und der exponierten Lage gibt es eine Anzahl botanischer Raritäten und Kostbarkeiten. Als Beispiele seien hier das Vorkommen der Gelben Taglilie (*Hemerocallis lilioasphodelus*), von Kies- und Bachsteinbrech (*Saxifraga mutata* und *S. aizoides*) sowie von Brand-, Dreizähnigem- und Helm-Knabenkraut (*Orchis ustulata*, *O. tridentata* und *O. militaris*) genannt. Von nationaler ornithologischer Bedeutung ist der Bestand des Uhus (*Bubo bubo*/ 1 % des nationalen Bestandes). Des weiteren brüten in den markanten Steilwänden Gartenrotschwanz (*Pheonicurus phoenicurus*) und Wanderfalke (*Falco peregrinus*). Besonders als Überwinterungs- und Durchzugsgebiet ist der Bereich des Sattnitzrückens und der angrenzenden Talböden von größerer Bedeutung (KRAINER 1995). Viele Vogelarten nutzen diese Region auch als Nahrungsgäste, brüten aber nicht regelmäßig.

Nationalpark Nockberge (16)

Zwischen 1 300 und 2 440 m üb. NN (Gipfel des Rosennock) erstreckt sich in Kärnten auf etwa 19 000 ha der Nationalpark Nockberge, wobei 9 600 ha als Kernzone ausgewiesen sind. Weniger als 10% sind im Besitz der Bundesforste, der Rest ist Privatbesitz. Die Nockberge zählen geographisch zu den östlichen Zentralalpen. Die sanft gerundeten, morphologischen Formen kontrastieren in eindrucksvoller Art und Weise mit den schroffen Formen der direkt westlich anschließenden Hohen bzw. nördlich anschließenden Niederen Tauern. Bis 1 700 m üb. NN dominieren Fichtenwälder, darüber bis 1 900 m üb. NN Fichten-Lärchen-Zirbenwälder. Auf reinen Carbonatstandorten findet man ausgedehnte Lärchenreinbestände bis zur Waldgrenze, wobei diese von Menschenhand von 2 200 auf 1 900 m üb. NN abgesenkt wurde. Darüber bilden ausgedehnte Bestände von Latsche *(Pinus mugo)* oder Vertretern der Zwergstrauchheiden-Gesellschaften einen vielfältigen Lebensraum für eine große Anzahl von Vogelarten. Aus ornithologischer Sicht von nationaler Bedeutung sind die Vorkommen von Steinhuhn (*Alectoris graeca* / mindestens 1 % des nationalen Bestandes) sowie des Steinrötels (*Monticola saxatilis* / mindestens 10 %). Die Brutvorkommen von Steinadler (*Aquila chrysaetos*), Haselhuhn (*Bonasa bonasia*), Alpenschneehuhn (*Lagopus mutus*), Birkhuhn (*Tetrao tetrix*), Auerhuhn (*Tetrao urogallus*), Uhu (*Bubo bubo*), Sperlingskauz (*Glaucidium passerinum*), Rauhfußkauz (*Aegolius funereus*), Grauspecht (*Picus canus*), Weißrückenspecht (*Dendrocopos leucotos*) und Dreizehenspecht (*Picoides tridactylus*) seien als Beispiele von Anhang I-Arten der EU-Vogelschutzrichtlinie genannt.

Das Kaisergebirge (17)

Der größte Teil dieser IBA liegt mit 10 600 ha im Naturschutzgebiet Kaisergebirge am Südrand der Nördlichen Kalkalpen Tirols. Die Gesamtfläche von 15 000 ha erstreckt sich von 500 bis 2 344 m üb. NN, wobei weite Bereiche innerhalb der montanen und subalpinen Höhenstufe liegen und nur ein flächenmäßig geringer Teil (etwa 20 %) auf Regionen oberhalb der Waldgrenze entfallen. Den dominanten Fichtenbeständen auf den Nordabhängen sind vor allem Lärche (*Larix decidua*), Tanne (*Abies alba*), Rotföhre (*Pinus sylvestris*), Mehl- und Vogelbeere (*Sorbus aria* und *S. aucuparia*) sowie Bergulme (*Ulmus glabra*) beigemischt. An der Südseite haben sich umfangreiche Buchenwälder ausgebildet. Mit etwa 100 Brutvogelarten weist dieses Gebiet eine besonders hohe Artenzahl auf (KANTNER 1995). National bedeutende Bestände bilden Steinadler (*Aquila chrysaetos* / etwa 1 % des nationalen Bestands), Wanderfalke (*Falco peregrinus* / 1 bis

5%), Birkhuhn (*Tetrao tetrix* / 0,5 bis 1 %), Uhu (*Bubo bubo* / 2 bis 5 %) und Dreizehenspecht (*Picoides tridactylus* / 1 %). Wespenbussard (*Pernis apivorus*), Haselhuhn (*Bonasa bonasia*), Alpenschneehuhn (*Lagopus mutus*), Auerhuhn (*Tetrao urogallus*), Steinhuhn (*Alectoris graeca*), Sperlings- (*Glaucidium passerinum*), Rauhfußkauz (*Aegolius funereus*), Grauspecht (*Picus canus*), Weißrückenspecht (*Dendrocopos leucotos*) und Dreizehenspecht (*Picoides tridactylus*) sowie Zwergschnäpper (*Ficedula parva*) seien hier als Vertreter der insgesamt 17 Anhang I-Arten der EU-Vogelschutzrichtlinie genannt.

Das Tiroler Lechtal (18)

Das Tiroler Lechtal ist eines der letzten naturnah erhaltenen Flußtäler Österreichs und durch seine Größe und Ausformung sicher eines der bedeutendsten in ganz Mitteleuropa (DVORAK & KARNER 1995). Dieses atemberaubende, aber nicht unter Schutz stehende Gebiet erstreckt sich über 17 700 ha in einem Höhenbereich von 800 bis 1 400 m üb. NN. Die vielen verschiedenen, flußgeprägten Landschaften mit ihren jungen Kiesbänken sind von großer botanischer Bedeutung, wobei vor allem die ausgeprägten Knorpelsalatfluren (*Chondrilla chondrilloides*) bemerkenswert sind. Der Lech stellt das wichtigste Brutgebiet für Österreichs flußbewohnende Vogelarten dar. Nirgendwo sonst kommt beispielsweise der Flußuferläufer in solcher Dichte vor. Von nationaler Bedeutung sind außerdem die Bestände von Grünspecht (*Picus viridis* / 1 % des nationalen Bestands), Gartenrotschwanz (*Phoenicurus phoenicurus* 1 %), Braunkehlchen (*Saxicola rubetra* / 2 %) und Berglaubsänger (*Phylloscopus bonelli* / 3 bis 5 %). Von den 8 bis 9 hier vorkommenden Anhang I-Arten der EU-Vogelschutzrichtlinie seien Wanderfalke (*Falco peregrinus*), Haselhuhn (*Bonasa bonasia*), Birkhuhn (*Tetrao tetrix*) und Auerhuhn (*Tetrao urogallus*), Uhu (*Bubo bubo*), Grauspecht (*Picus canus*) und Schwarzspecht (*Dryocopus martius*) sowie Zwergschnäpper (*Ficedula parva*) genannt.

Silvretta und Verwall (19)

Diese IBA liegt auf einer Fläche von etwa 30 000 ha im Altkristallin der ostalpinen Zentralalpen von Silvretta und Verwall. Mit Ausnahme weniger Talböden am Westrand liegen alle Flächen oberhalb 900 m üb. NN in der alpinen Stufe mit der höchsten Erhebung auf 3 312 m üb. NN. Die verschiedenen Lebensraumtypen wie Felsen, alpine Weiderasen, Kare, Gebirgsseen, Schutthalden und Gletschermoränen, alte Wildheu- und Bergmähder, Lawinenbahnen mit Urwiesen, Gebirgsbäche, ausgedehnte Moorkomplexe und subalpine Bergwälder mit Zwergstrauchbeständen zeugen von einer großen biologischen Vielfalt (KILZER 1995a). Das macht sich vor allem auch in der Anzahl von Brutvogelarten bemerkbar. National bedeutende Bestände bilden Steinadler (*Aquila chrysaetos* / 2 % des nationalen Bestandes), Uhu (*Bubo bubo* / 3 %) und Steinrötel (*Monticola saxatilis* 10 bis 15 %). Von übergeordneter Bedeutung sind außerdem folgende 12 von insgesamt 16 Anhang I-Arten der EU-Vogelschutzrichtlinie: Wanderfalke (*Falco peregrinus*), Haselhuhn (*Bonasa bonasia*), Alpenschneehuhn (*Lagopus mutus*), Birkhuhn (*Tetrao tetrix*) und Auerhuhn (*Tetrao urogallus*), Sperlingskauz (*Glaucidium passerinum*) und Rauhfußkauz (*Aegolius funereus*), Grauspecht (*Picus canus*), Schwarzspecht (*Dryocopus martius*), Weißrückenspecht (*Dendrocopos leucotos*) und Dreizehenspecht (*Picoides tridactylus*) sowie Blaukehlchen (*Luscinia svecica*).

Die Steilhangwälder im Klostertal (20)

Das Klostertal erstreckt sich in Vorarlberg vom Arlberg westwärts bis Bludenz, wobei auf das Gebiet dieser IBA 1 500 ha in einer Höhe zwischen 580 bis 1 780 m üb. NN entfallen. Im inneren Klostertal reichen die bewaldeten Hänge vom Talboden bis an die natürliche Waldgrenze, wobei das Waldgebiet verschiedene Typen laubholzreicher Mischwälder, wie z.B. Buchen-Ahornwald (*Aceri-Fagetum*), Fichten-Tannen-Buchenwald (*Picea-Abieti-Fagetum*), Ahorn-Eschenwald (*Aceri-Fraxinetum*) mit Winterlin-

de sowie reinen Kalk-Buchenwald und auch Erika-Föhrenwald (*Erico-Pinetum*) aufweist. Anschließend erhebt sich das hochalpine Gelände des Lechquellengebirges (KILZER 1995b). Brutvorkommen nationaler Bedeutung haben hier der Grauspecht (*Picus canus* / über 1 % des nationalen Bestands) und Grünspecht (*Picus viridis* / etwa 0,5 %). Wespenbussard (*Pernis apivorus*), Birkhuhn (*Tetrao tetrix*), Sperlingskauz (*Glaucidium passerinum*) und Rauhfußkauz (*Aegolius funereus*), Schwarzspecht (*Dryocopus martius*), Weißrückenspecht (*Dendrocopos leucotos*) und Dreizehenspecht (*Picoides tridactylus*) sind Beispiele der insgesamt 9 Anhang I-Arten der EU-Vogelschutzrichtlinie. Auch die Brutbestände von Waldkauz (*Strix aluco*), der Waldohreule (*Asio otus*), von Berg- und Waldlaubsänger (*Phylloscopus bonelli* und *P. sibilatrix*) sowie des Zitronengirlitz (*Serinus citrinella*) verdeutlichen den Stellenwert dieses Gebietes.

Schweizer Alpen

Der Schweizer Nationalpark (21)

Auf einer Fläche von etwa 170 km^2 erstreckt sich an der Grenze zu Italien der Schweizer Nationalpark. Dieses im Jahr 1914 gegründete Schutzgebiet repräsentiert eine Vielzahl seltener Tier- und Pflanzenarten, wobei gerade die nachgewiesenen Brutvogelarten den Schutzwert dieser Region unterstreichen. Als Beispiele für den Reichtum an alpinen Brutvögeln seien genannt Wespenbussard (*Pernis apivorus*), Steinadler (*Aquila chrysaetos*), Haselhuhn (*Bonasa bonasia*), Auerhuhn (*Tetrao urogallus*), Birkhuhn (*T. tetrix*), Schneehuhn (*Lagopus mutus*) und Steinhuhn (*Alectoris graeca*), Flußuferläufer (*Actitis hypoleucos*), Sperlingskauz (*Glaucidium passerinum*) und Rauhfußkauz (*Aegolius funereus*), Dreizehenspecht (*Picoides tridactylus*), Steinrötel (*Monticola saxatilis*) und in unregelmäßigen Abständen auch Mornellregenpfeifer (*Charadrius morinellus*) und Waldschnepfe (*Scolopax rusticola*). Insgesamt brüten in diesem Schutzgebiet 77 Brutvogelarten. Seitdem der Bartgeier (*Gypaetus barbatus*) im Rahmen des internationalen Wiedereinbürgerungsprojekts auch im Schweizer Nationalpark ausgesetzt wurde, kann man dort immer wieder einmal einen dieser majestätischen Großgreifvögel am Himmel beobachten.

Momentan sind in der Schweiz leider nur schützenswerte Lebensräume für Wasservögel als IBA proklamiert, weshalb die Auflistung bezüglich alpiner Vogelparadiese für die Schweiz leider nicht komplett ist. Aktuell ist jedoch die Neuauflage des «Verbreitungsatlas Schweizer Brutvögel» durch die Vogelwarte Sempach geplant, mit dessen Hilfe neue Gebietsschwerpunkte hinsichtlich der Verbreitung von alpinen Brutvögeln definiert werden sollen. Auf der Grundlage dieser Daten werden dann neben den schon festgelegten Wasservogelschutzgebieten weitere alpine IBAs ausgewiesen und vielleicht in einem eigenen Band über die IBAs der Schweiz veröffentlicht.

Französische Alpen

Haut plateaux du Vercors (Rhone-Alpen) (22)

Auf einer Fläche von etwa 16 000 ha erstreckt sich das Naturreservat Vercors. Besonders prägnant sind dort die gebirgigen, reichbewaldeten Landschaftsteile mit den steil aufragenden Felswänden sowie die reißenden Gebirgsbäche und -flüsse. Bemerkenswerte Brutvogelarten sind Wespenbussard (*Pernis apivorus*), Wanderfalke (*Falco peregrinus*), Birkhuhn (*Tetrao tetrix*), Uhu (*Bubo bubo*), Rauhfußkauz (*Aegolius funereus*) und Schwarzspecht (*Dryocopus martius*).

Montagne des Frètes et massif environnant (Rhone-Alpen) (23)

Auf einer Fläche von 15 000 ha erstreckt sich dieses Gebiet südlich des Genfer Sees, wobei landwirtschaftliche Flächen und größere Waldbestände das Landschaftsbild bestimmen. Auerhuhn (*Tetrao urogallus*) und Birkhuhn (*Te-*

trao tetrix) sowie der Schwarzspecht (*Dryocopus martius*) sind typische Brutvögel dieser alpinen Waldgebiete. Land- und Forstwirtschaft sind die Hauptnutzungsformen des Menschen.

Les Bauges (Rhone-Alpen) (24)

Etwas weiter südlich liegt auf einer Fläche von 22 000 ha dieses umfangreiche Waldgebiet. Auerhuhn (*Tetrao urogallus*) und Birkhuhn (*Tetrao tetrix*) sind charakteristische Vertreter der Waldvogelgemeinschaften. Die Nutzung durch den Menschen beschränkt sich weitgehend auf Forstwirtschaft.

Parc national des Ecrins (Seealpen) (25)

In den nördlichen Bereichen der Seealpen erstreckt sich dieser Nationalpark auf 91 800 ha. Dort findet man ein typisch alpines Landschaftsbild aus schroffen Gebirgen, steilen Felswänden, Gletschern, Wald und alpinen Rasengesellschaften. Dementsprechend vielfältig ist die dortige alpine Avifauna. Neben Wespenbussard (*Pernis apivorus*), Rotmilan und Schwarzmilan (*Milvus milvus* und *M. migrans*) findet man auch mehrere Brutpaare des Schlangenadlers (*Circaetus gallicus*), sowie typisch alpine Vertreter der Greifvögel wie Steinadler (*Aquila chrysaetos*) und Wanderfalke (*Falco peregrinus*). Zudem sind Alpenschneehuhn (*Lagopus mutus*), Haselhuhn (*Bonasa bonasia*), Birkhuhn (*Tetrao tetrix*), Steinhuhn (*Alectoris graeca*), Uhu (*Bubo bubo*), Rauhfußkauz (*Aegolius funereus*), Sperlingskauz (*Glaucidium passerinum*), Schwarzspecht (*Dryocopus martius*), Ortolan (*Emberiza hortulana*) und Alpenkrähe (*Pyrrhocorax pyrrhocorax*) vertreten.

Bois des Ayes (Seealpen) (26)

Dieses kleinflächige Waldgebiet (250 ha) liegt nahe der italienischen Grenze und wird u.a. von Steinadler (*Aquila chrysaetos*), Sperlingskauz (*Glaucidium passerinum*) und Rauhfußkauz (*Aegolius funereus*), Schwarzspecht (*Dryocopus martius*) und unregelmäßig sogar von Schlangenadler (*Circaetus gallicus*) und Alpenkrähe (*Pyrrhocorax pyrrhocorax*) bewohnt. Die menschliche Nutzung beschränkt sich überwiegend auf forstwirtschaftliche Tätigkeiten.

Bec de Crigne (Seealpen) (27)

Steile Felswände, steinige Landschaftsformen und Zwergstrauchgesellschaften prägen das sich bietende Bild auf diesem 400 ha großen Gebiet, das von den dort lebenden Menschen überwiegend zur Viehwirtschaft genutzt wird. Als ornithologische Besonderheiten gelten Schwarzmilan (*Milvus migrans*), Schlangenadler (*Circaetus gallicus*), Kornweihe (*Circus pygarus*) und Schmutzgeier (*Neophron percnopterus*). Zu den Brutvögeln dieser Region zählen aber auch die ganz typischen Vertreter der alpinen Avifauna wie Steinadler (*Aquila chrysaetos*), Wanderfalke (*Falco peregrinus*), Birkhuhn (*Tetrao tetrix*) und Steinhuhn (*Alectoris graeca*), Uhu (*Bubo bubo*), Neuntöter (*Lanius collurio*) und selbst der Ortolan (*Emberiza hortulana*).

Liechtenstein (28)

Das Garselli-Zigerberg-Gebiet östlich der Hauptstadt Vaduz umfaßt eine Fläche von 950 ha mit natürlichen Wäldern und alpinen Graslandschaften. Neben extensiver Beweidung spielt dort vor allem der Tourismus eine wichtige Rolle, was gleichzeitig auch die stärkste Bedrohung dieser Region darstellt. Haselhuhn (*Bonasa bonasia*), Auerhuhn (*Tetrao urogallus*) und Birkhuhn (*Tetrao tetrix*), Sperlingskauz (*Glaucidium passerinum*) und Rauhfußkauz (*Aegolius funereus*), Schwarzspecht (*Dryocopus martius*), Weißrückenspecht (*Dendrocopos leucotos*) und Dreihzehenspecht (*Picoides tridactylus*), Ringdrossel (*Turdus torquatus*), Sommergoldhähnchen (*Regulus ignicapillus*) und Zitronengirlitz (*Serinus citrinella*) sind interessante Bestandteile der dortigen Avifauna.

Italienische Alpen

Media Val d'Ossola (Val Antigorio/Piemont) (29)

Gebirgige Landschaftsabschnitte, Bäche, Flüsse, Waldgebiete und landwirtschaftlich genutzte Flächen erstrecken sich in diesem Naturreservat auf 31 900 ha. Zur typisch alpinen Vogelwelt zählen die dort vorkommenden Bestände an Wespenbussard (*Pernis apivorus*), Steinadler (*Aquila chrysaetos*), Haselhuhn (*Bonasa bonasia*), Birkhuhn (*Tetrao tetrix*) und Schwarzspecht (*Dryocopus martius*). Der Schlangenadler (*Circaetus gallicus*) brütet regelmäßig mit 1 bis 2 Brutpaaren.

Valle Anzasca und Val di Antrona sowie angrenzende Regionen (Piemont) (30)

In diesem etwa 32 000 ha großen geschützten Waldgebiet dominieren Wald, zahlreiche Fließgewässer und landwirtschaftliche Flächen. Zu den dortigen Brutvögeln gehören 5 bis 8 Paare des Wespenbussards (*Pernis apivorus*), 3 bis 5 Paare des Schlangenadlers (*Circaetus gallicus*), 4 bis 6 Paare des Steinadlers (*Aquila chrysaetos*), Birkhuhn (*Tetrao tetrix*) und Steinhuhn (*Alectoris graeca*) sowie Uhu (*Bubo bubo*) und Schwarzspecht (*Dryocopus martius*).

Die Gebirgsregionen zwischen Lago Maggiore, Val Vigeo und Val Cannobina (Val Grande / Piemont) (31)

Neben eindrucksvollen, teilweise mit großen Felsbrocken übersäten Gebirgslandschaften zeichnet sich dieses 29 000 ha große, streng geschützte Naturreservat vor allem durch seine zahlreichen Fließgewässer, die umfangreichen Laubwälder und die natürlichen Nadelwälder aus. Daneben findet man aber auch landwirtschaftliche Flächen und ausgedehnte Wiesen. 7 bis 8 Paare des Wespenbussards, 3 bis 4 Paare des Schwarzmilans (*Milvus migrans*), 2 bis 3 Paare des Schlangenadlers (*Circaetus gallicus*), 3 Steinadlerpaare (*Aquila chrysaetos*), Birkhuhn (*Tetrao tetrix*) und Steinhuhn (*Alectoris graeca*),

Uhu (*Bubo bubo*) und Schwarzspecht (*Dryocopus martius*) sind Beispiele für die Vielfalt an Brutvögeln in diesem Gebiet.

Nationalpark Gran Paradiso und Val Soana (Piemont) (32)

Natürliche Nadelwälder, Mischwälder und ausgedehnte Gletscherregionen prägen das Erscheinungsbild dieses 85 000 ha großen Schutzgebietes, wobei etwa 70 000 ha dieser Fläche auf den Nationalpark selbst entfallen. Menschliche Nutzungsformen sind vor allem Tourismus und Viehhaltung; Jagd ist strengstens verboten. Gerade das Vorkommen der Alpenkrähe (*Pyrrhocorax pyrrhocorax*) ist Anreiz genug, die Vogelwelt dieser Region genauer zu studieren. 6 bis 8 Paare des Steinadlers (*Aquila chrysaetos*), Birkhuhn (*Tetrao tetrix*) und Steinhuhn (*Alectoris graeca*), 4 bis 6 Uhupaare (*Bubo bubo*) und der Schwarzspecht (*Dryocopus martius*) gehören neben vielen anderen zur artenreichen Brutvogelwelt des Nationalparks.

Das Gebiet zwischen dem Val di Susa, dem Valle del Chisone und dem Valle del Torrente Pellice (Piemont) (33)

Dieses Naturreservat erstreckt sich auf einer Fläche von 8 000 ha und umfaßt vor allem verschiedene Fließgewässer, Waldgebiete und landwirtschaftlich genutzte Gebiete. Neben dem Tourismus spielen dort noch Angeln, Jagen und Viehhaltung eine Rolle. Neben 7 bis 9 Paaren der Rohrweihe (*Circus aeruginosus*) brüten u.a. noch 2 bis 3 Wespenbussardpaare (*Pernis apivorus*) und 2 bis 4 Paare des Schlangenadlers (*Circaetus gallicus*), aber auch Birkhuhn (*Tetrao tetrix*) und Steinhuhn (*Alectoris graeca*), Uhu (*Bubo bubo*), Schwarzspecht (*Dryocopus martius*), Mittelspecht (*Picoides medius*) sowie die Alpenkrähe (*Pyrrhocorax pyrrhocorax*).

Passo del Turchino und umgebende Regionen (Piemont/Ligurien) (34)

Bei diesem Vogelparadies handelt es sich um ein 38 000 ha großes Waldschutzgebiet, das besonders als Vogelrastgebiet während der Hauptzugzeiten eine wichtige Rolle spielt. Als Brutvögel findet man u.a. 6 bis 7 Wespenbussardpaare (*Pernis apivorus*), 5 bis 7 Paare des Schlangenadlers (*Circaetus gallicus*), den Steinadler (*Aquila chrysaetos*), 2 bis 3 Paare des Habichts (*Accipiter gentilis*) und den Uhu (*Bubo bubo*).

Val Maria, das Gebiet um Vinadio, das Valle Gesso, Argentera und Val Varanta (Piemont) (35)

Auf 95 000 ha erstreckt sich dieses Landschaftsschutzgebiet bzw. Biosphärenreservat und umfaßt vor allem Mischwälder, Wiesenflächen, Gletscherregionen, aber auch landwirtschaftliche Flächen. Zu der bemerkenswert vielfältigen Brutvogelwelt zählen u.a. 3 bis 4 Wespenbussard- (*Pernis apivorus*), 2 bis 3 Schlangenadler- (*Circaetus gallicus*), 8 bis 10 Steinadlerpaare (*Aquila chrysaetos*), Birkhuhn (*Tetrao tetrix*) und Steinhuhn (*Alectoris graeca*), 6 bis 8 Paare des Uhus (*Bubo bubo*), Schwarzspecht (*Dryocopus martius*) und Alpenkrähe (*Pyrrhocorax pyrrhocorax*).

Das Gebiet zwischen Cima Selle Vecchie und dem Monte Alto (Piemont/Ligurien) (36)

Auch hier handelt es sich um ein Waldschutzgebiet mit einer Fläche von etwa 22 000 ha, wobei besonders der hohe Brutbestand an Schlangenadlern (*Circaetus gallicus* / 5 Paare) sehr erstaunlich ist. Außerdem brüten hier 2 bis 3 Wespenbussardpaare (*Pernis apivorus*), 3 Paare des Steinadlers (*Aquila chrysaetos*), 2 Wanderfalken- (*Falco peregrinus*), 2 bis 3 Habichtspaare (*Accipiter gentilis*), Birkhuhn (*Tetrao tetrix*) und Steinhuhn (*Alectoris graeca*) sowie 2 bis 3 Paare des Uhus (*Bubo bubo*) und der Schwarzspecht (*Dryocopus martius*).

Die Hänge von Valtellina und Alte Valli Brenbara, Seriana und di Scalve (37)

Über 70 000 ha umfaßt dieses Waldschutzgebiet, das neben Wespenbussard (*Pernis api-*

vorus / 8 bis 10 Paare) u.a. auch Brutvorkommen des Steinadlers (*Aquila chrysaetos* / 6 bis 8 Paare), von Haselhuhn (*Bonasa bonasia*), Birkhuhn (*Tetrao tetrix*), Auerhuhn (*Tetrao urogallus*) und Steinhuhn (*Alectoris graeca*), 4 bis 5 Paaren des Uhu (*Bubo bubo*) sowie des Sperlingskauzes (*Glaucidium passerinum*) und Raufußkauzes (*Aegolius funereus*) beherbergt.

Das Val Solda, Monte di Lenno, Monte di Tremezzo und Monte Tabor (Lombardei) (38)

Nicht nur die zahlreichen Frischwasserseen, die ausgedehnten Waldgebiete, sondern auch die landwirtschaftlich genutzten Flächen machen dieses 28 000 ha große Waldschutzgebiet in der Lombardei zu einem sehenswerten Reiseziel. Die großen Brutbestände von Wespenbussard (*Pernis apivorus* / 8 bis 10 Paare) und Schwarzmilan (*Milvus migrans* / 15 bis 20 Paare) sind bemerkenswert. Daneben findet man hier u.a. noch Steinadler (*Aquila chrysaetos*) und Birkhuhn (*Tetrao tetrix*).

Das Val Camonica (39)

Ebenfalls in der Lombardei stößt man auf einer Fläche von 23 000 ha auf das Waldschutzgebiet Val Camonica.

Dieses Gebiet zeichnet sich durch seine Bedeutung für eine Vielzahl von Greifvögeln aus. So brüten hier neben 5 bis 8 Paaren des Wespenbussards (*Pernis apivorus*) auch 4 bis 5 Paare des Schwarzmilans (*Milvus migrans*), Habicht (*Accipiter gentilis*) und Steinadler (*Aquila chrysaetos*). Aber auch etwa 100 Paare des Haselhuhns (*Bonasa bonasia*), 100 bis 200 Birkhähne (*Tetrao tetrix*), etwa 10 Auerhähne (*Tetrao urogallus*), das Vorkommen von Alpenschneehuhn (*Lagopus mutus*), Steinhuhn (*Alectoris graeca*), Uhu (*Bubo bubo*), Rauhfußkauz (*Aegolius funereus*), Grauspecht (*Picus canus*) und Schwarzspecht (*Dryocopus martius*) sowie des Mauerläufers (*Tichodromia muraria*) zeugen von einer einzigartigen Artenvielfalt innerhalb dieser Region.

Nationalpark Stilfser Joch sowie die angrenzenden Beriche des Valtellina und Val Camonica (Lombardei/Südtirol) (40)

Dieser 160 000 ha große Nationalpark zeichnet sich überwiegend durch seine Permafrostbereiche mit zahlreichen Gletschern, durch seine Wasserfälle, glasklaren Fließgewässer, umfangreichen Lärchen-Zirbenwälder, alpinen Grasheiden sowie seine Bedeutung für Greifvögel und waldbewohnende Vogelarten aus. Während der Wespenbussard (*Pernis apivorus*) nur mehr mit einem Paar vertreten ist, findet man in dieser erstaunlich artenreichen und landschaftlich eindrucksvollen Region 22 Paare des Steinadlers (*Aquila chrysaetos*), 10 Paare des Wanderfalken (*Falco peregrinus*), etwa 170 Paare des Haselhuhns (*Bonasa bonasia*), ca. 300 Birkhähne (*Tetrao tetrix*), ungefähr 70 Auerhähne (*Tetrao urogallus*), ca. 280 Paare des Steinhuhns (*Alectoris graeca*), 26 Paare vom Uhu (*Bubo bubo*), 48 Paare des Sperlingskauzes (*Glaucidium passerinum*) sowie etwa 14 Paare des Rauhfußkauzes (*Aegolius funereus*). Daneben kommen auch Grauspecht (*Picus canus*) und Dreizehenspecht (*Picoides tridactylus*) vor.

Die Adamello- und Brenta-Gruppe (Trentino/Südtirol) (41)

Dieses stark vom Tourismus «heimgesuchte» Naturwaldreservat hat auf einer Fläche von etwa 80 000 ha eindrucksvolle Gebirgsregionen mit Gletschern, exponierte Steilwände, natürliche Nadelwälder und unzählige Fließgewässer zu bieten. Daneben ist auch seine Brutvogelwelt beachtlich ausgestattet. So findet man neben 4 bis 6 Paaren des Wespenbussards (*Pernis apivorus*) auch 6 bis 8 Paare des Steinadlers (*Aquila chrysaetos*) sowie Brutbestände von Haselhuhn (*Bonasa bonasia*), Alpenschneehuhn (*Lagopus mutus*), Birkhuhn (*Tetrao tetrix*), Auerhuhn (*Tetrao urogallus*), Steinhuhn (*Alectoris graeca*), des Uhus (*Bubo bubo*), des Sperlings- (*Glaucidium passerinum*) und Rauhfußkauzes (*Aegolius funereus*), von Grauspecht (*Picus canus*), Schwarzspecht (*Dryocopus martius*) und Dreizehenspecht (*Picoides tridactylus*).

Catena dei Lagorai und das Val die Teorrenti Maso, Grigno, Vanoi e Cismon (Trentino/Sütirol, Veneto) (42)

Diese IBA umfaßt etwa 58 000 ha und beheimatet u.a. Brutbestände des Wespenbussards (*Pernis apivorus*/ 5 bis 7 Paare), des Steinadlers (*Aquila chrysaetos*/ 5 bis 7 Paare) und des Wanderfalken (*Falco peregrinus* / 2 Paare). Außerdem kann man alle in Mitteleuropa heimischen Waldhühner (*Tetrao urogallus, Tetrao tetrix* und *Bonasa bonasia*), Alpenschneehuhn (*Lagopus mutus*) und Steinhuhn (*Alectoris graeca*, in einem außerordentlich großer Bestand; MIESLINGER, mündl.), Uhu (*Bubo bubo*), Sperlingskauz (*Glaucidium passerinum*), Rauhfußkauz (*Aegolius funereus*), Grauspecht (*Picus canus*) und Dreizehenspecht (*Picoides tridactylus*) beobachten.

Die Monti Lessini, Monte Pasubio und Monte Piccole Dolomiti (Trentino/Südtirol, Veneto) (43)

Diese IBA im Bereich der Dolomiten beherbergt auf einer Fläche von 39 000 ha neben den charakteristischen «Felszinken» auch noch andere landschaftliche Schönheiten, wie z.B. ausgedehnte Nadel- und Mischwälder sowie glasklare Fließgewässer. Als Brutvögel findet man hier u.a. Wespenbussard (*Pernis apivorus*), Schlangenadler (*Circaetus gallicus*), 2 Paare des Steinadlers (*Aquila chrysaetos*), Alpenschneehuhn (*Lagopus mutus*), Birkhuhn (*Tetrao tetrix*) und Steinhuhn (*Alectoris graeca*) sowie 1 bis 2 Paare des Uhus (*Bubo bubo*).

Dolomiti Bellunesi zwischen Feltre und Ospidale di Cadore (Veneto) (44)

Diese IBA bzw. Naturreservat mit seinen vielen Höhlen, Felswänden, Fließgewässern, Laub- und Nadelwäldern sowie Regionen aus ewigem Schnee und Eis erstreckt sich auf einer Fläche von etwa 59 000 ha. 1 bis 2 Wespenbussard-(*Pernis apivorus*), 5 bis 6 Schwarzmilanpaare (*Milvus migrans*), Schlangenadler (*Circaetus gallicus*), 5 bis 7 Steinadlerpaare (*Aquila chrysaetos*), Haselhuhn (*Bonasa bonasia*), Birkhuhn

(*Tetrao tetrix*), Auerhuhn (*Tetrao urogallus*) und Steinhuhn (*Alectoris graeca*), 2 bis 5 Paare des Uhus (*Bubo bubo*), Sperlingskauz (*Glaucidium passerinum*) und Grauspecht (*Picus canus*) sind hier regelmäßige Brutvögel.

Die Region zwischen dem Val Visdende und Canale di San Pietro (Veneto, Friaul) (45)

Dieses etwa 28 000 ha große Waldschutzgebiet bietet u.a. Brutvorkommen des Wespenbussards (*Pernis apivorus*/2 bis 4 Paare), des Steinadlers (*Aquila chrysaetos*/ 2 bis 5 Paare), von Haselhuhn (*Bonasa bonasia*), Birkhuhn (*Tetrao tetrix*), Auerhuhn (*Tetrao urogallus*) und Steinhuhn (*Alectoris graeca*) sowie 2 bis 4 Uhupaare (*Bubo bubo*), Grauspecht (*Picus canus*) und Dreizehenspecht (*Picoides tridactylus*).

Die Region zwischen Gemona, Valle Resia, Monte Canin und dem Foresta del Tarvisio (Friaul-Venedig) (46)

Dieses 44 000 ha große Naturreservat zeichnet sich vor allem durch seine natürlichen Nadelwälder, Mischwälder und landwirtschaftlich genutzten Flächen aus und weist Brutbestände von Wespenbussard (*Pernis apivorus*), Steinadler (*Aquila chrysaetos* / 1 bis 4 Paare), Wanderfalke (*Falco peregrinus*), Haselhuhn (*Bonasa bonasia*), Birkhuhn (*Tetrao tetrix*), Auer- (*Tetrao urogallus*) und Steinhuhn (*Alectoris graeca*), Uhu (*Bubo bubo*/ 2 Paare), Sperlingskauz (*Glaucidium passerinum*), Grauspecht (*Picus canus*), Schwarzspecht (*Dryocopus martius*) und Dreizehenspecht (*Picoides tridactylus*) auf. Im Sommer sind manchmal Gänsegeier (*Gyps fulvus*) im Gebiet zu beobachten.

Das Gebiet zwischen dem Valle del Piave und dem Alta Valle del Tagliamento (Veneto, Friaul-Venedig) (47)

Dieses 63 000 ha große Waldschutzgebiet umfaßt neben gebirgigen Regionen zahlreiche Fließgewässer, Feuchtgebiete, ausgedehnte Waldbestände, Zwergstrauchheiden und alpine

Graslandschaften. Zu den dort vorkommenden Brutvögeln zählen u.a. Wespenbussard (*Pernis apivorus* / 4 bis 5 Paare), Steinadler (*Aquila chrysaetos* / 6 bis 8 Paare), Haselhuhn (*Bonasa bonasia*), Birkhuhn (*Tetrao tetrix*), Auerhuhn (*Tetrao urogallus*) und Steinhuhn (*Alectoris graeca*), Uhu (*Bubo bubo* / 2 bis 4 Paare), Sperlingskauz (*Glaucidium passerinum*), Grauspecht (*Picus canus*) und Schwarzspecht (*Dryocopus martius*).

Der Vinschgauer Sonnenberg (Südtirol) (48)

Zwischen Mals und Partschins erstreckt sich ein bis zu 1 000 m breiter, felsiger, trockenheißer Steppenhang, der nur an wenigen Stellen von Föhren- und Robinienanpflanzungen unterbrochen ist. Rodungen, Waldbrände und Abholzungen haben den natürlichen Waldbestand auf dieses Maß zurückgedrängt. An diesen südexponierten Abhängen des Etschtales ist zwar keine IBA ausgeschieden, dieser stark von Menschenhand geprägte Landschaftsausschnitt hat aber dort für eine Reihe von wärmeliebenden, seltenen Vogelarten eine außergewöhnlich hohe Bedeutung als Lebensraum. So hat der Wiedehopf (*Upopa epops*) in diesem zentralalpinen Trockental – mit Ausnahme weniger Bereiche im Ober-Engadin – seine höchstgelegenen Brutgebiete in den Alpen überhaupt. In der alpinen Kulturlandschaft findet er ausreichend große Eichenbestände zum Überleben. Auf den vegetationsarmen Steppenhängen, aber auch in den schier endlosen Obst- und Weinanbaugebieten dieser Region findet er wie auch der in den Alpen höchst seltene Raubwürger (*Lanius excubitor*, BRENDEL 1996 unveröff.) noch ausreichend große Insekten für seine Nahrungsgrundlage. Auch der Neuntöter (*Lanius collurio*) kommt in guten Beständen vor und teilt diesen Lebensraum mit den vorher genannten Arten bis weit über 1 500 m üb. NN. Daneben findet man Steinrötel (*Monticola saxatilis*), Felsenschwalbe (*Ptyonoprogne rupestris*), Steinhuhn (*Alectoris graeca*) und mancherorts sogar die äußerst selten gewordene Blaumerle (*Monticola solitarius*).

Slowenien

Der Triglav Nationalpark (49)

Im Nordwesten Sloweniens erstreckt sich zwischen 200 und 2 863 m üb. NN (Gipfel des Triglav) der 800 km² große Triglav Nationalpark. Die Liste der 129 im Park vorkommenden Vogelarten reicht vom Wespenbussard (*Pernis apivorus*), Gänsegeier (*Gyps fulvus*) und Steinadler (*Aquila chrysaetos*) über alle mitteleuropäischen Waldhuhnarten (*Tetrao urogallus, Tetrao tetrix, Bonasa bonasia*) bis hin zu Steinhuhn (*Alectoris graeca*), Wachtel (*Coturnix coturnix*), Flußuferläufer (*Actitis hypoleucos*), Alpensegler (*Apus melba*), Felsenschwalbe (*Pytonoprogne rupestris*), Steinrötel (*Monticola saxatilis*), Mauerläufer (*Tichodroma muraria*), Neuntöter (*Lanius collurio*), Alpenkrähe (*Pyrrhocorax pyrrhocorax*) und Zippammer (*Emberiza cia*). Diese Beispiele dokumentieren auf eindrucksvolle Weise die Bedeutung dieses am südöstlichen Rand der Alpen gelegenen Schutzgebietes als Lebensraum nahezu aller in diesem Buch als alpine Brutvögel ausgewiesenen Arten.

Gefährdung von Lebensräumen und Vogelgemeinschaften der Alpen

Die momentane Situation

Seit Beginn des Pleistozäns hat sich die sogenannte terminale Aussterberate bei Tieren und somit auch bei Vögeln kontinuierlich erhöht. In den ersten 10 000 Jahren des Quartärs starb durchschnittlich eine Vogelart pro 83 Jahren aus. Von 1600 bis ins Jahr 1900 starben dagegen mindestens 51 Vogelarten aus, was einem Verlust von einer Art binnen sechs Jahren entspricht. Von 1900 bis 1970 hat sich dieser Zeitraum noch einmal halbiert, so daß inzwischen etwa eine Art in weniger als drei Jahren ausstirbt (BEZZEL & PRINZINGER 1990). Die langfristige Bilanz der Evolution, in der die terminale Aussterberate ein absolut natürliches Phänomen ist und durch Art-Neuentstehungen ausgeglichen wird, ist somit nachhaltig gestört. Was sind die Gründe? In den Alpen wurden in den letzten zwei Jahrhunderten mehrere Wirbeltierarten durch direkten Einfluß des Menschen ausgerottet, darunter auch Bär (*Ursus arctos*), Luchs (*Lynx lynx*) und Wolf (*Canis lupus*). Dabei spielte das Konkurrenzdenken des Menschen die Hauptrolle. So wurde auch der Bartgeier (*Gypaetus barbatus*) als vermeintlicher Nahrungskonkurrent per Abschuß von der alpinen Artenliste gestrichen. Dem Steinadler (*Aquila chrysaetos*) blieb dieses Schicksal gerade noch erspart.

Die meisten Großgreifvögel sind seit einigen Jahrzehnten alpenweit geschützt, und in manchen Alpenländern greifen sogar noch weitreichendere Jagdreglementierungen. Dennoch werden immer noch viele alpine Vogelarten, wie z.B. Birkhuhn, Alpenschneehuhn und Steinhuhn (*Tetrao tetrix*, *Lagopus mutus* und *Alectoris graeca*) durch Bejagung dezimiert. Gerechtfertigt wird dies mit dem Vorhandensein lokal hoher Bestände dieser Rauhfußhühner, wobei populationsökologische Untersuchungen als Grundlage für die Festlegung der Jagdstrecke dienen sollten.

Eine weitaus größere Bedrohung für unsere heimischen Avizönosen stellen allerdings die immer noch gravierenden, fortschreitenden Lebensraumveränderungen innerhalb der Alpen dar. Arten-, und somit auch Vogelschutz, als Teilaspekte des Naturschutzes, müssen daher zukünftig der Sicherung charakteristischer Artengemeinschaften dienen. Dies bedeutet primär die Sicherung und Erhaltung von Lebensgrundlagen und damit den Schutz von Lebensräumen (vgl. S. 240ff.). Die Trennung der Ziele des Naturschutzes in Arten- und Flächenschutz (Biotopschutz) ist daher nur unter praktischen Zielvorgaben berechtigt, wobei Artenschutz ohne die Sicherung geeigneter Habitate nicht möglich ist (BEZZEL & PRINZINGER 1992). Auch und gerade in dem einzigartigen, touristisch immer stärker belasteten Vogellebensraum Alpen wird es in Zukunft auf eine derart integrierte Betrachtungsweise im Naturschutz ankommen.

Die aktuellen Gefahren

Im Folgenden sind die wichtigsten Gefährdungsursachen für alpine Vogelpopulationen nach BAUER & BERTHOLD (1996) zusammengefaßt, die sich in vielen Arbeiten zu Bestandsentwicklungen und Gefährdungsursachen als wesentlich herausgestellt haben. Bestands- und Arealveränderungen haben sich dabei als sehr gute Indikatoren für Veränderungen in der Umwelt erwiesen. Vor allem abiotische Faktoren bilden eine der Hauptursachen für derartige Gefährdungspotentiale. Dazu zählen (1) längerfristige Klimaveränderungen, die zunehmend große Bedeutung erlangen und potentiell große Arealverschiebungen zur Folge haben können (z.T. auch stochastische Witterungsfluktuationen, wie z.B. Wintereinbrüche im alpinen Sommer). Desweiteren haben sich (2) Feuchtigkeits- und Niederschlagsmengen und deren jahres- und tageszeitliche Verteilung, (3) Immissionen von Wärme und Licht (zunehmend auch UV-Strahlung) sowie (4) Jahrhundertereignisse wie extreme Stürme (z.B. der Orkan «Wiebke» 1992), Überschwemmungen oder Feuersbrünste – mit lokal katastrophalen Auswirkungen auf Randpopulationen und Koloniebrüter – als Gefährdungspotential herauskristallisiert.

Hauptverursacher der beobachteten Bestandsveränderungen bei Vögeln ist jedoch der Mensch, der in diversen Formen mit unterschiedlichen Folgewirkungen in die Lebensräume und Artengemeinschaften eingreift.

Der Mensch beansprucht und zerstört Ressourcen, er verändert ihre Verteilung in Raum und Zeit. Während dadurch manche Vogelarten wichtige Ressourcen nur noch in geringem Maße, stark fragmentiert oder gar nicht mehr vorfinden, kann sich für andere Arten eine Er-

weiterung des Lebensraumangebots ergeben, wie z.B. das erweiterte Nistplatzangebot für Felsbrüter wie den Hausrotschwanz (*Phoenicurus ochruros*).

Weiterhin wirkt der Mensch direkt auf die Mortalität von Vogelindividuen ein. Dadurch können ganze Populationen verschwinden oder auf einem künstlich niedrigen Niveau gehalten werden, das nicht der natürlichen Tragekapazität der Lebensräume entspricht, wie z.B. bei den Rauhfußhühnerpopulationen (Familie *Tetraonidae*) der Alpen.

Das Artenspektrum wird z.B. auch durch die Ansiedlung nicht einheimischer Formen manipulieren, mit z.T. gravierenden Folgen für die autochthone Artengemeinschaft infolge neuer Konkurrenz-Situationen, Hybridisierungen (z.B. Auswilderung des Chukarhuhns (*Alectoris chukar*) in den Alpen) und anderer synökologischer Auswirkungen. Auch die Freisetzung von Zuchtindividuen oder solchen aus nicht

Abb. 53: Zusammenfassung der wichtigsten Ursachen für Bestands- und Arealverluste der Brutvögel Mitteleuropas und der Alpen nach 1970, gereiht nach der relativen Häufigkeit der Hauptgefährdungsfaktoren (schwarz) (nach BAUER & BERTHOLD 1996).

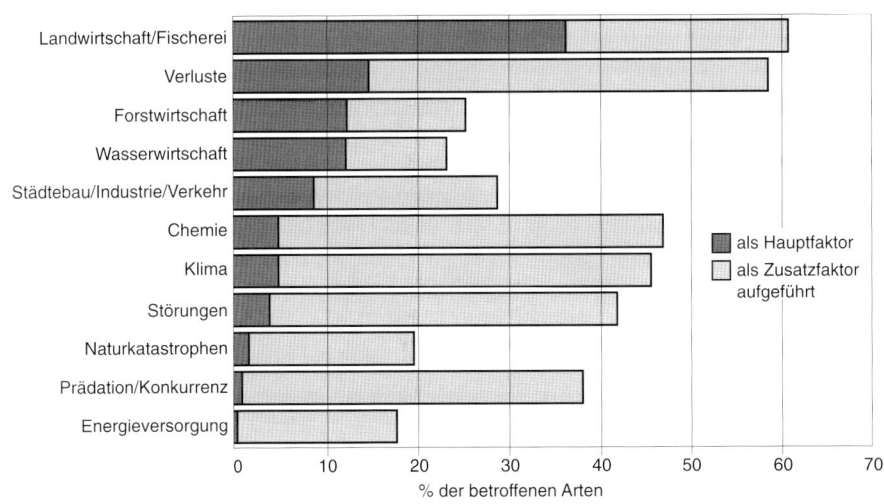

Tab. 11: Die bedeutendsten Gefährdungsursachen für die Brutvögel der Alpen nach Verursacher und Einwirkzeitraum; ● Hauptfaktor/Hauptwirkzeit; ○ Zusatzfaktor/zusätzlicher Einwirkzeitraum (nach Bauer & Berthold 1996)

Art	Verursacher											Einwirkung		
	LF	FW	WW	SIV	En	Stö	Ver	Kli	NK	P/K	Che	Bru	Z	Win
Reiherente							●							○
Bartgeier					i	i	●					●		
Gänsegeier		●	●	●		●	○			○	○	○		
Habicht		○		○	○		●				●	●		
Sperber	○			○	○		○			○	●	●		
Mäusebussard	○					○				○	○	○		
Steinadler			○	○		○	○	○		○	○	○		○
Turmfalke	●		●	○		○					●	●		
Wanderfalke		○		○	○	○	●	○		○	●	○		
Haselhuhn		●				○	○	○		○		●		
Alpenschneehuhn	○	○				○		○				○		
Birkhuhn	●	●		●		○	○	○		○		●		●
Auerhuhn		●		○		○	○	●			○	●		●
Steinhuhn	○					○		○		○		●		○
Chukarhuhn														
Wachtel	●						●	●	○	○		●	●	
Mornellregenpfeifer						○	○							●
Waldschnepfe	○	●		○	○	○	○			○		●	●	
Flußuferläufer			●	○		○		○	○			●		
Ringeltaube	○					○	○				○	○	○	○
Kuckuck	●			○			○				○	●		

1. Verursacher: LF = Landwirtschaft und Fischerei; Fw = Forstwirtschaft; WW = Wasserwirtschaft; SIV = Städtebau, Industrie, Verkehr; En = Energieversorgung; Stö = Störungen; Ver = Verluste (Jagd, Handel usw.); Kli = Klimatische Ursachen; NK = Naturkatastrophen; P/K = Prädatoren, Konkurrenten; Che = Chemie

2. Einwirkung: Bru = im Brutgebiet; Z = auf dem Zug, an Rast- oder Mauserplätzen; Win = im Überwinterungsgebiet

Tab. 11: Die bedeutendsten Gefährdungsursachen für die Brutvögel der Alpen nach Verursacher und Einwirkzeitraum; ● Hauptfaktor/Hauptwirkzeit; ○ Zusatzfaktor/zusätzliche Einwirkzeitraum (nach BAUER & BERTHOLD 1996) (Fortsetzung)

Art	Verursacher											Einwirkung		
	LF	FW	WW	SIV	En	Stö	Ver	Kli	NK	P/K	Che	Bru	Z	Win
Uhu				●	○	○	●	○	○	○	○	●	○	○
Waldohreule	●		○				○	○	○	○		○		○
Sperlingskauz		●				○	○	○		○	○	○		
Rauhfußkauz		●	○			○	○	○	○	○	○	○		○
Waldkauz	○		○				○			○	○	○		
Alpensegler			●					○		○		○		
Wiedehopf	●	○		●		○	○	○		○	○	●	○	○
Grauspecht	○	●									○	●		
Grünspecht	●	●		○				○		○	○	●		○
Schwarzspecht		●					○	○		○		●		
Buntspecht								○						
Weißrückenspecht		●							○			●		
Dreizehenspecht		●										●		
Felsenschwalbe								○						
Baumpieper	●	●					○	○	○			●	○	○
Wasserpieper	○					○		○				○		○
Gebirgsstelze			●	○			○			○	○	○		○
Wasseramsel			●	●	○	○			○	○	○	○		
Zaunkönig	○		○							○	○	○		○
Heckenbraunelle								○		○			○	○
Alpenbraunelle						○		○		○		○		
Rotkehlchen	○				○		○	○		○			○	○
Rotst. Blaukehlchen	●		●	○		●	○	○			○	●		
Hausrotschwanz			○				○	○		○		○		
Gartenrotschwanz	●								●		○	○	○	●

Tab. 11: Die bedeutendsten Gefährdungsursachen für die Brutvögel der Alpen nach Verursacher und Einwirkzeitraum; ● Hauptfaktor/Hauptwirkzeit; ○ Zusatzfaktor/zusätzliche Einwirkzeitraum (nach BAUER & BERTHOLD 1996) (Fortsetzung)

Art	Verursacher											Einwirkung		
	LF	FW	WW	SIV	En	Stö	Ver	Kli	NK	P/K	Che	Bru	Z	Win
Braunkehlchen	●							○	○	○	○	●		
Steinschmätzer	●			○	○			○			○	●	○	○
Steinrötel	○					●	○	○				●		○
Blaumerle						●	○					●	○	
Ringdrossel		○			○	○		○				○	○	
Amsel	○	○		○	○		○	○		○	○	○		○
Wacholderdrossel	○						○	○		○		○		○
Singdrossel	○				○		●	○		○	○	○		●
Misteldrossel	○	○						○				○		○
Klappergrasmücke	○							●				○		●
Berglaubsänger		○				○		○				○		○
Waldlaubsänger	○								○	○		○	○	○
Zilpzalp	○													
Fitis		●	○									●	○	
Wintergoldhähnchen				○	○			○	○	○	○	○	○	○
Sommergoldhähnchen					○			○			○		○	○
Zwergschnäpper		●						○		○		●		
Sumpfmeise				○				○		○	○	○		○
Weidenmeise		○						○		○	○	○		○
Haubenmeise		●						○		○	○	○		
Tannenmeise									○	○	○	○		
Blaumeise								○		○	○	○		
Kohlmeise									○	○		○		
Kleiber		●						○				○		

Tab. 11: Die bedeutendsten Gefährdungsursachen für die Brutvögel der Alpen nach Verursacher und Einwirkzeit; ● Hauptfaktor/Hauptwirkzeit; ○ Zusatzfaktor/zusätzliche Einwirkzeit (nach BAUER & BERTHOLD 1996) (Fortsetzung)

Art	Verursacher											Einwirkung		
	LF	FW	WW	SIV	En	Stö	Ver	Kli	NK	P/K	Che	Bru	Z	Win
Mauerläufer						○						○		
Waldbaumläufer		●						○			○	○		○
Gartenbaumläufer	○							○				○		○
Neuntöter	●						○	○	○		○	●	○	○
Tannenhäher				○		○	○	○		○		○		○
Alpendohle														
Alpenkrähe	●			○		○	●				○	○		
Rabenkrähe	○				○		●			○	○	○		○
Kolkrabe				○	○		●	○			○	●		○
Star	○			○		○	○	○		○		○		○
Schneefink								○				○		
Buchfink	○						○						○	○
Zitronengirlitz	○	○		○		○						○		○
Erlenzeisig														
Bluthänfling	●						○	○						○
Birkenzeisig		○					○							
Karmingimpel	○		○											
Gimpel	○	○								○		○		
Fichtenkreuz-schnabel											○			
Zaunammer	●							○			○	●		●
Zippammer	●					○		○				○		○
Ortolan	●			○		○	●	●			○	●	●	●

1. Verursacher: LF = Landwirtschaft und Fischerei; Fw = Forstwirtschaft; WW = Wasserwirtschaft; SIV = Städtebau, Industrie, Verkehr; En = Energieversorgung; Stö = Störungen; Ver = Verluste (Jagd, Handel usw.); Kli = Klimatische Ursachen; NK = Naturkatastrophen; P/K = Prädatoren, Konkurrenten; Che = Chemie **2. Einwirkung:** Bru = im Brutgebiet; Z = auf dem Zug, an Rast- oder Mauserplätzen; Win = im Überwinterungsgebiet heimischen Populationen bei Wiedereinbürgerungs- bzw. Bestandsstützungsaktionen mit vorher nicht absehbaren populationsgenetischen Folgen muß als bedeutender Eingriff gewertet werden.

Bei 34 % der Brutvögel sind die Hauptgefährdungsursachen für den Bestandsrückgang in den Brutgebieten, bei 9 % in den Überwinterungsgebieten und bei 3 % auf dem Zug sowie an Rast- und Mauserplätzen zu suchen (vgl. Tab. 11). Die anthropogenen Einflußfaktoren lassen sich verschiedenen Bereichen zuordnen (Abb. 53).

Landwirtschaft und Fischerei

Die Intensivierung und Änderung der landwirtschaftlichen Nutzung ist auch in den Alpen ein bedeutender Gefährdungsfaktor für die Vogelwelt. Für 20 % der alpinen Brutvögel ist sie die Hauptursache für Lebensraumverschlechterungen, bei weiteren 25 % immerhin noch ein wichtiger Zusatzfaktor (vgl. Tab. 11). Moderne landwirtschaftliche Intensivproduktion spielt dabei eine eher untergeordnete Rolle. Die Aufgabe traditioneller und regional-typischer Bewirtschaftungsformen wirkt sich besonders nachteilig aus. Von diesen Veränderungen sind vorwiegend Arten der alpinen Kulturlandschaft betroffen. Zu ihnen zählen besonders bedrohte Arten wie Braunkehlchen (*Saxicola rubetra*), Alpenkrähe (*Pyrrhocorax pyrrhocorax*), Zaunammer (*Emberiza cirlus*) und Zippammer (*Emberiza cia*). Im allgemeinen handelt es sich dabei um Maßnahmen wie Entwässerung, Monotonisierung und Vergrößerung der Anbauflächen, Mechanisierung sowie starker Dünger- und Biozideinsatz, Überweidung, Ausräumung der Landschaft, Silagenutzung von Wiesen (mit rascher Schnittfolge), frühe Mahd, die klassische Flurbereinigung und Grünlandumbruch. Die entsprechende Intensivierung in Streuobst- und Weinbaugebieten bedroht eine ganze Reihe alpiner Brutvogelarten. Zu ihnen gehören Wiedehopf (*Upupa epops*), Ortolan (*Emberiza hortulana*) und Neuntöter (*Lanius collurio*). Allen aufgezählten Maßnahmen oder deren Folgeerscheinungen ist die Zerstörung oder Beeinträchtigung von wertvollen Lebensräumen gemeinsam, so daß ausreichende Reproduktionsraten für den Erhalt der Vogelpopulation nicht mehr gewährleistet sind. Dabei können die Bruten auf direkte Weise (z.B. durch den Verlust von Gelegen und Jungvögeln) oder indirekt (z.B. durch die Verknappung der Nahrungsressourcen, Mangel an Deckung, erhöhte Prädation usw.) beeinträchtigt sein.

Direkte Verfolgung

Hierunter werden Jagd, Fang, Eiersammeln und andere Formen der Verfolgung zusammengefaßt. Bei 15 % der alpinen Brutvogelarten bildet dieser Faktorenkomplex die bedeutendste Gefährdungsursache. 31 % aller Arten trifft Verfolgung zumindest als Zusatzfaktor (vgl. Tab. 11). Bei europaweiter Betrachtung werden direkte Nachstellungen als Hauptgefährdungsfaktor noch weit bedeutender eingeschätzt (vgl. BAUER & BERTHOLD 1996). Abgesehen von ihrer Primärwirkung hat jagdliche Verfolgung mehrere negative Begleiterscheinungen, z.B. die häufig festzustellende erhöhte Fluchtdistanz und Störanfälligkeit der Vögel mit den entsprechend negativen Folgen etwa hinsichtlich der Lebensraumnutzung, daneben Fitnesseinbußen in Populationen durch selektive (Trophäen-) Jagd, so z.B. beim Auerhuhn (*Tetrao urogallus*). Zusätzlich sind hohe Verletzungsraten nicht selten. Besonders gefährdete alpine Vogelarten bezüglich direkter Verfolgung sind alle Rauhfußhühnerarten, das Steinhuhn (*Alectoris graeca*), die Wachtel (*Coturnix coturnix*), die Waldschnepfe (*Scolopax rusticola*) und die Rabenvögel (Familie *Corvidae*).

Forstwirtschaft

Bei 20 % der Arten spielen Auswirkungen der Forstwirtschaft die entscheidende Rolle bei Bestands- und Arealverlusten. Bei 16 % wirkt sich dieser Faktor zumindest als zusätzliche Bedrohung aus (vgl. Tab. 11). Von größter Bedeutung sind hierbei die intensive Waldnutzung mit rationelleren Bewirtschaftungsmethoden und hohem Biozideinsatz, kurzen Umtriebszeiten, exzessivem Wegebau, starker Durchforstung, der Einsatz florenfremder Arten, die Fragmentierung von Urwaldflächen sowie die Aufforstung von Feuchtwiesen, Mooren, Heiden und Überschwemmungsflächen. Derartige Aufforstungen haben für viele der typischen und meist hochgradig gefährdeten Brutvogelarten solcher Lebensräume fatale Konsequenzen. Andererseits haben Aufforstungen unbewaldeter Gebiete entsprechend positive Auswirkungen auf typische (meist ohnehin sehr häufige) Waldvogelarten, wie z.B. Haubenmeise (*Parus cristatus*), Tannenmeise (*Parus ater*) oder Waldbaumläufer (*Certhia familiaris*). Beispiele für besonders bedrohte Arten sind der Weißrückenspecht (*Dendrocopos leucotos*) durch den Verlust altholzreicher Waldbestände und das Auerhuhn (*Tetrao urogallus*) durch starke Durchforstung und übertriebenen Wegebau.

Wasserwirtschaft

Unter den vielen Negativwirkungen der Wasserwirtschaft hat vor allem der Fließgewässerausbau mit Erhöhung der Ablaufgeschwindigkeit dramatische Folgen für die Vogelarten von Flußinseln und Uferbereichen. So ist der alpine Bestand des Flußuferläufers (*Actitis hypoleucos*) bedrohlich zusammengeschmolzen. Einen entsprechend hohen Stellenwert haben zudem weitere Veränderungen von Struktur und Verteilung von Gewässern durch Kanalisierungs- und Drainagemaßnahmen, Bebauung, Grundwasserabsenkung (u.a. infolge erhöhten Wasserverbrauchs) sowie insbesondere durch - den Verlust großflächiger wasserspeichernder Landschaftselemente wie Überschwemmungsflächen, Hangwälder, größere Auwälder und Moore. Brutvögel mit einem hohen Anspruch an Geschwindigkeit und Sauberkeit von Gewässern, wie z.B. die Wasseramsel (*Cinclus cinclus*), haben unter den eben geschilderten Entwicklungen ebenso zu leiden.

Städtebau, Industrie, Verkehr

Lebensraumveränderungen aufgrund zunehmender Modernisierung und Bautätigkeit sind innerhalb der Alpen sicherlich nicht von einer vergleichbar negativen Bedeutung auf die Brutvogelbestände wie der immer noch anwachsende Ausbau des Transit- und Verkehrsnetzes quer durch dieses Hochgebirge. Immerhin 7 % der hier heimischen Brutvogelarten sind durch diesen lebensraumverändernden Faktor hauptsächlich bedroht. Die negativen Auswirkungen ergeben sich vorwiegend durch zunehmende Fragmentierung der Lebensräume (wodurch Habitatinseln mit artenärmeren Vogelgesellschaften entstehen), durch die Flächenausdehnung der Siedlungen, die verstärkte Industrialisierung und den erheblichen Ausbau des Verkehrswegenetzes. Außerdem droht der Verlust potentieller Brutplätze infolge der Modernisierung der Bauweise sowie durch die Renovierung bzw. den Abriß alter Bauwerke. Direkte Gefährdungspotentiale drohen den Brutvögeln an den Straßen, an Bahntrassen, durch Glasscheiben und Mittelspannungsmasten bzw. Freileitungen, so z.B. für den Uhu (*Bubo bubo*) und Greifvögel wie den Gänsegeier (*Gyps fulvus*). Durch die Förderung moderner, stark überdüngter Vorgärten und Parks, den massiven Pestizideinsatz sowie durch die Anpflanzung nichtheimischer Pflanzen mit einem sehr geringen Angebot nutzbarer Ressourcen droht der Verlust von Nahrungsplätzen. Die urbanen Brutgebiete entsprechen bei vielen Arten Verschleißzonen, deren Populationen ohne Zuzug aus produktiveren Gebieten nicht bestehen können. Von solchen Entwicklungen besonders betroffen sind u.a. der Alpensegler (*Apus melba*), Greifvögel und Eulen.

(Bio-) Chemische Belastung

Dazu zählen die Verunreinigungen von Böden und Gewässern durch den Eintrag von Umweltchemikalien, wie Schwermetalle, Radionukleide, Pestizide usw. sowie die Anreicherung der Umwelt mit Hormonen, Konservierungsstoffen und gentechnologisch veränderten Pflanzen, deren Langzeitwirkung auf die Tierwelt noch unbekannt ist. Außerdem bedroht die Eutrophierung der Böden und Gewässer und vor allem die Verunreinigung der Luft mit Abgasen, Schwefelverbindungen, Chlorkohlenwasserstoffen (u.a. mit den Folgen des «Waldsterbens» und des «Ozonlochs») die Artengemeinschaften. 41 % der alpinen Brutvogelfauna sind durch derartige Faktoren zumindest mittelbar, 4 % unmittelbar bedroht.

Allerdings können sowohl Gewässereutrophierungen als auch immissionsbedingte Waldschäden für bestimmte Artengruppen (zumindest in den Anfangsphasen) durchaus positive Konsequenzen aufweisen. So profitieren das Birkhuhn (*Tetrao tetrix*) und der Dreizehenspecht (*Picoides tridactylus*) von der Auslichtung subalpiner Wälder bzw. dem vermehrten Totholzangebot infolge der Waldschäden. Durch Biozidbelastungen sind vorwiegend Arten wie Habicht (*Accipiter gentilis*), Sperber (*Accipiter nisus*), Turmfalke (*Falco tinnunculus*) und Wanderfalke (*Falco peregrinus*) bedroht, während das Waldsterben möglicherweise die Bestände von Tannenmeise (*Parus ater*), Haubenmeise (*Parus cristatus*) und Goldhähnchen (*Regulus regulus* und *Regulus ignicapillus*) negativ beeinflußt.

Störungen

Hierbei wirken sich gerade in den Alpen neben der Jagd auch der Freizeit- und Erholungsbetrieb, sportliche Aktivitäten sowie einige militärische Nutzungsformen nachteilig auf den Bruterfolg einiger Arten aus. Derzeit sind etwa 4 % der 92 aufgeführten Brutvogelarten der Alpen konstant und z.T. in beträchtlichem Maße (d.h. bestandsbedrohend) davon betroffen, bei 29 % der Arten wurden Störungen zumindest als zusätzliche Gefährdungsursache registriert. Sörungen betreffen allerdings auch die Durchzugs- und Überwinterungsgebiete der jeweiligen Vogelart.

Beispiele für besonders störungsanfällige Arten sind Steinadler (*Aquila chrysaetos*) und Wanderfalke (*Falco peregrinus*).

Klimaveränderungen

Modifikationen in Lebensräumen aufgrund von Klimaveränderungen bedrohen indirekt mehr als 58 % der alpinen Brutvogelarten, bei 4 % wurde eine direkte Bestandsbedrohung als Folge dieser Phänomene festgestellt.

Laut einer Untersuchung des Goddard Institute of Space Studies (GISS) wird sich als Folge der fortschreitenden Veränderungen in der Atmosphäre aufgrund der starken CO_2-Belastung die jährliche Durchschnittstemperatur in Mitteleuropa innerhalb der nächsten 60 Jahre um durchschnittlich 2,5 °C erhöhen. Als Folge einer derartigen Erhöhung der Mitteltemperatur errechnen OZENDA & BOREL (1991) eine Vertikalverschiebung der alpinen Vegetationsstufen um etwa 500 m nach oben. Das würde bedeuten, daß im Laufe der nächsten Jahrhunderte Laubwälder der mediterranen Zone in den submontanen und montanen Bereich der Alpen einwandern und sich die Nadelwaldstufe in ähnlichen Dimensionen nach oben hin verschieben würde. Aufgrund der engen Beziehung zwischen Vögeln und Pflanzengesellschaften ergäbe sich als unmittelbare Konsequenz eine gravierende Veränderung bezüglich der Zusammensetzung und Höhenzonierung und damit auch der Flächenausdehnung alpiner Lebensräume. Voraussetzung für letzteren Vorgang wäre eine allmähliche Bodenneubildung im heutigen Bereich der alpinen Stufe bzw. an Stellen mit geringer Hangneigung, an denen sich Humus akkumulieren könnte.

Am Beispiel des 46 000 ha großen Biosphärenreservats Berchtesgaden werden im folgenden die möglichen Auswirkungen einer solchen Temperaturveränderung auf die Verteilung der Vegetationsstufen und damit auf die Lebensräume alpiner Vogelarten erläutert (nach BRENDEL et al. 1994). Aufgrund des stark verkarsteten Untergrunds ist in diesem Gebiet mit der Neubildung von geeigneten Böden oberhalb einer Höhenlinie bei etwa 1 900 m üb. NN nur sehr langsam zu rechnen. Tab. 12 zeigt die Veränderungen an geeignetem Lebensraum für verschiedene alpine Brutvögel als Folge einer Vegetationsverschiebung um etwa 500 m nach oben (als Reaktion auf eine mittlere Temperaturerhöhung um 2,5 °C in den nächsten 60 Jahren).

Die Zahlen können hier sicherlich nur als grobe Anhaltspunkte dienen, verdeutlichen aber die wahrscheinlichen und damit einschneidenden Veränderungen bezüglich der Lebensraumverfügbarkeit für bestimmte Vogelarten in diesem Schutzgebiet. Die errechneten Verluste und Gewinne beziehen sich dabei auf die momentane Landschaftsauf-

teilung innerhalb des Untersuchungsgebietes.

Zu bedenken ist allerdings, daß sich die Ozeane sehr stark ausgleichend auf solche Temperaturerhöhungen auswirken könnten. Abb. 54 zeigt am Beispiel eines Hochgebirgstals im Nordalpenbereich die hypothetische Vegetationsentwicklung als Folge einer Vertikalverschiebung um 300 m nach oben.

Wie bereits oben beschrieben, würde eine solche Entwicklung zu einer gravierenden, flächenbezogenen Lebensraumumverteilung im Ökosystem Alpen führen. Dies hätte selbstverständlich auch einschneidende Veränderungen bezüglich der räumlichen Verteilung und Abundanz alpiner Brutvögel zur Folge.

Tab. 12: Gewinn und Verlust optimalen bzw. geeigneten Lebensraums als Folge einer hypothetischen klimatisch bedingten Vegetationsverschiebung (500 m nach oben) im Biosphärenreservat Berchtesgaden am Beispiel einiger augewählter Vogelarten

Vogelart	optimaler Lebensraum		geeigneter Lebensraum	
	Gewinn	**Verlust**	**Gewinn**	**Verlust**
Ringdrossel		-60%	+470%	
Alpenbraunelle		-69%		-48%
Wasserpieper		-66%		-99%
Tannenhäher		-75%		-24%
Kohlmeise	+33%	-48%	+490%	
Blaumeise				-91%
Haubenmeise	+50%	-38%		-58%
Steinhuhn				-61%
Alpen-Birkenzeisig		-99%		-33%
Zitronengirlitz		-92%	+57%	

Tab. 13: Veränderung der Flächenanteile verschiedener Lebensräume im Nationalpark Berchtesgaden als Folge einer hypothetischen Temperaturerhöhung bzw. Vertikalverschiebung von Vegetationsstufen in den nächsten 60 Jahren um 300 m nach oben

Vegetationsstufe	Jahr 1997	Jahr 2057
submontaner Laubmischwald	1680 ha	2770 ha
montaner Berfichtenwald	1930 ha	1390 ha
subalpiner Lärchenwald	760 ha	560 ha
Krummholzgürtel und alpine Matten	330 ha	270 ha
Fels	500 ha	230 ha

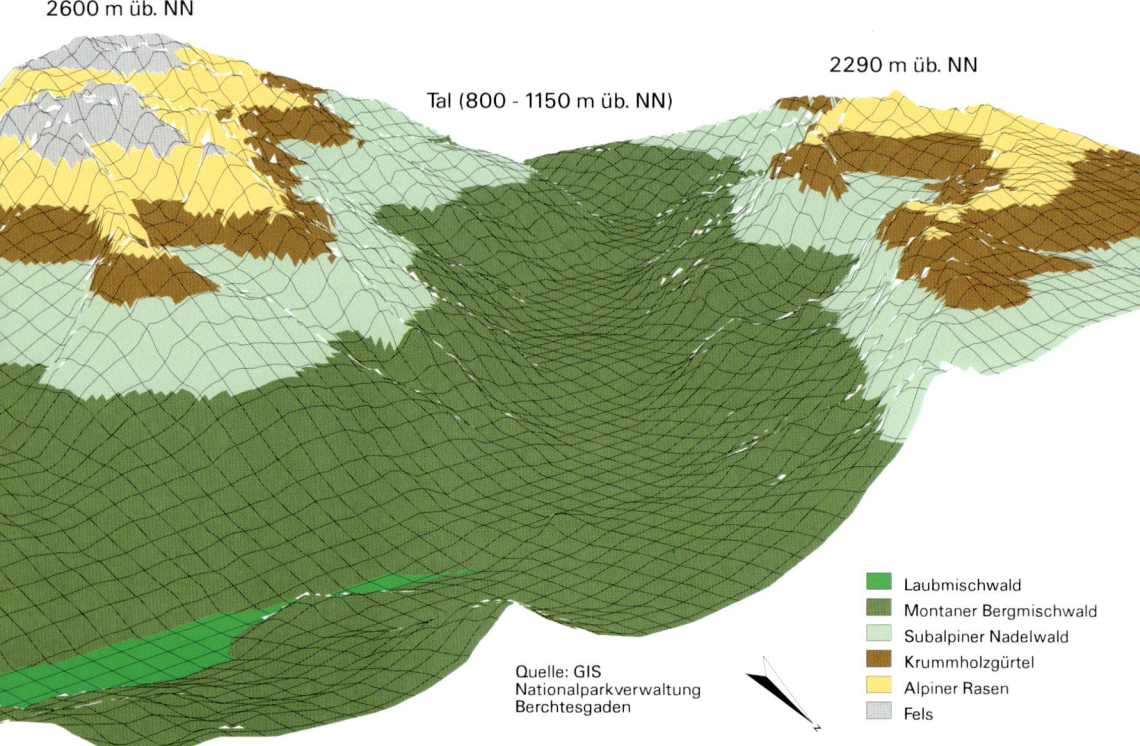

2600 m üb. NN

2290 m üb. NN

Tal (800 - 1150 m üb. NN)

Quelle: GIS
Nationalparkverwaltung
Berchtesgaden

- Laubmischwald
- Montaner Bergmischwald
- Subalpiner Nadelwald
- Krummholzgürtel
- Alpiner Rasen
- Fels

Ganz allgemein wären Spezialisten wie Tannenmeise (*Parus ater*) in Zukunft stark benachteiligt, während Generalisten wie Grünfink (*Chloris chloris*) und Waldkauz (*Strix aluco*) profitieren würden. Möglicherweise wären bei einer anhaltenden Entwaldung Europas zukünftig auch buschbewohnende Vogelarten gegenüber reinen Waldbewohnern im Vorteil (BERTHOLD 1990).

Globale Klimaänderungen können sich aber auch auf ganz andere Art und Weise auf das Leben der alpinen Vogelarten auswirken. So ist der Effekt einer Temperaturerhöhung auf das paläarktische und damit an tiefe Temperaturen angepaßte Alpenschneehuhn (*Lagopus mutus*) noch nicht abschätzbar. Denkbar wäre eventuell ein Rückzug dieser Art in noch höhere und damit kältere Regionen der Alpen, was aufgrund der alpinen Topographie einer einschneidenden Lebensraumeinengung gleichkäme.

Abb. 54: Verteilung einiger Vegetationsstufen entlang des Höhengradienten. Momentane Situation innerhalb eines Tals am Nordalpenrand (links) und Situation nach einer hypothetischen Erhöhung der mittleren Jahrestemperatur mit einer Vertikalverschiebung der Vegetationsstufen um 300 m nach oben (rechts).

Eine Erhöhung der Jahresmitteltemperatur könnte eine Steigerung der Niederschlagsmengen im Sommer zur Folge haben (OZENDA & BOREL 1991), wodurch die Überlebenschancen des Nachwuchses unserer Waldhuhnarten (*Tetrao tetrix*, *T. urogallus* und *Bonasa bonasia*) und des Steinhuhns (*Alectoris graeca*) – aufgrund ihrer Abhängigkeit von Insekten als Nahrung – z.T. drastisch herabgesetzt werden würden.

Die Langstreckenzieher unter den alpinen Vogelarten könnten im Zuge einer allgemeinen Erwärmung negativen Bestandsentwicklungen

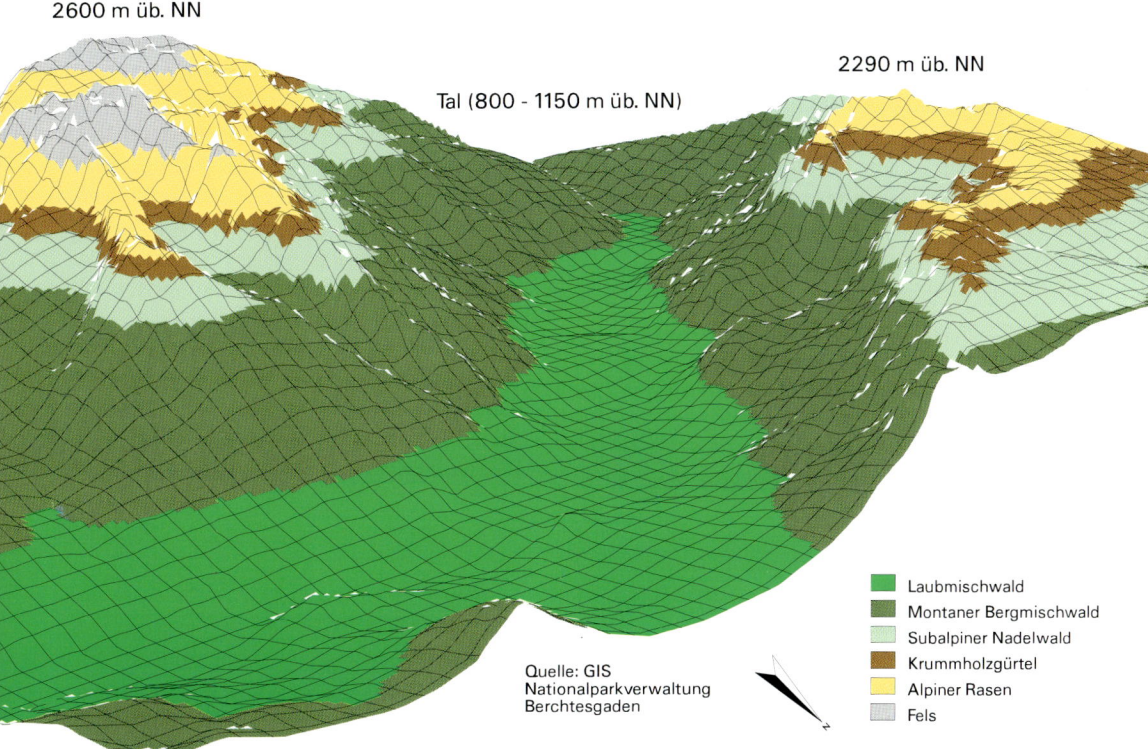

2600 m üb. NN

Tal (800 - 1150 m üb. NN)

2290 m üb. NN

Quelle: GIS
Nationalparkverwaltung
Berchtesgaden

- Laubmischwald
- Montaner Bergmischwald
- Subalpiner Nadelwald
- Krummholzgürtel
- Alpiner Rasen
- Fels

in ihren Überwinterungsgebieten (z.B. Wasserknappheit und damit einhergehende «Verwüstungstendenz» in der Sahelzone) ausgesetzt sein. Schon heute verbuchen diese Arten aus verschiedenen Gründen gravierende Bestandsrückgänge. Jahresvögel und Kurzstreckenzieher könnten dagegen von wärmeren Temperaturen profitieren, was sich in geringeren Mortalitätsraten im Winter und folglich einer höheren Nachwuchsrate im Sommer widerspiegeln würde. Experimente an der Mönchsgrasmücke (*Sylvia atricapilla*) haben gezeigt, daß Teilzieher- und Jahresvogelpopulationen unter solchen Bedingungen innerhalb weniger Generationen den Sättigungszustand erreichen und Kurzstreckenzieher ihre Wanderstrecken verkürzen würden. Als Folge wären Langstreckenzieher in ihren Brutgebieten einem erhöhten Konkurrenzdruck ausgesetzt, was dort zu einer herabgesetzten Ansiedlungsfähigkeit dieser Ar-

ten und damit auch zu verringerten Fortpflanzungschancen führen kann. Erste, bereits bestehende Trends werden möglicherweise noch durch direkte menschliche Eingriffe überspielt (BERTHOLD 1990).

Gefährdungen außerhalb der Brutgebiete

Neben den Einwirkungen in den Brutgebieten sind auch die Einflüsse in den Rast- und Überwinterungsgebieten ausschlaggebend für die Beurteilung der Gesamtsituation einer Art. Die überwiegende Anzahl der alpinen Brutvögel überwintert innerhalb der Grenzen Europas, ein Teil zieht nach Afrika bis südlich der Sahara. Auswirkungen von Veränderungen dortiger Lebensräume oder Nutzungsformen auf die alpinen Brutvögel sind zwar in Einzelfällen belegt oder zumindest anzunehmen, doch ist der tatsächliche Einfluß von außerhalb des Brutgebietes wirksamen Faktoren nur selten genau abzuschätzen. Generell ergeben sich dramatische Veränderungen der Landschaft durch Verbauung, Nutzungsänderung bzw. -intensivierung, Waldbrände sowie Aufforstungen – insbesondere mit nicht einheimischen Baumarten wie *Eucalyptus*, die kaum Nutzungsmöglichkeiten bieten und zudem überdurchschnittlich wasserzehrend sind.

Gefährdungspotentiale für alpine Lebensräume

Gewässer

Geeignete Lebensräume für Vogelarten, die an Wasser gebunden sind, sind im Alpenraum generell recht inselartig verstreut. Somit gebührt der Erhaltung der wenigen vorhandenen Gebiete besondere Beachtung. Gerade die Feuchtgebiete, Still- und Fließgewässer des Alpeninneren haben bei Schlechtwettereinbrüchen im Frühjahr, Spätsommer und Herbst zusätzlich eine herausragende Bedeutung als Rast- und Nahrungsplatz für eine große Anzahl von Zugvögeln. Aber nicht nur an solchen «Zugstau-Tagen» sind die inneralpinen Feuchtgebiete für viele Vögel überlebenswichtig. Durch Ufer- und Flußverbauungen, Verschmutzung des Wassers und der Ufer, durch Schotterentnahme aus bislang naturbelassenen Flüssen und Bächen, aber auch durch den stark zunehmenden Erholungs- und Freizeitbetrieb haben diese Lebensräume stark gelitten und laufen Gefahr, in nächster Zeit völlig zerstört zu werden. Auch die besonders wichtige Ufervegetation wurde in den letzten Jahrzehnten stark reduziert bzw. vielerorts gänzlich vernichtet, so daß viele Vögel keinen geeigneten und ausreichend Schutz bietenden Niststandort in Gewässernähe mehr vorfinden. Das Einleiten nährstoffreicher Abwässer hat ein übermäßiges Wachstum der Wasserpflanzen aufgrund der Eutrophierung zur Folge, was das Verschwinden zahlreicher Insektenlarven und Fische zur

Folge hat. Es kommt zu einer unweigerlichen Verarmung des Nahrungsangebots für Wasseramsel (*Cinclus cinclus*) und Flußuferläufer (*Actitis hypoleucos*) und somit zu einer gravierenden Verschlechterung der Lebensbedingungen. Zudem werden Flußuferläufer oder Wasseramsel aufgrund durchaus vermeidbarer Störungen während der Brutzeit von der Fortsetzung ihrer Brutaktivitäten abgehalten, was vielfach die Brutaufgabe und das Verschwinden dieser Vögel zur Folge hat.

Kulturlandschaft

Die alpine Kulturlandschaft hat sich im Laufe der Jahrhunderte zu einem der artenreichsten und abwechslungsreichsten Lebensräume innerhalb der Alpen entwickelt. Das gilt ganz besonders auch für die Vogelwelt. Für viele Arten wurden in Talnähe und sogar in den Siedlungen neue Lebensräume erschlossen. Auf den gerodeten Almwiesen und -weiden fand eine Vielzahl alpiner Vögel ein vielgestaltiges Nistplatz- und Nahrungsangebot, wie z.B. der Wasserpieper (*Anthus spinoletta*). Bestimmte Vogelarten profitierten in ganz besonderem Maße von der Kultivierung der Alpen. Zu ihnen zählen viele ursprüngliche Fels- und Felshöhlenbewohner, wie beispielsweise der Hausrotschwanz (*Phoenicurus ochruros*) und der Turmfalke (*Falco tinnunculus*).

Gerade die alpine Kulturlandschaft war und ist sehr starken Umwandlungen unterworfen, die sich entweder in Umstrukturierungen oder völligen Lebensraumzerstörungen äußern. Extensiv bewirtschaftete Höfe und Betriebe sind unrentabel geworden, und so werden immer mehr Obstgärten in ausgedehnte, mit Bioziden möglichst «schädlingsfrei» gehaltene Dichtpflanzungen und Niederstammkulturen verwandelt. Hinter dem Schlagwort «Flurbereinigung» versteckt sich leider vielfach noch das Entfernen bzw. «Ausräumen» von Hecken, Feldgehölzen, wegsäumenden Gebüschen und die Trockenlegung von Feuchtgebieten, worunter viele Vogelarten wie Braunkehlchen (*Sa-*

xicola rubetra), Neuntöter (*Lanius collurio*) und die Vertreter der Ammern (Gattung *Emberiza*) zu leiden haben.

Falsch verstandener Ordnungssinn und Perfektionismus des Menschen bergen aber auch noch andere Gefahren für Vögel. Schwalben (Gattung *Hirundinidae*) und Mauersegler (*Apus apus*) finden in unseren geteerten, sauberen Städten und Dörfern keine lehmige Erde mehr für den Bau ihrer Nester. Auch außerhalb größerer Siedlungen sind die Gefahren unübersehbar. Einem unvergleichlichen alpinen Lebensraum, dem Vinschgauer Sonnenberg, drohten durch die Aufforstung mit nicht standortgerechten Pflanzen wie Schwarzföhre (*Pinus nigra*) und Robinie (*Robinia pseudacacia*) gravierende Veränderungen. Diese konnten letztendlich auf kleinflächigem Niveau gehalten werden.

Die Dimensionen anderer menschlicher Eingriffe in die alpine Kulturlandschaft sind dagegen noch nicht abschätzbar. So würde die oft geforderte Auflassung der Almen zu starken Lebensraumeinbußen bei vielen Vogelarten führen. Diese Bereiche wieder sich selbst zu überlassen, würde bedeuten, daß es innerhalb dieser offenen und halboffenen Bereiche in der montanen bis alpinen Stufe zwar einerseits zu einer umweltschützerisch durchaus begrüßenswerten Renaturierung alpiner Vegetationsstufen kommen würde. Andererseits wären auch nicht kalkulierbare, negative Auswirkungen auf die alpine Artenvielfalt die Folge. Einige Vogelarten würden durch das Aufkommen höherer Vegetation im Laufe der Zeit ihren kompletten Lebensraum verlieren, wie etwa Wasserpieper (*Anthus spinoletta*). Ringdrossel (*Turdus torquatus*) und Wacholderdrossel (*Turdus pilaris*), Neuntöter (*Lanius collurio*), Waldohreule (*Asio otus*), Waldkauz (*Strix aluco*) und Uhu (*Bubo bubo*) würden wichtige Nahrungsplätze einbüßen. Andere würden ihre wichtigsten Turnierbalz-Flächen (z.B. das Birkhuhn *Tetrao tetrix*) bzw. ihre essentiellen Überwinterungslebensräume (z.B. das Steinhuhn *Alectoris graeca*) verlieren. Ganz allgemein wäre eine drastische Verarmung unserer

Alpenfauna die Folge. Letztendlich sind es allerdings nicht nur viele Vogel- und andere Tierarten, die unter einer solchen Entwicklung zu leiden hätten, sondern auch eine große Zahl an alpinen Pflanzenarten würde aussterben. Alpinen Schutzgebieten fällt in diesem Zusammenhang eine äußerst wichtige Aufgabe zu. Die Art und Weise der Bewirtschaftung kann sicher nicht um Jahrhunderte zurückgedreht werden, aber «Nutzung im Einklang mit der Natur» könnte zumindest die Zukunftsdevise dieses besonders artenreichen, von Menschenhand geschaffenen Lebensraums lauten.

Laubmischwälder

Das Gesicht des alpinen Bergmischwaldes ist sehr vielfältig. Die Hauptursache für die Bedrohung dieses Lebensraumes liegt aber schon Jahrzehnte oder gar Jahrhunderte zurück. Sie bestand in der Rodung und Nutzbarmachung des Holzes in der unteren Bergwaldstufe und der damit verbundenen Förderung der Fichte (*Picea abies*). In einigen Regionen der Alpen wurden riesige Flächen alpinen Laubmischwaldes abgeholzt und mit diesem schnell wachsenden Nadelbaum ersetzt. Ein prägnantes Beispiel für die Verdrängung natürlicher Waldbestände bietet der Berchtesgadener Talkessel / Bayern, wo im Zuge der Salinenwirtschaft der ursprüngliche Waldbestand des Berghangbereichs nahezu vollständig verändert wurde und mit standortfremden Monokulturen der Fichte bestückt wurde. Überhöhte Schalenwildbestände verhinderten zusätzlich ein Wiederaufkommen der natürlichen Laubbaumarten wie Buche (*Fagus syvatica*), Vogelbeere (*Sorbus aucuparia*), Ahorn (*Acer pseudoplatanus*) und Ulme (*Ulmus glabra*). Zumindest im Bereich des dortigen Nationalparks wird momentan auf großen Flächen mit Hilfe jagdlicher und forstlicher Maßnahmen der natürliche Baumbestand erfolgreich gefördert, so daß der Waldcharakter in einigen Jahrzehnten wieder einen naturnahen Zustand erreicht haben dürfte.

Andere typische Laubwaldbereiche der Alpen, wie z.B. viele Schluchtwälder und die Flaumeichen-Hopfenbuchen-Buschwälder Südtirols, haben durch ihren Standort auf unzugänglichem, steilem und von Felsen und Blockwerk durchsetztem Gelände profitiert und sich somit eine nahezu ursprüngliche Vogelwelt erhalten.

Der Kastanienhain als weiterer natürlicher Laubwaldtypus Südtirols ist dagegen einer immer gravierenderen Gefahr ausgesetzt, die auf einer Nachlässigkeit der Menschen vor Ort beruht: In den letzten Jahrzehnten wurde versäumt, neue Edelkastanienbestände anzupflanzen, so daß die überalterten Bäume durch eine europaweit zu beobachtende Pilzkrankheit, den sog. Kastanienrindenkrebs, zusehends geschwächt werden und immer mehr Äste und Zweige absterben. Der Gesamtbestand an Edelkastanien hat stark abgenommen, und es steht zu befürchten, daß nicht nur diese Baumart, sondern auch die ganz eng an diesen Baum gebundenen Tierarten, wie z.B. Wiedehopf (*Upupa epops*) und Zwergohreule (*Otus scops*), aus dem dortigen Landschaftsbild verschwinden werden.

Nadelwälder

Natürliche Bergnadelwälder treten in den seltensten Fällen als Reinbestände einer bestimmten Nadelbaumart auf. Als Mischbestände bieten sie einer Vielzahl von Tieren einen bevorzugten Lebensraumtyp (siehe Abb. 44, S. 179). Borkenkäfer (überwiegend *Typographus yps*) können in natürlichen Beständen von Fichte, Tanne und Lärche kaum zu einer ernsten Gefahr werden. Einer größeren Artenzahl von Borkenkäfern und anderen Pflanzenfressern steht im Nadelholzmischwald auch eine größere Anzahl von natürlichen Feinden gegenüber. Die Vielfältigkeit und die damit verbundene Risikostreuung gegenüber biotischen und abiotischen Schadfaktoren bedingt somit eine größere Stabilität der Mischwälder gegenüber Reinbeständen. Die Auswirkungen des sauren

Regens sind in den Alpen noch nicht ausreichend genug untersucht, um diese Aussage auch in bezug auf abiotische Faktoren vorbehaltlos unterstreichen zu können. Die Fähigkeit zur Selbstregulierung ist den alpinen Nadelmischwäldern aber im Gegensatz zu den Fichtenmonokulturen noch nicht abhanden gekommen. Dort, wo Reinbestände natürlicherweise vorkommen, sollte mit der Zugabe von anderen Baumarten vorsichtig umgegangen werden. Dies gilt ganz besonders für alpine Föhrenwälder, die durch das Aufforsten mit Schwarzkiefern (*Pinus nigra*) ihren natürlichen Charakter und sehr wahrscheinlich auch die Föhre als dominante Baumart verlieren würden.

Die Lärchen-Zirben- und Latschen-Zwergstrauchregion

Unter den Insekten finden sich sehr viele Nahrungsspezialisten, die vorwiegend oder ganz auf die Lärche als Nahrungsbaum beschränkt sind. Zu ihnen zählen die Lärchenwollaus (*Adelges* spec.), der Graue Lärchenwickler (*Zeiraphera diniana*) und die Lärchenminiermotte (*Coleophora laricella*). Die beiden letztgenannten treten oft großflächig und in solcher Dichte auf, daß im Sommer ganze Hänge als Folge des Raupenfraßes braun verfärbte Lärchenbestände aufweisen. Umso erstaunlicher ist es, daß die Lärche diesen Kahlfraß in den meisten Fällen ohne sichtbaren Schaden übersteht.

Die hohe Nachfrage nach Zirbenholz stellt nach wie vor eine Gefährdung lokaler Bestände dar, wobei viele Lärchen-Zirbenwälder aufgrund ihres unzugänglichen Standortes unwirtschaftlich sind und somit ihren natürlichen Charakter und die ihnen eigene Artenfülle bewahren konnten. Auch der Tourismus und damit verbundene anthropogene Störungen (z.B. durch Pilzsammler) spielen in der Höhenstufe dieses Bergwaldtyps eine nur mehr untergeordnete Rolle.

Ein weitaus höheres Gefahrenpotential für diesen Lebensraumtyp beinhaltet der Skitourismus. Gerade Lärche und Zirbe bilden in vielen Fällen den obersten Bergwaldgürtel und haben als Bann- und Schutzwald eine wichtige Funktion. An gut zugänglichen Stellen hat der Mensch stark gerodet und weite Bereiche im Rahmen von Erschließungsmaßnahmen für den Wintersport entfernt. Geringe Schneehöhen, die Beschneiung mit Schneekanonen und die Befestigung mit Pistenraupen führen im Bereich von Wintersportgebieten oft zu einer starken Beeinträchtigung der alpinen Flora. Latschenkiefern werden durch Skikantenschnitt zerstört, Almen zur Trassenebnung planiert und der Beginn der Vegetationsperiode durch die kompaktere Schneedecke (Kunstschnee) noch weiter hinausgezögert. Dies hat für viele Insekten und deren Prädatoren (z.B. Vögel) einschneidende Folgen.

Die lichten Wälder sind außerdem beliebte Tummelplätze für Ski-Abenteurer, die abseits der Piste die empfindlichen Bewohner dieser «Kampfzone» stören und oft zu energieaufwendigen Fluchten in die nächste Deckung zwingen. Das betrifft vor allem Birkhuhn (*Tetrao tetrix*), Schneehuhn (*Lagopus mutus*) und Auerhuhn (*Tetrao urogallus*). Weitere Erschließungsmaßnahmen sollten demnach in Zukunft vermieden werden oder – wenn unumgänglich – höchstens bestehende Skigebiete touristisch ausgebaut werden. Geplante Erweiterungen von Skitouren sollten weitestgehend vermieden oder vorab mit der zuständigen Naturschutzbehörde abgesprochen werden, so daß in Zukunft sowohl den Skifahrern die Möglichkeit zur «freien Entfaltung» als auch den heimischen Tierarten die Möglichkeit zum Überleben erhalten bleibt.

Alpine Rasen

Auch die alpinen Rasen sind stark durch den Winter- und Sommertourismus bedroht. Auf den offenen Flächen der Almen, Wiesen und Rasenflächen spielt sich der größte Teil des immer umfangreicher werdenden Touris-

musrummels in den Alpen ab. Auch hier wird die Alpenflora durch Planierungen verändert, und durch Aufstiegshilfen wie Sesselbahnen, Gondeln sowie noch besseren Wegen werden mehr und mehr Touristen an und über die Baumgrenze befördert. Die Störeinflüsse auf viele Tierarten werden dadurch zunehmend größer, so daß z.B. der Steinadler (*Aquila chrysaetos*) in manchen Regionen nur noch frühmorgens oder nach der letzten Talfahrt der Gondel auf Murmeltierjagd gehen kann. Auch Gemsen (*Rupicapra rupicapra*) und mit ihnen die für den Adler während der Jungenaufzucht so wichtigen Kitze ziehen sich in den Wald oder andere, unzugängliche Bereiche zurück und kehren erst in der Dämmerung auf die Wiesen und Grasheiden zurück. Ganz allgemein wird der natürliche Tagesablauf vieler Tierarten gestört. Daher wird auch der oft als ökologische Leitart bezeichnete Steinadler gezwungen, in den wenigen ungestörten Bereichen der Mattenregion zu jagen, was eine drastische Einschränkung seines Lebensraumes bedeutet. In Zukunft sollte von Planungskommisionen beim Ausbau oder der Erschließung alpiner Projekte mehr mit den Naturschutzverbänden zusammengearbeitet werden, um den hochalpinen Charakter und die Artenvielfalt dieser Region nicht weiter zu gefährden.

Felsen, Schuttkare und die Gipfelregion

Hausrotschwanz (*Phoenicurus ochruros*), Mauerläufer (*Tichodroma muraria*), Schneefink (*Montefringilla nivalis*) und Steinrötel (*Monticola saxatilis*) profitierten lange Zeit von der Unzugänglichkeit ihres Lebensraumes. Immer zahlreichere und bessere Aufstiegsmöglichkeiten, immer ausgesetztere Routen und die immer größer werdende Zahl «gipfelhungriger» Touristen bedeuten eine wachsende Bedrohung für diesen Lebensraum. Dabei könnte man bei Beachtung einiger Verhaltensregeln ohne weiteres großen Schaden vermeiden. Es wäre sehr hilfreich, wenn Kletterer während der Brutsaison auf neue Routen in unbekannten Wänden verzichten, Tierfotografen in der sensibelsten Phase keine Aufnahmen machen und Drachen- und Gleitschirmflieger «abdrehen», wenn sie im Thermikschlauch vor einer Felswand einen aufgebrachten Greifvogel beobachten. Dasselbe gilt auch für Hubschrauberpiloten, die zu einer bestimmten Jahreszeit bestimmte Felswände weit umfliegen bzw. hoch überfliegen sollten. Ausgenommen sind hier selbstverständlich Flüge, die zur Bergung von Menschen in Not dienen und somit als einmalige Sörung hingenommen werden müssen.

Die Verschmutzung in der Nähe von Unterkunftshäusern und Berghütten, entlang von Wegen und Bergpaßstraßen ist mitunter erschreckend. Die Abwasserfrage vieler Berggasthöfe ist noch immer nicht zufriedenstellend gelöst und wird in Zukunft einen wichtigen Faktor beim Schutz der alpinen Gipfelbereiche darstellen.

Erhaltung alpiner Lebensräume

Schutzmaßnahmen

Wenn man im Vogelschutz von Schutzmaßnahmen spricht, stellt sich zunächst die Frage, was unter Schutz gestellt werden sollte: Vogelarten, Artengemeinschaften oder Lebensräume? Vögel sind Bestandteil von Artengemeinschaften und diese wiederum gehören zur «Ausstattung» der Lebensräume. Die Erhaltung von Lebensräumen gilt als übergeordnetes Schutzziel – nicht nur in den Alpen. Die Bestände alpiner Vogelarten lassen sich durch den Schutz solcher Bereiche nachhaltig sichern. Die Vogelschutzarbeit sollte demnach eine dauerhafte Erhaltung und Entwicklung selbsttragender, wildlebender Populationen von Arten und Lebensgemeinschaften in deren natürlichen oder kulturbedingten Lebensräumen in ihrer gewachsenen Vielfalt zum Ziel haben. Ferner sollte sie den Schutz der Arten vor drastischen Eingriffen in einer nachhaltig und umweltschonend genutzten Kulturlandschaft gewährleisten, die naturnahe Landschaften ausreichender Flächenausdehnung beinhalten muß (BAUER & BERTHOLD 1996).

Der Begriff «Artenschutz» ist in den letzten Jahren durch das Schlagwort «Biotopschutz» mehr und mehr aus der öffentlichen Dikussion verdrängt worden. «Biotop» und «Lebensraum» beinhalten faktisch dasselbe. Beide stehen für einen Landschaftsraum ausreichender Größe, der einer oder mehereren Populationen von Arten (auch Vogelarten) langfristig das Überleben sichert.

Naturschutzfachleute haben eine Reihe neuer Begriffe geprägt, um die vielfältigen Elemente von Lebensräumen und ihre Beziehungen untereinander zu bezeichnen. Bis vor kurzem existierte lediglich der Begriff Schutzgebiet, während heutzutage Schlagwörter wie vernetzte Landschaften, Kerngebiete, Pufferzonen, Trittsteinbiotope und Korridore in aller Munde sind. Hinter all diesen Begriffen steht die moderne Zielvorstellung im Naturschutz, komplette Landschaftsräume zu erhalten und die Isolation naturnaher Lebensräume zu verhindern.

Das Beispiel Auerhuhn (*Tetrao urogallus*) verdeutlicht die Wichtigkeit der Erhaltung intakter, großräumiger (Abb. 55) und zusammenhängender Lebensräume (Abb. 56). Es besteht ein Zusammenhang zwischen Umweltfaktoren und den Überlebenschancen einer Vogelart (Abb. 57).

Wenn es nicht gelingt, die wichtigsten bzw. produktivsten Lebensräume vieler alpiner Vogelarten auf Dauer vor menschlichen Eingriffen zu schützen, muß die Liste der gefährdeten Arten in den nächsten Jahren sehr wahrscheinlich um eine ganze Reihe von Vögeln erweitert werden. Besonders bedroht sind Arten der Kulturlandschaft oder Randpopulationen anderer alpiner Lebensräume. Viele der bereits dargestellten Gefährdungsursachen, wie z.B. Schadstoffeinträge in die Luft, Klimaveränderungen oder die zunehmende Eutrophierung unserer Gewässer, werden ihre mittel- und langfristigen Auswirkungen erst in Zukunft offenbaren. Deshalb sind wesentlich größere Anstrengungen zum Schutz und Erhalt der in den Alpen vorkommenden natürlichen, naturnahen und traditionell genutzten Lebensräume erforderlich, als es in den letzten Jahrzehnten der Fall war. Entscheidend für die künftige Entwicklung der mitteleuropäischen (und damit auch der alpinen) Avifauna wird sein, einen «ökologisch intakten und funktionsfähigen Verbund von Flächen» (Deutsche Umweltministerkonferenz 1995) zu schaffen.

Erhaltung alpiner Lebensräume

Abb. 55: Damit eine Auerhuhn-Population (*Tetrao urogallus*) langfristig überleben kann, muß der Lebensraum im kleinen wie im großen stimmen: Die Größe eines Waldgebiets ist genauso wichtig wie seine Struktur (nach STORCH 1995). ▷

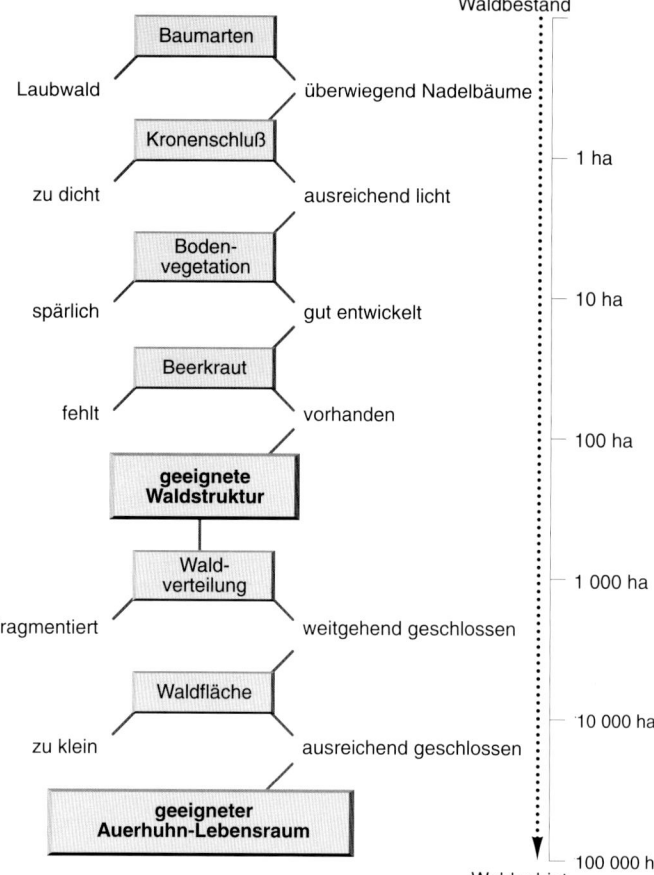

Abb. 56: Ein Auerhuhn (*Tetrao urogallus*) nutzt im Laufe des Jahres mehrere hundert Hektar. Die Größe des Streifgebiets hängt jedoch auch mit der Qualität des Lebensraums zusammen. Je geringer der Anteil gut strukturierter Waldbestände (grau), desto weiter werden die Wege. Lange Wege (rechts) sind riskant: In stark fragmentierten Lebensräumen haben die Räuber die besten Chancen (nach STORCH 1995). ▽

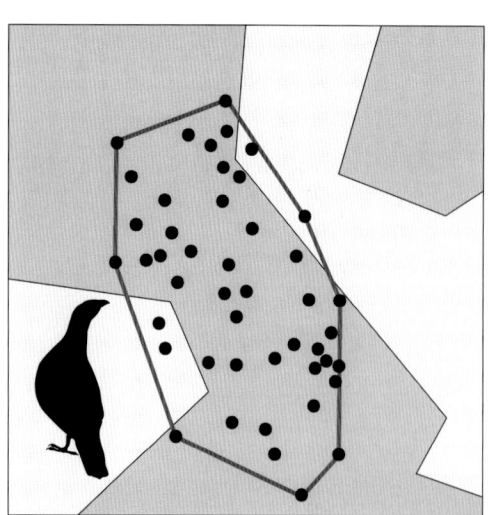
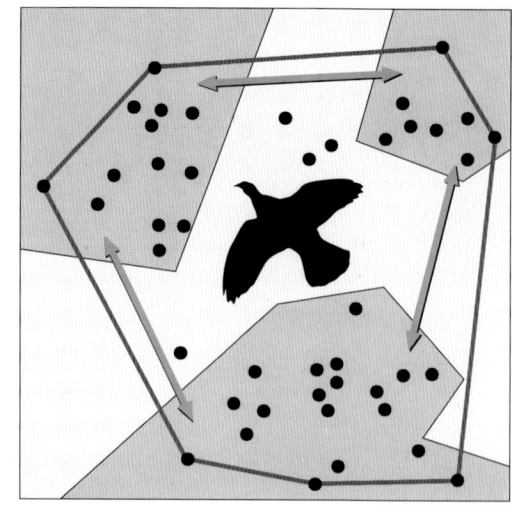

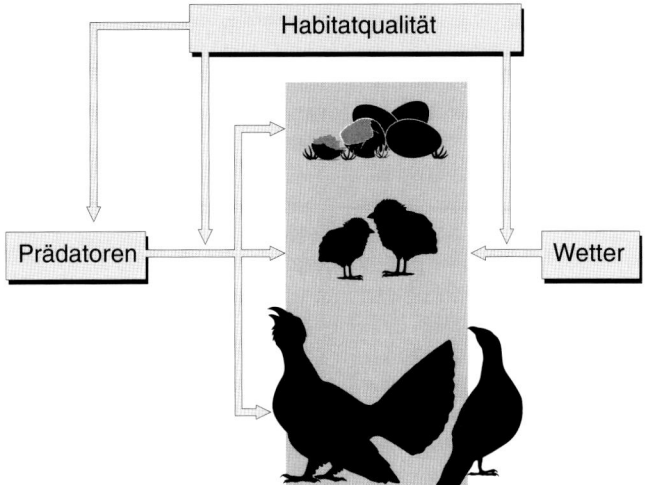

Abb. 57: Das Überleben der Küken ist von zentraler Bedeutung für die Dynamik einer Auerhuhn-Population (*Tetrao urogallus*). Wetter und natürliche Feinde haben den größten Einfluß. Aber: Je besser die Habitatqualität, desto geringer wird sich widriges Wetter auf das Überleben der Küken auswirken, und desto geringer sind die Chancen der Beutegreifer (nach STORCH 1995).

Zusätzlich wird von Seiten des Naturschutzes und der Wissenschaft die Erweiterung des unter Schutz stehenden Flächenanteils auf mindestens 10 bis 15 % der Landesfläche gefordert, um zu verhindern, daß Schutzgebiete zu weitgehend isolierten Biotopinseln reduziert werden.

Im folgenden sind die wichtigsten Instrumente zur Sicherung einer größtmöglichen Artendiversität in der mitteleuropäischen (alpinen) Kulturlandschaft aufgeführt (nach BAUER & BERTHOLD 1996).

Biotopschutz

Unterschutzstellung bestimmter Biotope und Ökosysteme

– Wichtige Voraussetzung für den Schutz von Lebensräumen sind ausreichend große Schutzflächen, da Habitatinseln erst ab einer bestimmten Größe den potentiellen geographischen und ökologischen Artenpool aufweisen. Die Alpen bieten in dieser Hinsicht noch erstaunlich große Flächen, die länderübergreifend geschützt werden sollten (Beispiel: der geplante Nationalpark Kalkhochalpen in Österreich / Land Salzburg in unmittelbarer Nachbarschaft zum bayerischen Nationalpark Berchtesgaden / Deutschland). Voraussetzung für solche Unterschutzstellungen sind umfangreiche Aufklärungsmaßnahmen sowie Entschädigungszahlungen für die einheimische Bevölkerung beim Verlust von Rechten und Besitzflächen. In solchen Fällen hält die zunehmend an Bedeutung und Anerkennung gewinnende Idee der «Biosphärenreservate» eine für jedermann tragbare Lösung bereit. In einem Biosphärenreservat nämlich können Mensch und Natur gleichberechtigt nebeneinander existieren. Althergebrachte Nutzungsformen und Rechte der einheimischen Bevölkerung sollen erhalten, technische und wirtschaftliche Neuerungen sowie ökologische Veränderungen und Eingriffe in den Naturhaushalt weitgehend ausgeschlossen bleiben.

– Ein stark differenziertes Schutzgebietssystem ist erforderlich, da die Sicherung des Naturhaushalts in einer Vielfalt landschaftstypischer Ökosysteme die Schaffung unterschiedlich geschützter Flächeneinheiten – von sich selbst überlassenen Naturökosystemen bis hin zu intensiv gepflegten Sekundärbiotopen – voraussetzt.

– Besonders stark gefährdete Bereiche müssen besonders geschützt werden. Dies sind z.B. artenreiche Lebensräume, solche, die auf wenige Standorte beschränkt sind oder solche mit geringer «Regenerationsfähigkeit», wie natürliche Blockhalden oder Trockenrasenflächen.

– Das Ausmaß zugelassener Freizeitnutzung in Schutzgebieten muß gründlich überdacht werden. Eine klare Abgrenzung der für Erholungs- und Freizeitnutzung reservierten gegenüber streng geschützten Teilbereichen erscheint gebietsweise als Grundvoraussetzung für die Erhöhung der Artenzahl sowie der Abundanz gefährdeter Arten. Generell ist die menschliche Nutzung besser zu lenken und naturverträglicher zu gestalten; eine Möglichkeit der Lenkung besteht z.B. in der Schaffung von Naturerlebnisräumen oder -pfaden.

Solche Naturerlebnisräume wie auch gezielte Umweltbildungsmaßnahmen könnten unter fachkundiger Leitung selbst in bereits ausgewiesenen Schutzgebieten installiert werden, wobei bestimmte Räume stets der Natur vorbehalten bleiben und auch der Forschung weitgehend unzugänglich bleiben sollten (Beispiel: Schweizer Nationalpark).

Zudem sollte in Zukunft auf die Kommunikation und das Ineinandergreifen von Naturschutzverbänden und Nutzern (Sportverbänden usw.) verstärkt Wert gelegt werden, um Konfliktsituationen und damit verbundene (und in den meisten Fällen durchaus vermeidbare) Nutzungsverbote von vornherein zu umgehen. So könnten beispielsweise Neuerschließungen von Kletterrouten oder Drachen- und Gleitschirmflugmeisterschaf-

ten jedes Jahr mit den lokalen Naturschutzverbänden oder Einrichtungen abgesprochen werden, um Störungen von Felsbrütern zu vermeiden.

– Optimalhabitate mit Überschußproduktion haben für viele Vogelarten eine große Bedeutung als Quellen der Rekrutierung und Besiedlung suboptimaler (oft kleinflächiger, stark isolierter) Habitate. So wird die Steinadlerteilpopulation des Alpennordrandes sehr wahrscheinlich durch die wesentlich höhere Brutreserve der zentralalpinen Adlerpopulation stabilisiert, Verluste in den suboptimalen Bereichen werden dementsprechend ausgeglichen. Gezielte Maßnahmen zur Förderung des Bruterfolges und der Rekrutierung in reduzierten Beständen und eine langfristige Sicherung von Optimalstandorten sind in Zukunft von gleichermaßen hoher Bedeutung.

– Natürlich ablaufende Prozesse müssen gefördert oder neu initiiert werden, z.B. das Mosaik-Zyklus-System in Bergwäldern oder die Renaturierung von Bergwäldern und Gebirgsflußsystemen. Unverzichtbare Nutzungen in den Gebieten müssen so naturverträglich wie möglich gestaltet werden. Ein Teil der landwirtschaftlichen Stillegungsflächen (auch Extensivierungsflächen) muß Zwecken des Naturschutzes zugeführt werden. Der biologische Landbau ist verstärkt zu fördern.

Erhalt und Schutz des Jahreslebensraumes

Der Schutz besonders wertvoller Gebiete ist allerdings nicht ausreichend, wenn die davon profitierenden Vogelarten im Jahresverlauf unterschiedliche Habitattypen beanspruchen und demnach entsprechend stark von Lebensraumverschlechterungen in nicht geschützten Bereichen betroffen sind. Ein besonders geeignetes Beispiel ist das Steinhuhn (*Alectoris graeca*), das im Jahresverlauf sehr unterschiedliche Lebensraumtypen aufsucht und somit durch die Erhaltung eines Teillebensraumes (z.B. der alpinen Matten und nicht gleichzeitig auch der angrenzenden alpinen Kulturlandschaft) nicht ausreichend geschützt wäre.

Wichtige Voraussetzungen für den Schutz der Arten in ihrem alpinen Gesamtareal (Brut- und Überwinterungsgebiete) sind zum einen die bessere Umsetzung und Kontrolle (1) der EU-Vogelschutzrichtlinie, die zur Erhaltung aller wildlebenden Vogelarten verpflichtet, (2) der Bonner Konvention zur Erhaltung der wandernden wildlebenden Tierarten und (3) der Berner Konvention zur Erhaltung der wildlebenden Pflanzen und Tiere in ihren natürlichen Lebensräumen, zum anderen die Schaffung oder Wiederherstellung von Großlebensräumen ohne Jagd und mit geringer Freizeitnutzung. Derart kontinuierliche, zeit- und kostenaufwendige Managementmaßnahmen sollten im Bereich der Alpen weitgehend durch EU-Mittel abdeckbar sein, um einzelne Gemeinden nicht übermäßig zu belasten (was sicherlich in den meisten Fällen ein Scheitern der Schutzbemühungen nach sich ziehen würde).

Extensivere Nutzungsformen

Bei anhaltend starker Nutzung der alpinen Kulturlandschaft muß zumindest in Teilgebieten auf traditionelle, den regionalen Gegebenheiten besser angepaßte Nutzungsformen zurückgegriffen werden, wie z.B. auf die traditionelle Nutzung alpiner Matten, die Reduktion des Weideviehbestandes sowie die Aufgabe oder Änderung der Nutzung von Grenzertragsflächen und von Kulturlandrandbereichen.

Ausgleichsmaßnahmen für Flächenverbrauch

Der Verlust von alten Hecken, Streuobstflächen, Trockenrasen, Überschwemmungsgebieten oder selbst von alten Steinmauern der alpinen Kulturlandschaft kann nur in den seltensten Fällen ökologisch sinnvoll ausgeglichen werden. Ausgleichsmaßnahmen haben oft nur Alibifunktion oder sind lästige Pflichterfüllung aufgrund von gültigen Gesetzesauflagen, und entsprechend selten danach ausgerichtet, die Lebensraumsituation aufzubessern.

Ziel des Naturschutzes kann es daher nur sein, gravierende Eingriffe in gefährdete oder aus anderer Hinsicht wertvolle Lebensräume und in gewachsene Lebensgemeinschaften weitgehend einzudämmen. Dies gilt in den Alpen vor allem für geplante Großprojekte wie die Erweiterung von Skigebieten oder die Errichtung von Staudämmen. Ausgleichsmaßnahmen für derartige Naturraumzerstörungen lassen sich meist nicht finden. Besonders der Zerschneidung von Lebensräumen durch derartige Großprojekte muß Einhalt geboten werden. Der vielfach beschworene Biotopverbund ist leider oft nur eine «Restflächenverwertung» und kein idealer Ersatz für großflächigen Landschaftsverbrauch. So erreichen viele Vogelarten beispielsweise in Hecken oder anderen Ersatzlebensräumen nur einen vergleichsweise geringen Bruterfolg und erleiden andererseits sehr hohe Verluste, z.B. an Straßen. Entsprechende Habitatfragmente mit ungünstiger Struktur und in ungünstiger Umgebung sind daher nicht selten sogar «Populationsfallen». Selbst bei ausreichendem Bruterfolg sollte in Zukunft vermehrt der Frage nachgegangen werden, ob die Nachkommen tatsächlich zum Erhalt der entsprechenden Population ausreichen. Genauere Untersuchungen belegen vielmehr häufig, daß eine Einwanderung in stark vom Menschen geprägte Bereiche keine wirkliche «Neuanpassung» darstellt. Vielmehr deuten Zuwanderungen oft den Verlust von Bruthabitaten an oder es handelt sich um Überschußpopulationen aus günstigeren Lebensräumen. Demnach ist die Einwanderung von Offenlandarten in Stadtbereiche eher als Folge von Lebensraumverlusten in den ruralen Gebieten zu betrachten, da die Nachwuchsrate und die Rekrutierung in den Ersatzlebensräumen oft wesentlich geringer als in den ursprünglichen Habitaten ausfällt. Dies wurde an Populationen der Amsel (*Turdus merula*), der Rabenkrähe (*Corvus corone*), der Elster (*Pica pica*) und der Kohlmeise (*Parus major*) nachgewiesen (ERZ 1964, HAAFKE 1989, HORAK 1993, RICHNER 1989).

Gebietsankauf

Grunderwerb für Zwecke des Naturschutzes ist für den Natur- und Artenschutz in mehrfacher Hinsicht gewinnbringend. Zum einen können auf den erworbenen Flächen Veränderungen der Nutzungsformen im Sinne des Naturschutzes oft besser verwirklicht werden als in Naturschutzgebieten, wo es häufig zu Zielkonflikten mit Eigentümern und anderen Nutzungsberechtigten kommt. Zum zweiten können durch den Grunderwerb Gebiete geschützt werden, die aufgrund ihres Lebensraumpotentials alleine nicht für die Einrichtung als Naturschutzgebiet in Frage kämen, deren Verlust als Trittsteine oder prägende Landschaftselemente andererseits die Artenzusammensetzung eines Naturraumes erheblich beeinflussen würde. Es ist leicht einzusehen, daß Grundstücksbesitzer (z.B. der Landesbund für Vogelschutz in Deutschland, LBV) bei großen Planungsvorhaben die Interessen des Biotop- und Artenschutzes wirksamer vertreten können als dies durch Stellungnahmen der Naturschutzbehörden und die Anhörung der anerkannten Naturschutzverbände geschieht. Allerdings muß auf den Flächen eine Pflege im Sinne des Naturschutzes gewährleistet sein.

Nachahmenswerte Vorreiter in Sachen Gebietsankauf sind momentan die Royal Society for the Protection of Birds (GB) bzw. der LBV und EURONATUR in Deutschland mit seinen Aktivitäten in Süd- und Osteuropa.

Effizienzstärkung der zuständigen Ministerien und Behörden

Die vielfach oft als «zahnlos» bezeichneten Umweltministerien und -behörden müssen gemäß ihrer gesellschaftlichen Bedeutung politisch deutlich gestärkt und finanziell besser ausgestattet werden.

Für Großschutzgebiete und Nationalparke entscheidend ist die Bündelung der Kompetenzen und Zuständigkeiten in einer der obersten Naturschutzbehörde zugeordneten Verwaltungsstelle. Zudem müssen Überwachung und Kontrolle sowie Betreuung und Informa-

tion in Schutzgebieten erheblich verbessert werden. Entscheidende Grundpfeiler hierfür sind Biotopmonitoring, Besucher-Informationszentren und Betreuungssysteme wie «Naturwacht» oder «Ranger».

Artenschutz

Hier gilt heute mehr denn je, daß Artenschutzmaßnahmen zukünftig nicht mehr vorwiegend auf einzelne Arten ausgerichtet sein sollten. Viel geeigneter erscheinen dagegen komplexe synökologische Lösungsansätze, die einer größeren Zahl von Arten bzw. der gesamten Lebensgemeinschaft eines bedrohten Biotoptyps zugute kommen. Darüber hinaus müssen Schutzprojekte längerfristiger als bisher ausgelegt sein, denn nur dann sind angemessene Erfolgskontrollen bzw. Korrekturmaßnahmen gewährleistet. Eine zentrale Dokumentationsstelle für naturschutzrelevante Daten als Grundvoraussetzung für gezielte Natur- und Artenschutzmaßnahmen ist in allen Staaten der Alpen einzurichten.

Es gibt allerdings nach wie vor eine Reihe von Arten, für die spezifische Maßnahmen durchaus sinnvoll erscheinen. Die Ausarbeitung von speziellen Artenschutzprogrammen ist vor allem angebracht bei Arten mit globalem Gefährdungsstatus sowie bei solchen, die als Zielarten eine wichtige Funktion bei der Entwicklung von Strategien im Lebensraumschutz haben. Ein Beispiel hierfür ist der Steinadler (*Aquila chrysaetos*), der aufgrund seiner exponierten Stellung in der Nahrungskette auch oft als «Leitart des alpinen Ökosystems» oder «alpine Charakterart» bezeichnet wird.

Schließlich gilt auch zu beachten, daß ein wirkungsvoller Artenschutz nur dann gewährleistet ist, wenn er auf den Erhalt der genetischen Vielfalt der Arten ausgerichtet ist. Dies beinhaltet insbesondere die Ausweitung der Schutzbemühungen auf oftmals isolierte und stärker differenzierte Formen im Randbereich des Verbreitungsareals, wie die sehr kleinen Populationen des Mornellregenpfeifers (*Charad-*

rius morinellus) oder des Rotsternigen Blau-kehlchens (*Luscinia svecica svecica*).

Leider ist in den meisten Fällen die Mitwir-kung der Bevölkerung in traditionellen Vogel-schutzmaßnahmen wie Nisthilfeaktionen, die Pflege verletzter Vögel, die Aufzucht und Frei-lassung von gefährdeten Arten (z.B. von Uhus und Wanderfalken), die Anleitung zur Fütte-rung von Garten- und Parkvögeln, die Schaf-fung kleiner und kleinster Biotopinseln in weit-gehend isolierter Lage usw. als Maßnahme zum Schutz und Erhalt von gefährdeten Vogelpo-pulationen vollkommen unzureichend, da sie nicht die Ursachen der Probleme bekämpfen oder gar beseitigen können. Allerdings können mit diesen Maßnahmen manche lokalen Pro-bleme beseitigt werden (Steigerung des Bruter-folgs durch Nistkastenhilfen). Zudem haben solchen Aktionen einen hohen pädagogischen Wert, indem sie das Bewußtsein einer breiten Öffentlichkeit für Natur- und Artenschutzbe-lange schärfen und auch hinsichtlich Image-pflege und privater finanzieller Unterstützung wirksam sind.

Technischer Umweltschutz

Fragen des technischen Umweltschutzes spie-len eine immer bedeutendere Rolle. Vielfach und in steigendem Maße sind die Arten Ge-fährdungsfaktoren ausgesetzt, die sich in Ver-änderungen der allgemeinen Umweltbedin-gungen äußern und mit den gängigen Natur-schutzmaßnahmen nicht mehr zu regulieren sind. Beispiele hierfür sind die zunehmende Eu-trophierung der Landschaft oder Schadstoffim-missionen der Industrie und des Individualver-kehrs. Gerade die Alpen als Freizeitlandschaft ersten Ranges werden zunehmend durch den wachsenden Fremden- aber auch Transitver-kehr belastet. Umweltmonitoring in diesen Forschungsbereichen sollte daher zur ständi-gen, alpenweiten Maßnahme werden. Ein deutlich umfassenderer und konsequenterer Schutz der Umwelt ist einer der dringendsten Aufgaben der Zukunft, wobei jedoch Land-schaftspflege-, Natur- und Artenschutzmaß-nahmen genauso wichtig bleiben. Dem Verur-sacherprinzip muß in Zukunft stärkere Bedeu-tung zugemessen werden, Kompensationszah-lungen müssen bei nachhaltigen Schädigungen unserer Umwelt gesetzlich manifestiert werden.

Über eine ökologische Steuerreform wird in den zuständigen politischen Gremien schon seit längerem diskutiert, wobei durch Energie-steuern der Energieverbrauch und die Umwelt-belastung reduziert werden sollen. Positiv wäre in jedem Fall die Beteiligung von Natur- und Umweltschutz an Mehreinnahmen aus derarti-gen Energiesteuern zur Finanzierung von Großprojekten oder dem Gebietsankauf inner-halb der Alpen.

Rechtlicher Schutz

Die bestehenden rechtlichen Instrumente des Arten- und Gebietsschutzes erscheinen zwar prinzipiell geeignet, den Vogelarten Europas und der Alpen ausreichenden Schutz zu ge-währen. Andererseits läßt die Umsetzung der internationalen Gesetze, Richtlinien und Über-einkommen in nationales Recht auch im Al-penraum bisweilen zu wünschen übrig. Grundsätzlich müssen alle Gesetze und deren Anhänge regelmäßig, z.B. anhand aktueller Er-gebnisse aus Monitoringuntersuchungen, einer Effizienzkontrolle und ggf. einer Revision un-terzogen werden. Entsprechend müssen die An-hänge der EU-Vogelschutzrichtlinie sowie der Berner und Bonner Konventionen um solche Arten erweitert werden, die aufgrund ungün-stiger Bestands- und/oder Arealentwicklung ei-ne Aufnahme in den Katalog der «Arten mit eu-ropäischer Schutzpriorität» (SPEC-Kategorien; siehe S. 24) notwendig machen. Des weiteren muß auch die nationale Gesetzgebung unbe-dingt verbessert werden. Ein Klagerecht der Naturschutzverbände ist dabei ebenso zu for-dern wie Naturschutzanforderungen an eine naturverträgliche Landwirtschaft sowie die Ent-wicklung eines Notstandsrechts im Hinblick auf die zunehmenden Gefahren für die natürlichen Lebensgrundlagen und Existenzwerte der Bürger. Besonderer Schutz muß Lebensräumen zukommen, die global bedrohte Arten oder solche mit hohem SPEC-Status beherbergen (z.B. die alpine Kulturlandschaft), wie dies vielfach auch schon im Falle von Rote-Liste-Arten geschieht.

International müssen mehr grenzüberschreitende Regelungen geschaffen werden, deren Umsetzung vor allem in den armen Ländern Afrikas (und anderer wichtiger Überwinterungsgebiete alpiner Brutvogelarten) finanziell unterstützt werden sollte. Letztendlich sind auch die erforderlichen Finanzmittel aus europäischen Förderprogrammen deutlich zu erhöhen, wobei es sich meist um Mittel handelt, die im Zuge von Einsparungen gerne als erste gekürzt werden.

Die wichtigsten Maßnahmen und Ziele der zukünftigen Naturschutzarbeit

- Erhalt einer größtmöglichen Vielfalt natürlicher oder naturnaher Lebensräume
- Aufrechterhaltung oder Wiederherstellung eines Kulturlandschaftsmosaik mit unterschiedlichsten Formen der Nutzung (Erhalt von Kleinstrukturen, deutliche Verringerung des Düngemittel- und Bizideinsatzes, Extensivierung der Nutzung auf möglichst großen Flächen mit einer Sicherung von Teilflächen für den Artenschutz)
- Ausweisung flächenmäßig bedeutsamer Schutzgebiete mit eingeschränkter Nutzung als weitere Voraussetzung für die Verbesserung der Situation der alpinen Vogelgemeinschaften
- Wiederherstellung und konsequenter Schutz ehemals landschaftsprägender Elemente wie Bergmischwälder, Nieder- und Hochmoore
- Reduzierung der immer einschneidenderen Isolationsfaktoren, die einen Ausgleich verschiedener Metapopulationen durch

Zu- und Abwanderungen immer schwieriger machen
- Reglementierung jagdlicher Verfolgung (z.B. beim Steinhuhn und allen Rauhfußhühnern und Greifvögeln)
- Reglementierung der Freizeitnutzung (z.B. Ausweisung von Ruhezonen mit Betretungsverbot in Schutzgebieten)
- Verbot der Behandlung von wildlebenden Tier- und Pflanzenarten als «Handelsware» bei Strafe (z.B. Aushorstung von Felsbrütern wie Wanderfalke und Steinadler)

Forschung im alpinen Naturschutz

Aufgaben der Forschung

Der Forschungsbedarf innerhalb des Naturschutzes ist auch in den Alpen noch immer sehr hoch. Die Erforschung alpiner Ökosysteme sollte daher auch weiterhin forciert werden, wobei bei zukünftigen Forschungsprojekten auf verschiedene Punkte geachtet werden sollte:
- Sehr heterogene methodische Ansätze ähnlicher Vorhaben in verschiedenen Alpenländern haben oft negative Folgen für die Qualität der Erfassungsdaten (Zeitreihen) und der Beurteilungen. Daher sollte die Methodik bei solchen Projekten nicht nur national, sondern auch international abgestimmt werden, um eine Optimierung der Ergebnisse zu erreichen.
- Regional geprägte Einzelangaben, die zudem häufig noch an einem Arealrand der jeweiligen Arten ermittelt wurden, wo sich Veränderungen oftmals sehr viel stärker auswirken als in den Schwerpunktgebieten der Verbreitung, besitzen meist eingeschränkte Allgemeingültigkeit. Forschungsprojekte sollten daher in Zukunft nicht nur regional ausgerichtet sein, sondern entweder länderüber-

greifend angesetzt bzw. die Ergebnisse mit modernen Methoden (z.B. mit Hilfe von **G**eographischen **I**nformations **S**ystemen = GIS) auf einen möglichst alpenweiten Maßstab übertragbar sein. Aus diesem Grund sollte die Entwicklung eines geeigneten Alpen-GIS eines der vordringlichsten Ziele der Naturschutzforschung innerhalb der nächsten Jahre sein. Die wichtigsten Bestandteile eines künftigen Alpen-GIS für die Übertragung und Bearbeitung von lokal bzw. regional erhobenen Daten im Naturschutz sind ein möglichst fein gerastertes DGM in 25- bis 50-m-Schritten bzw. einer Mindestrasterbreite von 50 m, sowie detaillierte Informationen zu den Landnutzungstypen wie Fels, Gletscher / Eis, Vegetation (z.B. Wald, alpiner Rasen, Wiesen, Krummholzgürtel) und Gewässer sowie zur Infrastruktur wie Siedlungen, Hochspannungsmasten, Leitungen, Straßen, Wegenetz, Eisenbahnlinien, Erholungsgebiete, Skigebiete usw.

– Veränderungen der Lebensräume sowie der Bestands- und Gefährdungssituation der Vögel gehen vielfach auf Faktorenkomplexe zurück, die weder über den gesamten Betrachtungsraum noch in demselben Biotoptyp gleich stark oder gleichzeitig wirken. Forschungsvorhaben sollten daher in ihrer Konzeptionierung zukünftig auf diese Tatsache eingehen und sehr differenziert an eine Fragestellung herangehen.

Um wirklich geeignete und wirksame Schutzmaßnahmen für die alpine Vogelwelt erarbeiten zu können, muß der Wissensstand in mehrfacher Hinsicht vertieft werden. Vor allem Kenntnisse über Verlustfaktoren, das Auftreten von «Bottleneck»-Situationen oder die Rekrutierungsrate einer Population sind meist nur unzureichend vorhanden, zuweilen fehlen entsprechende Daten völlig. In Zukunft muß sich daher die Forschungsarbeit, vor allem auch im Rahmen langfristiger Monitoringprogramme, viel stärker mit synökologischen Fragestellungen sowie mit Langzeitstudien zum Bruterfolg,

der Dismigration und dem Ansiedlungsverhalten von Jungvögeln sowie der Rekrutierung auseinandersetzen.

Ein wichtiges Ergebnis derartiger Studien ist u.a. auch die Ermittlung besonders produktiver Gebiete mit entsprechend hoher Schutzpriorität. Fragen zu Bestandsdynamik und Gefährdungsursachen sollten in Zukunft im wissenschaftlichen Sinne «exakt» angegangen und, wo möglich, in Feldversuchen getestet werden. Dazu ist die Entwicklung von Voraussagemodellen (sogenannten «Szenarien») unumgänglich. Mit Hilfe dieser Modelle könnten Fragen zu intra- und interspezifischer Konkurrenz mit den Folgen eines Ausweichens auf suboptimale Sekundärbiotope (z.B. bei manchen Kulturfolgern), zum Vergleich von Bestandstrends und Rückkehrraten in veränderten und unveränderten Bruthabitaten oder zur möglichst genauen Bestimmung des Nichtbrüteranteils in der Brutpopulation bearbeitet werden. Bedeutsam wäre außerdem die Klärung von Fragen zur kritischen Flächengröße für gefährdete Vogelarten in verschiedenen Lebensräumen, zur langfristigen Dynamik von Artengemeinschaften in (weitgehend) unveränderten Lebensräumen oder zur tatsächlichen jährlichen Verlustrate aufgrund menschlicher Verfolgung.

Zur sicheren Bestimmung des Gefährdungsgrades einer Vogelart sind verläßliche Daten aus dem gesamten Verbreitungsgebiet erforderlich; einzuleitende Schutzmaßnahmen können demzufolge nur auf internationaler Basis erfolgversprechend sein. Unabdingbare Voraussetzung hierfür sind allerdings staatlich geförderte Monitoring-Programme für Brut-, Rast- und Wintervogelarten in allen Ländern der Alpen, die insbesondere die Folgen menschlicher Eingriffe und Nutzungsänderungen überwachen.

Ein weiteres wichtiges Feld der künftigen Forschung wird die Untersuchung der Auswirkungen der Klimaänderungen auf die Tier- und Pflanzenwelt der Alpen bilden (Seite 232ff.). Dazu gehören auch genauere Untersuchungen in den Überwinterungsgebieten unserer alpinen Brutvogelarten weit außerhalb des europäischen Kontinents.

Von wachsender Bedeutung sind letztendlich auch die Auswirkungen der Einbringung von faunenfremden Elementen in die alpine Tier- und Pflanzenwelt, z.B. das Aussetzen von Chukarhühnern (*Alectoris chukar*) zur «Aufbesserung» der Jagdstrecke bzw. deren Folge für das in den Alpen heimische Steinhuhn (*Alectoris graeca*).

In der Erforschung alpiner Ökosysteme, der Zusammenhänge zwischen Lebensraumzerstörungen und Bestandsentwicklungen sowie bei Schutzmaßnahmen für gefährdete Tierarten wird es in Zukunft sehr darauf ankommen, von dem Prinzip abzuweichen, erst dann zu reagieren, wenn eine Art plötzliche Anzeichen einer Bestandsabnahme oder andere negative Tendenzen (z.B. bezüglich ihres Bruterfolges) aufzeigt. Vielmehr wird es von immenser Bedeutung sein, solche Forschungsvorhaben zu forcieren, die sich entweder mit der Erhaltung intakter, ausreichend großer Lebensräume, mit dem Schutz von Lebensgemeinschaften oder (in Einzelfällen) mit dem präventiven Artenschutz befassen.

Forschungsschwerpunkte

Deutschland

Das bayerische Vogelwarte (LFU) in Garmisch-Partenkirchen befaßt sich im Großraum Werdenfelser Land vorwiegend mit der langfristigen Dauerbeobachtung von alpinen und randalpinen Vogelarten, von Vogelbeständen im Bergwald und Vogelgesellschaften wie z.B. den Felsbrütern. Dazu zählen Kolkrabe (*Corvus corax*), Steinadler (*Aquila chrysaetos*) und Uhu (*Bubo bubo*). Außerdem werden Höhengrenzbereiche von Flachlandarten wie z.B. dem Wendehals (*Jynx torquilla*) untersucht.

Im Nationalpark Berchtesgaden laufen nur zeitlich begrenzte Projekte bezüglich alpiner Vogelarten. Zu ihnen zählt ein Beobachtungsprojekt der Singvogelarten im Untersuchungsgebiet, das 1996 abgeschlossen wurde. Außerdem läuft eine ökologisch-telemetrische Untersuchung am Dreizehenspecht (*Picoides tridactylus*) sowie ein «Projekt zum langfristigen Schutz des Steinadlers (*Aquila chrysaetos*) in den Alpen». In diesem Projekt werden mit Hilfe mehrerer automatischer Telemetrie-Anlagen zur ständigen Überwachung von mit Sendern ausgerüsteten Individuen Risikokarten für Hubschrauberpiloten und Gleit- bzw. Drachenfliegerpiloten erstellt, um Konfliktpotentiale und Störungen zwischen Mensch und Adler künftig in den Alpen von vornherein vermeiden zu können.

Im Jahre 1997 startete der Landesbund für Vogelschutz (LBV) im Auftrag des Bayerischen Staatsministeriums für Landespflege und Umweltfragen ein mehrjähriges Artenhilfsprogramm «Steinadler» in den Allgäuer Alpen / Bayern, das gesicherte Daten zum dortigen Bestand, zum Bruterfolg und zu Störungseinflüssen auf die dortigen Steinadlervorkommen erbringen soll. Die Erhebung soll u.a. als Ergänzung der Untersuchungen in Garmisch bzw. im NP Berchtesgaden dienen.

Die Vogelwarte Radolfszell betätigte sich seit jeher überwiegend als Vogelberingungszentrale in Süddeutschland, bevor 1961 physiologische und jahresperiodische Untersuchungen in den Vordergrund rückten. Inzwischen wurde das Programm erweitert, z.B. um vergleichende Ethologie, Bioakustik, Vogelzugforschung, Populationsdynamik und -genetik, Habitatwahl und Ökomorphologie, Grundlagenforschung für den Natur- und Umweltschutz, Brutbiologie und Fortpflanzungsstrategien, Biorhythmik und Verhalten, Ernährung und Stoffwechsel sowie Dialektforschung und Populationsbiologie. Die zukünftige Arbeit im Bereich Forschung wird vorraussichtlich in drei Hauptrichtungen weiterentwickelt: Populationsökologie, Evolutionsforschung und Ökosystemanalyse. Bis zum Jahr 2000 soll der neue bayerische Brutvogelatlas im Auftrag des Umweltministeriums fertiggestellt sein.

Österreich

BirdLife Österreich plant innerhalb der nächsten Jahre die Umsetzung der sogenannten Natura 2000-Projekte, die sich u.a. auch weiterhin mit der Ausweisung von Important Bird Areas (IBAs) in Österreich befassen sollen. Momentan läuft im Auftrag des Österreichischen Umweltministeriums eine Studie «Gefährdung und Schutz zerstreut verbreiteter Vogelarten in Österreich», die sich mit der Gefährdung der Lebensräume zwar weit verbreiteter, jedoch gefährdeter Arten beschäftigt. Dabei sollen Vorschläge für eine nachhaltige Nutzung der wichtigsten Vogellebensräume erarbeitet werden, wozu auch alpine Lebensräume zählen. Die Studie soll nach ihrem Abschluß als Band der «Grünen Reihe des Bundesministeriums für Umwelt, Jugend und Familie» erscheinen.

Im Bundesland Salzburg laufen derzeit einige Biotopkartierungen, die im Zusammenhang mit möglichen Schutzstrategien erhoben werden. Dazu gehört u.a. eine Erhebung der Felsbrüter in Salzburg.

Die Abteilung Naturschutz des Amtes der Salzburger Landesregierung bearbeitet ein Programm zum Schutz von Naturwaldreservaten im Bundesland Salzburg.

Schweiz

Im Jahr 1995 wurden die Schwerpunkte der Vogelwarte Sempach / Bern innerhalb des wissenschaftlichen Bereichs neu formuliert und als Programme 1 bis 4 vorgestellt. **Programm 1** beschäftigt sich mit der «Überwachung der Avifauna in der Schweiz». Teilprojekte sind auf die Überwachung von Verbreitung und Bestand ausgewählter Arten, auf die Untersuchung von Bestand und Verbreitung überwinternder Wasservögel in der Schweiz, auf die langfristige Überwachung des Zuggeschehens auf dem Col de Bretolet und auf die weiterführende Bearbeitung von Dauerbeobachtungsflächen ausgerichtet. Besonderes Augenmerk gebührt der geplanten Neuauflage des Verbreitungsatlas der Brutvögel in der Schweiz. Hierfür wurden seit 1993 mehr als 26 000 Daten gesammelt, die inzwischen ausgewertet werden.

Programm 2 untersucht u.a. die Ansprüche und Lebensbedingungen von Brutvögeln in der Kulturlandschaft der Schweiz. Weitere Teilprojekte dieses Programms sind Untersuchungen über die Lebensraumverbundsysteme mit Teilprojekten, das Fallbeispiel «Ramosch», die Erstellung von Perspektiven für ökologische Untersuchungen, die Erforschung entomologischer Grundlagen für die Ornithologie, der Komplex Waldsterben und Avifauna sowie Nahrungserwerb und Bruterfolg bei Höhlenbrütern in der Region Basel. Außerdem sind Forschungsvorhaben im Bereich Nahrungserwerb und Bruterfolg bei Höhlenbrütern im Ober-Engadin, der Ökologie der Meisen im Laub- und Nadelmischwald, zum Neuntöter (*Lanius collurio*) in der schweizerischen Kulturlandschaft, bezüglich der Lebensraumansprüche des Rotkopfwürgers (*Lanius senator*) in der Nordwest-Schweiz, zur Ökologie der Nachtschwalbe (*Caprimulgus europaeus*) im Wallis, zum Problem Kormoran (*Phalacrocorax carbo*) und Fische sowie Lebensraumuntersuchungen für den Weißstorch fest eingeplant.

Die Umweltabhängigkeit des Vogelzuges wird in **Programm 3** untersucht. Teilprojekte untersuchen den Einfluß von Umweltfaktoren auf das Zugverhalten, den Vogelzug im Alpenraum, das Rastverhalten ziehender Wasservögel, die Bedeutung von Rastgebieten für ziehende Singvögel und Zugstrategien ausgewählter Singvögel.

Programm 4 untersucht überwiegend Grundlagen für die Praxis. Auch hier einige Beispiele für Teilprojekte: Erstellung einer Inventurliste der Wasservogelgebiete von nationaler Bedeutung sowie Projekte zum Schutz des Auerhuhns, zur Landschaftsvernetzung, zum ökologischen Ausgleich und Lebensraumschutz, zur biologischen Beurteilung naturbelastender Eingriffe, über Wildtiere und Raumplanung sowie zu Auswirkungen von Freileitungen für Vögel.

Zusätzlich werden von der Vogelwarte Sempach Aufträge, Gutachten, Stellungnahmen und Dienstleistungen im Bereich Natur- und Artenschutz bearbeitet.

Das Bundesamt für Umwelt, Wald und Landschaft (BUWAL) hat sich in den letzten Jahren verstärkt um die Bedrohung und den Schutz der in der Schweiz heimischen Rauhfußhühner bemüht.

In jüngster Zeit liefen in der Schweiz außerdem Projekte über Segler (*Apodidae*) und Schwalben (*Hirundinidae*), Wiedehopf (*Upupa epops*), Zwergohreule (*Otus scops*) und Uhu (*Bubo bubo*), die sich überwiegend mit der Gefährdung und dem Schutz dieser Vogelarten auseinandersetzten. Außerdem wurden in einem Projekt die Walliser Kulturlandschaften von nationaler Bedeutung für Vogelarten kartiert und zusammengefaßt (SCHIFFERLI 1989).

Verschiedene eidgenössische Gesetze verpflichten Bund und Kantone seit neuestem zu geeigneten Maßnahmen, mit denen die Artenvielfalt bzw. die Lebensräume der einheimischen Tiere und Pflanzen gesichert werden sollen. Dazu gehört z.B. das Bundesgesetz über den Natur- und Heimatschutz, das Landwirtschaftsgesetz, das Jagdgesetz und das Raumplanungsgesetz (PFISTER 1994).

Liechtenstein

Die Botanisch-Zoologische Gesellschaft Liechtenstein-Sargans-Werdenberg veröffentlicht in regelmäßigen Abständen die neuesten Ergebnisse bezüglich Bestandserfassungen alpiner Brutvögel in Liechtenstein.

Italien / Südtirol

Im Jahr 1996 wurde ein Brutvogelatlas für Südtirol herausgegeben. In Planung ist außerdem die Fortsetzung der laufenden Dauerbeobachtungsprojekte alpiner Vogelgesellschaften und Landschaftsräume sowie eine aktuelle Kartierung der Brutvogelbestände am Vinschgauer Sonnenberg (NIEDERFINIGER, mündl.).

Frankreich

Im Zuge der «Ersten Konferenz der Geschützten Alpenräume» in Grenoble (F) 1995 wurde der Nationalpark «les Ecrins» beauftragt, ein Netzwerk alpiner Schutzgebiete aufzubauen und deren Koordination zu leiten. Innerhalb dieser Institution sollen zukünftig möglichst alle Forschungsarbeiten mit alpinen Schwerpunkten zusammenlaufen und als «Netzwerk-Info» an die anderen Alpenländer bzw. Forschungsinstitute (übersetzt) weitergeleitet werden. Ziel ist eine möglichst länderübergreifende Koordination und damit Optimierung der Forschung in den Alpen.

Ansprechpartner im Alpenraum

Deutschland

Nationalparkverwaltung Berchtesgaden
Doktorberg 6
D-83471 Berchtesgaden
Tel: + 49 (0)8652 / 96 86-0
Fax: + 49 (0)8652 / 96 86-40

Bayerisches Staatsministerium
für Landesentwicklung und Umweltfragen
Rosenkavalierplatz 3
D-81901 München
Tel: + 49 (0) 89 / 9214 -1-3318
Fax: + 49 (0) 89 / 9214 - 3497

Max-Planck-Institut für Verhaltens-
physiologie
Vogelwarte Radolfszell
Schloß Möggingen
D-78315 Radolfszell
Tel: + 49 (0) 7732 / 151 010
Fax: + 49 (0) 7732 / 150 134

Bayerische Vogelwarte (LFU)
Gasteigstr. 43
D-82467 Garmisch-Partenkirchen
Tel: + 49 (0) 8821 233 - 0

Wildbiologische Gesellschaft München e. V.
Abt. f. Wildforschung u. Jagdkunde
Linderhof 2
D-82488 Ettal
Tel: + 49 (0)8822 / 92120

Österreich

Nationalpark Hohe Tauern (Kärnten)
Nationalparkverwaltung Kärnten,
Parkdirektion
Oberes Mölltal; Döllach 14
A-9843 Grosskirchheim
Tel: + 43 (0) 4825 6161 / 6162
Fax: + 43 (0) 4825 616 116

Nationalpark Hohe Tauern (Salzburg)
Nationalparkverwaltung Salzburg
A-5741 Neukirchen / Großvenediger / 306
Tel: + 43 (0) 6565 / 65 580
Fax: + 43 (0) 6565 / 6558 18

Nationalpark Hohe Tauern (Tirol)
Amt der Tiroler Landesregierung / National-
parkverwaltung Tirol
Rauterplatz 1
A-9971 Matrei in Osttirol
Tel: + 43 (0) 4875 / 51 61
Fax: + 43 (0) 4875 / 5161-20

Nationalpark Nockberge
Nationalparkverwaltung Nockberge
A-9565 Ebene Reichenau Nr. 22
Tel: + 43 (0) 4275 / 665 Fax: + 43 (0) 789

Nationalpark Kalkalpen
Obergrünburg 340
A-4592 Leonstein
Tel: + 43 (0) 7584 / 3651
Fax: + 43 (0) 7584 / 3654

(Projekt Nationalpark) Kalkhochalpen
Abteilung Umweltschutz und Naturschutz,
Referat Naturschutz
Postfach 527, Freidenstraße 11
A-5010 Salzburg
Tel: + 43 (0) 662 / 8042 / 5506
Fax: + 43 (0) 662 / 8042 / 5505

Amt der Oberösterreichischen Landesregierung,
Abteilung Naturschutz
Promenade 31
A-4020 Linz
Tel: + 43 (0) 732 / 7720 / 1871
Fax: + 43 (0) 732 / 7720 / 1899

Amt der Kärntner Landesregierung,
Abteilung Umweltschutz
Flatschacherstraße 70
A-9020 Klagenfurt
Tel: + 43 (0) 463 / 33 190 / 244
Fax: + 43 (0) 463 / 33 190 / 213

Amt der Steiermärkischen Landesregierung,
Abt. Naturschutz
Kameliterplatz 2
A-8010 Graz
Tel: + 43 (0) 316 / 877 / 2653
Fax: + 43 (0) 316 / 877 / 4314

Amt der Nieder-Österreichischen
Landesregierung, Abt. Naturschutz
Dorotheergasse 7
A-1014 Wien
Tel: + 43 (0) 1 / 53 110 / 5215
Fax: + 43 (0) 1 / 53 110 / 5220

Amt der Tiroler Landesregierung,
Abt. Umweltschutz
Sillgasse 8
A-6020 Innsbruck
Tel: + 43 (0) 512 / 57 63 77 / 202
Fax: + 43 (0) 512 / 57 63 77 / 200

Amt der Vorarlberger Landesregierung,
Abt. Umweltschutz
Pömerstraße 15
A-6901 Bregenz
Tel: + 43 (0) 5574 / 511 / 2408
Fax: + 43 (0) 5574 / 511 80

Büro für Wildtierökologie,
Regionale Landnutzung und Umweltberatung
Dipl.-Ing. Dr. Stefan Fellinger
Torschauerweg 5
A-5020 Salzburg
Tel: + 43 (0) 663 / 91 563 42

Forschungsstation «Paul Tratz-Haus»
Großglockner Hochalpenstraße
Tel: + 43 (0) 6545 / 6789

Haus der Natur
Museumsplatz
A-5020 Salzburg
Tel.: + 43 (0) 662 / 842 653-0

Ferdinandeum Innsbruck
Museumsstraße 15
A-6020 Innsbruck
Tel.: + 43 (0) 512 / 587286-0

Naturhistorisches Museum Wien
Burgring 7
A-1014 Wien
Tel.: + 43 (0) 1 52 177 / Fax.: + 43 1 93 52 54

Schweiz

Schweizerischer Nationalpark
Nationalparkhaus
Ch-7530 Zernez
Tel. + 41(0) 81 / 856 12 82,
Fax: + 41 (0) 81 / 856 17 40

Bundesamt für Umwelt, Wald und
Landschaft (BUWAL)
Hallwylstr. 4
Ch-3303 Bern
Tel: + 41 (0) 31 / 32 28 075
Fax: + 41 (0) 31 / 32 29 981

Frankreich

Parc National Mercantour
23, Rue Italie, Boite postale 316
F - 06000 Nice
Tel: + 33 93 87 86 10 Fax: + 33 9388 / 7905

Parc National les Écrins
Domaine de Charance BP 142
F-050000 Gap
Tel: + 33 92 40 20 10 Fax: + 33 92 52 38 34

Parc National les Écrins
Netzwerk Alpiner Schutzgebiete
17, rue Maurice Gignoux
F-38031 Grenoble Cedex
Tel. + 33 / (0) 476 63 59 46 Fax: + 33 / (0) 476
63 58 77

Parc National de la Vanoise
135 rue du Docteur Juliand BP 705
F-73007 Chambery
Tel: + 33 79 62 30 54 Fax: + 33 79 96 37 18

Parc Naturel Régional du Vercors
Chemin des Fusillés BP 14
F-38250 Lans-en-Vercors
Tel: + 33 76 94 38 26 Fax: + 33 76 94 38 39

Parc Naturel Régional de Chartreuse
Place de la Mairie
F-38380 Saint Pierre de Chartreuse
Tel: + 33 76 88 65 07 Fax: + 33 76 88 64 65

Parc Naturel Régional du Lubéron
60 place Jean Jaurès BP 128
F-84404 Apt cedex
Tel: + 33 90 04 42 00 Fax: + 33 90 04 81 15

Parc Naturel Régional du Queyras
Avenue de la gare BP 3
F-05600 Guillestre
Tel: + 33 92 45 06 23 Fax: + 33 92 45 27 20

Projet du Parc Naturel Régional des Bauges
Association pour la création du Parc Naturel
Régional des Bauges, Place Grenette
F-79630 Le Chatelard
Tel: + 33 79 54 86 40 Fax: + 33 79 54 86 40

ICALPE
Scientific Coordinator
Techmolac Miniparc, BP 230
F - 73374 Le-Bourget-du-Lac
Fax: + 33 9547 / 0885

Liechtenstein

CIPRA-International
Heiligkreuz 52
FL-9490 Vaduz
Tel.: + 41 (0) 75 / 233 11 66
Fax: + 41 (0)75 / 233 11 77

Projekt Drei Schwestern-Garselli-Zigerberg
(projet parc national)
Landesforstamt

Ressort Umwelt, Land- und Waldwirtschaft
Fl-9490 Vaduz
Tel: + 41 (0) 75 / 236 64 00
Fax: + 41 (0) 75 / 236 64 11

Italien

Europäische Akademie Bozen
Domplatz 3
I-39100 Bozen
Tel: + 39 (0) 471 30 60 90
Fax: + 39 (0) 30 60 99

Parchi Nazionali Gran Paradiso
Ente Parco Nazionale Gran Paradiso
47, Via della Rocca
I-10123 Torino
Tel: + 39 (0) 11 / 817 11 87
Fax: + 39 (0) 11 / 812 13 05

Parco Nazionale Dolomiti Bellunesi
Ente Parco Nazionale delle Dolomiti Bellunesi
Piazzale Angelo e Luciano Zancanaro 1
I-32032 Feltre
Tel: + 39 (0) 439 / 30 42 33
Fax: + 39 (0) 439 / 30 30 36

Parco Nazionale Val Grande
Ente Parco Nazionale Val Grande
Villa S. Remigio
I-28040 Verbania Pallanza
Tel: + 39 (0) 323 / 55 79 60
Fax: + 39 (0) 323 / 55 63 97

Parco Nazionale Stelvio
Ente Parco Nazionale dello Stelvio
c/o Municipio
I-38027 Male
Tel: + 39 (0) 342 / 90 51 51
Fax: + 39 (0) 342 / 91 09 09

Ufficio Amministrazione di Bormio
Via Monte Braulio 56
I-23032 Bormio (SO)
Tel & Fax: + 39 (0) 342 / 90 15 82

Parco Naturale Adamello Brenta
Via Nazionale 12
I-38080 Strembo
Tel: + 39 (0) 465 / 80 46 37
Fax: + 39 (0) 465 / 80 46 49

Parco Naturale delle Alpi Marittime (Argentera)
Corso Dante Livio Bianco 5
I-12010 Valdieri
Tel: + 39 (0) 171 / 97 397
Fax: +39 (0) 171 / 97 542

Landesamt für Naturparke, Naturschutz
und Landschaftspflege
C- Batististr. 21
I-39100 Bozen
Tel: + 39 (0) 471 / 99 43 00
Fax: + 39 (0) 471 / 99 41 73

Parco Naturale Alpe Veglia & Parco Naturale
Alpe Devero
Via Castelli 2
I-28039 Varzo
Tel: + 39 (0) 324 / 72 5 72
Fax: + 39 (0) 324 / 72 790

Projet Parco dell Bernina, Disgrazia, Val Masino
e Val Codera (geplant)
Amministrazione Provinziale di Sondrio
Via XXV Aprile, 22
I-23100 Sondrio
Tel: + 39 (0) 342 / 53 11 11

Parco dell Adamello
Comunita'Montana Valle Camonica
Via Mazzini, 8
I-25043 Breno (Bs)
Tel: + 39 (0) 364 / 32 00 28
Fax: + 39 (0) 364 / 22 629

Slowenien

Triglav Nationalpark
Triglavski Narodni park
Kidriceva 2
SL-64260 Bled
Tel: 00386 / 64 / 74 11 88
Fax: 00386 / 64 / 77 408

Verzeichnisse

Literatur

Amt Für Naturparke, Naturschutz und Landespflege (1987): Lebensräume in Südtirol. Die Tierwelt. Autonome Provinz Bozen / Südtirol. Athesia Verlag 1987. 280 S.

ARLETTAZ, R. (1988): Status of the Eagle Owl, *Bubo bubo*, in Central Valais (south-western Switzerland). Bull. Murihtienne 106: 3 - 23.

ARLETTAZ, R. (1990): La population relictuelle du Hibou petit-duc, *Otus scops*, en Valais central: dynamique, organistaion spatiale, habitat et protection. Nos Oiseaux 40, fasc. 6: 322 - 344.

ASCHENBRENNER, L. (1966): Der Waldlaubsänger. Die Neue Brehm-Bücherei 268. Ziemsen Verlag, Wittenberg Lutherstadt. 76 S.

AUSOBSKY, A. & MAZZUCCO, K. (1964): Die Brutvögel des Landes Salzburg und ihre Vertikalverbreitung. Egretta 7, S. 1 - 49.

BÄTZING, W. (1991): Die Alpen Enstehung und Gefährdung einer europäischen Kulturlandschaft. Verlag C. H. Beck München. 287 S.

BÄTZING, W. & MESSERLI, P. (Hrsg.) (1991): Die Alpen im Europa der neunziger Jahre. Geographisches Institut der Universität Bern 1991. 315 S.

BAUER, K. (1994): Rote Liste der in Österreich gefährdeten Vogelarten (Aves). In: GEPP, J.R. (1983). Rote Liste gefährdeter Tiere Österreichs. Grüne Reihe des Bundesministeriums für Umwelt, Jugend und Familie, Bd. 2, Wien, 5. Aufl. S. 57 bis 65.

BAUER, H.-G. & BERTHOLD, P. (1996): Die Brutvögel Mitteleuropas. Bestand und Gefährdung. Aula-Verlag Wiesbaden. 715 S.

Bayerisches Staatsministerium für Landesentwicklung und Umweltfragen (1993): Rote Liste gefährdeter Tiere in Bayern. 2. geänderte Auflage 1993. 139 S.

Bayerisches Staatsministerium für Landesentwicklung und Umweltfragen (1993): Rote Liste gefärdeter Tieren in Bayern. 2. geänderte Auflage. 136 S.

BERCK, K.-H. (1970): Beobachtungen aus dem Oberinntal im Gebiet der Gemeinden Ried - Ladis - Fiß - Kaunerberg. Monticola 2: 34 - 39.

BERCK, K.-H. (1978): Zur Höhenverbreitung einiger Vogelarten in den österreichischen Alpen. Monticola 4, S. 53 - 59.

BERTHOLD, P. (1990): Die Vogelwelt Mitteleuropas: Entstehung der Diversität, gegenwärtige Veränderungen und Aspekte der zukünftigen Entwicklung. Verh. Dtsch. Zool. Ges. 83, S. 227 - 244.

BEZZEL, E. (1974): Zur Verbreitung und Biotopwahl des Alpenbirkenzeisigs *Carduelis flammea cabaret* am deutschen Nordalpenrand. Anz. orn. Ges. Bayern 13: 157 - 170.

BEZZEL, E. (1985): Kompendium der Vögel Mitteleuropas. Nonpasseriformes - Nichtsingvögel. AULA-Verlag Wiesbaden 1985. 792 S.

BEZZEL, E. (1985): Zaun- und Zippammer (*Emberiza cirlus, E. cia*) im Werdenfelser Land/Oberbayern. Garm. Vogelkundl. Ber. 14: 20 - 29.

BEZZEL, E. (1993): Kompendium der Vögel Mitteleuropas. Passeres - Singvögel. AULA-Verlag Wiesbaden 1993. 766 S.

BEZZEL, E. (1994 a): Situation und Bestand des Steinadlers (*Aquila chrysaetos*) in Deutschland. Journal für Ornithologie 135: 113 - 115.

BEZZEL, E. (1994 b): Wieviel Steinadler leben in Deutschland? Vogelschutz 3/ 94: 8 - 10.

BEZZEL, E. & BRANDL, R. (1988): Der Zitronengirlitz *Serinus citrinella* im Werdenfelser Land, Oberbayern. Anz. orn. Ges. Bayern 27: 45 - 65.

BEZZEL, E. & FÜNFSTÜCK, H.-J. (1994): Brutbiologie und Populationsdynamik des Steinadlers (*Aquila chrysaetos*) im Werdenfelser Land/Oberbayern. Acta orntihoecol.3 (1): 5 - 32.

BEZZEL, E. & FÜNFSTÜCK, H.-J. (1995): Alpine Steinadler *Aquila chrysaetos* durch Bleivergiftung gefährdet? Kurze Mitteilungen im Journal f. Ornithologie 136: S. 294 - 296.

BEZZEL, E. & PRINZINGER, R. (1990): Ornithologie. Eugen Ulmer GmbH & Co. 2. Auflage. 552 S.

BIBBY, C.J., BURGESS, N.D. & HILL, D.A. (1995): Methoden der Feldornithologie. Bestandserfassung in der Praxis. Neumann Verlag Radebeul. 270 S.

BLUM, V. (1983): Artenliste der Vögel Vorarlbergs: Österr. Ges.f. Vogelkunde, Landesstelle Vorarlberg, Dalaas.

BODENSTEIN, G. (1985): Über die Vogelwelt des Grugltales, Nordtirol. Versuch einer qualitativen Bestandsaufnahme. Monticola 5, Sonderheft, S. 1 - 44.

BÖGEL, R. (1996): Untersuchungen zur Flugbiologie und Habitatnutzung von Gänsegeiern. Nationalparkverwaltung Berchtesgaden, Forschungsbericht Nr. 33. 168 S.

BRENDEL, U., MINGOZZI, T. d'OLEIRE-OLT-MANNS, W. (1994): Final report of the Futuralp Project. Icalpe, Grenoble. 390 S.

BRUDERER, B., PFISTER, H.P, JENNI, L., KELLER, V., SCHIFFERLI, L. & ZBINDEN, N. (1995): Schweizerische Vogelwarte. Bericht für die Jahre 1993 und 1994 der Schweizerischen Vogelwarte Sempach. Der Orntih. Beob. 92: 189 - 214.

BRUUN, B., SINGER, A. & KÖNIG, C. (1979): Der Kosmos-Vogelführer – Die Vögel Deutschlands und Europas in Farbe. Franckh'sche Verlagshandlung. 4. Auflage. 320 S.

Bundesamt für Umwelt, Wald und Landschaft (1993): Merkblatt «Waldwirtschaft und Auerhuhn». Schweizerische Vogelwarte Sempach 1993. 17 S.

Bundesministerium für Gesundheit und Umweltschutz (1983): Rote Listen gefährdeter Tiere Österreichs. 242 S.

BÜRKLI, W. (1973): Erstmals Waldlaubsängerbrut im Ober-Engadin. Orn. Beob. 70: pp 273 - 275.

Cambridge, U.K. (Hrsg. 1994): BirdLife International (BirdLife Conservation series no. 3), 1994. 600 S.

Cambridge, U.K. (Hrsg. 1992): The Conservation Status of European Birds. Working Report. International Council for Bird Preservation. Cambridge 1992. 155 S.

CORTI, U.A. (1959a): Die Brutvögel der deutschen und österreichischen Alpenzone. In: Die Vogelwelt der Alpen, Band 5. Bischofberger & Co., Chur. 720 S.

CORTI, U.A. (1959b): Ornithologische Notizen aus den österreichischen Alpenländern. Egretta 2: 21- 25.

CURRY-LIINDAHL, K. (1964): Europa – Kontinente in Farben. Droemersche Verlagsanstalt AG Zürich. 307 S.

CZIKELI, H. (1983): Avifaunistische Angaben aus dem Bezirk Liezen. Mitt. Abt. Zool. Landesmus. Joanneum 31, S. 1 - 32.

DANZ, W. (1991): Alpenkonvention: Entscheidungsreife Fragen. CIPRA - Kleine Schriften 10/91. 90 S.

DATHE, H. (1944): Einige ornithologische Notizen aus Osttirol. Ber. Ver. Schles. Ornithologen 29, S. 35 - 38.

DICK, G. & SACKL, P. (1985): Untersuchungen zur Verbreitung, Siedlungsdichte und Nestplatzwahl der Wasseramsel (*Cinclus cinclus*) im Flußsystem des Kamp (Niederösterreich). Ökol. Vögel, S.197 - 208.

DVORAK, M. & KARNER, E. (1995): Important Bird Areas in Österreich. Umweltbundesamt Wien. 454 S.

DVORAK, M., RANNER, A. & BERG, H.M. (1993): Atlas der Brutvögel Österreichs. Umweltbundesamt, Wien 1993. 522 S.

ERNST, S. (1989): Brüten in Mitteleuropa auch Birkenzeisige der Nominatform *Caruelis flammea flammea*? Monticola Band 6 / Nummer 67. pp 108 - 114.

ERNST, S. (1992): Breeding Bird Atlas of Europe. Passeriformes. Working Report 2. EOAC 1992. Maps 258 - 446.

ERZ, W. (1964): Populationsökologische Untersuchungen an der Avifauna zweier nordwestdeutscher Großstädte. Z.wiss.Zool. 170. S. 1- 11.

European Ornithological Atlas Committee (1992): Breeding Bird Atlas of Europe. Non-Passeriformes. Working Report 1. EOAC 1992. 257 maps.

FISCHER, W. (1976): Stein-, Kaffern- und Keilschwanzadler. Die Neue Brehm-Bücherei 500. Ziemsen Verlag. Wittenberg Lutherstadt. 220 S.

FLADE, M. (1994): Die Brutvogelgemeinschaften Mittel- und Norddeutschlands. IHW-Verlag 1994. 880 Seiten.

FOURNIER, J. (1990): Der Wiedehopf im Wallis. Sonderheft der Natur-Info. Nr. 33 des Walliser Bundes für Naturschutz. 15 S.

FRANZ, H. (1979): Ökologie der Hochgebirge. Verlag Eugen Ulmer, Stuttgart. 495 S.

FREY, M. (1989): Nahrungsökologie und Raumnutzung einer subalpinen Population des Hänflings *Carduelis cannabina*. Orn. Beob. 86: 291 - 305.

GAMAUF, A. & WINKLER, H. (1991): Untersuchungen zur Vogelwelt der Oberen Drau. Carinthia II 181/101: 547 - 562.

GAMAUF, A. (1992): Greifvögel in Österreich. Bestand-Bedrohung-Gesetz. Monographien Band 29. Umweltbundesamt Wien. 128 S.

GEPP, J.R. (1983). Rote Liste gefährdeter Tiere Österreichs. Grüne Reihe des Bundesministeriums für Umwelt, Jugend und Familie, Bd. 2, Wien, 5. Aufl. S. 57 - 65.

GLUTZ V. BLOTZHEIM, U. (1962): Die Brutvögel der Schweiz. Schweizerische Vogelwarte Sempach. Verlag Aargauer Tagblatt AG, Aarau 1962.

GLUTZ V. BLOTZHEIM, U. & BAUER, K.M. (1971 - 1982): Handbuch der Vögel Mitteleuropas. Band 4 bis 9. Akadem. Verlagsgesellschaft, Wiesbaden.

GLUTZ V. BLOTZHEIM, U. & BAUER, K.M. (1985 - 1991): Handbuch der Vögel Mitteleuropas. Band 10 bis 12. Aula-Verlag Wiesbaden.

GOLLER, F. (1984): Zur Höhenverbreitung und Ökologie einiger Vogelarten im Tiroler Gailtal (Osttirol). Vogelkundl. Ber. Inf. Tirol 1/1984: 13 - 24.

GRESSEL, J. (1975): Rotsterniges Blaukehlchen in Obertauern (1 750 m). Vogelkundl. Ber. Inf. Salzburg 67, S. 1 - 3.

GRIMMETT, R. F. A. & JONES, T.A. (1989): Important Bird Areas in Europe. International Council for Bird Preservation. Cambridge, U. K. Technical Publication No. 9; 1991. 888 S.

GUISAN, A., HOLTEN, J.I., SPICHIGER, R. & TESSIER, L. (1995): Ecological Impacts of Climate Change in the Alps and Fennoscandian Mountains. Conservatoire et Jardin Botaniques de Geneve 1995. 184 pp.

HAAFKE (1989): Zur Siedlungsdichte der Elster in Abhängigkeit unterschiedlicher Habitate. Charadrius 23. S. 141- 150.

HABLE, E. (1983): Ornithologische Beobachtungen 1981, vorwiegend im Gebiet der Forschungsstätte «P. Blasius HANF» am Furtnerteich (Aves). Mitt. Abt. Zool. Landesmus. Joanneum 29, S. 3- 17.

HABLE, E., SACKL, P. & SAMWALD, O. (1991): Zur Brutverbreitung und Arealausweitung der Felsenschwalbe (*Ptyonoprogne rupestris*) in der Steiermark (Aves). Mitt. Abt. Zool. Landesmus. Joanneum 45: 11 - 22.

HAFNER, F. (1988): Zur Ökologie des Steinhuhns in den Kärntner Nationalparkbereichen. 2. Zwischenbericht. Naturhistorisches Museum Wien. 47 S.

HAFNER, F. (1994): Das Steinhuhn in Kärnten. Ökologie, Verhalten und Lebensraum. Naturwissenschaftl. Ver. f. Kärnten, Klagenfurt. 135 S.

HALLER, H. (1978): Zur Populationsökologie des Uhus *Bubo bubo* im Hochgebirge: Bestand, Bestandsentwicklung und Lebensraum in den Rätischen Alpen. Orn. Beob. 79: S. 163 - 211.

HALLER, H. (1982): Raumorganisation und Dynamik einer Population des Steinadlers *Aquila chrysaetos* in den Zentralalpen. Der Ornithologische Beobachter 79: 163 - 211.

HALLER, H. (1988): Zur Bestandsentwicklung des Steinadlers *Aquila chrysaetos* in der Schweiz, speziell im Kanton Bern. Der Orntihologische Beobachter 85: 225 - 244.

HALLER, H. (1990): Der Steinadler: Ein echtes Stück Natur. Davoser Revue: 11 - 15.

HALLER, H. (1990): Die Bedeutung großer Lebensräume im Alpenraum am Beispiel der übergeordneten Beutegreifer. Arge Alp Symposium «Arten- und Biotopschutz im Alpenraum» 1990.

HALLER, H. (1996): Der Steinadler in Graubünden. Langfristige Untersuchungen zur Populationsökologie von *Aquila chrysaetos* im Zentrum der Alpen. Der Orn. Beob., Beiheft 9.

HAURI, R. (1958): Beiträge zur Biologie des Kolkraben (*Corvus corax*). Orn. Beob. 53: 28 - 35.

HAURI, R. (1978): Beiträge zur Brutbiologie des Mauerläufers *Tichodroma muraria*. Orn. Beob. 75: 173 - 192.

HAURI, R. (1994): Wird die Reiherente *Aythia fuligula* zum Alpenvogel? Monticola 7, Nr. 76. S. 149 - 150.

HEININGER, Ph. (1991): Zur Ökologie des Schneefinken (*Montefringilla nivalis*): Raumnutzung im Winter und Sommer mit besonderer Berücksichtigung der Winterschlafplätze. Rev. suisse Zool. 98. S. 897 - 924.

HEINRICHER, A. (1973): Die Vogelarten Osttirols. Carinthia II 163/83: 583 - 599.

HEINZEL, H., FITTER, R. & PARSLOW, J. (1996): Pareys Vogelbuch – Alle Vögel Europas, Nordafrikas und des Mittleren Ostens. 7. Auflage. Verlag Paul Parey. 384 S.

HEYNERT, H. (1986): Die Pflanzenwelt Europas. Landbuch-Verlag GmbH, Hannover 1986. 196 S.

HOCHRATHNER, P. (1995): Alpin-ornitho-ökologische Untersuchung der Avifauna im Ostteil des Toten Gebirges. Diplomarbeit Univ. Salzburg.

HOFER, D. (1990): Rauhfußhühner in den Chiemgauer Alpen. Wildbiolog. Ges. München. 47 S.

HÖHN, E.O. (1980): Die Schneehühner. Die Neue Brehm-Bücherei 408. Ziemsen Verlag. Wittenberg Lutherstadt. 128 S.

HÖPFLINGER, F. (1958): Die Vögel des steirischen Ennstales und seiner Bergwelt. Ein Beitrag zu einer Avifauna der Steiermark. Mitt. naturwiss. Ver. Steiermark 88: 136 - 169.

HORAK, P. (1993): Low fledgling success of urban Great Tits. Ornis Fennica 770. S. 168 - 172.

Infodienst Wildbiologie & Ökologie (1997): Junger Bartgeier aus erster Freilandbrut fliegt. NR.4 / August 1997, Zürich. S. 8

JEDICKE, E. (1994): Biotopverbund. Grundlagen und Maßnahmen einer neuen Naturschutzstrategie. 2. überarb. und erw. Aufl., Verlag Eugen Ulmer, Stuttgart. 287 S.

JEDICKE, E. (Hrsg. 1997): Die Roten Listen gefährdeter Pflanzen, Tiere, Pflanzengesellschaften und Biotoptypen in Bund und Ländern. Buch und CD-ROM. Verlag Eugen Ulmer, Stuttgart.

JENNY, D. (1976): Waldkauzbestandesaufnahmen in einer Föhrenwaldgesellschaft. Vögel d. Heimat 46: 26 - 29.

JENNY, D. (1992 a): Bruterfolg und Bestandsentwicklung einer alpinen Population des Steinadlers *Aquila chrysaetos*. Der Ornithologische Beobachter 89 (1): 1 - 43.

JENNY, D. (1992 b): Der Einzeladler-Effekt. Österreichs Weidwerk 3: 19 - 22.

JENNY, D. (1992 c): Bestandsregulation beim Steinadler (*Aquila chrysaetos*) in den Alpen. Wildbiologie in der Schweiz 19 (6): 1 - 11.

KANTNER, W. & KARNER, E. (1995): Kaisergebirge. In: DVORAK & KARNER (1995).

KEITH, S. & GOODERS, J. (1980): BLV - Vogelführer. BLV Verlagsgesellschaft mbH, München.768 S.

KEMPF, N. & HÜPPOP, O. (1995): Auswirkungen von Fluglärm auf Wildtiere: ein kommentierter Überblick. Journal f. Ornithologie 137: 101 - 113.

KILZER, R. (1995a): Silvretta und Verwall. In: DVORAK & KARNER (1995).

KILZER, R. (1995b): Steilhangwälder im Klostertal. In: DVORAK & KARNER (1995).

KILZER, R. & BLUM, V. (1991): Atlas der Brutvögel Vorarlbergs. Österreichische Gesellschaft für Vogelkunde, Wolfurt / Vorarlberger Landschaftspflegefonds, Bregenz. Natur und Landschaft in Vorarlberg 3. 275 S.

KILZER, R. & KILZER, H. (1980): Karmingimpel (*Carpodacus erythrinus*) erstmals in Vorarlberg. Egretta 23: 42 - 43.

KLAUS, S., BERGMANN, M.M., MARTI, C., MÜLLER, F., VITOVIC, O.A. & WIESNER, J.: (1990): Die Birkhühner. Die Neue Brehm-Bücherei 397. Ziemsen Verlag. Wittenberg Lutherstadt. 288 S.

KNAUER, R. (1992): Das Steinhuhn. Mitteilungen aus der Wildforschung. Nummer 119. 3 S.

KRAINER, K. (1995): Südlicher Teil des Sattnitzrückens. In: DVORAK & KARNER (1995).

KROYMANN, B. (1968): Beobachtungen zur Höhenverbreitung einiger Vogelarten im oberen Ötztal. Egretta 11: 20 - 27.

KÜHTREIBER, J. (1952): Die Vogelwelt der Lienzer Gegend. Schlern-Schriften 98 (Lienzer Buch). Universitätsverlag Wagner, Innsbruck: 225 - 243.

LACCHINI, F. (1963): Bericht über das 4. Salzburger Ornithologentreffen. Mitt. Naturwiss. Arbeitsgem. Haus d. Natur Salzburg. Zool.-Bot. Arbeitsgruppe - Untergruppe Ornithologie Heft 1: 39 - 44.

LANDMANN, A. (1987): Ökologie synanthroper Vogelgemeinschaften: Struktur, Raumnutzung und Jahresdynamik der Avizönosen. Biologie und Ökologie ausgewählter Arten. Diss. Univ. Innsbruck. 307 S.

LANDMANN, A. & BÖHM, C. (1990): Das Flußsystem des Tiroler Lech – Ornithologische Wertigkeit und Bedeutung für den Vogelschutz. Vogelschutz in Österreich 5: 21 - 30.

LAUERMANN, H. (1976): Die Vögel des Forstes Trübenbach im nordöstlichen Waldviertel (Niderösterreich). Egretta 19: 23 - 60.

LESER, H. (1991). Landschaftsökologie. 3., völlig neubearbeitete Auflage, Verlag Eugen Ulmer, Stuttgart. 645 S.

LINDNER, A., BRÜLL, H. VON LUTTEROTTI, L., SCHERZINGER, W. (1977): Die Waldhühner. Naturgeschichte, Ökologie, Verhalten, Hege und Jagd. Verlag Paul Parey. Hamburg. 148 S.

LOHMANN, M. & HAARMANN, K. (1989): Vogelparadiese. Band 2 Süddeutschland. Verlag Paul Parey. Hamburg und Berlin. 287 S.

LÖHRL, H. (1963): Zur Höhenverbreitung einiger Vögel in den Alpen. J. Orn. 104: 62 - 68.

LÖHRL, H. (1976): Die Sumpfmeise (*Parus palustris*) als Brutvogel des Fichtenwaldes im Vergleich zu Tannen-, Blau- und Kohlmeise (*P. ater, P. caeruleus* und *P. major*). Vogelwelt 97: 217 - 223.

LÜPS, P. (1978): Die Vogelwelt des Kantons Bern. Der Ornithologische Beobachter, Beiheft zu Band 75. Schweizerische Gesellschaft für Vogelkunde und Vogelschutz, 1978. 244 S.

LÜPS, P. (1980): Daten zur Vertikalverbreitung und zum Lebensraum des Steinhuhns (*Alectoris graeca*) in den Schweizer Alpen. Ornith. Beob. 77. 209 bis 218.

MACARTHUR, R.H. & MACARTHUR, J.W. (1961): On bird species diversity. Ecology 42. S. 594 - 598.

MÄCK, U. & BÖGEL, R. (1989): Untersuchungen zur Ethologie und Raumnutzung von Gänse- und Bartgeier (*Gyps fulvus, Gypaetus barbatus*). Nationalpark Berchtesgaden. Forschungsbericht Nr. 18. 147 S.

MARKA, S. (1994): Habitatnutzung des Wasserpiepers *Anthus spinoletta* auf Probeflächen des Nationalpark Berchtesgaden. Forschungsbericht 123 der Nationalparkverwaltung Berchtesgaden: 200 Seiten.

MARTI, CH. (1992): Sorgen um das Auerhuhn – Porträt. Ornis 6: 31 - 33.

MARTI, CH. (1993): Merkblatt Waldwirtschaft und Auerhuhn. Bundesamt für Umwelt, Wald und Landschaft. 17 S.

MATTES, H. (1978): Der Tannenhäher im Engadin. Studien zu seiner Ökologie und Funktion im Arvenwald. Münstersche Geographische Arbeiten, Heft 2.

MATTES, H. & JENNI, L. (1984): Ortstreue und Zugbewegungen des Tannenhähers *Nucifraga caryocatactes* im Alpenraum und am Randecker Maar / Schwäbische Alb. Orn. Beob. 81: pp 303 - 315.

MAZZUCO, K. (1974): Zum Vorkommen des Karmingimpels (*Carpodacus erythrinus*) in Österreich. Egretta 17: 53 - 59.

MEIER, Ch. (1996): Die Vögel Graubündens. 2. Korrigierte Auflage. Bündner Monatsblatt / Desertina AG. 232 S.

MEYBURG, B.-U. & MEYBURG, CH. (1994): Satelliten- und Bodentelemetrie bei einem jungen Seeadler (*Haliaeetus albicilla*) in der Uckermarck: Wiedereingliederung in den Familienverband, Bettelflug, Familienauflösung, Dispersion und Überwinterung. Vogelwelt 115: 115 - 120.

MIESLINGER, N. (1994): Das Haselhuhn *Bonasa bonasia* in den östlichen Chiemgauer Alpen. Monticola Band 7/Nr. 75: 110 - 114.

MURR, F. (1975/77): Die Vögel der Berchtesgadener und Reichenhaller Gebirgsgruppen. Monticola 4, Sonderheft. S. 1 - 184.

NICOLAI, J., SINGER, D. & WOTHE, K. (1988): GU Naturführer Vögel. Gräfe und Unzer

Verlag München, 3. verbesserte Auflage. 254 S.

NIEDERFRINIGER, O., SCHREINER, P. & UNTERHOLZNER, L. (1996): Aus der Luft gegriffen – Atlas der Vogelwelt Südtirols. Arbeitsgemeinschaft für Vogelkunde und Vogelschutz Südtirol. 256 S.

NITSCHE, G. & PLACHTER, H. (1987): Atlas der Brutvögel Bayerns 1979 - 1983. München. 269 S.

NOWAK, E, BLAB, J. & BLESS, R. (1994): Rote Liste der gefährdeten Wirbeltiere in Deutschland. Bundesamt für Naturschutz; Schriftenreihe für Landespflege und Naturschutz, Heft 42; 1994. 190 S.

ORTLIEB, R. (1981): Die Sperber. Die Neue Brehm-Bücherei 523. 2. Auflage. Ziemsen Verlag. Wittenberg Lutherstadt. 144 S.

OTTO, H.-J. (1994): Waldökologie. Verlag Eugen Ulmer, Stuttgart. 391 S.

OZENDA, P. (1988): Die Vegetation der Alpen im europäischen Gebirgsraum. Gustav Fischer Verlag, Stuttgart / New York 1988. 353 S.

OZENDA, P. & BOREL, J.- L. (1991): Les consequences ecologiques possibles des changements climatiques dans l'arc alpin. ICALPE rapport, Futuralp Nr. 1

PÄTZOLD, R. (1984): Der Wasserpieper. Die Neue Brehm-Bücherei 565. Ziemsen Verlag, Wittenberg Lutherstadt. 108 S.

PAULI, L. (1979): Die Alpen in Frühzeit und Mittelalter. C. H. Beck'sche Verlagsbuchhandlung, München 1980. 344 S.

PFISTER, H.P., ZBINDEN, N. & KELLER, V. (1994): Ökologischer Ausgleich in der Kulturlandschaft. Bundesamt für Umwelt, Wald und Landschaft, Bern und Schweizerische Vogelwarte, Sempach. 37 S.

POLLHEIMER, M., FÖGER, M. & POLLHEIMER, J. (1995): Synanthrope Neststandorte des Hausrotschwanzes Phoenicurus ocheuros: von hautnah bis high-tech. Monticola 7, Nr. 78. S. 225 - 228.

POTT, R. (1996): Biotoptypen. Schützenswerte Lebensräume Deutschlands und angrenzender Regionen. Verlag Eugen Ulmer, Stuttgart. 448 S.

PRÄSENT, S. (1979): Ornithologische Beobachtungen, vorwiegend im Gebiet des Hörfeldes und seiner weiteren Umgebung aus den Jahren 1977 und 1978 (Aves). Mitt. Abt. Zool. Landesmus. Joanneum 10: 23 - 26.

REYNOLDS, R.T., SCOTT, J.M. & NUSSBAUM, R.A. (1980): A variable circular plot method for estimating bird numbers. Condor 82, S. 309 - 313.

RHEINWALD, G. (1993): Atlas der Verbreitung und Häufigkeit der Brutvögel Deutschlands – Kartierung um 1985. Schriftenreihe des DDA 12, 1993. 264 S.

RICHNER, H. (1989): Habitatspecific growth and fitness in Carrion Crows (Corvus c. corone). J. Anim. Ecol. 58. S. 427 - 444.

RUGE, K. & WEBER, W. (1974): Brutgebiet des Dreihzehenspechts Picoides tridactylus im Eisenerzer Raum, Steiermark. Anz. orn. Ges. Bayern 13: 300 - 304.

SACKL, P. & ZECHNER, L. (1995): Niedere Tauern. In: DVORAK & KARNER (1995)

SAMWALD, O. & MAUERHOFER, V. (1995): Steirisches Joglland. In: DVORAK & KARNER (1995).

SCHAEFER, M. (1992): Wörterbücher der Biologie: Ökolgie. G.Fischer Verlag Jena. 433 S.

SCHAUER, Th. & CASPARI, C. (1973): Alpenpflanzen - Alpentiere. Ein Bestimmungsbuch. Deutscher Bücherbund Stuttgart. 251 S.

SCHIECHTL, H.M. & STERN, R. (1985): Die aktuelle Vegetation der Hohen Tauern. Universitätsverlag Wagner, Innsbruck 1985. 64 S.

SCHIFFERLI, L. (1989): Die naturnahen Walliser Kulturlandschaften: Biotope von nationaler Bedeutung für Vogelarten. Bull. Murithienne 107: 9 - 19.

SCHNEIDER, H. (1981): Die Avifauna des Wiener Praters und der Alberner Au. Hausarbeit Univ. Wien. 76 S. und Kartenanhang.

SCHUBERT, R. & WAGNER, G. (1993): Botanisches Wörterbuch. 11. Auflage. Verlag Eugen Ulmer, Stuttgart. 641 S.

SCHUSTER, A. (1996): Singvögel im Biosphärenreservat Berchtesgaden. Forschungsbericht 34 des Nationalpark Berchtesgaden. 116 S.

SCHUSTER, S. (1983): Die Vögel des Bodenseegebiets. Orn. Arbeitsge. Bodensee, Konstanz. 379 S.

Schweizerische Vogelwarte Sempach (1982): Verbreitungsatlas der Brutvögel der Schweiz. 2. Auflage. 462 S.

SLOTTA-BACHMAYR, L. & WERNER, S. (1992): Bestandssituation und Ökologie felsbrütender Vogelarten im Bundesland Salzburg. Gutachten im Auftrag des Österr. Naturschutzbundes, Salzburg. 25 S.

SPILLNER, W. & ZIMDAHL, W. (1990): Feldornithologie. Deutscher Landwirtschaftsverlag, Berlin. 327 S.

SPITZER, G. (1987): Raumorganisation und Populationsstruktur beim Auerhuhn (*Tetrao urogallus* C.L.Brehm, 1831) in den niederösterreichischen Alpen. Zool. Jb. Syst. 114: 343 - 386.

STADLER, S. & WINDING, N. (1987): Die Vogelarten des Gasteiner Tales. Vogelkundl. Ber. Inf. Salzburg 108: 13 - 25.

STADLER, S. & WINDING, N. (1990): Die Brutvogelfauna des «Naturwaldreservates Roßwald»: Qualitative und quantitative Bestandsaufnahme im subalpinen Nadelwald. Salzburger Vogelkundl. Ber. 2: 9 - 14.

STEPHAN, Th., BRENDEL, U., WISSEL, Ch. (1995): Ein Modell zur Abschätzung des Auslöschungsrisikos von *Alectoris graeca* im Nationalpark Berchtesgaden. Verhandlungen der Gesellschaft für Ökologie, Band 24: 161 - 167.

STORCH, I. (1995): Auerhuhn-Schutz: Aber wie? Wilbiol. Ges. München. 2. Auflage. 24 S.

STÜBER, E. & WINDING, N. (1991): Die Tierwelt der Hohen Tauern / Wirbeltiere. Nationalparkkommission Hohe Tauern. Universitätsverlag Carinthia Klagenfurt 1991. 184 S.

SUBOTSCH, N., PLASSMANN, G., TOMMASINI, D., GUICHARDON, Ph. (1995): Die geschützten Alpenräume. Ein Panorama. Universite Joseph Fournier. Laboratoire de la Montagne Alpine. Numèro 17. 115 S.

TRANQUILLINI, W. (1979): Physiological Ecology of the Alpine Timberline. Vol. 31.Springer Verlag Berlin / Heidelberg / New York 1979. 137 S.

TUCKER, G.M. & HEATH, M.F. (1994): Birds in Europe. Their Conservation Status. Umweltbundesamt Wien (1995): Important Bird Areas in Österreich. Birdlife Österreich. Monographien Band 71, 1995; 454 S.

WAGNER, S. (1995): Villacher Alpe - Dobratsch. In: DVORAK & KARNER (1995).

WARTMANN, B. (1975): Erfolgreiche Brut der Grauammer im Vorderrheintal. Orn. Beob. 72: 31 - 32.

WENDLAND, V. (1963): Die Brutvögel des Rauristals (Hohe Tauern). Egretta 6: 60 - 75.

WILLI, G. (1984): Die Brutvögel des Alpenraumes. Naturkundliche Forschung im Fürstentum Liechtenstein. Band 4. S 107 - 187.

WILLI, G. (1994): Avifaunistische Bestandsaufnahme als Beitrag zur ökologischen Wertanalyse der rheintalseitigen Waldungen im Fürstentum Liechtenstein-Sargans-Werdenberg. Band 21: 89 - 124.

WINDING, N. (1985): Gemeinschaftsstruktur, Territorialität und anthropogene Beeinflussungen der Kleinvögel im Glocknergebiet (Hohe Tauern, Österreichische Zentralalpen). Veröff. österr. MaB Progr. 9: 133 - 173.

WINDING, N. (1990): Die Brutvogelfauna des «Naturwaldreservats Gaisberg»: Quantitative Bestandsaufnahme im montanen Mischwald. Salzburger Vogelkundl. Ber. 2: 15 - 24.

WINDING, N., WERNER, S., STADLER, S. & SLOTTA-BACHMAYR, L. (1992): Die Struktur von Vogelgemeinschaften am alpinen Höhengradienten: Quantitative Brutvogel-Bestandsaufnahmen in den Hohen Tauern (Österreichische Zentralalpen). Wiss. Jb. Nationalpark Hohe Tauern 1: 106 - 125.

WITT, K., BAUER, H.-G., BERTHOLD, P., BOYE, P., HÜPPOP, O., KNIEF, W. (1996): Rote Liste der Brutvögel Deutschlands – 2. Fassung. Ber. z. Vogelschutz 34, S. 11 bis 35.

WÖHL, E. (1989): Die Zippammer (*Emberiza cia* L.) als Brutvogel in der Steiermark. Egretta 32: 12 - 16.

WRUß, W. (1976): Neue Daten zur Verbreitung von Grau- und Zippammer (*Emberiza calandra* und *E. cia*) in Kärnten. Egretta 19: 66 - 67.

WRUß, W. (1988): Vogelkundliche Beobachtungen aus Kärnten 1987. Carinthia II 178/98: 601 - 612.

WRUß, W. (1989): Vogelkundliche Beobachtungen aus Kärnten 1988. Carinthia II 179/99: 687 - 695.

WRUß, W. (1990): Vogelkundliche Beobachtungen aus Kärnten 1989. Beobachtungszeitraum: 1. Jänner bis 31. Dezember 1989. Carinthia II 180/100: 651 - 664.

WRUß, W. (1991): Vogelkundliche Beobachtungen aus Kärnten. Beobachtungszeitraum: 1. Jänner bis 31. Dezember 1990. Carinthia II 181/101: 617 - 628.

ZANDER, R. (1984): Handwörterbuch der Pflanzennamen. Überarbeitete Auflage. Verlag Eugen Ulmer, Stuttgart. 769 S.

ZBINDEN, N., GLUTZ VON BLOTZHEIM, U.N., SCHMID, H., SCHIFFERLI, L. (1994): Liste der Schweizer Brutvögel mit Gefährdungsgrad in den einzelnen Regionen. In: DUELLI, P., Red. Rote Liste der gefährdeten Tierarten in der Schweiz, Bern. S. 24 - 30.

Brut-, Vorkommens- und Siedlungsnachweise

AMMANN (1993) in DVORAK et al. (1993)
BADILATTI (1996) in MEIER (1996)
BERCK (1993) in DVORAK et al. (1993)
BODENSTEIN (1993) in DVORAK et al. (1993)
BRÜGGER (1996) in MEIER (1996)
BÜRKLI (1996) in MEIER (1996)
DUMPELNIK (1993) in DVORAK et al. (1993)
ENDELWEBER (1993) in DVORAK et al. (1993)
FREY (1993) in DVORAK et al. (1993)
GÄCHTER et al. (1991) in KILZER & BLUM (1991)
GÄCHTER (1993) in DVORAK et al. (1993)
GOLLER et al. (1993) in DVORAK et al. (1993)
GRASS (1996) in MEIER (1996)
GRESSEL (1993) in DVORAK et al. (1993)
GUGGANIG (1993) in DVORAK et al. (1993)
HABLE (1955) in DVORAK et al. (1993)
HABLE (1993) in DVORAK et al. (1993)
HAFNER & WRUß (1993) in DVORAK et al. (1993)
HAFNER (1993) in DVORAK et al. (1993)
HESS (1996) in MEIER (1996)
HÖLLRIGL (1991) in KILZER & BLUM (1991)
JENNY (1996) in MEIER (1996)
JUNGBLUT (1993) in DVORAK et al. (1993)
JUNGBLUT (1991) in KILZER & BLUM (1991)
KAINZINGER (1993) in DVORAK et al. (1993)
KANTNER & HRDLICKA (1993) in DVORAK et al. (1993)
KILZER & KILZER (1989) in DVORAK et al. (1993)
KILZER (1993) in DVORAK et al. (1993)
KOLLER (1993) in DVORAK et al. (1993)
KRÄMER (1993) in DVORAK et al. (1993)
KROYMANN (1993) in DVORAK et al. (1993)
LANDMANN & BÖHM (1993) in DVORAK et al. (1993)
LANDMANN (1993) in DVORAK et al. (1993)
LAUERMANN & LINDNER (1993) in DVORAK et al. (1993)
LENTNER (1993) in DVORAK et al. (1993)
LÖHRL (1993) in DVORAK et al. (1993)
LÖHRL & WINDING (1993) in DVORAK et al. (1993)
LÜPS (1996) in MEIER (1996)
MACHART (1993) in DVORAK et al. (1993)
MATHIES (1993) in DVORAK et al. (1993)
MAZZUCO (1989) in SLOTTA-BACHMAYR (1989)
MÜLLER (1996) in MEIER (1996)
NOWOTNY (1993) in DVORAK et al. (1993)
PETERS (1966) in ASCHENBRENNER (1966)
PRÄSENT (1993) in DVORAK et al. (1993)
PROKOP (1993) in DVORAK et al. (1993)
PSEINER (1993.) in DVORAK et al. (1993.)
RETTER (1973) in HEINRICHER (1973)
SACKL & OSWALD (1993) in DVORAK et al. 1993
SCHAAD (1993) in DVORAK et al. (1993)
SCHERZINGER (1993) in DVORAK et al. (1993)
SCHINDLER (1993) in DVORAK et al. (1993)
SCHUSTER et al. (1993) in DVORAK et al. (1993)
SEITZ (1993) in DVORAK et al. (1993)
SOKOLOWSKI (1993) in DVORAK et al. (1993)
SPITZER (1993) in DVORAK et al. (1993)
SPREITZER (1993) in DVORAK et al. (1993)
STEITMAIER (1993) in DVORAK et al. (1993)
STOCKER (1981) in DVORAK et al. (1993)
STRÖCKL (1993) in DVORAK et al. (1993)
STRÖHLE (1993) in DVORAK et al. (1993)
VOLGGER (1993) in DVORAK et al. (1993)
WARTMANN (1996) in MEIER (1996)
WINDING & STEINER (1988) in DVORAK et al. (1993)
WINDING (1993) in DVORAK et al. (1993)
WIPRÄCHTIGER (1982) in SCHIFFERLI et al. (1982)
WOSCHITZ (1993) in DVORAK et al. (1993)
WRUß (1993) in DVORAK et al. (1993)

Glossar

(nach SCHAEFER 1992)

Abundanz: Anzahl von Organismen in bezug auf eine Flächen- oder Raumeinheit. Man unterscheidet: (1) Individuen-Abundanz (Populationsdichte); (2) Arten-Abundanz (Artendichte); A. wird meistens nur im Sinne von Individuendichte gebraucht. Wegen Schätzfehlern bei den verwendeten Erfassungsmethoden wird meist nur eine relative oder apparente A. ermittelt

adult: erwachsen

alpin: in Mitteleuropa die Stufe der Zwergstrauch- und Grasheiden, bis 2 500 m (3 000 m) üb. NN, mit geschlossener Vegetationsdecke, in unteren Lagen Zwergsträucher, in oberen Grasland

Artendichte: Anzahl der Arten eines Biotops auf seine Flächen- oder Raumeinheit berechnet

autochthon: bodenständig, an Ort und Stelle entstanden (Gegensatz: allochthon)

Avifauna: Vogelfauna eines Gebietes

Avizönose: Lebensgemeinschaft von Vögeln in einem gemeinsamen Lebensraum

Biotop, Lebensraum: Lebensstätte einer Biozönose von bestimmter Mindestgröße und einheitlicher, gegenüber seiner Umgebung abgrenzbarer Beschaffenheit (z.B. Hochmoor, Buchenwald). Für Tiergemeinschaften werden die Pflanzen häufig mit zum B. gerechnet, obwohl sie strenggenommen ein Teil der Biozönose sind. Vgl.→ Habitat

Biotopverbund: räumlicher Kontakt zwischen Lebensräumen, welcher eine funktionale Vernetzung zwischen Organismen in Form von Beziehungssystemen ermöglicht

carnivor: sich von Fleisch ernährend; (1) Bezeichnung für Organismen, die lebende oder tote tierische Substanz fressen, (2) richtiger als Synonym zu zoophag (Zoophagie) und dann nur Organismen betreffend, die sich von lebender tierischer Substanz ernähren (Carnivore)

collin: Bezeichnung für die Hügelstufe, auch für Arten der Hügelstufe → Höhenstufung

Diversität: Artenmannigfaltigkeit in einer Lebensgemeinschaft, wobei nicht nur die Artenzahl, sondern auch die Siedlungsdichte (Abundanz) der einzelnen Arten Berücksichtigung findet

entomophag, insektivor: insektenfressend; e. sind vor allem parasitische und räuberische Insekten, ferner Spinnentiere und manche Wirbeltiere (u.a. Vögel)

Eutrophierung: Nährstoffanreicherung in einem Lebensraum, dadurch zumeist höhere Produktion pflanzlicher Biomasse

Habitat: auf Linné zurückgehender Begriff für den charakteristischen Wohn- oder Standort einer Art. Dieser ursprünglich autökologische Begriff wird heute (besonders in der angelsächsischen Literatur) in synökologischem Sinne als Synonym zu → Biotop gebraucht

herbivor: pflanzenfressend; Bezeichnung für Tiere, die lebende Pflanzensubstanz als Nahrung aufnehmen

Herbizide: chemische Mittel zur → Unkrautbekämpfung (→ Pestizide)

Höhenstufung: Gliederung der Vegetation (und parallel auch der Fauna) im Gebirge, zunehmende Höhe ist korreliert mit Abnahme der Temperatur, Verkürzung der Vegetationszeit, Zunahme der Niederschläge, der Windstärke, Verlängerung der Schneebedeckung, Zunahme der direkten Strahlung (auch UV-Strahlung)

insektivor: → entomophag

Insektizide: Wirkstoffe (→ Pestizide), die Insekten abtöten und bei der Schädlingsbekämpfung eingesetzt werden. I. wirken als Arten-, Fraß- oder Kontaktgifte

Lebensraum → Habitat

montan: Bezeichnung für die Bergwaldstufe, auch für Arten der Bergwaldstufe. → Höhenstufung

Mortalitätsrate, Sterberate: Zahl der abgestorbenen Individuen einer → Population in der Zeiteinheit (z.B. Jahr), bezogen auf eine definierte Individuenzahl (z.B. 100 oder 1000) als Ausgangspopulation. Die individuelle M. drückt die Todesfälle pro Individuum und Zeiteinheit aus. Im spezielleren Sinne als altersspezifische M. Anteil der gestorbenen Individuen einer bestimmten Altersstufe einer Population an der Zahl der Überlebenden, die zu Beginn der Altersstufe existierten

nival: Bezeichnung für die Schneestufe im Gebirge. → Höhenstufung

Ökosystem: Beziehungsgefüge biotischer und abiotischer Elemente, Wechselwirkungen zwischen Organismen und ihrem Lebensraum, die durch Stoff- und Energiekreisläufe mannigfaltig miteinander verknüpft sind

omnivor: allesfressend, → pantophag

ozeanisch, maritim: Bezeichnung für ein Klima, das hinsichtlich des Tages- und Jahresganges von Feuchtigkeit und Temperatur recht ausgeglichen ist. Die Skala reicht von euo. bis o. bis subo. Gegensatz: kontinental

pannonisch: aus Pannonien stammend; Gebiet, das vom Wiener Wald, der Donau und Save begrenzt ist, in Ungarn und dem südlich angrenzenden Gebiet vorkommend oder von dort stammend

pantophag, omnivor: allesfressend; Bezeichnung für Tiere, die sich von sehr verschiedenartiger Kost aus dem Pflanzen- und Tierreich ernähren

Pestizide: Sammelbezeichnung für chemische Stoffe, die Organismen abtöten sollen

Phänologie: Erscheinungslehre; Wissenschaft, die den Einfluß von Klima und Witterung auf die Wiederkehr des jährlichen Erscheinens pflanzlichen und tierischen Lebens behandelt, denen aber auch endogene Rhythmen und Steuermechanismen zugrunde liegen können. Hierher gehört bei Tieren z.B. Ankunft und Wegzug der Zugvögel

Plenterung (Plenterwald): Form der forstlichen Nutzung eines Waldes; ungleichmäßiger Aushieb einzelner Bäume und Baumgruppen in größeren zeitlichen Abständen. In einem Plenterwald kommen ständig alle Altersstufen vom einjährigen bis zum fällbaren Baum auf derselben Fläche gemischt vor

Population: Gesamtheit der Individuen einer Art oder Artengruppe in einem zusammenhängenden Lebensraum

Präferenz: Bevorzugung von bestimmten Umweltbedingungen durch Organismen

Renaturierung: Versuch zur Wiederherstellung eines naturnahen Zustandes von Lebensräumen, oft auch als Gegensatz zum Begriff der Rekultivierung (der Wiedernutzbarmachung vor allem von ehemaligen Abbauflächen) gebraucht

Rohhumus: Form des Humus. Rohhumus bildet als unvollkommen zersetztes Rotteprodukt auf sauren, podsolierten Tundra-, Heide- und Waldböden eine Auflagedecke aus zusammenhängenden Schichten. R. entsteht, wenn besondere ökologische Bedingungen gegeben sind, wie Kälte, Niederschlagsreichtum, der zur Kalkauswaschung führt, sowie schwer zersetzbares Streumaterial, das die Bakterienentwicklung hemmt, reiches Pilzwachstum aber noch erlaubt. Bei Luftabschluß durch Wasserstau kommt es zur Vertorfung, wie sie für Moore charakteristisch ist

Somatolyse: «Auflösung» eines Tierkörpers durch kontrastreiche Zeichnung in einzelne, scheinbar unzusammenhängende Teile, z.B. das gestreifte Fell eines Tigers im schilf- und bambusreichen Sumpfgelände Indiens und das erdfarbene Federkleid der Waldschnepfe (*Scolopax rusticola*)

subalpin: In Mitteleuropa die Kampfwald- und Krummholzstufe bis zur Waldgrenze, also bis 1 900 bzw. 2 200 m üb. NN (2 400 m üb. NN) mit Lärchen- und Zirbenvorposten

submontan: → Höhenstufung. In Mitteleuropa die Höhenstufe zwischen 500 und 1 000 m üb. NN, meist mit Buchenwald besetzt

subnival: Bezeichnung für die Höhenstufe unterhalb der Schneegrenze in Gebirgen, mit aufgelockerter Vegetation; auch Bezeichnung für die hier lebende Flora und Fauna. → Höhenstufe

Verinselung: Isolation von Tier- bzw. Pflanzengruppen und/oder relativ naturnahen Landschaftsbestandteilen auf inselartigen Restflächen, die durch stark lebensfeindliche Intensivnutzung der Zwischenflächen (Äcker, Straßen, Bebauung usw.) stark voneinander getrennt sind.

Artregister (Vögel)

Seitenzahlen mit Sternchen*
verweisen auf die ausführliche
Beschreibung mit Abbildung.

Abkürzungen

A	Österreich
Bp	Brutpaar(e)
CH	Schweiz
D	Deutschland
F	Frankreich
GIS	Geographisches Informationssystem
I	Italien
IBA	Important Bird Area
Li	Lichtenstein
m üb. NN	Meter über Normalnull
n	Anzahl
RLB	Rote Liste Bayern
RLD	Rote Liste Deutschland
RLÖ	Rote Liste Österreich
RLS	Rote Liste Schweiz
SL	Slowenien

Sachregister

Vertiefen Sie das Thema ...

Dieses Buch stellt für vogelkundlich interessierte Amateure, aber auch für Profis eine gute Orientierungshilfe dar. Es erläutert die wichtigsten Methoden der Feldornithologie. Dabei werden ihre Vor- und Nachteile ebenso beschrieben und diskutiert wie mögliche Weiterentwicklungen. Das Werk wurde nicht nur übersetzt, sondern auch an deutsche Verhältnisse angepaßt und ergänzt. In Abweichung zur englischen Originalausgabe werden besondere Hinweise für die meisten Arten und Artengruppen, die in unserem Raum auftreten, gegeben. Ergänzt wurden spezielle, in Mitteleuropa gebräuchliche Methoden der Erfassung. Aufgrund der umfassenden Darstellung kann dieses Buch als Leitfaden für Bestandsaufnahmen und Kartierungen dienen.

Methoden der Feldornithologie. *Bestandserfassung in der Praxis. Collin J. Bibby. 1995. 270 S., 96 Zeichn., 14 Tab. ISBN 3-7402-0159-2.*

Über den speziell ornithologischen Inhalt hinaus findet man viele grundsätzliche Informationen. Eine wissenschaftliche fundierte, umfassende und verständliche Darstellung des ornithologischen Wissens.

Ornithologie. *E. Bezzel, R. Prinzinger. 2. Aufl. 1990. 552 S., 311 sw-Fotos u. Zeichn. ISBN 3-8252-8051-9.*

Diese Synopse sämtlicher verfügbaren Roten Listen der gefährdeten Pflanzen, Tiere, Pflanzengesellschaften und Biotoptypen Deutschlands und der Bundesländer ermöglicht es, mit einem Blick die Gefährdungssituation zu vergleichen. Zu jeder Artengruppe werden Hinweise auf Bearbeitungsstand, Ausmaß der Gefährdung, Lebensräume, Gefährdungsursachen und Handlungsbedarf gegeben. Die auf einer CD-ROM beiliegende Datenbank erlaubt eine komfortable und effiziente Nutzung und Weiterverarbeitung der Informationen.

Die Roten Listen. *Gefährdete Pflanzen, Tiere, Pflanzengesellschaften und Biotoptypen in Bund und Ländern. E. Jedicke. 1997. 581 S., 11 Abb., 41 Tab, 33 Artenlisten. ISBN 3-8001-3353-9.*

Dieses Handbuch beschreibt alle in Europa und der Westpaläarktis vorkommenden Vogelarten, auch Zugvögel und nicht heimische Arten. Auf über 8000 Farbzeichnungen werden die unterschiedlichen Federkleider der Vögel abgebildet. Die Verbreitung der einzelnen Arten ist auf über 600 Karten dargestellt.

Die Vögel Europas, Nordafrikas und des Mittleren Ostens. *Westpaläarktis. M. Beaman, S. Madge. 872 S., über 8000 Farbzeichn., 641 Verbreitungskarten. ISBN 3-8001-3471-3.*

... mit der richtigen Literatur.

Diese beiden Bände der Avifauna Baden-Württembergs behandeln die in dieser Region nachgewiesenen Singvogelarten. Hier finden Sie eine umfassende und übersichtliche Darstellung der Brutverbreitung (mit zahlreichen quantitativen Verbreitungskarten und Höhenrasterkarten), des Brutbestandes sowie der Bestandsentwicklung und deren Ursachen. Auch die Fortpflanzungsbiologie und die Ernährung der in Baden-Württemberg nachgewiesenen Vogelarten wird ausführlich beschrieben. Die Wanderungen werden räumlich und zeitlich quantitativ beschrieben und die Zugwege und die Überwinterungsgebiete über die Ringfundauswertungen erschlossen. Die beiden vorliegenden Bände bieten neben wichtigen Auswertungen für die wissenschaftliche Vogelkunde die für die Naturschutzarbeit entscheidenden Grundlagen.

Die Vögel Baden-Württembergs. J. Hölzinger.
Band 3.1: Singvögel 1. Passeriformes-Sperlingsvögel: Alaudidae (Lerchen)-Sylviidae (Zweigsänger). Etwa 870 Seiten, 30 Fotos, 730 Abb. ISBN 3-8001-3493-4.
Band 3.2: Singvögel 2. Passeriformes-Sperlingsvögel: Muscicapidae (Fliegenschnäpper) - Thronpidae (Ammertangaren). 1997. 939 S., 26 Farbf. auf 16 Tafeln, 773 Abb., 271 Tab. ISBN 3-8001-3483-7.

Dieser Band faßt für 228 Vogelarten, die in Baden-Württemberg als Wintergäste nachgewiesen sind, die Verbreitung quantitativ in Verbreitungskarten zusammen. Auch der Winterbestand insgesamt wird zahlenmässig erfaßt. Der Textteil umfaßt Aussagen über Status des Vorkommens, Biotopnutzungen und Zugbewegungen. Der Wintervogelatlas bietet eine fundierte Grundlage für die wissenschaftliche Vogelkunde und für die Naturschutzarbeit. Für den wissenschaftlichen Bereich bilden die Verbreitungskarten und Analysen Grundlagen zu weiteren Studien. In der Naturschutzarbeit ist die Auswertung der Biotopkartierungen eine große Hilfe, um die Nutzung der verschiedenen Biotope und Elemente der Kulturlandschaft durch Vögel kennenzulernen. Das Buch ist eine wichtige Grundlage für die Naturschutzarbeit und läßt eine Bewertung der Bedeutung verschiedener Landschaftselemente zu.

Die Vögel Baden-Württembergs. J. Hölzinger.
Band 5: Atlas der Winterverbreitung. 1995. 557 S., 451 Abb., 92 Tab. ISBN 3-8001-3445-4.
Band 4: Folienkarten. 1987. 36 Folien, Textheft: 66 S. ISBN 3-8001-3444-6.
Band 7: Bibliographie der deutschsprachigen ornithologischen Periodika in Mitteleuropa. 1990. 386 S., 241 sw-Abb., 4 Tab. ISBN 3-8001-3447-0.